古代歷史文化研究輯刊

十九編

王明蓀 主編

第26冊

孟子家族文化研究（上）

朱松美 著

國家圖書館出版品預行編目資料

孟子家族文化研究（上）／朱松美 著 — 初版 — 新北市：花
木蘭文化事業有限公司，2018〔民 107〕
目 4+254 面；19×26 公分
（古代歷史文化研究輯刊 十九編；第 26 冊）
ISBN 978-986-485-422-6（精裝）
1.（周）孟軻 2. 家族史
618   107002322

ISBN-978-986-485-422-6

9 789864 854226

古代歷史文化研究輯刊
十九編　第二六冊　　　　　ISBN：978-986-485-422-6

孟子家族文化研究（上）

作　　者　朱松美
主　　編　王明蓀
總 編 輯　杜潔祥
副總編輯　楊嘉樂
編　　輯　許郁翎、王筑　美術編輯　陳逸婷
出　　版　花木蘭文化事業有限公司
發 行 人　高小娟
聯絡地址　235 新北市中和區中安街七二號十三樓
　　　　　電話：02-2923-1455／傳眞：02-2923-1452
網　　址　http://www.huamulan.tw 信箱 hml810518@gmail.com
印　　刷　普羅文化出版廣告事業
初　　版　2018 年 3 月
全書字數　449412 字
定　　價　十九編 39 冊（精裝）台幣 100,000 元

孟子家族文化研究（上）

朱松美 著

作者簡介

朱松美（1964～），山東省萊州市人，1986年畢業於曲阜師範大學歷史系，獲歷史學學士學位，2004年獲山東大學歷史學碩士學位，現爲濟南大學歷史學系教授，主講中國古代史、中國史學史、中國傳統文化、道家智慧與現代社會等課程。學術研究方向：中國哲學、中國傳統文化。發表學術論文五十多篇，出版論著四部；主持國家哲學社會科學基金、國家教育部哲學社會科學基金、省社科規劃基金等項目多項；研究成果獲省社科、省高校、濟南市社科聯等多項獎勵。

提　　要

　　家族文化是中國文化的重要體現，而孟子家族文化又是中國家族文化的獨特支脈。因而，孟子家族文化是探索中國家族文化，進而深刻把握其文化特質的重要而獨特的視角和切入點。那麼，與中國其他家族文化相比，孟子家族文化又究竟有著怎樣的獨特性？它是如何以特有的方式體現中國家族文化的？它作爲儒家文化的微觀體現，又與儒家文化保持著怎樣的一致性？作爲中國家族與政治文化的結合物，孟子家族的興衰又是如何反映著國家政治脈搏的律動？對這一系列問題的追問成就了本研究的核心主題及其研究路徑。

　　作爲中國家族文化的重要分支，孟子家族文化是中國家族倫理與中國政治相契相融的典型產物。說它典型，是因爲它與其他普通的民間家族文化相比，因爲同出於中國血緣文化的大背景而具有同質性，又因爲儒家文化在中國政治文化中扮演的特殊角色而具有異質性。這一點，從孟府的崛起歷程及其獨特的府、衙合一的府邸結構與功能清晰地體現出來。

　　本書用全景式視角，從家族前文化考述、政治變遷與家族崛起、府廟林墓建設、族務管理、對外交往、家學教育六大部分，展示了孟子家族的興衰源流及其與儒家文化乃至中國文化的互融關係，對於在文化梳理、文化繼承基礎上實現文化創新將提供有益啓示。

教育部人文社會科學研究
「孟子家族文化研究」
（12YJA770058）項目資助

目

次

緒　論

　　法國啓蒙思想家伏爾泰曾經說過：「在歐洲，沒有一個民族的古老文化可以被證明能和中華帝國的文化相媲美。」（《哲學辭典》）歷史上，古老燦爛的中華文化雖歷經劫難，但始終執拗前行，顯示出強大的生命力，這無疑應歸功於中國文化強烈的傳承性。這種傳承性，既彰顯於當下社會，也影響著中國文化的未來。

　　與西方相比，家族文化與專制文化的綿長是中國文化最具特色的兩個方面。前者是中國由史前進入文明社會之後血緣紐帶解體不充分造成的，後者則建立在中國長期分散的自給自足的小農經濟之上。兩者之間相互援引，互為表裏。因此，要準確地把握中國文化的特質和發展脈絡，必須聚焦於中國的家族文化。

　　血緣紐帶的長期留存，大大強固了中國人對宗法家族等級秩序的認同感。正是這種認同感，促成了儒家文化的形成和經久不衰。因此，我們可以清晰地看到，對血緣倫理的重視是儒家文化的顯著特徵。以血緣倫理爲根基，以仁義禮樂爲主體；以家族倫理鞏固政治倫理，以人倫秩序強化社會等級，是儒家始終如一的思想核心和社會使命。從孔子的「孝爲仁之本」，到孟子的「親親」而「尊尊」，再到朱熹宗法家族組織的重建，一脈薪火相傳。在長期歷史發展進程中，儒家文化無論依據形勢變化，作了怎樣的揚棄、調整或轉換，其理論核心都始終圍繞宗法倫理這一基本框架。《墨子·非儒下》說儒者注重於「親親有術，尊賢有等」，《莊子·漁父》說孔子「性服忠信，身行仁義，飾禮樂，選人倫，上以忠於世主，下以化於齊民，將以利天下，此孔氏之所治也」就是基於這一點立論的。儒家以其「序君臣父子之禮，列夫婦長

幼之別」的現實基礎和社會功用，契合了中國的大眾心理和政治需求，成爲「百家弗能易」〔註1〕的社會「顯學」，從而在中國歷史上傳承兩千年而經久不衰。

作爲儒家文化的重要組成部份，孟子家族文化是中國家族倫理文化與中國政治文化相契相融的典型產物。說它典型，是因爲它與其他普通的民間家族文化相比，既有同質性，又有異質性。前者緣於中國血緣倫理文化這一大前提；後者則因了儒家文化在中國政治文化中扮演的特殊角色。孟府的崛起及其府、衙合一的獨特功能最能清晰地體現出這一點。

歷史上，自秦漢迄於近代，對孟子及其相關文化要素的研究，伴隨著中國的政治變遷而起伏跌宕，但在學術研究進路上，卻始終遵循著章學誠所說的「二途」，即「由漢氏以來，學者以其所得，託之撰述以自表見者，蓋不少矣。高明者，多獨斷之學，沉潛者，尚考索之功。天下之學術，不能不具此二途。」〔註2〕所謂「獨斷之學」者，從漢代趙岐、唐宋韓愈、二程、朱熹、王安石、李覯、鄭厚、司馬光，再到明清戴震、焦循、康有爲，以至於徐復觀、牟宗三等新儒家，他們雖然因思想傾向或問題意識不同而歸於不同的陣營，但在研究的著力點上均聚焦於孟子思想，通過詮釋《孟子》達到或批判或闡發的目的；所謂「考索之功」者，從元代程復心到明代陳士元、薛應旂再到清代閻若璩、周廣業、崔述、狄子奇等一大批考據家，他們用考證的手段，在儘量避免摻雜個人思想傾向的前提下，對孟子生平行跡進行艱難的鉤沉考索。可見，後者是對前者在廣延度方面的深化和拓展。

二十世紀以來，孟子研究再度隨著新時期文化的勃興而繁榮。然而，研究主線仍然不出思想研究和生平研究的「二途」〔註3〕。前者如袁保新《孟子

〔註1〕司馬遷《史記》卷一百三十〈太史公自序〉，北京：中華書局1982年版，第3290頁。

〔註2〕章學誠《文史通義》卷五《答客問（中）》，上海：上海書店1988年版，第50頁。

〔註3〕黃俊傑將其劃分爲哲學/觀念史和歷史/思想史兩大研究進路，「前者在研究方法上將《孟子》視爲與社會、政治、經濟變遷無關的哲學文獻，並有意無意間假定孟子思想體系內各個觀念或概念具有某種自主性，在這個假設上解剖孟子學中的重要概念。後者則將孟子及其思想放在歷史或文化史脈絡中加以考慮，尤其注意分析孟子學在思想史中之浮沉變化。這兩種研究進路雖然取徑不同，方法互異，但是相輔相成、交光互影處極多。」黃俊傑《孟子思想史論》卷二〈序論〉，臺北：中央研究院中國文哲研究所籌備處，中華民國八十六年（公元1997年）版，第9頁）

三辨之學的歷史省察與現代詮釋》、陳大齊《孟子的名理思想及其辯說實況》、黃俊傑《孟子思想史論》，及李振綱《孟子的智慧》，賀榮一《孟子之王道主義》，董洪利《孟子研究》，楊澤波《孟子性善論研究》，楊大膺《孟子學說研究》；後者如劉鄂培《孟子大傳》，楊澤波《孟子評傳》等。不過，可喜的是，新時期的孟子研究，已經開始由思想、生平進一步向家族文化拓展。特別是山東鄒縣孟子故里的一批文化工作者，他們日積月累，不懈努力，成就了《孟子家世》（鄒縣政協文史資料委員會編）、《孟子與孟氏宗族》（鄒城市孟子學術研究會、孟氏宗親聯誼會編）《孟子與孟子故里》、《孟子林廟歷代石刻集》、《孟子林廟歷代題詠集》、《孟子志》（劉培桂）等一大批孟子家族文化研究成果。這些成果，為我們展現了孟子家族文化的廣闊視角，是在孟子家族文化研究上的新開拓。

　　不過，事實地說，這樣的研究依然還是循著以孟子思想為核心向孟子生平，進而孟子家族文化層層外推的研究進路。經過這樣的外推，雖然終於觸及到了孟子研究的深刻處，把孟子研究真正植入了中國文化的大背景中，實現了對孟子思想由知道「是什麼」，到進一步知道「為什麼」和「怎麼樣」的「知人論世」式的深化。但在這樣的研究進路下，孟子家族文化始終是以外緣或基礎性、背景性形式，而不是以核心的形式呈現。如果轉換研究進路，以「家族文化」作為問題核心和切入路徑，顯然，對於孟子家族的研究，還需要在以下三個方面有所拓展：一是系統性考察；二是深刻性挖掘；三是聯繫性思考。

　　總之，家族文化是中國文化特質的集中顯現，而孟子家族文化又是中國家族文化的獨特支脈。因而，孟子家族文化是探索中國家族文化，進而深刻把握其文化特質的重要且獨特的視角和切入點。那麼，與中國其他家族文化相比，孟子家族文化又究竟有著怎樣的獨特性？它是如何以特有的方式體現中國家族文化的？它作為儒家文化的微觀體現，又與儒家文化保持著怎樣的一致性？作為中國家族與政治文化的結合物，孟子家族的興衰又是如何反映著國家政治脈搏的律動？這一系列問題的探尋和追問，成就了這一研究主題。

　　對孟子家族文化的興趣，既源於作者多年的文化探索實踐，也源於作者四年孔孟之鄉的求學經歷。宣、亞二聖的文化濡染，概於冥冥中決定了作者對孔孟思想、儒家文化乃至中國文化的好尚與情緣。

　　潘榛《孟志‧後序》有言：「惟不求異乃所以成獨異，惟不急功乃所以成

至功。學《孟子》者去好異與急功之心，其幾乎！」自知於浮躁之中「不急功」之難。呈現於下的這點成果（如果還算得上是成果的話），雖經幾度春秋，潛心汲取，努力鑽研，然以末學陋識，實難有所發明，聊輯見聞，以備遺忘而已。

朱松美

2018 年 1 月 5 日　於濟南

第一章　孟子家族前文化考述

　　孟子家族作爲一個眞正意義上的家族，它的崛起事實上是在宋代以後，在唐宋「孟子升格運動」中隨著孟子在學界和政界地位的提升而逐漸壯大起來的。但所謂萬物皆有源，孟子家族雖然以孟子爲發端經歷了一個由微至顯的過程，但是這個「顯」之前的「微」卻也是我們考查孟子家族文化不可繞過的源頭。這個源頭可以從孟氏先祖的姓氏源流談起，我們不妨把這些內容稱之爲「孟子家族前文化」。

第一節　家族淵源

　　家族淵源，是一個家族後續發展的潛在基因。孟氏家族的源頭，可以遠溯傳說時期的姬姓黃帝，由黃帝後裔武王滅殷建周，周公分封建魯，至魯國「三桓」慶父和衛國孟縶之後的遷徙融匯，成就了後來的鄒國孟氏。從形成到播遷，孟氏家族在應對各種自然和社會環境中經歷了由微至顯的壯大歷程，成就了迄今遍及全國乃至東南亞和歐美多個國家、地區的大家族。

一、孟姓來源

　　姓氏在中國經歷了一個複雜漫長的發展過程。鄭樵《通志‧氏族略》對中國姓氏源流、氏族分合有過詳盡論述，是後人瞭解姓氏文化發凡起例的藍本。

　　大體而言，姓起源於母系氏族。約在距今二十～五萬年由血緣家族向氏族過渡時期，婚姻形式由族內群婚過渡爲族外群婚。在從婦而居的婚姻形式

下，人們知母不知父，爲了區別婚姻，每一個母系氏族都需要有一個區別於其他氏族的稱號，於是出現了早期的姓。所以，從漢字生成上看，中國最古老的姓都從「女」從「生」，表示「女所生」。《通志‧氏族略序》所謂：「女生爲姓，故姓之字多從女，如姬、姜、嬴、姒、嬀、姞、姺、嫄、姷、妘、嫪之類是也。」〔註1〕而姓的作用則是爲了別婚姻，如《白虎通義》所說：「人所以有姓者何？所以崇恩愛，厚親親，別婚姻也。」〔註2〕爲什麼要用姓區別婚姻呢？從早期文獻記載看，我們的祖先很早就發現了近親結婚不利於人類繁殖的規律，如《左傳‧僖公二十三年》「男女同姓，其生不蕃。」《國語‧晉語四》「同姓不婚，惡不殖也」等，都以文獻的形式記錄了人們在生活實踐中對自然淘汰規律的認識。

隨著時間的推移，氏族分支越來越多並逐漸由母系氏族向父系氏族轉變。大量分化出來的父系氏族也需要有一個標誌，這些分化出來的父系分支氏族的標誌就是「氏」。於是在「姓」之外，又產生了「氏」。由於父系氏族時期，已由母系時期無特權的平等意識轉變爲有特權的不平等意識。因而，「氏」與「姓」的作用也隨之發生改變。姓的作用在於「別婚姻」，氏的作用則在於「別貴賤」。所以，《白虎通義‧姓名》記爲：「人所以有姓者何？所以崇恩愛，厚親親，遠禽獸，別婚姻也。……所以有氏者何？所以貴功德、賤伎力。」〔註3〕

由於「姓」是母系氏族時期形成的，「統系百世而不變」，所以，「姓」較少。據顧炎武統計，「見於春秋者，得二十有二」〔註4〕。而「氏」則隨著子孫的繁衍和別貴賤的需要而不斷增多，其得「氏」途徑，鄭樵《通志‧氏族略》總結了以國，以邑，以鄉，以亭，以地，以姓，以字，以名，以次，以諡等三十二類之多〔註5〕。三代以前，「姓」、「氏」嚴格區分，只有貴族有「氏」，

〔註1〕 鄭樵《通志》卷二十五〈氏族略一〉，《四庫全書》（373冊），上海：上海古籍出版社2003年版，第254頁。

〔註2〕 班固《白虎通義》卷下〈姓名〉，《四庫全書》（850冊），上海：上海古籍出版社1987年版，第54頁。

〔註3〕 班固《白虎通義》卷下〈姓名〉，《四庫全書》（850冊），上海：上海古籍出版社1987年版，第54～55頁。

〔註4〕 顧炎武《日知錄》卷23〈姓〉，《四庫全書》（858冊），上海：上海古籍出版社1987年版，第894頁。

〔註5〕 鄭樵《通志》卷二十五〈氏族略一〉，《四庫全書》（373冊），上海：上海古籍出版社1987年版，第255～260頁。

平民無「氏」。三代以後，隨著宗法等級制的顛覆，「氏」不再是貴族的特權。與此同時，「氏」、「姓」開始合一。

嚴格而言，孟姓的得姓是以「字」爲「氏」，而又稱「氏」爲「姓」。從歷史上看，孟姓的得「姓」始祖或有兩個：一是地處山東的魯桓公庶長子仲共慶父；一是地處河南的衛靈公之兄孟縶。魯公族始封者爲周公，衛公族始封者爲康叔，二者均爲周文王之子，武王之弟，姬周之後。各自受封，而以王父字爲「氏」。如此一來，無論是魯國孟姓，抑或是衛國孟姓，其最古老的祖先均同爲姬周子孫。所以，在後來的發展過程中，兩地孟姓日益混融爲一大族姓。

傳世材料把我們追尋中華姓氏先祖的注意力引領到傳說中的黃帝，孟姓先祖最遙遠的記憶源頭也在這裡。《史記‧五帝本紀》載：「黃帝者，少典之子，姓公孫，名曰軒轅。……黃帝二十五子，其得姓者十四人。」〔註6〕不過，用科學的態度觀之，早期文獻記載乃來自於口耳相傳的史前傳說，而傳說在不斷相沿中因摻雜進一代代人不同的觀念信仰而不免呈現出特有的宗教色彩。不過，如若參照考古，駁離其中紛繁渺遠的瑣碎與神秘，還是能夠從中發現眞實的歷史內核。

用這樣的眼光考察這段遙遠的歷史，會發現：黃帝所處的時代，恰是公元前3500年以後的父系氏族社會時期。其時，氏族趨於解體，古國孕育成長。其主幹是活躍在以黃河和長江爲軸心的幾支勢力強大的部族：黃河中上游的黃帝和炎帝部族，黃河下游的東夷部族，以及長江中游的苗蠻和長江下游的吳越。在以上這些著名的部族中，以黃河中游的炎黃部族最爲強大。《國語‧晉語四》有：「昔少典氏娶於有蟜氏，生黃帝、炎帝。黃帝以姬水成，炎帝以姜水成，成而異德，故黃帝爲姬，炎帝爲姜。」〔註7〕黃帝因長於姬水，而得姓「姬」。隨著部族的擴大，炎、黃分別沿黃河南北向東延展。炎、黃部族在攜手戰勝世居東夷的蚩尤部族後，彼此合併，最終由黃帝統一了黃河流域，引領炎黃子孫共同走上了文明之路。黃帝也因此而成爲中華民族的共同祖先。

自黃帝以後，中國歷史由史前進入了文明。《史記‧周本紀》有：「周后稷，名棄。……好耕農，……帝堯聞之，舉棄爲農師，天下得其利，有功。帝舜曰：『棄，黎民始饑，爾后稷播時百穀。』封棄於邰，號曰后稷，別姓姬

〔註6〕　司馬遷《史記》卷一〈五帝本紀〉，北京：中華書局1982年版，第1、9頁。
〔註7〕　上海師範大學古籍整理研究所較點《國語》，上海：上海古籍出版社1998年版，第356頁。

氏。」〔註8〕姬姓後裔從第一個男性始祖棄到武王發，伴隨著東方「子」姓商朝的興衰而再次崛起，公元前1046年，終於滅商建周〔註9〕。

西周以「小邦周」（《尚書·大誥》）代「大邦殷」（《尚書·召誥》）。爲有效實現對地方的統治，姬周實行了分封制和宗法制相輔成的政治制度。所謂「分封制」，即「封建親戚，以藩屏周」（《左傳·僖公二十四年》）。所謂「宗法制」，即以嫡長子繼承，餘子分封，解決宗族內部成員間的親疏、等級與世襲權利。姬周建立及平定武庚叛亂後，陸續分封了一百多個同姓和異姓諸侯國，其中就包括武王的兩個弟弟——封於曲阜的周公所建的魯國和封於朝歌的康叔所建的衛國。《史記·魯周公世家》：「周公旦者，周武王弟也。自文王在時，且爲子孝，篤仁，異於群子。及武王即位，且常輔翼武王，用事居多。……破殷，入商宮。……徧封功臣同姓戚者。封周公旦於少昊之虛曲阜，是爲魯公。周公不就封，留佐武王。」〔註10〕《史記·衛康叔世家》：「衛康叔名封，周武王同母少弟也。……周公旦……以武庚殷餘民封康叔爲衛君，居河、淇間故商墟。」〔註11〕分封兩國的目的在於有效鎮攝東方，鞏固和穩定姬周統治。兩國後裔至魯國桓公的兒子慶父和衛靈公之兄孟縶，子孫分別以王父字爲「氏」，即魯國孟氏和衛國孟氏，由此成就了中國孟氏的兩大發源。

二、鄒國孟氏

魯國自伯禽封魯，傳十五代爲桓公。桓公四子，太子同繼位爲莊公，另有庶長子慶父、次叔牙、次季友，三位因是魯桓公的後代，歷史上合稱「三桓」。按照孔穎達的解釋：「慶父雖爲庶長，而以仲爲字，其後子孫以字爲氏，是以《經》書『仲孫』。時人以其庶長，稱孟，故《傳》稱『孟孫』。其以謚配字而謂之共仲。」〔註12〕我國古代習慣有以伯（孟）、仲、叔、季作爲兄弟

〔註8〕司馬遷《史記》卷四〈周本紀〉，北京：中華書局1982年版，第111～112頁。

〔註9〕關於武王滅商的年代，史學界存在長期爭議。參見吳晉生、吳薇薇《「武王克殷」年代三十家異說綜述，《史學集刊》1994年第3期。此處採用夏商周斷代工程所定年代。

〔註10〕司馬遷《史記》卷三十三〈魯周公世家〉，北京：中華書局1982年版，第1515頁。

〔註11〕司馬遷《史記》卷三十七〈衛康叔世家〉，北京：中華書局1982年版，第1589頁。

〔註12〕孔穎達《春秋左傳正義·莊公二年》，阮元《十三經注疏》（下冊），北京：中華書局1980年版，第1763頁。

長幼排行，《儀禮·士冠禮》記有：「曰伯某甫，仲、叔、季唯其所當。」鄭玄注：「伯、仲、叔、季長幼之稱。」這一習慣從何而始，已無可確考。按照這一習慣，桓公三庶子共仲、叔牙和季友的後代，分別稱爲仲孫、叔孫和季孫。但按照孔穎達的解釋，由於慶父爲庶長子，所以以「孟」代「仲」，其後代稱「孟孫」。三桓子孫以字爲氏，分別稱孟孫氏、叔孫氏和季孫氏。此即焦循《孟子題辭·正義》所謂：「魯桓公生同爲莊公。次慶父爲仲孫氏，次叔牙爲叔孫氏，次季友爲季孫氏，是爲『三桓』。仲孫氏即孟孫氏。」〔註13〕其後，孟廣均編清德宗光緒本《重纂三遷志》記述與之類似：「周公子伯禽封魯，數傳至桓公，桓公生子莊公同及慶父、叔牙、季友。慶父之後爲仲孫氏，與叔孫季孫並稱三家，亦曰『三桓』，仲孫爲三桓之孟，故號孟孫，其後稱孟氏焉。」〔註14〕孟孫氏繁衍發展，即魯國孟氏。

在後來的歷史發展中，鄒國孟氏家族因孟子而顯耀於世，成爲孟氏家族的大宗。但是，鄒國孟氏與魯國孟氏有關係嗎？或者說，鄒國孟氏是否即魯國孟氏後裔向外延展遷移的一支？對此，早期文獻資料如《孟子》、《史記》、《漢書》均無記載。趙岐《孟子題辭》最早提及二者之間的聯繫：「或曰，孟子魯公族孟孫之後，故孟子仕於齊，喪母而歸葬於魯也。三桓子孫既已衰微，分適他國。」〔註15〕趙岐的敘述有三點值得注意：一是以「或曰」冠之，表明了語氣的不肯定，只是一種說法而已；二是以母喪歸葬於魯證孟子爲魯公族後裔，存在著「葬母之地是否係鄒地爲魯所併」的疑問；三是三桓子孫分

〔註13〕焦循《孟子正義》，《諸子集成》（1 冊），上海：上海書店出版社 1986 年版，第 3 頁。

〔註14〕孟廣均編清德宗光緒本《重纂三遷志》卷一〈世系〉，苗楓林主編《孔子文化大全》，濟南：山東友誼書社 1989 年版，第 59 頁。另，關於慶父之後應爲仲孫氏，爲何稱爲孟孫氏，劉濬以爲：「仲後改爲孟，蓋庶子自爲長少，不敢與莊公爲伯仲叔季，公孫不敢祖諸侯也，故自以庶長爲孟。」（劉濬編明憲宗成化本《孔顏孟三氏志》卷六〈亞聖孟氏志事類·姓氏源流〉，四川大學古籍整理研究所編《儒藏》（9 冊），成都：四川大學出版社 2005 年版，第 348 頁）陳鎬與同：「慶父之後，初號仲孫，其後更稱孟孫，示不敢伯仲莊公也。」（陳鎬《闕里志》卷之十三〈弟子志〉，苗楓林主編《孔子文化大全》，濟南：山東友誼書社 1989 年版，第 609 頁）而鄭樵則以爲：「慶父曰共仲，本仲氏，亦曰仲孫氏，爲閔公之故，諱弑君之罪，更爲孟氏，亦曰孟孫氏。」（鄭樵《通志》卷二十八〈氏族略四〉，《四庫全書》（373 冊），上海：上海古籍出版社 2003 年版，第 322 頁）不知何種說法爲確。

〔註15〕趙岐《孟子題辭》，《諸子集成》（1 冊），上海：上海書店出版社 1986 年版，第 3 頁。

適「他國」，並不確定何時分適何國，則難斷此「他國」之中必有「鄒國」。所以，歷史上，針對趙岐的說法出現了兩種不同態度。一種是大膽肯定，如孫弼於金宣宗貞祐元年（公元 1213 年）所立的《鄒公壇廟之碑》，斷然去掉「或曰」，明確宣稱：「其先魯公族孟孫之後」〔註16〕。明譚貞默《孟子編年略》也宣稱：「孟子爲孟孫氏後，學者或疑之，愚獨以爲信也。」〔註17〕另一種則謹慎保守，老實承認其中的疑問和問題，如清閻若璩《孟子生卒年月考》云：「孟子，蓋魯公族孟孫之後，不知何時適鄒，遂爲鄒人。」〔註18〕劉培桂則特撰《孟子先祖新考》，力證孟子先祖非魯國三桓之後〔註19〕。

總之，對於鄒國孟氏先祖，或鄒國孟氏與魯三桓的關係問題，由於資料記載的缺失，今天已無法做出明確結論，只能根據現有零星資料推斷：鄒國孟氏概即魯國孟氏後裔向外遷移的一支。依據有以下四點：其一，三桓子孫確曾向外遷移。趙岐《孟子題辭》有「三桓子孫，既以衰微，分適他國」〔註20〕的記載；其二，趙岐雖然只說魯三桓子孫衰微後「分適他國」，並沒有明確交代究竟「分適」何國，但鄒與魯毗鄰，鄒爲魯國孟氏最可能的遷移之地；其三，魯國三桓何時分適他國，史無明確記載，但《史記·田敬仲完世家》有：田齊於「宣公四十八年，取魯之郕。」張守節〈正義〉有：「《說文》云：『「郕」，魯孟氏邑。』」〔註21〕魯孟氏邑郕被齊破於齊宣公四十八年（公元前408 年），有可能在此次事件之後，魯孟氏後裔國破城亡，被迫「分適他國」，而其中一支遷至鄰國鄒，成爲鄒國孟氏的祖先；其四，孟廣均編清穆宗同治本《孟子世家譜》將孟氏先祖上溯到黃帝，並羅列了自魯國孟氏慶父至孟軻的完整世系爲：「孟子，鄒人，係出於魯。魯之先始自周公，周之先溯自后稷，出自黃帝，前史詳矣，無庸敘列。自周公封於魯，子伯禽是爲魯公。自魯公

〔註16〕碑原存曲阜市鳧村孟母林孟母墓前，已毀。現有孟府藏舊拓，文收入劉培桂編著《孟子林廟歷代石刻集》，濟南：齊魯書社 2005 年版，第 21 頁。

〔註17〕曹之升《孟子年譜·卷上》「周烈王四年」條下引，《先秦諸子年譜》（4 冊），北京：北京圖書館出版社 2005 年版，第 352 頁。

〔註18〕閻若璩《孟子生卒年月考》，《叢書集成續編》，上海：上海書店出版社 1994 年版，第 279 頁。

〔註19〕文收入劉培桂著《孟子與孟子故里》，北京：中國文史出版社 2001 年版，第 30～40 頁。

〔註20〕趙岐《孟子題辭》，《諸子集成》（1 冊），上海：上海書店出版社 1986 年版，第 3 頁。

〔註21〕司馬遷《史記》卷四十六〈田敬仲完世家〉，北京：中華書局 1982 年版，第 1886 頁。

而下傳至隱公，《春秋》託始焉。隱公弟桓公，桓子莊公，莊公弟三人，是爲『三桓』。其一曰共仲，字慶父，初稱仲孫，後更稱孟孫，《春秋》經書『仲孫』，《左氏傳》皆稱『孟孫』故並稱也。共仲生穆伯，敖生文伯，轂生獻子蔑，蔑生莊子速，速生孝伯羯，羯生僖子貜，貜生懿子何忌，何忌生武伯彘，彘生敬子捷，世爲魯大夫。捷生子敏盧墓，不仕，子敏生激字公宜，娶仉氏，夢神人乘雲攀龍鳳自泰山來，將止於嶧，母凝視久之，忽見片雲墜而寤，時閭巷皆見五色雲覆孟氏居，而孟子生焉。」〔註 22〕文中後半部份孟母生孟軻的神秘，難免使人產生對前半段世系的懷疑。查焦循《孟子題辭・正義》的記述，又與此段記述有明顯不同，他在趙岐「或曰：『孟子，魯公族孟孫之後』」文後釋曰：「慶父生公孫敖，即孟穆伯；穆伯生文伯惠叔；文伯生仲孫蔑，即孟獻子；獻子生仲孫速，即孟莊子；莊子生孺子秩；秩生仲孫貜，即孟僖子；僖子生仲孫何忌，即孟懿子；懿子生孟孺子洩，即孟武伯；武伯生仲孫捷，即孟敬子」焦循的孟氏世系至此戛然而止，後文則轉爲「入春秋後，其獻子次子懿伯生仲孫羯……別爲子服氏」。故而，在本段釋文最後，焦循謹愼地下結論說：「孟子既以孟爲氏，宜爲孟孫之後。但世系不可詳，故趙氏以『或曰』疑之耳。」〔註 23〕同爲孟廣均主編的清德宗光緒本《重纂三遷志》對此同樣也採用了謹愼說法：「孟子即孟孫之後也。先世名字不可考，或曰孟敬子生滕伯，伯生廖，廖生軻。或曰孟子父激公宜，母仉氏。」〔註 24〕不過，對比《孟子題辭・正義》和《重纂三遷志》，不難發現，二者關於孟氏先祖的記述有一個共同點，即：春秋以前魯國孟氏世系較清晰，而入春秋後，在孟敬子至孟軻之間，孟子先祖世系模糊不清。導致這一現象的原因，概因戰國之後戰亂激烈，致使史料缺乏使然。

以公元前 594 年和公元前 546 年兩次弭兵大會爲界，春秋由前期「禮樂征伐自諸侯出」，轉入後期「禮樂征伐自大夫出」（《論語・季氏》），開啓了諸侯卑弱卿大夫崛起的時代。魯「三桓」就是魯國卿大夫崛起的典型。魯僖公即位，就是由季氏擁立而成，這是三桓登上魯國政治舞臺，操縱魯國政治的先聲。公元前 609 年，魯文公死，三桓後裔季孫氏、孟孫氏、叔孫氏在魯公

〔註 22〕孟廣均編清穆宗同治本《孟子世家譜》卷首〈姓源〉，現存鄒城市文物局。

〔註 23〕焦循《孟子題辭・正義》，《諸子集成》（1 冊），上海：上海書店出版社 1986年版，第 3 頁。

〔註 24〕孟廣均編清德宗光緒本《重纂三遷志》卷一〈世系〉，苗楓林主編《孔子文化大全》，濟南：山東友誼書社 1989 年版，第 59 頁。

族殺嫡立庶的權力爭奪中乘機發展勢力，各自在封邑築城（季孫築費、孟孫築郕、叔孫築郈）作為基地，以此為基礎向外擴展，並借用承認土地私有及實行新的剝削方式等，招徠逃亡者和破產農民〔註25〕，以擴充經濟和軍事實力，三桓勢力逐漸崛起。隨著「三桓」勢力的壯大，他們開始操縱魯國政權。公元前562年，「作三軍」（《左傳·襄公十一年》），三家平均瓜分了魯國軍隊，這在歷史上稱作「三分公室」。二十五年之後，因季氏勢力獨強，又「四分公室，季氏擇二，二子各一，皆盡征之，而貢于公。」（《左傳·昭公五年》）至此，魯國公室已是徒有虛名。

統覽《春秋》經、傳及《論語》、《國語》等先秦古籍，可以看到：三桓後裔中，以孟文子、孟獻子和孟莊子聲名最為顯赫。他們在不同時期活躍於魯國政壇，在魯宣、成、襄三公統治時期，夾輔公室，長期左右魯國的內政外交，是「三桓分公室」的具體踐行者。從孟武伯以後，孟氏開始走向衰落，有關孟氏家族的記載也逐漸淡出文獻記載。而公元前408年的齊攻魯得郕，孟氏喪失家園，恐怕是魯國孟氏家族衰落過程中受到的最後也是最重的一次打擊。

此後至孟子之前，鄒國孟氏的活動與傳承情況因缺乏史料記載，只得付諸闕如。

三、聚族而居與後裔繁衍

（一）聚族而居的中國傳統

中國由氏族向階級社會過渡中血緣紐帶解體的不充分，導致了三代典型宗法等級體制的興盛。它的典型性在於從高層貴族到低層庶民，全部以血緣親疏為標準，以宗法與分封為依循，形成層層相屬的財產、地位與權力等級。在這樣的體制下，宗族（或家族）而不是地域，成為自上而下權力控制的關鍵樞紐。每一個新王朝建立，總是按照習慣法對舊王朝的子民實施部落殖民統治，以保持其血緣宗族的完整。由《左傳·定公四年》記魯國分封：「殷民六族：條氏、徐氏、蕭氏、索氏、長勺氏、尾勺氏，使帥其宗氏，輯其分族，將其類醜，以法則周公。」封「殷民七族：陶氏、施氏、繁氏、錡氏、樊氏、饑氏、終葵氏……於殷墟」〔註26〕，可見規模之盛。

〔註25〕《左傳·哀公十一年》：「季孫欲以田賦，使冉有訪諸仲尼。」
〔註26〕《四書五經》（下冊），天津：天津市古籍書店1988年版，第492頁。

春秋戰國的社會變革，使典型的宗法制度遭到顛覆。但是，以血緣紐帶
爲維繫的宗法組織形式——家族，卻作爲中國社會的深層積澱，歷經社會動
亂、經濟形態和政權形式的變遷而以變幻了的形式頑強地保留下來。《白虎
通·宗族》有：「族者何也，族者湊也，聚也，謂恩愛相流湊也。生相親愛，
死相哀痛，有會聚之道，故謂之族。」〔註 27〕聚族而居，生相親愛，死相哀
疼，作爲牢固的民族心理成爲整個民族的「潛意識」，在社會生活中彰顯出頑
強的穩定性和延續力，歷時彌久而情致不衰。秦漢以後，隨著以地域統治爲
特徵的新的君主政治體制的確立，將血緣與地緣相結合，形成家族與地望相
結合的家族聚居團體，實現家族成員在地域概念上的親近性，成爲人們普遍而
強烈的心理傾向，反映在社會現實生活中，表現爲以一個男姓祖先爲核心的子
孫聚居在某一區域，如同具有強勁生命力的細胞，屢經劫難卻始終生生不息。

　　秦漢以後，家族形式的流衍發展經歷了多次來自社會和制度方面的挑
戰。其中最嚴重的有兩次：一次是魏晉時期的中原戰亂，一次是唐宋以後的
社會巨變。但是，強固的家族組織卻安然地應對了一次又一次社會環境的挑
戰而延續了下來。

　　在東漢後期以迄於整個魏晉南北朝長期的北方戰亂中，北方家族爲避戰亂
被迫外徙，其中以「永嘉南渡」聲勢最爲浩蕩。但幾乎每一次這樣的遷徙都是
舉族而遷，到了目的地後也以僑置郡縣的方式保持著聚族而居的生存形式。所
謂：「衣冠望族，桑梓情殷。汝南應劭、魯國孔融，地因人重，名以望傳。雖遷
徙靡常，寄寓他所，而稱名所繫，仍冠舊邦，庶邑居井里，以亡爲有，實去名
存。」〔註 28〕可見，無論社會環境多麼動盪惡劣，人們對族系地望的重視以及
對家族凝聚的認同感始終維繫不減，如陳寅恪所說：「吾國中古十人，其祖墳佔
宅與田產皆有連帶關係。……故其家非萬不得已，決無捨棄其祖塋舊宅並與塋
宅有關之田產而他徙之理。」〔註 29〕因爲，徙居異地不僅意味著家族累世產業
和經濟來源的喪失，也往往意味著固有社會關係和社會地位的失墜。這對於農
耕經濟下每一個經濟體的打擊是致命的。從一方面看，魏晉時期北方大規模的

〔註 27〕班固《白虎通義》卷下〈宗族〉，《四庫全書》（850 冊），上海：上海古籍出版
　　　　社 1987 年版，第 54 頁。

〔註 28〕胡孔福《南北朝僑置州郡考·敍》，北京：北京圖書館中華全國圖書館文獻縮
　　　　微中心 1992 年縮微版，現存北京國家圖書館。

〔註 29〕陳寅恪《論李棲筠自趙徙衛事》，《金明館叢稿二編》，上海：上海古籍出版社
　　　　1980 年版，第 2 頁。

家族流移與外徙，在客觀上的確對傳統的家族生存造成了極大困難，其中除少數靠結塢自保頑強地堅持下來外，大部份因此而受到重創。但從另一方面看，「衣冠南渡」也帶來了南方經濟的發展。南方的家族體系、分佈及其發展勢頭因此而日趨完整並快速成熟起來。僑置郡縣的設置，以點帶面，很快帶動或影響了周邊社會，促使南方原本處於幼弱狀態下的家族勢力，在北方家族的楷模作用及與北方家族的抗衡中迅速壯大起來，最終南、北方家族共同在南方生根開花，枝繁葉茂。以至於南方家族的密集及其勢力的強固，跨越以後的唐、宋、元、明、清多個朝代，一直延續到近代，表現出了旺盛的生命力。

唐宋社會經濟政治的新變動，促成了大規模、全社會性的家族組織的重建。唐宋之際，經濟上，在生產力進步基礎上的工商業發展，引發了包括土地所有制、租佃關係和人身依附等農業生產關係的新變化；政治上，中央皇權與地方割據勢力的衝突接近終點，形成了中央集權高度強化、科舉制普遍推行等制度方面的新變化。這些變化，無疑使傳統的世家大族式家族組織面臨分裂的威脅與困擾：一方面，佃客、部曲不再迷戀於莊院經濟的保護，脫離莊院游離於社會，成爲小生產者，削弱了家族的經濟力量；另一方面，家族子弟通過科舉獲得官位，出於國家政治的需要，作爲地方官必須在其任職地買下田產定居下來，從而難以重新回到原籍與家族聚族而居，這就破壞了傳統的家族聚居方式，促成了家族成員不規範地四處播遷。

正是面對舊有的家族組織的削弱和動搖，唐宋之際，受家族宗法長期浸潤的士大夫感慨於古老血緣力量的衰敗，而在民間興起了一場聲勢浩大的家族復興運動。

透過《二程遺書》，我們看到了程頤對宗法制度衰敗的焦灼以及從政治出發意圖建構新的宗法體系的努力：

> 今無宗子，故朝廷無世臣。若立宗子法，則人知尊祖重本。人既重本，則朝廷之勢自尊。古者子弟從父兄，今父兄從子弟，由不知本也。且如漢高祖欲下沛時，只是以帛書與沛父老，其父老便能率子弟從之。又如相如使蜀，亦遺書責父老，然後子弟皆聽其命而從之。只有一個尊卑上下之分，然後順從而不亂也。若無法以聯屬之，安可。〔註30〕

〔註30〕朱熹、呂祖謙編選《近思錄》卷九〈制度〉，北京：中國三峽出版社 2008 年版，第 150 頁。

　　程頤從中國以孝爲本、家國同構的倫理文化出發，再一次論證了宗法制對於社會政治治理的重要，甚至把宗法的樹立提升到了「天理」的哲學高度。

　　不僅程頤，其他諸如蘇軾、張載等一大批文人士子也都圍繞改變這一現狀獻計獻策。如蘇軾提出：「自秦、漢以來，天下無世卿，大宗之法，不可以復立。而其可以收合天下之親者，有小宗之法存，而莫之行，此甚可惜也。今夫天下所以不重族者，有族而無宗也。有族而無宗，則族不可合，族不可合，則雖欲親之而無由也。族人而不相親，則忘其祖矣。今世之公卿大臣賢人君子之後，所以不能世其家如古之久遠者，其族散而忘其祖也。故莫若復小宗，使族人相率而尊其宗子。宗子死則爲之加服，犯之則以其服坐。貧賤不敢輕，而富貴不敢以加之。冠婚必告，喪葬必赴。此非有所難行也。今夫良民之家，士大夫之族，亦未必無孝悌相親之心，而族無宗子，莫爲之糾率，其勢不得相親。是以世之人，有親未盡而不相往來，冠婚不相告，死不相赴，而無知之民，遂至於父子異居，而兄弟相訟。然則王道何從而興乎？」因此，解決問題的出路在於：「天下之民，欲其忠厚和柔而易治，其必曰自小宗始」，「欲教民和親，則其道必始於宗族」〔註31〕。張載也指出：「管攝天下人心，收宗族，厚風俗，使人不忘本，須是明譜系世族與立宗子法。宗法不立，則人不知統系來處。古人亦鮮有不知來處者。宗子法廢，後世尚譜牒，猶有遺風。譜牒又廢，人家不知來處，無百年之家，骨肉無統，雖至親，恩亦薄。宗子之法不立，則朝廷無世臣。且如公卿一日崛起於貧賤之中以至公相，宗法不立，既死遂族散，其家不傳。宗法若立，則人人各知來處，朝廷大有所益。或問：『朝廷何所益？』公卿各保其家，忠義豈有不立？忠義既立，朝廷之本豈有不固？今驟得富貴者，止能爲三四十年之計，造宅一區及其所有，既死則眾子分裂，未幾蕩盡，則家遂不存。如此則家且不能保，又安能保國家！」〔註32〕在復興宗法與政治永續的關係處理上，程頤和張載在認識上取得了高度一致。總括起來看，他們對家族重建的呼籲和建構主要包含了以下幾個方面：一是總結舊的家族制度崩潰給社會管理帶來的困境，從家族建立與政治穩定的層面論證家族重建的必要性，呼籲政治層關注和支持新的家族制度重建問題。張載考察了三代宗法式家族和魏晉世家大族式家族的興亡過

〔註31〕蘇軾《策別安萬民二》，《蘇軾文集》卷八〈策〉，北京：中華書局 1986 年版，第 256～257 頁。
〔註32〕張載《經學理窟・宗法》，《張載集》，北京：中華書局 1978 年版，第 258～259 頁。

程後提出：唐末五代以來動盪分裂的主要原因之一就是「宗子法廢」。由於家族制度的廢弛，血緣紐帶的斷裂，以致至親恩薄，骨肉相殘，爭奪不休，社會因此而動盪不安。恢復、重建宗法制度不啻為化解矛盾爭鬥、消除社會動盪的理想舉措；二是圍繞如何重建家族制度進行了初步的理論性探討。主要提出了三點措施：一是設立家族宗子以管理家族事務；二是建立家廟以祭祖先；三是創設家法以約束族眾。通過這三點，可以基本解決家族內部管理、家族凝聚力及家族秩序維繫方面的問題。

對宋代家族重建起到關鍵作用的是朱熹。朱熹一方面把宗族共同體提升到最高哲學範疇——理的高度，從這一高度論證宗族的合理性：「立宗子法，亦是天理。譬如木，必有從根直上一幹，亦必有旁枝。又如水，雖遠必有正源，亦必有分派處，自然之勢也。」〔註 33〕另一方面，在前人的基礎上，對新的封建官僚家族制度進行更詳盡的設計〔註 34〕。在朱熹的設計藍圖中，每一個家族都由一個宗子或族長統領；每個家族建立一個祠堂，供奉高、曾、祖、禰四世先祖〔註 35〕；每個家族都制定嚴格的族規家法，用以約束族眾的言行，維繫家族秩序。朱熹的論證相比於以上三子，內容近似，形式卻更加縝密。更進一步，朱熹還提出了維繫家族組織最重要和最基礎的經濟因素——族田問題。朱熹認為，族田是家族賴以存在的經濟維繫，可以為族眾在豐欠與貧富之間提供一種調適，保障族眾不因災荒、貧困而流亡、潰散：「須是且如唐時立廟院，仍不得分割了祖業，使一人主之。」〔註 36〕除此而外，朱

〔註 33〕 朱熹、呂祖謙編選《近思錄》卷九〈制度〉，北京：中國三峽出版社 2008 年版，第 150 頁。

〔註 34〕 朱熹的家族設計方案，可見《朱子家禮》卷一〈通禮〉，包括建祠堂、置祭田、具祭器、定時祭「宗子主祭……祭自高祖以下。古人宗子越在他國，則不得祭，而庶子居者代之。今人主祭者遊宦四方，或貴仕於朝，又非古人越在他國之比，則以其田祿，修其薦享，尤不可闕不得一身去國而以支子代之也。宗子所在，宜奉二主以從之。支子所得自主之祭，則當留以奉祀，不得隨宗子而徙也。……四時大祭，既葬亦不可行。……出妻入廟，決然不可。為子孫者，只合歲時就其家之廟拜之，若相去遠則設位望拜可也。族祖及旁親皆不當祭。」（丘濬《朱子家禮》，清仁宗嘉慶六年（公元 1781 年）寶寧堂刊本，第 1〜13 頁）和《近思錄》卷九〈制度〉（北京：中國三峽出版社 2008 年版）

〔註 35〕 丘濬《朱子家禮》卷一〈通禮・祠堂〉：「君子將營宮室，先立祠堂於正寢之東，為四龕，以奉先世神主。」（清仁宗嘉慶六年（公元 1781 年）寶寧堂刊本，第 1 頁）

〔註 36〕 朱熹、呂祖謙編選《近思錄》卷九〈制度〉，北京：中國三峽出版社 2008 年版，第 148 頁。

熹還借程頤的話，特別強調了建立族譜的重要：「伊川曰：『管攝天下人心，收宗族，厚風俗，使人不忘本，須是明譜系，收世族，立宗子法。』」〔註37〕

經過宋代文人的輿論和實踐努力，上古以尊祖、敬宗、收族為基本原則的宗法制，經過一番周密調整，實現了向以修宗譜、建宗祠、置族田、立族長、訂族規為主要內容的新的宗法制度的轉變。

這股宗法復興的文人潮流，目的在於維繫社會政治秩序的穩定。因為家族組織一則會以血緣溫情幫助政府把鬆散的個體農民組織於土地之上，並使他們以隔離、閉塞的方式生活在狹小的生活空間，自願接受族長族規的控制與管理；另則會以族產的賑濟收攏族人，對緩和矛盾，削弱反抗，穩定統治秩序，從而減輕政府對農民的管理難度大有裨益。

由此，文人們旨在恢復家族宗法的努力，得到了政治層的認同。朝廷對家族宗法的扶持主要表現在以下三點：一是精神上的旌表，即對有影響的家族由皇帝和官府發布詔令，請封誥、立牌坊，從精神上予以表彰，引導人們崇尚大家族；二是物質上的獎掖，即對有影響的家族予以賜給粟帛、免除賦役等利益，以物質資助大家族的延續壯大並誘導人們加以仿傚；三是法權上的保護，即在法律上承認族長對家族的統治權，對有害於家族制度的行為予以法律制裁。比如宋太祖於開寶三年（公元 970 年）以後陸續頒佈的關於「誘人子弟析家產者令所在擒捕流配」，「父母在而別財異居者論死」的法典，及宋太宗每每於出行地接見當地宗族長的舉動〔註 38〕，均是上述手段的體現。政府和文人的聯手推動，促成了宋代以後家族重建的成功，使家族得以以新的形式存續下來。

無論何種形式的家族組織，其基礎都是建立於血緣紐帶之上，而重視血緣親情的儒家思想無疑最有益於對家族的倡導與維繫。在整個中國家族組織曲折、變幻的大背景下，秦漢以後的孟氏家族，也隨著社會經濟、政治形式的變化而變化，興衰起伏，綿延流轉。

孟氏後裔既以孟子為榮耀而彰顯其家族的凝聚力，孟子自然被尊奉為孟氏家族的始祖。孟氏家族在孟子以後的遷演流變過程中，自然而然地形成了以孟子所在地鄒為居住核心的故里後裔和遷徙至其餘地區的外徙後裔。

〔註37〕朱熹、呂祖謙編選《近思錄》卷九〈制度〉，北京：中國三峽出版社 2008 年版，第 150 頁。

〔註38〕吳雁南、秦學碩、李禹階主編《中國經學史》，北京：人民出版社 2010 年版，第 386、387 頁。

（二）孟子家族後裔的繁衍播遷

1. 孟子故里後裔的繁衍

據《孟子世家譜》及《三遷志》等相關史料記載，孟氏家族故里後裔的傳承，在第四十五代孫孟寧之前，因社會動盪所致家譜記載的損毀，均已無據可查。這一事實記於孟寧於宋元豐七年（公元 1084 年）主持纂修的族譜序中：「自二代仲子以後，或貴顯，或潛晦，代有人焉。至四十四代先君子公齊公，值皇宋景德初，契丹大舉入寇，車駕北巡，山東騷動，乃藏家譜於屋壁，攜家避匿東山而終焉。家譜所在而人不知也。逮元豐六年，家人拆毀故屋，得爛簡於壁，拾其鼠齧蠹蝕之餘，詳視細認，歷代名字有存有沒，事蹟有詳有略，姑綴輯遺譜藏於家，以俟將來。」〔註 39〕孟寧譜序的記載非常明確：孟氏家族原有族譜，但因宋景德初金兵南下，避亂東山，倉促之下，將族譜藏於屋壁，至宋神宗元豐六年（公元 1083 年）壞屋重新獲得，早已鼠齧蝕蠹，孟寧撿其斷爛之餘，重新整理，家譜已不完整。所以，在孟氏家譜世系傳承中便出現了如下不合常理且無從解釋的問題（見附表：孟子嫡裔世系表）：一，孟子嫡裔，自二代孟仲子起，竟有二十代單傳。至二十一代孟觀始有二子，長子名嘉，次子名陋。嘉又有二子，長名懷玉，次名龍符。自此以下又是十代單傳，直至三十三代。在中國傳統多子多福的文化觀念下，即便遭遇兵燹災難，一個家族的子孫傳承一般不會出現這樣的狀況；二，孟子嫡裔自三十三代孟浩然，至其長子孟雲卿，雲卿長子孟簡，應為三十五代嫡裔，但譜牒所載，第三十六代卻為孟雲卿弟孟庭玢之子孟常謙。三代所處的時代雖為唐朝中後期，北方或有藩鎮之擾，但畢竟是中國鼎盛時代，在這樣一個國家統一，社會環境尚屬和平的時代，家族傳承的記載出現如此問題，其原因除了用斷爛解釋外，無以為解；三，由表中可見，四十五代孟寧之前記載或單傳、或前後銜接有問題，自孟寧之後記載明顯詳細清晰得多，這一狀況似乎也可以給我們透露一種信息：前期記載信息的丟失。對此，孟廣均編清德宗光緒本《重纂三遷志》曾坦言：「今述世系，從公濟始者，據孟氏《世譜》，公濟以下乃有世次可稽也。其四十四代以前，舊《志》所載諸名類，皆附會失實。」〔註 40〕

〔註 39〕孟廣均編清穆宗同治本《孟子世家譜》卷首〈孟寧序〉，現存鄒城市文物局。
〔註 40〕孟廣均編清德宗光緒本《重纂三遷志》卷一〈世系〉，苗楓林主編《孔子文化大全》，濟南：山東友誼書社 1989 年版，第 69 頁。

　　孟氏後裔至五十三代孫孟之訓時，遭值元末兵亂，爲避兵遊走於關、陝、秦、晉間，亂稍平，孟之訓嫡子孟思諒攜母歸鄒，守奉祀事。大明一統後，孟思諒偕襲封衍聖公朝京面奉明詔，歸鄉奉祀事。族長孟之全及族人孟思言等共同協商、議定以孟子五十四代嫡孫孟思諒爲大宗宗子，並由張煥摭眾議以爲記，是爲《孟氏宗支之記》。記文以家法的形式於元末戰亂後，重新確立了孟氏大宗。此後，隨著國家的統一安定，孟氏族人也漸實於鄉，族眾與日俱增。爲便於對族眾的管理，孟氏大宗嫡裔自第五十五代始有「十一派」、「二十戶」的劃分（見附表：孟氏「十一派」、「二十戶」劃分表）。立宗支法的目的，在於通過份派的劃化，釐清其分支遠近，以解決後續子孫傳承過程中家庭分支、人丁繁衍等問題，如張煥在《孟氏宗支之記》中所說：「天地定位，四時順序；宗支定位，子孫不紊。古聖賢法天地定位之理，分宗支之辨，蓋順天道正綱常也。天道順，綱常正，家齊國治而天下平矣。亞聖有言，天下之本在國，國之本在家。今孟氏原始要終，依家禮立宗支法，可謂奉上先訓知先務也。」〔註41〕「十一派」的劃分始於孟氏五十五代「克」字輩。據《家譜》統計，孟氏大宗嫡裔傳至五十五代已有四十二人，其中三十一人在三、四代內失傳，其餘克仁、克誠、克昭、克威、克珏、克寬、克伊、克繼、克緝、克綸共十一人分爲十一派。自五十五代「克」字輩至第五十六代「希」字輩，共有三十三人，除其中十一人無傳，其餘二十二支又細分爲「二十戶」，且各有戶名。「二十戶」的劃分依據嫡長子爲大宗，餘子爲小宗的宗法規則，並考慮到克仁之子希文始授翰林院五經博士主祀事的情況，以希文長曾孫——第五十九代孟彥璞爲第一大宗戶，其餘爲小宗戶，並各依其所居地命名。如此，便形成了「戶繫於派，派統於宗，世代井然，源流連貫」〔註42〕的宗族傳承系統，收入本系統中的統稱爲「故里後裔」。其餘在十一派二十戶以外或早年遷居他鄉的孟姓後裔，則統稱爲「外徙後裔」。

　　從《家譜》記載看，孟氏後裔人口繁衍情況總體呈平穩上升態勢。至清代，據現在僅存的兩種孟氏家譜中較早的一部——清宣宗道光本《孟子世家

〔註41〕張煥《孟氏宗支之記》，孟氏族長孟之全、舉事孟克明於洪武四年（公元1371年）立石，石現存孟廟啟賢門外東側。文收入劉培桂編著《孟子林廟歷代石刻集》，濟南：齊魯書社2005年版，第90～91頁。

〔註42〕劉培桂主編《孟子志》，濟南：山東人民出版社2009年版，第405頁。

譜》記載，故里後裔僅在譜的十五歲以上成年丁男即已達五千餘人〔註43〕。
丁口繁衍增加的原因，除了經濟發展、環境穩定下生存質量提高，就孟氏家
族而言，還有兩個特殊原因：

　　一是政治政策方面。唐宋以來，特別是元明清三朝，伴隨宋代以後儒學
理論的轉換，孟子受到來自學術與政治界的日益尊崇。與此相對應，在宋代
以後新一輪的家族重建風潮中，孟子家族更是受到來自朝廷和民間的雙重關
注。其中政府對孟子後裔在經濟上的優待，成爲孟子家族興盛的直接推手，
特別是賜田賜戶、蠲免差徭，構成了孟子家族人口繁衍加速的最主要動因。
自秦漢至清雍正元年（公元 1723 年）「攤丁入畝」，其間兩千年，我國賦役制
度一直實行地、丁兩條征稅渠道。丁銀的徵收成爲無地或少地農民的沉重負
擔。孟氏家族賦役的免除，解除了由人丁增長帶來賦役負擔的後顧之憂，因
此成爲家族後裔人口逐年遞陞的一個重要原因。

　　二是主觀心理方面。唐宋以來孟子地位的提高，除了爲孟子家族帶來直
接經濟優惠外，還有自朝廷到民間對孟子家族的優禮與尊崇。對孟子及其父
母的不斷詔封、賜贈，包括對孟子嫡裔主祀人的襲封和晉賞，在孟子後裔的
心裏自然會產生一種欣悅與自豪的情緒和心理。我們從楊瑒爲紀念孟希文被
授世襲翰林院五經博士一職寫的《亞聖五十六代孫世襲翰林院五經博士榮歸
記》的碑文中，可以窺到這一現象：「迨今聖天子舉行盛典，斷自宸衷，超越
前代。以顏、孟有功於世道，不任以有司之煩職，特授以翰宛之清官。寵命
初頒，朝野交慶。豈但增輝顏、孟之門，實則聳動士風之振。」〔註44〕上述
「朝野交慶」，「聳動士風之振」的修辭裏，明顯洋溢著一種自豪激越的情緒。
家族榮光爲孟氏後裔帶來巨大的心理激勵，而這樣的心理影響又必然衍生爲
對行動上的影響，孔公恂爲孟希文寫的《亞聖五十六代孫世襲翰林院五經博
士士煥孟公墓誌銘》：「夫以孟子後歷二千年而始膺世職，非人待世，乃世待
人也。公授職以勉紹祖訓爲志，整修祀典，開墾祀田，於廟庭禮樂無不釐正，
洵謂不曠其官」，反映了由這種心理激勵推動產生的行爲變化。因而，由政府
推崇所產生的良好的社會氛圍，必有益於家族後嗣的繁衍發展，即所謂：「亞
聖明道，後嗣宜昌」〔註45〕。

〔註43〕此據劉培桂主編《孟子志》，濟南：山東人民出版社 2009 年版，第 405 頁。
〔註44〕碑現存孟廟致敬門內院甬道東側。文收入劉培桂《孟子林廟歷代石刻集》，濟
　　　　南：齊魯書社 2005 年版，第 144 頁。
〔註45〕孟衍泰編清世宗雍正本《三遷志》卷十〈祭謁‧墓誌銘〉，四川大學古籍整理

2. 孟子家族後裔的外徙

隨著時間流轉與時代變遷，孟子家族後裔不斷由故里向外遷徙。有關孟子後裔外徙的情況，在四十五代孟寧之後，才有了確鑿記載。據《孟子世家譜》、各地《縣志》及孟氏流寓各地《支譜》所載，孟氏後裔外徙情況較爲複雜，但其大概流動變化，始終與中原政局變動保持著同步。

秦漢時期，社會環境較爲穩定，孟氏後裔也大致保持了一個相對穩定的狀態。自魏晉以後至明清，隨著社會環境的動盪與變遷，孟氏後裔發生過三次大規模外遷：第一次是魏晉南北朝北方戰亂時期，孟氏後裔匯入南遷洪流，流徙至江漸一帶。孟龍符是此次南遷的始遷祖；第二次是金與蒙古入主中原。孟彥弼、孟忠厚父子在宋室南遷中「扈後南渡」〔註46〕，成爲南孟後裔的主幹，由此奠定了後來的孟氏南、北兩大分支體系；第三次是明、清時期，在國家統一、社會穩定的大環境下，孟氏後裔人口急增，有許多因爲官、經商等原因外遷。此次遷徙與前兩次相比，區別在於職業或生存需要，而非戰爭脅迫，因而遷徙目的地沒有一定的指向性，呈輻射狀態向全國播遷，北起東三省，南至湖湘，西至川陝，播遷地域範圍之廣超越前兩次。

除了這些大規模遷徙外，在一些特殊歷史時期，比如唐代社會強盛或明末海禁廢弛、中外交流頻繁，部份大陸孟氏後裔陸續向海外拓展，徙居臺灣、朝鮮和日本等地。如孟子四十代孫孟承訓，便是於唐僖宗文德元年（公元 888 年）徙居朝鮮半島，成爲韓國孟氏的始遷祖，而當年隨宋高宗南渡的孟子四十二代孫孟忠厚，傳十九世至六十一代孫孟治庵，於明末由杭州東渡日本，並先後改名渡邊、武林，成爲現在日本廣島孟氏後裔的始遷祖〔註47〕。

研究所編《儒藏》（10 冊），成都：四川大學出版社 2005 年版，第 57 頁。

〔註46〕《紹興縣志》記有：北宋哲宗時，孟彥弼「扈後南渡至越州。今越之孟氏皆其後也。此孟氏南北兩支之所由分也。……彥弼……次子忠厚及其長子德璘居紹興府治右賜第。」（轉引自劉培桂主編《孟子志》，濟南：山東人民出版社 2009 年版，第 408～409 頁）

〔註47〕以上分別據《孟氏朝鮮支派世系》、韓國《新昌世家譜》及孟府檔案《武林孟氏志考》等資料，詳見劉培桂主編《孟子志》濟南：山東人民出版社 2009 年版，第 413～415 頁；鄒城市孟子學術研究會、孟氏宗親聯誼會編《孟子與孟氏宗族》北京：中國文史出版社 2005 年版，第 108～110 頁。

第二節　孟子生平辨正

　　司馬遷的《史記》是記載先秦史蹟最爲可靠的材料，然而對於孟子，《史記》僅在〈孟子荀卿列傳〉中以區區一百三十七字記載其生平，全文如下：

　　　　孟軻，騶人也。受業子思之門人。道既通，游事齊宣王，宣王不能用。適梁，梁惠王不果所言，則見以爲迂遠而闊於事情。當是之時，秦用商君，富國強兵；楚、魏用吳起，戰勝弱敵；齊威王、宣王用孫子、田忌之徒，而諸侯東面朝齊。天下方務於合縱連衡，以攻伐爲賢，而孟軻乃述唐、虞、三代之德，是以所如者不合。退而與萬章之徒序《詩》、《書》，述仲尼之意，作《孟子》七篇。

　　上述記載中有參考價值的信息不足百字，實在過於簡略。由此，導致了有關孟子生平行跡如先祖、籍貫、父母、名字、生卒、遊歷等諸多問題的模糊和未知，以至於歧見紛呈，難有定論。除《史記》記載外，有關孟子生平事蹟的早期材料還有《孟子》、《孔叢子》、《列女傳》、《韓詩外傳》等，但除《孟子》外，其他材料本身的可信度就遭到質疑，不足爲據。而《孟子》七篇本身也同樣存在兩個問題：一是其成書問題迄今意見不一；二是七篇內容並非按時間先後排序，導致孟子生平遊歷失據〔註48〕。

　　不過，即便材料實在有限，後人對孟子生平還是做了許多艱難的探索。這些探索，使關於孟子生平的諸多問題和困惑變得越來越明晰，也爲後人進一步研究奠定了基礎。

一、孟子父母

　　元代程復心據趙岐的「或曰：『孟子魯公族孟孫之後』」〔註49〕確定了孟

〔註48〕元程復心《孟子年譜》有：「《孟子》非編年之書，安得以見梁惠王爲應聘第一事？其見齊宣王實前乎此矣。後乎此而去梁則見齊愍王矣。一見曰『叟』，知非復四十不動心之時，其不以游梁始甚明著也。」（《先秦諸子年譜》（4冊），北京：北京圖書館出版社2005年版，第37頁）清黃本驥《孟子年譜》：「《史記》次適梁於適齊之後，以《孟子》及《家譜》證之，實先適梁而後適齊也。適梁之明年，惠王薨，孟子始由梁而之齊。」（《先秦諸子年譜》（5冊），北京：北京圖書館出版社2005年版，第223頁）黃氏在此顯視《孟子》爲編年體史書，以《孟子》以梁開篇爲孟子遊歷由梁始。而程復心明顯駁其視《孟子》爲編年體史書。

〔註49〕趙岐《孟子題辭》，《諸子集成》（1冊），上海：上海書店出版社1986年版，第3頁。

子爲魯三桓孟孫氏後裔的家族譜系〔註 50〕。明代的《孔顏孟三氏志》、《三遷志》、《孟志》及清代的《重纂三遷志》、焦循《孟子正義》等明清孟氏史志，則詳列了自孟孫之後孟氏後裔的譜系。但在這些譜系中，越是接近孟子直系祖先越變得模糊起來，以至於從孟敬子到孟子之間竟有數代空缺〔註 51〕。面對這一殘缺不全的譜系，焦循的解說不得不老實承認：「孟子既以孟爲氏，宜爲孟孫之後，但世系不可詳，故趙氏以『或曰』疑之耳。」〔註 52〕無疑，限於史料，孟子以上的孟氏直系傳承已不可考。即便是孟子父母的名字、籍貫、生平事蹟等也依然因爲沒有明確記載而模糊不清。後人如明劉濬的《孔顏孟三氏志》、陳鎬的《闕里志》、陳士元的《孟子雜記》等成果雖然做出一些推測性結論，但或因時代過於靠後或因缺乏可信資料而不免疑竇叢生。

（一）關於父母名字

關於孟子父母的名字，《史記・孟子荀卿列傳》無載。與司馬遷同時代的漢韓嬰的《韓詩外傳》和劉向的《列女傳》中始載有孟母教子的故事，但未提及孟子父母的名字。至到金代孫弼撰《鄒公墳廟之碑》才出現了孟母姓「李氏」的記載。但是，因爲這一說法過於突兀，遭到元張頷的質疑。張頷在其所撰《孟母墓碑》中提出：「其言母氏曰『李』，未知何據，當考」，不過張也終究沒有「考」出其眞實姓名〔註53〕。至到元仁宗延祐三年（公元 1316 年），朝廷追封孟子父爲「邾國公」、母爲「邾國宣獻夫人」時，仍不清楚其具體名字。

〔註50〕程復心《孟子年譜》，《先秦諸子年譜》（4 冊），北京：北京圖書館出版社 2005 年版，第 37 頁。
〔註51〕見本書後所附《孟氏世系》表。關於《孟氏家譜》中孟敬子到孟子之間的世系傳承，唐林寶的《元和姓纂》有：「孟敬子生滕伯，滕伯生廖，廖生軻。」（林寶《元和姓纂》卷八〈四十三映〉，《四庫全書》（890 冊），上海：上海古籍出版社 1987 年版，第 716 頁）而《孟氏譜》、《鄒縣志》、明陳士元《孟子雜記》等，在孟敬子後中斷，之後只稱：孟子父名激，字公宜。考孟敬子大致生活於春秋末年，雖然孟子的具體出生年月有爭議，但亦大致在戰國時期，這已爲史界基本認同。如此一來，從孟敬子到孟子有大約百年時間間隔空白，這百年時間按通常情況應該約在三、至四代。而以上所載孟子父名及傳承均無可靠資料可查，故楊伯峻先生在《孟子譯注・導言》中稱爲「無稽之談」。（楊伯峻《孟子譯注・導言》，北京：中華書局 1962 年版，第 1 頁）
〔註52〕焦循《孟子正義》，《諸子集成》（1 冊），上海：上海書店出版社 1986 年版，第 3 頁。
〔註53〕張頷《孟母墓碑》，碑現存孟母林孟母墓前左側。文收入劉培桂主編《孟子林廟歷代石刻集》，濟南：齊魯書社 2005 年版，第 35 頁。

　　但是，至明憲宗成化十八年（公元 1482 年），劉濬撰《孔顏孟三氏志》，突然詳細記載了孟子父母的名字：「孟子之父激公宜，母仉氏，或云李氏。」〔註 54〕繼之而後，陳鎬《闕里志》也稱孟子父「激公宜，娶仉氏。」〔註 55〕陳士元《孟子雜記》繼續沿用《孔顏孟三氏志》的結論：「元按：『《孟氏譜》云：『軻父，孟孫激公宜。』孟孫，姓；激公，字；宜，名。或云：激，名；公宜，字也。」〔註 56〕「軻母，仉氏。」〔註 57〕到清代，這一說法在有關孟子的著述中已經開始被廣泛採用。如清趙大浣《孟子年譜》：「周安王十九年，孟子喪父激公宜，母仉氏三遷教之。」〔註 58〕清林春溥《孟子時事年表》周烈王六年：「三歲，父激字公宜卒，母仉氏鞠之。」〔註 59〕「孟子父名激，字公宜，母仉氏」，孟子父母名字由此而成為不易之論。不僅如此，孟廣均編清德宗光緒本《重纂三遷志》還對元代以後孟母移「李氏」為「仉氏」的原因做了一番推證：「孟母仉氏見應劭《風俗通》，鄭樵《通志》亦不言出自何書。今按《韓詩外傳》僅稱鄒孟某母，未著姓氏，至《風俗通》而始云『仉氏』。《集韻》『仉』字，注亦云『孟母姓』。元張頵撰《孟母墓碑》云：『舊碑題孟母氏李。』舊碑即孫弼《鄒國公壙廟碑》，王志改稱《謁祠記》者，碑云：『公夙喪其父，母李氏以賢德稱。』言之鑿鑿，此碑具在墓側，似非臆造，第後人磨『李』改『仉』耳。《闕里志》載此碑文『李氏』甚明（說見〈碑記〉類）。今學者多從『仉氏』。」〔註 60〕作者提出，所謂「仉氏」之說，係元代之後有人磨「李」為「仉」所致，孟母的姓氏由「仉氏」又重新回歸到「李氏」。

　　但無論是「李氏」還是「仉氏」，兩種說法其實都缺乏令人信服的依據。故而清代周廣業指出：「孟子父名字失考（《孟氏譜》：名激，字公宜），孟母

〔註 54〕 劉濬編明憲宗成化本《孔顏孟三氏志》卷六〈亞聖孟氏志事類‧姓氏源流〉，四川大學古籍整理研究所編《儒藏》（9 冊），四川大學出版社 2005 年版，第 348 頁。

〔註 55〕 陳鎬《闕里志》卷之十三〈弟子志〉，苗楓林主編《孔子文化大全》，濟南：山東友誼書社 1989 年版，第 609 頁。

〔註 56〕 陳士元《孟子雜記》卷一〈邑里〉，《四庫全書》（207 冊），上海：上海古籍出版社 1987 年版，第 290 頁。

〔註 57〕 陳士元《孟子雜記》卷一〈孟母〉，《四庫全書》（207 冊），上海：上海古籍出版社 1987 年版，第 291 頁。

〔註 58〕 《先秦諸子年譜》（5 冊），北京：北京圖書館出版社 2005 年版，第 596 頁。

〔註 59〕 《先秦諸子年譜》（4 冊），北京：北京圖書館出版社 2005 年版，第 608 頁。

〔註 60〕 孟廣均編清德宗光緒本《重纂三遷志》卷一〈世系〉，苗楓林主編《孔子文化大全》，濟南：山東友誼書社 1989 年版，第 62 頁。

氏亦未詳，張頠《孟母墓記》云：舊唯片石題曰，《鄒公墳廟碑》言母『氏李』，未知何據。《集語》載：金孫弼《謁廟記》有『李氏』之說，疑碑爲金所立。或云仉氏，音掌。」〔註61〕精於考據的周廣業認爲：關於孟母的姓名，在沒有確鑿證據的情況下，還是應該持審愼態度。

　　可見，關於孟子父母名字，早期史料如《史記》、《風俗通》、《列女傳》均已失載。直到金元以後有關孟子父母的名字才突然出現並逐漸流傳開來。問題是，在早期文獻失載的情況下，爲什麼在後期文獻中卻又突然提出呢？深探個中原因，恐與封建社會後期孟子地位上升及孟氏家族的崛起有著內在聯繫。

　　宋代以後，隨著孟子升格運動的展開，孟子地位不斷提高，與孟氏家族崛起相伴隨，作爲血緣家族聯繫的重要一環，孟子父母姓名上升爲必須解決的問題。特別是元代孟子「亞聖」地位確立後，一代「亞聖」，父母名字竟沒有著落，於情理難以接受。對於這種「造聖」式文化心理，清代崔述曾經分析過：「《列女傳》云：『文王生而明聖，太任教之以一而識百。後世儒者，遂謂文王生有聖德，大王知其必能興周，故舍泰伯而傳國焉。』夫同一聖人也，文王則生而即爲聖人，孟子則幼時無少異於市井小兒，一何其相去懸絕乎？蓋凡稱古人者，欲極形容其人之美，遂不復顧其事之乖，其通病然也。故欲明太任之胎教，遂謂文王之聖，生而已然。欲明孟母之善教，遂若孟子之初，毫無異於庸愚。其實聖人之爲聖人，亦必由漸而成。聖人幼時雖未即爲聖人，而亦不與流俗同也。善讀書者當察其意所在，不必盡以爲實然也。」〔註62〕孟子父母的名字很可能正是這一「造聖」心理的結果。但在依聖託祖的中國習慣文化心理下，硬「創造」出一個名字當然是犯忌的，於是，《風俗通》等文獻便成了很好的依託對象。當然，以上情況依然屬於推測。

（二）關於三歲喪父

　　有關孟子父母的情況，由於原始資料缺載，同樣成爲有爭議的問題。孟子父親的早喪問題就是爭論的焦點之一。這一爭議由漢趙岐《孟子題辭》開其端：「孟子生有淑質，夙喪其父，幼被慈母三遷之教。」其中的「夙」，意

〔註61〕周廣業《孟子四考》卷四〈孟子出處時地考・孟子父母〉，《續修四庫全書》（158
　　　　冊），上海：上海古籍出版社2002年版，第123頁。

〔註62〕崔述《孟子事實錄》卷上〈在鄒〉，四川大學古籍整理研究所編《儒藏》（10
　　　　冊），成都：四川大學出版社2005年版，第303頁。

爲「早」，但並沒有言及早至孟子幾歲時。而至元程復心《孟子年譜》及明陳鎬《闕里志》、薛應旂《四書人物考》等便被附會爲「孟子生三歲喪父」的說法。這一說法理所當然地遭到清代眾多史學家的懷疑，如清曹之升《孟子年譜》卷上「周烈王六年」條下在引《孟子年表》「辛亥，三歲，父激字公宜卒，母仉氏鞠之」下按：「《家語》『孔子生三歲而叔梁紇死。』《題辭》但載：『孟子生有淑質，夙喪其父』，並未記在何歲。《列女傳》則有『三歲喪父』之說。」〔註63〕關於孟子是否三歲喪父，曹之升將《年表》、《家語》、《列女傳》「三歲喪父」與《孟子題辭》「夙喪其父」對舉，以凸顯其間的差異，意在通過區分兩種記載的不同，提醒後人注意文獻記載所由以演變的脈絡，暗示後人所謂「孟子三歲喪父」的說法很可能是受《孔子家語》所載「孔子三歲喪父」的影響，由「孔子三歲三父」，衍生出「孟子三歲喪父」的說法。

清狄子奇在《孟子編年》卷一，周烈王六年「孟子三歲有父之喪」條下，則從《孟子》本書有「後喪踰前喪」中尋找證據，以否認孟子「三歲喪父」的說法：「據《孟子》本書『後喪踰前喪』語，則其父當卒於孟子成立之時，《列女傳》謂『孟子三歲喪父』，恐未可信。」〔註64〕易順豫對狄氏的結論表示贊同，其《孟子年略》「周顯王元年孟子五歲」條下述稱：「《列女傳》謂：孟子三歲喪父。子奇駁之，謂：『孟子後喪踰前喪』則非少孤明矣，其說是也。」〔註65〕

清周廣業《孟子四考》卷四〈孟子出處時地考·孟子父母〉對此論辯最詳：「《題辭》云『孟子生有淑質，夙喪其父，幼被慈母三遷之教』及注『後喪踰前喪』云：『孟子前喪父約，後喪母奢。』前後雖無定時，以士大夫『三鼎、五鼎』之言推之，相隔必不甚久遠。《禮》曰：『喪從死者，祭從生者。』祭以三鼎，則在孟子爲士之後明矣。時年蓋已四十餘。《題辭》所謂『夙喪』者，特以父先母死耳，非幼孤也。薛應旂《四書人物考》、《四書直解》、《集語》、《續文獻通考》、《闕里志》、《三遷志》遂云：『孟子三歲喪父。』考《韓詩》、《列女》俱無此說。且《列女》載『孟母斷機』事云：『織績而食，中道廢而不爲，寧能衣其夫子而長不乏糧食哉？』此必非嫠恤之言。夫士及三鼎，固非襁褓間事，且去喪母五、六十年，魯人何從知其前後豐儉懸絕，而臧倉

〔註63〕 《先秦諸子年譜》（4冊），北京：北京圖書館出版社2005年版，第360頁。
〔註64〕 《先秦諸子年譜》（5冊），北京：北京圖書館出版社2005年版，第55頁。
〔註65〕 《先秦諸子年譜》（5冊），北京：北京圖書館出版社2005年版，第537頁。

得以行其毀厲耶？王復禮曰：『若前喪在三歲，則豐嗇非所自主，倉安得讚之？平公安得信之？樂正安得不辨之？蓋公宜實未嘗卒，其『三遷』、『斷機』，或者公宜出遊，慈母代嚴父耳。』廣業案：元仁宗延祐三年七月，追封孟子父母制，祇稱『其父夙喪』，張頠《墓碑》亦然，則三歲喪父之說妄也。」〔註66〕

周廣業老實承認孟子父母的名字「未詳」，且以四條依據否認了「孟子三歲喪父」之說：其一，關於「孟子三歲喪父」的說法，均稱據《韓詩外傳》和《列女傳》的記載，但細考二書，並無此記載，此說因此無據；其二，根據《孟子》原文「後喪踰前喪」及樂正子「前以三鼎，而後以五鼎」（《孟子‧梁惠王下》）推斷，孟子喪父以三鼎祭，是享受士的待遇，由此可見孟父死時，孟子已是士的身份，而以「士」的身份出現，年齡當在四十左右，而不是三歲；其三，若果真三歲喪父，距喪母時已五、六十年，臧倉如何知「後喪踰前喪」？其四，《列女傳》記載孟母斷機教子的事，有「織績而食，中道廢而不爲，寧能衣其夫子而長不乏糧食哉」之說，其中「夫子」爲對男子的敬稱。周氏以爲，此當指孟父，可證斷機教子時，孟父尚健在，而斷機教子絕非三歲之事，由此可知孟子非三歲喪父。周廣業推斷，孟母斷機擔起教子重任，乃孟父出遊，慈母代嚴父教子而已。這一結論，不僅否定了「孟子三歲喪父」的說法，連同「孟父早喪」的結論也一起否定了。

周廣業的論辨理由是較爲全面的，但若深究，其中仍然存在一些問題。如第一條中，既然多家依《外傳》與《列女傳》爲據證孟父早喪，至清時考此書無此記載，是否此二書流傳過程中有內容散失所致？而第四條，《列女傳》雖成書較早，但史學界並非以爲信史，其記載的可信度值得懷疑。其餘兩條雖然看似言之有理，但其實仍然屬於缺乏直接證據的推測。

二、孟子里籍與名字

（一）關於里籍

關於孟子的里籍，早期文獻如《史記》、《漢書》均有明確記載，《史記‧孟子荀卿列傳》開篇即肯定地稱：「孟軻，騶人也。」〔註67〕《漢書‧藝文志》

〔註66〕周廣業《孟子四考》卷四〈孟子出處時地考‧孟子父母〉，《續修四庫全書》（158冊），上海：上海古籍出版社2002年版，第123頁。
〔註67〕司馬遷《史記》卷七十四〈孟子荀卿列傳〉，北京：中華書局1982年版，第2343頁。

也在「《孟子》十一篇」下自注：「名軻，鄒人。」〔註 68〕司馬遷在文字極為簡略的〈孟子荀卿列傳〉裏，如此肯定地述及孟子里籍。這一問題似乎本已不成其為「問題」。但是，對於司馬遷這一語氣肯定的敘述，後人還是產生了很多爭議。這些爭議包括：「騶」是國名還是地名？「騶」與孔子所生地——魯之「陬」（或寫作「郰」「鄹」）是何關係？即「騶」是當時的鄒國？還是魯國的「陬（鄹、郰）邑」？或者說，孟子究係鄒國人，還是魯國人？

司馬遷在《史記》〈孟子荀卿列傳〉稱孟子為「騶人」，而在〈孔子世家〉中卻稱：「孔子生魯昌平鄉陬邑」〔註 69〕。「騶」「陬」二字不同，恐怕是有意的。至東漢，許慎《說文解字》就對「騶」、「郰」作了區分：「鄒，魯縣。古邾國，帝顓頊之後所封。」「郰，魯下邑，孔子之鄉。」許慎雖然區別了鄒、郰分別為古邾國與孔子之鄉——魯下邑，但又造成了「魯縣」與「魯下邑」的混亂。對此，稍後的趙岐在《孟子題辭》中作了界定：「鄒本春秋邾子之國，至孟子時，改曰鄒矣〔註 70〕。國近魯，後為魯所併。又言邾為楚所併，非魯

〔註 68〕 班固《漢書》卷三十〈藝文志〉，北京：中華書局 1962 年版，第 1725 頁。

〔註 69〕 司馬遷《史記》卷七十四〈孟子荀卿列傳〉，北京：中華書局 1982 年版，第 1905 頁。

〔註 70〕 關於邾、鄒的區別有二種觀點：一種觀點認為先名邾，後改為鄒。這一觀點自趙岐提出後，得到了某些學者的贊同，如顧棟高認為邾國「後改國號曰鄒」是「孟子時改為鄒」（顧棟高《春秋大事表》卷五〈春秋列國爵姓及存滅表〉，北京：中華書局 1993 年版，第 569 頁）司馬貞不僅贊同這一說法，且進一步指出改鄒的原因為「邾人徙鄒故也。」（《史記‧孟子荀卿列傳》索隱）甚至指出改名的具體操作者是魯穆公：「騶縣本邾國，魯穆公改作『鄒』。」（《史記‧封禪書》索隱，周廣業糾正為鄒穆公而不是魯穆公（周廣業《孟子四考》卷四〈孟子出處時地考〉，《續修四庫全書》（158 冊），上海：上海古籍出版社 2002 版，第 122 頁）；另一種觀點認為鄒、騶、邾、邾婁本為一國國名，同音通假或發音緩急造成，自春秋至戰國始終並存，而非由邾改鄒。持這一觀點的占大多數，如宋翔鳳認為：「邾婁合言鄒，長言曰邾婁。本是一音，非孟子時改也。」（宋翔鳳《孟子趙注補正》，《續修四庫全書》（159 冊），上海古籍出版社 2002 年版，第 2 頁；同見宋翔鳳《過庭錄》卷十〈鄒〉，北平富晉書社中華民國十九年（公元 1930 年）刊本，第 8 頁）；徐鼒認為鄒、邾「一國也，或名邾，或名鄒，或名邾婁，聲之轉也。古侯部、尤部、虞部韻通，急聲為邾，緩聲為邾婁。鄒則邾、婁二合之音也。曰邾復遷婁為邾婁者，妄語耳。趙岐《孟子題詞》曰『鄒本春秋邾子之國，至孟子時改曰鄒矣。』大誤。」（徐鼒著，閻振益、鍾夏點校《讀書雜釋》，北京：中華書局 1997 年版，第 180～181 頁）；論證最詳的是段玉裁，他從語言與史料兩個方面作了考證，認為：鄒國與邾國本來就是一個國家，其語言學的證據是「邾婁之合聲為鄒」，其史料證據則是《左傳》、《國語》對兩國來源的記載及杜預、韋昭在此基礎

也。今鄒縣是也。」〔註71〕按照趙岐的解說，鄒國是古邾國，地與魯近，後被魯國兼併（這或許是許慎《說文解字》中出現「魯縣」與「魯下邑」混亂的原因）〔註72〕。趙岐考慮了鄒、魯疆土變遷的因素，於是明確區分爲：孟

上所作結論：「《鄭語》曰『曹姓鄒、莒』，韋云『陸終第五子曰安，爲曹姓，封於邾。』杜《譜》云：『邾，曹姓。顓頊之後有六終，産六子，其第五子曰安，邾即安之後也。』周武王封其苗裔俠爲附庸，居邾，《前志》曰：『騶，故邾國，曹姓，二十九世爲楚所滅。』按《左傳》顓頊氏有子曰黎，爲祝融，祝融之後八姓，妘、曹其二也。然則上文鄅，祝融之後，妘姓所封；此云帝顓頊之後，互文錯見也。今山東兗州府鄒縣東南二十六里，有古邾城。趙氏岐曰：『鄒本春秋邾子之國，至孟子時改曰鄒。』此未知其始本名鄒也。」（段玉裁《說文解字注》，上海：上海古籍出版社2000年版，第296頁）；徐旭生也認爲「鄒又叫作邾」（徐旭生《中國古史的傳說時代》，桂林：廣西師範大學出版社2003年版，第73頁）。考查傳世材料，孟子之前有稱「鄒」的，如《墨子·耕柱》巫馬子向墨子表達反對兼愛的話，「我與子異，我不能兼愛。我愛鄒人於越人，愛魯人於鄒人」（孫詒讓著，孫啓治點校《墨子閒詁》，北京：中華書局2001年版，第435頁）和《晏子春秋·内篇問上》中晏子「鄒、滕，雉奔而出其地，猶稱公侯」的話。（陳濤《晏子春秋譯注》天津：天津古籍出版社1996年版，第127頁）相反，孟子之後也有稱「邾」的，如《史記·高祖本紀》：「番君吳芮爲衡山王，都邾」司馬貞索隱引《太康地理志》：「楚滅邾，遷其人於江南，因名縣。」而司馬遷《史記》中對《左傳·哀公八年》「吳爲邾故，將伐魯，問於叔孫輒」（孔穎達《春秋左傳正義》，《十三經注疏》，北京：中華書局1980年版，第2164頁）同一件史事的記載，《史記·十二諸侯年表》：魯哀公八年「吳爲邾伐我，至城下，盟而去。」《史記·魯周公世家》：魯哀公八年「吳爲鄒伐魯，至城下，盟而去。」《史記·吳太伯世家》：吳王夫差九年「爲騶伐魯，至，與魯盟乃去。」（司馬遷《史記》，北京：中華書局1982年版，第675、1545、1471頁）同一史事，在不同篇中，或騶、或鄒、或邾，恰可證明三者通用。

〔註71〕趙岐《孟子題辭》，《諸子集成》（1冊），上海：上海書店出版社1986年版，第2頁。

〔註72〕關於邾究被何國所滅，除趙岐認爲「爲魯所併」外，另有兩種說法：一種認爲被齊所滅，見《戰國策·西周策》引用宫他的話：「邾、莒亡於齊，陳、蔡亡於楚。」（劉向《戰國策》，上海：上海古籍出版社，1985年版，第69頁）一種認爲被楚所滅。持這一觀點的較多，除趙岐《孟子題辭》在「爲魯所併」後，緊接著有「又言邾爲楚所併」（趙岐《孟子題辭》，《諸子集成》（1冊），上海：上海書店出版社1986年版，第2頁）外，另《漢書·地理志》：「騶，故邾國，曹姓，二十九世爲楚所滅。」（班固《漢書》北京：中華書局1962年版，第1637頁）。王符《潛夫論·志氏姓》：「曹姓封於邾；邾，顏子之支，別爲小邾，皆楚滅之。」（王符著，汪繼培箋《潛夫論》，《諸子集成》（8冊），上海：上海書店出版社1986年版，第174頁）宋羅泌《路史·後紀八》也有：「朱，二十有九世滅於楚，封其君爲鉅鹿侯」（羅泌《路史》，上海：中華書局1936年版，第7頁）的記載。關於邾國魯亡説，想必基於邾魯交戰，致邾

子是鄒國人，即古邾國，國近魯，而不是魯國人。至於司馬遷的「騶」與趙岐的「鄒」是什麼關係，清段玉裁在《說文解字注》裏作了區分，指出「騶」「鄒」屬古今字，均爲春秋時邾國：「魯國『騶』，……周時或云『鄒』，或云『邾婁』者，語言緩急之殊也。周時作『鄒』，當時作『騶』。古今字之異也。《左》、《穀》作『邾』，《公羊》、《檀弓》作『邾婁』，……『邾婁』之合聲爲『鄒』，夷語也。《國語》、《孟子》作『鄒』，三者『鄒』爲正，『邾』則省文。當時縣名作『騶』。」〔註73〕

關於孟子里籍，司馬遷的敘述與趙岐的解說本來已很清晰。但北魏酈道元作《水經注》稱孔子爲古邾婁國（即後來的鄒國）人，又稱古邾婁國地在「魯國鄒山東南」，《水經注》卷二十五《泗水》條下有：「漷水又逕魯國鄒山東南而西南流，《春秋左傳》所謂『嶧山』也，邾文公之所遷。今城在鄒山之陽，依岩阻以墉固。故邾婁之國曹姓也，叔梁紇之邑也，孔子生於此，後乃縣之，因鄒山之名以氏縣也。」〔註74〕酈道元的敘述不免又使人產生了鄒與魯混的錯覺，更兼唐陸德明《春秋序釋文》再混『鄒』爲『邾』，而稱「孟子鄹邑人」，司馬貞《史記·索隱》也便訛稱：「鄒，魯地名。又云『邾』，邾人徙鄒故也。」

繼此之後，元代程復心《孟子年譜》又再作辨別：「《史·傳》本云孟子鄒人，不云哪國人，如云子路弁人、曾子武城人，不言魯，明乎弁、武城、鄒皆魯下邑也。」「《孟子》書云：『自齊葬於魯』，不云：『葬於鄒』，因其時邾國亦改爲鄒，慮混魯、鄒邑名。又書中往來齊境見鄒穆公時，客邾、鄒，與然友之鄒、孟子居鄒異，慮鄒國、鄒邑，後人失考者，或疑爲一，故葬母大事，特書：『自齊葬於魯』，明魯爲父母之邦也。趙岐注誤云：『孟子時邾改

地削國弱，幾於亡國的角度而言，所以顧棟高接續趙岐的說法，以爲：「魯虐邾、莒……其後皆爲魯所吞併」「邾子益來幾亡邾矣，賴吳、越而得復，中間仗桓、文之霸，扶持綿延二百餘年，迭相攻伐。」（顧棟高：《春秋大事表》卷三十六〈春秋魯邾莒交兵表·敘〉，《四庫全書》（179 冊），上海：上海古籍出版社 1989 年版，第 342 頁）至於邾國齊亡說，何浩認爲是「戰國策士之流的依託之辭」。而邾國楚亡說，得到了較多材料的支持，何浩《楚滅國研究》也經過詳細考證，認同這一說法。何浩一併考證了楚滅邾的時間在戰國末期的「考烈王二年至七年，即公元前 261 年至前 256 年之間。」（何浩《楚滅國研究》，武漢：武漢人民出版社 1989 年版，第 295、294 頁）

〔註73〕 段玉裁《說文解字注》，上海：上海古籍出版社 1988 年版，第 296 頁。
〔註74〕 酈道元《水經注》卷二十五〈泗水〉，《四庫全書》（573 冊），上海：上海古籍出版社 1987 年版，第 390 頁。

爲鄒』，後人逐信邾、鄒爲一。夫邾、魯，在春秋世敵仇也，三桓孟孫氏居魯
不居邾明矣。孟子爲孟孫氏後，在春秋時，季孟屢伐邾，安得爲邾人？且邾
在兗北青境，鄒在兗南徐境，道里甚遠，安得云：『近聖人之居』？如此其甚。
《說文》云：『鄒，孔子鄉，即叔梁紇所治地』，所謂鄒人之子也。孔子所生，
名故鄒城。云孟子所居五十里，以邑則孔、孟皆鄒人，以國則孔、孟皆魯人。」
〔註75〕程復心堅信「鄒」是地名，司馬遷所說的孟子「騶人」，均指魯邑。因
此，認定孟子是魯國騶邑人，而不是騶國人。

　　程氏的這一論辨存在某些牽強之處：其一，所謂「自齊葬於魯」即可明
魯爲孟子的父母之邦，是對鄒與魯後期地理疆域變化的無知。邾、魯之間的
戰爭，使鄒國土地多爲魯所佔，其中與魯毗鄰的葬父之地自然在所難免（詳
見下）；其二，以魯之季孟屢伐邾，以否認孟子爲邾人，更顯荒唐。孟子先祖
雖居邾國，但無非徙居的一介百姓而已，而邾爲東夷曹姓之國，魯又豈能以
孟子先祖寄居於此而免於攻伐？若如此，春秋姬姓國之間的攻伐豈非要全部
休戰？其三，關於「鄒」、「邾」之別，已有前述《說文》辨稱，又有司馬遷、
趙岐及周廣業（見下）等清代考據家辨別，程氏以「邾」「鄒」無別的先入之
見，遂定孔、孟以地皆鄒人，以國皆魯人，以國爲地，實在是大謬；其四，
對邾國地理位置的界定，應該動態地、歷史地看待。邾地所在位置自春秋至
戰國曾多次遷演，所謂「兗南徐境」與「兗北青境」概不同時期邾國疆域變
遷的結果（詳見下），但從其遷徙總趨勢看，是不斷趨近於魯地。不可以停滯、
僵化的地理位置界定，否定《孟子》「近聖人之居」的說法。相反，一句「近
聖人之居」倒恰可作爲孟子所居與聖人所居之魯非屬一國的證據。其四，查
《史記》對於列國紛爭時期的人物介紹有如下規律：一是大多習慣於以「國」
爲稱，也有少部份以「地」爲稱，如〈仲尼弟子列傳〉有：「顏回者，魯人也」，
「端沐賜，衛人」，「言偃，吳人」「公冶長，齊人」〈孟子荀卿列傳〉有：「愼
到，趙人。田駢、接子，齊人。環淵，楚人」，「荀卿，趙人」。這裡的「魯」、
「衛」、「齊」、「趙」顯然是國名無疑，這似乎是司馬遷的通例。但也有特例，
即不是以「國」爲稱，而以「地」爲稱的，如〈仲尼弟子列傳〉有「曾參，
南武城人，字子輿。」司馬貞《索隱》「按：武成，屬魯。當時魯更有北武城，
故言南也。」張守節《正義》引《括地志》云：「南武城在兗州。」顯然「武

城」是地名，當時屬魯國，唐朝地屬兗州。另同篇還有「澹臺滅明，武城人，字子羽。」張守節《正義》「《括地志》云亦在兗州。」這裡的「武城」唐司馬貞、張守節已明確釋爲兗州的地名；二是不管以「國」稱，還是以「地」稱，均直稱「某人」，而不稱「某國人」或「某地人」；三是從以上所舉例子看，凡是魯國人多以「地」爲稱（非絕對，如〈仲尼弟子列傳〉：「顏回者，魯人也。」），凡是非魯國人，如齊人、趙人、衛人等，則多以「國」爲稱。雖然並不能以此斷定「騶」爲國名還是地名，但司馬遷關於孔子所生之「陬」與孟子之「騶」的不同，已有趙岐等釐清，且未聞魯有「陬」「騶」兩邑。所以，程氏以司馬遷「不言魯」以證與弁、武城一樣，均爲魯國下邑，並由此以證孟子爲魯國人沒有道理。司馬遷的「陬邑」是魯國下邑無疑，而「騶」應該是國名——鄒國，即歷史上的邾國。所以，四庫館臣力辯其誤，稱其「辨而不確」，爲「好異之談」〔註76〕。

所以，自程復心辯稱孟子爲魯人之後，明代以降，除陳士元提出類似觀點〔註77〕外，其餘大多數學者如閻若璩、陳寶泉、林春溥、管同、狄子奇、黃本驥、周廣業、魏源等，均以爲孟子爲鄒國人。

林春溥《孟子時事年表·後說》以爲：「孟子本魯公族孟孫之後（自注：趙岐說），後徙於鄒，遂爲鄒人。其葬母於魯者，蓋孟孫世爲魯卿，則祖墓自當在魯，太公子孫五世反葬於周，孟子亦猶行古之道也。吳程乃據此以爲孟子魯人之證，譚貞默《編年》更侈其說，謂：鄒爲魯下邑，即孔子鄉叔梁紇所治。近曹之升《孟子年譜》力主之，其文繁不及詳辨。今但以孟子兩處證

〔註76〕 清紀昀等編《四庫全書總目提要》：「其謂孟子鄒人乃陬邑，非鄒國也。語極辯而不確，亦好異之談。蓋與《孔子年譜》一手所僞撰也。考朱彝尊《經義考》載譚貞默《孟子編年略》一卷，今未見其書。然彝尊所載貞默《自述》一篇，則與此書之《自述》不異一字。疑直以貞默之書詭題元人耳，僞妄甚矣。」（《四庫全書總目提要》卷五十九〈傳紀類存目·孟子年譜〉，上海：上海古籍出版社 2003 年版，第 307 頁）

〔註77〕 陳士元《孟子雜記》卷一〈邑里〉引吳程云：「孟子魯人，居鄒非生於鄒也。《合璧事類》云：『齊有孟軻，謂其仕齊，非謂齊人也。』《史記·孟子傳》云：『齊有三騶子，先孟子有騶忌，後孟子有騶衍。』羅泌《國名紀·騶》注：『兗之鄒縣有嶧山，邾文公遷繹，改曰騶，或謂騶即邾。』故《春秋傳》「邾伐魯」，史作「騶伐魯」也。』趙岐云：『鄒本春秋邾子之國，至孟子時改曰鄒。』《廣記》云：『古騶即今之鄒平，邾、鄒、騶古文通用。』」（陳士元《孟子雜記》，《四庫全書》（207 冊），上海：上海古籍出版社 1987 年版，第 291 頁）陳士元關於「孟子魯人」的辯證顯然膚淺而不著邊跡，並沒有正中鵠的。

之，如『吾之不遇魯侯』，豈有本國之臣民而敢斥言其國與爵哉？又『交得見於鄒君，可以假館願留而受業於門』，如謂鄒即魯邑，則祇有魯君，而鄒君何為者？舉此則其他附會之說不待繁言而破矣。」〔註78〕林春溥以《孟子》「吾之不遇魯侯」及「曹交假館」兩度否定了譚貞默和曹之升認為孟子為魯國人的說法，堅持以為孟子為鄒國人，並解說「葬母於魯」是因為孟子作為魯孟孫氏後裔，祖墓在魯的緣故。

管同《孟子年譜》力辯稱：「孟子鄒人，為鄒國之『鄒』，而非魯耶邑之『耶』，固無庸辨。然其喪母乃葬魯，說者謂：太公子孫五世葬，周之義。斯亦無徵之臆說耳。考今孟母墓碑，墓在鄒縣北二十里馬鞍山陽。初不當屬魯，意孟子本鄒人，當喪父時，是山陽猶為鄒地，而其後適為魯取焉。周公以來必合葬，杜氏之墓在季武子寢西階下入宮而合之，況其地之僅入他國者乎！此喪母之所以必葬魯也。春秋以後列國交爭，苟壤地相接，則朝秦暮楚，地有不能專屬者矣。故孟子生為鄒人，而葬母則於魯地。吾因是思之，孟子於諸侯非禮聘則不至，其晚而至於魯為邱墓之寄於魯焉爾。樂正子曰：『克告於君，君謂來見』，此明孟子在魯，樂正子勸君使見之，而豈魯之能聘孟子哉？魯不能聘孟子，而謂孟子往就之哉？故知其至魯者，邱墓之情而非如適齊、梁之比也。而百詩直云：『以樂正子故至魯』，夫豈其然矣！」〔註79〕管同明確指出：孟子是鄒國人，而非魯國耶邑人。對有人據「母喪葬於魯」而推斷孟子為魯人提出批駁，以為：孟母喪後之所以葬於魯，是因為孟子父喪時，馬鞍山之陽屬鄒國之地，而當孟子母喪與父合葬時，地已為魯所併，故稱「葬於魯」，因其父何時葬，葬時其地是否歸屬鄒國，且以後又何時被魯所併，這一系列問題無法確證，因而管氏只得用「苟」字。如此，便使得他的這一結論又建立在了假設的基礎之上，信服力大為減弱。

周廣業在其《孟子四考》中專設〈里居辨鄒、耶之訛〉篇，詳考孟子籍貫：「本傳〔註80〕：『孟軻，鄒人』，趙岐《題辭》曰：『孟子，鄒人也，鄒本春秋邾子之國，孟子時改曰鄒，國近魯，後為魯所併，又言邾為楚所併，非魯也。今鄒縣是也。或曰孟子魯公族孟孫後，故孟子仕於齊，喪母而歸葬於魯也。』趙為此二說一詳其邑里，一原其世系，可謂周悉而明白矣。吳程乃云：『孟子魯人，

〔註78〕《先秦諸子年譜》（4冊），北京：北京圖書館出版社2005年版，第633頁。
〔註79〕《先秦諸子年譜》（5冊），北京：北京圖書館出版社2005年版，第3～4頁。
〔註80〕注：這裡指的是《史記·孟子荀卿列傳》。

居鄒非生於鄒』，譚氏《編年略》更侈其說云：『鄒爲魯下邑，即《說文》所稱孔子鄉叔梁紇所治地，《史》云鄒人，不云鄒國人，猶子路卞人，曾子武城人，不言魯也。本書言自齊葬於魯，因是時有二鄒，慮後人國與邑混，故於葬母大事特書之，明魯爲父母之邦也。趙誤鄒爲邾，邾在兗北青境，鄒在兗南徐境，道里甚遠，安得云近聖人之居！如此其甚，孔子所生名，故鄒城去孟子所居五十里，以邑則孔、孟皆鄒人，以國則孔、孟皆魯人，故孟子居鄒邑即是居魯，其對鄒穆公不稱臣而言甚倨即『鄒人與楚人戰』一語明爲別國矣。於魯則云：「我之不遇魯侯，天也」，以不遇本國之君，老更無可遇，故曰「天也」』。廣業案：此言殊謬。《史》與孟子同傳者，淳于髡齊人，荀卿趙人，不皆係以國，即孔門弟子，如端木賜衛人，言偃吳人，亦從無連『國』字之例，安見單言『鄒』即爲魯下邑也？且鄒國與郰邑，爲字迥異。《說文》：『鄒，魯縣，古邾國，帝顓頊之後所封，從邑芻聲。』，『郰，魯下邑，孔子之鄉，從邑，取聲』，二字形義判然，許叔重書具在，可覆按也。『鄒』字見《孟子》書者十，他書或作『騶』，如《史記》『鄒人，一本作『騶人』。〈始皇紀〉『鄒嶧山』，〈封禪書〉作『嶧山』，《漢書・地理志》『魯國騶』注：『故邾國。』《續漢書・郡國志》：『騶本邾國』，是也，俗通作鄒。……若『鄒』、『郰』之字，考古書從無通借，至《水經注》始僞『郰』爲『鄒』，而以孔子爲鄒國人，……陸德明《春秋・序》釋文又僞『鄒』爲『郰』，而云孟子郰邑人，司馬貞《史・孟子傳・索隱》云：『鄒，魯地名，又云邾，邾人徙鄒故也。』聖賢梓里任臆顛倒，此皆五代及唐俗體傳訛，急待後儒是正者。故羅泌《國名記》於『郰』下特別白之曰：『孔子生處，與孟子之「鄒」異』，又注云：『或作鄒，非。』極爲了當。而宋神宗元豐六年封孟軻鄒國公，元文宗至順元年封鄒國亞聖公，俱載正史。今乃混國爲邑，謬假《說文》欺世可乎？反葬誠屬首邱之義，然是時壤接牙錯，不必如後世之土斷，《左傳》載『魯伐邾』非一，安知疆田保繹而後魯地非即向之鄒地？且係孟孫之後，則祖墓自當在魯，不得藉是爲魯人之證。」「如曰居鄒邑即居魯，則彼曹交所欲見而假館者，果何君耳？鄒君即穆公。孟子與言必稱曰君，故曹交雖不在公所，亦必稱君也。至平公則『吾與魯侯』對舉，即知非本國臣民矣。且鄒魯鬩後，穆公肯復引仇國之人與圖善後乎？」〔註81〕周廣業從如下四點辨明孟子爲鄒國人，而非魯之郰邑人：其一，肯定了《史記》與趙岐《孟子題辭》關於孟子里

〔註81〕周廣業《孟子四考》卷四〈孟子出處時地考〉，《續修四庫全書》（158 冊），上海：上海古籍出版社 2002 年版，第 120～122 頁。

籍的明確敘述；其二，針對譚氏、程氏與司馬貞《史記・索隱》的錯誤解說予以批駁，特別通過析「鄒」、「邾」自魏晉以來錯訛通假，造成了孟子「鄒國」即孔子魯之「郰邑」的錯誤結論；其三，引羅泌《國名記》及宋、元所封孟子「鄒國」，以證孟子生地爲鄒國，即古邾國，而非魯國郰邑；其四，就《孟子》中所記「曹交假館」、「鄒與魯鬨」等史事分析，以證孟子爲鄒國人。周氏的結論，顯得理據較爲充分。

　　清代考據學興起，上述學者運用考據學嚴謹的態度與方法，對孟子出生地問題從文字字義、文獻記述、鄒魯戰和，及由此而引發的疆域變遷三個方面，確證孟子爲鄒國人而不是魯國郰邑人。鑿鑿有據，當爲不易之論。

　　至清末，馬星翼編《鄒縣志》，特撰〈邾、鄒考〉又再證孟子爲鄒國人而非魯國人：「鄒，邾子國，至戰國時稱『鄒』。《孟子》書有鄒穆公時也。鄒一作『騶』，《史記》稱騶人是也。或鄒或騶，要皆爲邾子國名。」〔註82〕

　　隨著討論的深入，有關孟子里籍的問題越來越多地聚焦於鄒、魯之間的疆界糾葛。於是，鄒國的存在與遷徙，鄒、魯戰和與疆域變遷以及孟子葬母之地的地域歸屬成爲解決這一問題的關鍵，我們不妨循著這一路徑再進行一番深入考察：

第一，邾立國及其疆域變化

　　考春秋史事，「邾」（或「邾婁」）的確是一個與魯毗鄰的小國。在列國林立的兩周時期，邾國雖然不及齊、魯兩國勢力之強，但仍然以小國中的佼佼者活躍於當時的政治舞臺。《世本・三皇世紀》記載：「帝顓頊高陽氏，高陽生偁，偁生卷章……吳回氏生陸終……生子六人……五曰安，是爲曹姓。曹姓者，邾是也。」《世本・世家》也有：「邾，曹姓，子爵。顓頊之後有陸終，產六子，其第五子曰安。邾即安之後。周武王封其苗裔邾俠爲附庸。自安至儀父十二世，進爵稱子，是爲邾子克。」〔註83〕按照《世本》的記載，邾是顓頊的後裔。顓頊玄孫陸終的第五個兒子安被禹賜姓曹，周武王滅商後，封其後裔曹俠建立了邾國。羅泌《路史・後紀八》「武王得曹挾（俠），復封之邾，曰邾婁」〔註84〕的記載，概源於《世本》所記。清顧炎武雖對邾國得姓

〔註82〕馬星翼《鄒縣志稿・邾、鄒考》，轉引自劉培桂《孟子志》，濟南：山東人民出版社 2009 年版，第 27 頁。

〔註83〕《世本八種》，北京：北京圖書館出版社 2008 年版，第 4 頁、第 1762 頁。

〔註84〕羅泌《路史》卷十七〈後紀八〉，《四庫全書》（383 冊），上海：上海古籍出版社 1987 年版，第 151 頁。

來源提出懷疑〔註85〕，但認爲邾國爲魯國的附庸國這一點勿庸置疑。《春秋》所記邾、魯之間的頻繁戰和證實了這一點。

那麼，邾國的地理位置究竟在哪裏呢？《左傳·文公十三年》「邾文公卜遷於繹」〔註86〕的記載是有關邾國地理位置最切近的記載。酈道元《水經注》釋爲：「《春秋》、《左傳》所謂嶧山也，邾文公之所遷，今城在鄒山之陽。」〔註87〕1964年，中國科學院考古研究所山東工作隊對鄒縣「紀王城」進行了考古發掘，確定了「紀王城」就是「東周邾國故城」〔註88〕。古城位於今鄒城市南稍偏東約十點五公里處，北枕繹山，南依廓山。從《左傳·哀公七年》魯師「入邾，處其公宮，眾師晝掠，邾眾保於繹」〔註89〕的記載看，自魯文公十三年邾文公卜遷於繹直至春秋末年，邾國再沒有遷移。但是，嶧並不是周武王初封邾國的位置，因爲《左傳》明明說邾文公是「遷」於繹，且《世本》又有「周武王封其苗裔邾俠爲附庸」的記載。那麼，自西周初至春秋邾文公卜遷前，邾又在哪裏呢？張守節《史記·項羽本紀·正義》「立芮爲衡山王，都邾」句下引《括地志》云：「邾子，曹姓，俠居。至魯隱公徙蘄。」此句表述模糊，斷句牽強，行文似有脫誤。果然，查張衍田《史記正義佚文輯校》，此句被校正爲：「邾俠居邾，至隱公徙蘄。蘄，今徐州縣也。後又徙蕃，音皮，今滕縣是。又徙鄒。魯穆公改邾作鄒。」〔註90〕雖然張守節爲唐朝人，所記未必可信，但就其地緣遷徙情況判斷，與史事應無多大違離。王獻唐《春秋邾分三國考》也確認其屬地在今鄒、滕、濟寧等部份地區範圍內〔註91〕。

〔註85〕顧炎武曾提出異義，《日知錄》卷二十三：「漢時碑文所述氏族之始多不可據。……曹騰碑文云：曹氏族出自邾。王沈《魏書》云：其先出於黃帝，當高陽世陸終之子曰安，是爲曹姓。周武王克殷，封曹俠於邾，至戰國爲楚所滅。」（顧炎武《日知錄》卷二十三〈氏族相傳之訛〉，《四庫全書》（858冊），上海：上海古籍出版社1987年版，第897頁）

〔註86〕孔穎達《春秋左傳正義》，阮元《十三經注疏》（下冊），北京：中華書局1980年版，第1852頁。

〔註87〕酈道元《水經注》卷二十五〈泗水下〉，成都：巴蜀書社1985年版，第720頁。

〔註88〕任式楠、胡秉華《山東鄒縣滕縣古城址調查》，載《考古》1965年第12期。

〔註89〕孔穎達《春秋左傳正義》，阮元《十三經注疏》（下冊），北京：中華書局1980年版，第2163頁。

〔註90〕張衍田《史記正義佚文輯校》，北京：北京大學出版社1985年版，第108頁。

〔註91〕王獻唐《春秋邾分三國考》稱：「邾，在今鄒縣中部、南部，濟寧東境，滕縣北境，東、西、北三面界魯」。（王獻唐《春秋邾分三國考》，濟南：齊魯書社1982年版，第3頁）

　　古邾國，《春秋》、《左傳》寫作「邾」；《國語・鄭語》、《孟子》寫作「鄒」，《史記》、《漢書・地理志》寫作「騶」，音同字異而已。而邾、邾婁的不同，有的專家以爲，概爲語言緩急所致。如吳若灝考辨以爲：「按《春秋》『邾』，《公羊氏傳》皆作『邾婁』。何休注：『邾人語邾，聲後若婁，蓋方言如是，乃『句吳於越』之類，非因遷『婁』故謂之『邾婁』也。』由『邾』而『邾婁』，由『邾婁』而『鄒』，蓋皆音之轉。『鄒』亦作『騶』，則又字之異也。」〔註92〕據任孔閃的《「曹國」新考》考證，周武王封曹俠至邾之前，曹姓部族本是號稱「三䆣」的夏朝附庸，居於今定陶城南，商湯滅夏后，將其遷至曹陽（今河南靈寶市）爲附庸。周滅商後，武王又將其六弟振鐸封於曹陽，再將其東遷至邾〔註93〕。至齊桓公稱霸，邾儀父影從，進爲子爵。

第二，鄒、魯戰和與疆域變遷

　　邾（或鄒）、魯之間在整個春秋時期一直處於時戰時和、戰多和少的狀態。至戰國時，內憂外患疊加，在齊、魯的雙向夾擊下，邾國日益削弱，終於爲楚所滅。

　　《春秋》在隱公元年開篇就記載了魯隱公與邾國結盟的事：「隱公元年（公元前722年）三月，公及邾儀父盟於蔑。」《左傳》解說此條爲：「三月，公及邾儀父盟於蔑，邾子克也，未王命，故不書爵，曰儀父，貴之也。」《公羊》則解說爲：「儀父者何？邾婁之君也。何以名？字也。曷爲稱字？褒之也。曷爲褒之？爲其與公盟也。」《穀梁》：「儀，字也。父，猶傅也。男子之美稱也。其不言邾子何也？邾子上古微，未爵命於周也。」傅隸樸綜合上說以爲：「《左傳》說邾儀父即是邾子克。爲何不稱邾子呢？因此時邾尚未受王命，無爵可稱，故不書爵。按《世族譜》云：『顓頊之後有六終，產六子，其第五子曰安，邾即安之後，周武王封其苗裔邾俠爲附庸，居邾。自俠至儀父共十二世，始見於《春秋》』。到齊桓公行霸，儀父附從，乃進爵爲子，故此年尚無爵命。《禮記・王制》：『不合於天子，附於諸侯曰附庸。』故傳文的『邾子克也』，應該說『即後來的邾子克』。『克』是名，『儀父』是字。《釋例》云：『名重於字，是以《春秋》之義，貶責書其名，斥所重也；褒厚顯其字，避所諱也。』隱公攝位之初，求好於諸侯，邾率先從公盟於蔑，故魯史褒厚之，顯其字而避

〔註92〕吳若灝《光緒鄒縣續志》卷二〈方域志・沿革〉，《中國地方志集成》（72冊），南京：鳳凰出版社2004年版，第523頁。

〔註93〕任孔閃《「曹國」新考》，《濟南大學學報》2002年第3期。

其諱。」〔註 94〕這段記載顯示：一，邾國立國較早。本是顓頊之後，周武王封其後裔爲魯之附庸；二，自邾俠至邾儀父傳十二世，始見於《春秋》；三，《春秋》稱朱克之字「儀」，乃是爲了褒揚他率先支持隱公攝位，主動與魯結盟的行爲；四，《春秋》之所以不稱邾克爵位，是因爲此時邾國還沒得爵位。至公元前 681 年齊桓北杏之會，邾國因積極響應、多方聯絡有功，方賜爲子爵。這段記載還只不過是邾、魯之間複雜糾結關係的開始。

鄒、魯之間在春秋時期頻繁、複雜的戰和，得益於《左傳》的記載而大體瞭解。但在戰國時期，由於戰亂動盪、史籍缺載而知之甚少。不過從其衰弱的大概趨勢，也可以得出一個推測性結論。

按照周代「周之同盟，異姓爲後」（《左傳・隱公十一年》）的分封原則，異姓諸侯國的地位要低於同姓諸侯國。而魯國又因「常輔翼武王，用事居多」〔註 95〕，爲武王滅商的鼎力輔佐者，這決定了其在諸侯排序中超出一般同姓諸侯國的「班長」〔註 96〕地位。《左傳・定公四年》詳載了魯國受封時的特殊待遇：「分魯公以大路大旂，夏后氏之璜，封父之繁弱，殷民六族條氏、徐氏、蕭氏、索氏、長勺氏、尾勺氏，使帥其宗氏，輯其分族，將其類醜，以法則周公，用即命於周，是使之職事於魯，以昭周公之明德。」〔註 97〕作爲在同姓諸侯中位居「班長」的魯國，在交往中自然不把異姓的邾國放在眼中，這是邾、魯「構怨」〔註98〕的文化背景。《左傳・昭公二十三年》有魯叔孫婼的一段話：「列國之卿，當小國之君，固周制也，邾又夷也。寡君之命介子服回在，請使當之，不敢廢周制故也」〔註 99〕正反映了魯國對邾國的鄙視心理。再加上春秋戰國擴疆拓土的利益追逐，使邾、魯毗鄰之國的關係越發趨於緊張，就像顧棟高《春秋大事表》引李廉所說：「《春秋》內兵之伐國僅二十，

〔註94〕傅隸樸《〈春秋〉三傳比義》（上冊），北京：中國友誼出版公司 1984 年版，第 6～7 頁。
〔註95〕司馬遷《史記》卷三十三〈魯周公世家〉，北京：中華書局 1982 年版，第 1515 頁。
〔註96〕《國語・魯語》，上海：上海古籍出版社 1998 年版，第 164 頁。
〔註97〕孔穎達《春秋左傳正義》，阮元《十三經注疏》（下冊），北京：中華書局 1980 年版，第 2134 頁。
〔註98〕高士奇《左傳記事本末》卷十一〈魯與邾莒構怨〉，《四庫全書》（369 冊），上海：上海古籍出版社 1987 年版，第 86～97 頁。
〔註99〕孔穎達《春秋左傳正義》，阮元《十三經注疏》（下冊），北京：中華書局 1980 年版，第 2101 頁。

而書公伐邾者六，書大夫伐邾者八，止書伐邾者一。邾在魯之宇下，而陵弱侵小之兵史不絕書如此。」〔註100〕僅從《春秋》記載看，在短短的二百餘年裏，魯國對邾國的侵伐就達十幾次之多，如：

桓公七年（公元前705年）「春二月己亥，焚咸丘」（《公羊傳》此條下釋爲：「咸丘者何？邾婁之邑也。曷爲不繫乎邾婁？國之也。曷爲國之？君存焉爾。」《穀梁傳》所記與同：「其不言邾咸丘何也？疾其以火攻也。」）

莊公二年（公元前692年）「夏，公子慶父帥師伐於餘丘。」（《公羊傳》此條下釋爲：「於餘邱者何？邾婁之邑也。曷爲不繫乎邾婁？國之也。曷爲國之？君存焉爾。」《穀梁傳》所記與同：「國而曰伐。於餘邱，邾之邑也。」）

僖公二十二年（公元前638年）「春，公伐邾，取須句。」

僖公三十三年（公元前627年）夏，「公伐邾，取訾婁。秋，公子遂帥師伐邾。」

文公七年（公元前620年）「春，公伐邾。三月甲戌，取須句」。

宣公十年（公元前599年）秋，「公孫歸父帥師伐邾，取繹。」（《公羊傳》：「『邾』作『邾婁』，『繹』作『蘱』）

襄公十九年（公元前554年）春，「取邾田，自漷水。」

哀公二年（公元前493年）「春，王二月，季孫斯、叔孫州仇、仲孫何忌帥師伐邾，取漷東田及沂西田。」

哀公三年（公元前492年）冬，「叔孫州仇、仲孫何忌帥師圍邾。」

哀公六年（公元前489年）「冬，仲孫何忌帥師伐邾。」

哀公七年（公元前488年）「秋，公伐邾。八月己酉，入邾，以邾子益來。」（《左傳》此條下釋爲：「師遂入邾，處其公宮。眾師晝掠，邾眾保於繹。師宵掠，以邾子益來，獻於亳社，囚諸負瑕。」）

上述所涉及的地名大多明確標爲「伐邾」，除此而外，還有宣公九年（公

〔註100〕顧棟高《春秋大事表》卷三十六〈春秋魯邾莒交兵表・敘〉，《四庫全書》（179冊），上海：上海古籍出版社1987年版，第343頁。

－39－

元前 600 年）秋「取根牟」〔註101〕，成公六年（公元前 585 年）春「取鄟」〔註102〕，襄公十三年（公元前 560 年）夏「取邿」〔註103〕，昭公三十二年（公元前 510 年）春「取闞」〔註104〕等，也都屬於邾國地域。

邾、魯之間的戰伐在邾文公「卜遷於繹」後愈演愈烈，以至於邾國忍無可忍，在魯昭公十三年（公元前 529 年）由晉國召集的平丘之會上，聯合同為異姓的莒國共同控訴魯國：「魯朝夕伐我，幾亡矣。我之不共（供），魯故之以。」（《左傳・昭公十三年》）

春秋末，邾國因為內部腐敗而更加孱弱，以至於魯國在定、哀之世變本加厲地百般侵逼：公元前 495 年春，邾隱公朝魯，「邾子執玉高，其容仰；公受玉卑，其容俯」（《左傳・定公十五年》）；公元前 488 年，季康子率兵伐邾，竟俘虜了邾國國君隱公益〔註105〕，並將其帶回魯國，「獻於亳社，囚於負瑕」（《左傳・哀公七年》）。到邾穆公時，仍有「鄒與魯鬨」「有司死者三十三人」（《孟子・梁惠王下》）的戰事。在魯國的一再侵逼下，內憂外患的邾國國力日益削弱，幸賴吳、越庇護，才又苟延殘喘了二百餘年。

與此同時，與魯接壤的邾國，在彼此的戰爭中不斷失去土地，更兼以邾國大夫攝於魯國淫威，不斷獻地投奔〔註106〕。至春秋末期，兩國間已經是「魯擊柝聞於邾」（《左傳・哀公七年》），如王獻唐所說：「魯之疆域，包括三邾北境、東境、西北境，壤地相接，兵端一啓，首當其衝，禍結幾無寧日。小邾地小力微，不敢稱兵，濫國亦然。與魯戰爭最力者，莫如邾。……蓋自伯禽以來，已為世仇，三家貪得奪求無厭，降至春秋末葉，邾之疆域已逐漸削小，非春秋初年比矣。」〔註107〕

〔註101〕《公羊傳・宣公九年》：「根牟者何？邾婁之邑也，曷為秒繫乎邾婁？諱亟也。」
〔註102〕《公羊傳・成公六年》：「鄟者何？邾婁之邑也，曷為不繫於邾婁？諱亟也。」
〔註103〕《公羊傳・襄公十三年》：「詩者何？邾婁之邑也，曷為不繫乎邾婁？諱亟也。」
〔註104〕《公羊傳・昭公三十二年》：「闞者何？邾婁之邑也，曷為不繫於邾婁？諱亟也。」
〔註105〕「哀之世，無一歲不與邾為難，竟俘其君。」（顧棟高《春秋大事表》卷三十六〈春秋魯邾莒交兵表・敘〉，《四庫全書》，上海：上海古籍出版社 1987 年版，第 343 頁）
〔註106〕見於《春秋》的如襄公二十一年（公元前 552 年）「邾庶其以漆、閭丘來奔。」昭公三十一年（公元前 511 年）「冬，邾黑肱以濫來奔。」哀公七年（公元前 488 年）秋七月魯伐邾前，「茅成子請告於吳，不許」，「成子以茅叛」等記載。
〔註107〕王獻唐《春秋邾分三國考》，濟南：齊魯書社 1982 年版，第 2 頁。

第三，孟母墓地的疆域歸屬

邾、魯本來相鄰，在春秋頻繁的戰和之後，邾國疆域屢遭魯國侵奪，日漸縮小。以今天實地考察的地理位置看，魯都曲阜與邾故城紀王城的實地距離，不過三十公里之遙。而孟母墓在今鄒城北十公里鳧村馬鞍山東麓、古沂水西側。位置距魯都十餘公里，距邾國故城二十公里許，恰在哀公二年（公元前 493 年）魯伐邾「取漷東田及沂西田」的範圍之內〔註108〕。當然，至於孟母墓地究竟是否在孟子父死時尚屬於邾，而在孟母死時已歸於魯，限於材料，已難確定。但從留存至今的元、明、清三朝碑碣材料看〔註109〕，此地在元、明、清三朝一直歸屬鄒縣區劃，這是否可以視為孟母墓原本歸屬於邾的歷史印記呢？

正因為邾、魯毗鄰，雙方戰事不斷，邾國領土屢遭魯國吞併，造成了孟子所居之地為鄒國，還是魯之陬邑的混亂，並由此造成了孟子為鄒國人還是魯國人的疑惑。考之文獻，要徹底搞清這個問題雖然還有一些困難，但孟子為鄒國人的結論應該是沒有多大問題的。所以，吳若灝曾在詳考鄒、魯地理區劃和行政變遷的基礎上斷言：「陬，魯邑，《史記》孔子生魯昌平鄉陬邑是也。陬一作郰，一作聊，《論語》或人稱孔子為鄹人之子，《左傳》稱叔梁公為郰人紇是也。蓋本一郰字，或陬或鄹，皆傳寫之異，要為魯邑名無疑。鄒，邾子國至戰國時稱鄒，《孟子》書有鄒穆公是也。或鄒或騶，要為邾子國名。鄒國與郰邑判然不同，乃後人混而一之。」〔註110〕

（二）關於名字

孟子姓孟，名軻，字無記載。

孟子名軻。最有力的證據當是《孟子》中孟子的自稱。在《孟子》中，

〔註108〕劉培桂《孟子先祖新考》，見氏著《孟子與孟子故里》，北京：中國文史出版社 2001 年版，第 33 頁。

〔註109〕元代鄒縣尹司居敬請孔顏孟三氏子孫教授張頙寫《孟母墓碑》文，碑現仍存孟母林孟母墓前。明代又有鄒縣知縣王一楨為孟母墓捐俸置地，雇佃守林的碑記。碑原藏孟母林，現雖已毀，但有孟府藏舊拓。清代鄒縣知縣婁一均為頒行捐免鳧村孟子故里雜徭碑記。（碑原存鳧村，已佚，文收入孟廣均編清德宗光緒本《重纂三遷志》卷八〈藝文三〉（苗楓林主編《孔子文化大全》，濟南：山東友誼出版社 1989 年版，第 512～513 頁）。另，上文均收入劉培桂編著《孟子林廟歷代石刻集》，濟南：齊魯書社 2005 年版，第 34、265、345 頁。

〔註110〕吳若灝《光緒鄒縣續志》卷二〈方域志·附陬鄹考〉，《中國地方志集成》（72冊），南京：鳳凰出版社 2004 年版，第 524 頁。

孟子兩次自稱「軻」，一次見於《孟子‧萬章下》與北宮錡的答問：「然而軻也嘗聞其略也」。一次見於《孟子‧告子下》與宋牼的對話：「軻也請無問其詳，願聞其指」。另外，在《孟子‧梁惠王下》還有孟子的弟子樂正子直呼其姓名：「君奚爲不見孟軻也？」除《孟子》本書外，堪稱信史的《史記》、《漢書》等，對其姓名也均有確載。《史記‧孟軻荀卿列傳》開篇即稱：「孟軻，騶人也。」〔註111〕《漢書‧藝文志》在：「《孟子》十一篇」下自注：「名軻，鄒人。」〔註112〕孟子姓名證據確鑿，歷來沒有異義。

但是，關於孟子的字，由於《孟子》、《史記》中均無載而意見紛紜。較早的漢趙岐《孟子題辭》對這一問題尚且採用慎審的態度，老實承認：「孟子，鄒人也，名軻，字則未聞也。」〔註113〕三國時曹魏人作徐幹《中論序》也持相同態度：「謂以姓名自書，厥字不傳。」〔註114〕並解釋原因爲：「原思其故，皆由戰國之士，樂賢者寡，同時之人不早記錄耳。」〔註115〕這一推測性分析暗示孟子曾有字，只是因戰國動亂，「樂賢者寡」，早期沒有記錄下來，久之而佚，後人也就無從得知了。所以，蔣伯潛《諸子通考》在轉載此段後稱：「直謂孟子字已早佚矣」〔註116〕。「早佚」是有而佚，並非無。

中國自周代以來有「幼名，冠字」（《禮記‧檀弓》）的傳統。所謂「冠字」，《禮記‧曲禮上》解說爲：「男子二十，冠而字」；「女子許嫁，笄而字。」人至成年，男子加冠，女子結笄，再爲之取一個字，以示成年，這是通例。但也並非人必有字。在先秦，就如同貴族才講究姓和氏一樣，大多社會上層和士人才講究起字。就名和字的使用看，也不排除名、字相同的特例，但這大多在魏晉以後，《日知錄》有「名、字相同，起於晉、宋之間」的記載〔註117〕。如此看來，孟子的字可能屬於下列三種情況之一：一，有名無字。這種情況

〔註111〕 司馬遷《史記》卷七十四〈孟子荀卿列傳〉，北京：中華書局1982年版，第2343頁。

〔註112〕 班固《漢書》卷三十〈藝文志〉，北京：中華書局1962年版，第1725頁。

〔註113〕《諸子集成》（1冊），上海：上海書店出版社1986年版，第2頁。

〔註114〕 孟廣均編清德宗光緒本《重纂三遷志》卷八〈藝文三〉（苗楓林主編《孔子文化大全》，濟南：山東友誼出版社1989年版，第62頁。

〔註115〕 史鶚編明世宗嘉靖本《三遷志》卷二〈出處事蹟〉，現存北京首都圖書館。

〔註116〕 蔣伯潛《諸子通考》上編〈諸子人物考‧孟子〉，杭州：浙江古籍出版社1985年版，第144頁。

〔註117〕 顧炎武《日知錄》卷二十三〈字同其名〉，《四庫全書》（858冊），上海：上海古籍出版社1987年版，第919頁。

基本可以否定，因爲即便忽視孟子魯公族孟孫氏後裔的身份，但從其後來躋身「士」的行列而言，孟子應該有字；二，有名有字，名、字相同。這一點可能性也不大，如前顧氏分析，名、字相同起於魏晉以後；三，有名有字，字未載。這一條可能性最大。因爲一般而言名是長輩所起，當長輩稱小輩，或自稱時，多稱名。所以我們看到《論語》中孔子自稱大多稱「丘」，《孟子》中也有兩處自稱「軻」。而在同輩之間或下級對上級、或生對師、或晚輩稱長輩，爲表尊敬一般稱字，不稱名。所以，《論語》中弟子多稱孔子爲「仲尼」。但這也只是一般通例，也有特例。當上對下、師對生或同輩之間，甚至是下對上、生對師，爲表親密也有直呼其名的情況。這種情況雖然很少見，但也偶見於史籍，如《論語・微子》：「長沮、桀溺耦而耕，孔子過之，使子路問津焉。長沮曰：『夫執輿者爲誰？』子路曰：『爲孔丘。』曰：『是魯孔丘與？』曰：『是也。』曰：『是知津矣。』問於桀溺。桀溺曰：『子爲誰？』曰：『爲仲由。』『魯孔丘之徒與？』對曰：『然。』曰：『滔滔者天下皆是也，而誰以易之？且而與其從辟人之士也，豈若從辟世之士哉！』耰而不輟。子路行以告。夫子憮然曰：『鳥獸不可與同群，吾非斯人之徒與而誰與？天下有道，丘不與易也。』」這一段記載了孔子弟子子路對人直呼「孔丘」和孔子自稱爲「丘」。另，《孟子・梁惠王下》孟子弟子樂正子對魯平公稱「孟軻」也屬於這種情況。如此看來，上述徐幹的暗示不是沒有道理，孟子很可能有名有字，只是字不見於當時人的記載而失傳。至於作者分析孟子字「同時人不早記錄」的原因，是因爲「戰國之士，樂賢者寡」，則多少帶有些有「亞聖」的眼光評判之嫌。儒學雖在春秋戰國已號爲「顯學」，但孟子儒學後繼者的身份，則是唐宋以後才被確立，在戰國動盪戰亂的環境下，孟子雖以「士」的身份踏入社會。但在當下，也不過如田駢、愼到一般的游說者，還談不上什麼「賢者」。

　　但是，魏晉以後文獻卻突然出現了關於孟子字的記載，且有子車、子輿、子居、子輿四說。

　　孟子字「子車」的說法，首見於僞託漢代孔鮒撰的《孔叢子》一書。《孔叢子・雜訓第六》有：「孟子車尚幼，請見子思，子思見之，甚悅其志，命子上侍坐焉，禮敬子車甚崇，子上不願也。」〔註118〕三國王肅《聖證論》也採

〔註118〕孔鮒《孔叢子》，《諸子百家叢書》，上海：上海古籍出版社 1990 年版，第 18 頁。

用了「孟子字子車」的說法，故有顏師古《漢書・藝文志注》:「《聖證論》云軻字子車，而此〈志〉無字，未詳其所得。」〔註119〕但是，《孔叢子》關於「孟子字子車」的記載頗值得懷疑，理由有二：一是《史記》、《漢書》等早期信史無載；二是《聖證論》與《孔叢子》成書問題有爭議。撰《聖證論》的王肅原本出身經學名家，其父王朗以「通經」著名，受其父影響，王肅的經學研究號稱「通學」，一度聲名遠播，幾與經學大師鄭玄齊名。但由於他「善賈、馬之學，而不好鄭氏」〔註120〕，一意與鄭玄爭勝，學術偏離了求眞正途。爲了假借孔子名義駁倒鄭玄之學，竟僞造了《孔子家語》和《孔叢子》。《孔叢子》之名，《漢書・藝文志》不見著錄，王肅雜取《中庸》、《子思》、《禮記》中所收上古材料，再加上自己的臆造編集而成，名之曰《孔叢子》，託名孔子後裔漢末陳勝博士孔鮒編。魏明帝時，王肅又「集《聖證論》，以譏短（鄭）玄，叔然（孫炎字）駁而釋之。」〔註121〕該書多處援引其自著僞書《孔子家語》，假借孔子以駁鄭玄之學，結果被號稱「東州大儒」熟諳經學的鄭玄弟子孫炎一一駁釋。王肅造僞開了惡劣風氣，但他畢竟是一代通儒，學養深厚，其所造僞書中不乏大量上古材料。特別是郭店楚墓竹簡的發現，更證實了《孔子家語》、《孔叢子》中輯錄了許多先秦古文獻〔註122〕，但對其中不能斷定確爲上古材料的，我們今天只能暫時存疑。關於「孟子字子車」的問題即屬此類。

孟子字「子輿」、「子居」、「子興」的說法，散見於晉傅玄《傅子・附錄》〔註123〕及《孔叢子》注、顏師古《急就篇》注、楊倞《荀子》注等。無論哪一種說法，都因爲其說後出，兼以所引書籍的可信度問題而受到質疑。

〔註119〕顏師古《漢書》卷三十〈藝文志〉注，中華書局1962年版，第1728頁。

〔註120〕陳壽《三國志》卷十一〈魏書・王朗傳・附王肅傳〉，北京：中華書局 1982年版，第419頁。

〔註121〕陳壽《三國志》卷十一〈魏書・王朗傳・附王肅傳〉，北京：中華書局 1982年版，第419～420頁。

〔註122〕李學勤先生根據竹簡《家語》推定「《孔叢子》一書可以說是孔氏家學的學案。」（見李學勤《竹簡〈家語〉與漢魏孔氏家學》，《孔子研究》1987年第2期，第60～64頁；黃懷信認爲書中「記孔子、子思、子高的三部份均有原始材料，其文字基本上屬於采輯舊材料或據舊材料加工而成。」（見黃懷信《〈孔叢子〉的時代與作者》，《西北大學學報》1987年第1期）

〔註123〕「昔仲尼既沒，仲弓之徒追論夫子之言，謂之《論語》；其後鄰之君子孟子輿，擬其體，著七篇，謂之《孟子》。」（傅玄《傅子・附錄》，《四庫全書》（696冊），上海：上海古籍出版社1987年版，第520頁）

　　率先提出質疑的是宋王應麟，其《困學紀聞》卷八〈孟子〉稱：「孟子字未聞。《孔叢子》云：『子車。』注：『一作子居。居貧坎軻，故名軻，字子居。亦稱字子輿』。疑皆傅會。」〔註124〕顯然，王應麟相信趙岐「孟子字未聞」的說法，認爲《孔叢子》等書中的「子車」、「子居」、「子輿」等，全部是「傅會」。

　　明陳士元《孟子雜記》卷一〈名字〉按：「《孔叢子》、《聖證記》等書，『子車』一作『子輿』，一作『子與』，一作『子居』。而楊倞《荀子》注又作『子輿』，蓋『車』『居』音同，『輿』『與』『輿』字訛也。趙岐《孟子題辭》云：『孟子名軻，字則未聞也。』豈未深考乎？正韻平聲，『軻』音丘阿切，注云：車軸也。故孟子名『軻』，字『子車』，《廣韻》去聲，『軻』音口個切。注云：『孟子居貧轗軻，故名』軻『，字『子居』。而張鎰、馮元等註《孟子音義》，軻音缺如也。或云：『群書多稱「子車」，讀平聲爲是，況曾子字「子輿」，孟子豈與同字乎？』」〔註125〕陳士元分析了車、輿、與、居、輿，或因音同、意同而轉，或因形同而訛，實際是同一個字。又認爲孟子師既爲曾子，曾子字「子輿」。從中國古代避諱的角度考慮，孟子不該與其師同字，故而對孟子的字提出質疑。

　　清焦循《孟子題辭・正義》：「《傅子》云：『孟子輿』疑皆傅會。史鶚〔註126〕《三遷志》云：『孟子字，自司馬遷、班固、趙岐，皆未言及。魏人作徐幹《中論序》曰：『孟軻荀卿，懷亞聖之才，著一家之法，皆以姓名自書，至今厥字不傳，原思其故，皆由戰國之士，樂賢者寡，不早記錄耳。』是直以孟子爲逸其字矣。按王肅傳元生趙氏後，趙氏所不知，肅何由知之。《孔叢》僞書，不足證也。」〔註127〕焦循從魏晉僞書之前的早期信史均未言及孟子的字而斷定爲後人傅會。

　　清周廣業《孟子四考》卷四〈孟子出處時地考・孟子父母〉：「孟子字，《史・傳》、《漢・志》不載，趙岐亦曰『未聞』，《太平御覽》引《聖證論》云『學者不知孟軻字』。案：《子思》書及《孔叢子》所稱：『孟子居即軻也，少居坎軻，故名軻，字子居。』顏師古《漢・志》注引《聖證論》作『字，子車』，

〔註124〕王應麟《困學紀聞》卷八〈孟子〉，《四庫全書》（854 冊），上海：上海古籍出版社 1987 年版，第 307 頁。

〔註125〕陳士元《孟子雜記》卷一〈名字〉，《四庫全書》（207 冊），上海：上海古籍出版社 1987 年版，第 291 頁。

〔註126〕注：此「鶚」字，應是「鶚」字之誤。

〔註127〕《諸子集成》（1 冊），上海：上海書店出版社 1986 年版，第 2 頁。

而云未詳其所得，則謂出《子思》、《孔叢》者正未可信矣。《集注》考證云『軻，車軸，故字子車』，《傅子》又稱『鄒之君子，孟子輿』，王伯厚疑皆傅會，是也。」〔註128〕周廣業否定孟子字及妻田氏的記載，認爲其無據。

清翟灝也明確提出否定性意見：「按：今本《孔叢》稱孟子車，注云『一作子居』。王氏《困學紀聞》疑『子車』、『子居』、『子輿』皆傅會，而王肅『少居坎坷』之說尤甚穿鑿。」〔註129〕

當然，在王應麟、陳士元、周廣業等大批學者的質疑聲中，認可「孟子字子車」這一說法的還是大有其人，清狄子奇〔註130〕、孟經國、梁玉繩等均是。

孟經國《聞道集》卷三〈孟子年表〉辨稱：「今世所稱『子車』者，出於《孔叢子》及魏衛將軍王肅所著《聖證論》，其或稱『子輿』者，出於晉司隸校尉傅玄所著《傅子》。《孔叢子》書雖漢、隋、唐〈藝文志〉不載，有疑其僞者，而齊孝標、李善之注已引用之，其非後人所撰明甚，世代去傅玄已遠，又爲魯人所著見聞，似眞。且古人雖不諱字，而孟子師子思，子思師曾子，豈即以曾子字爲字哉？故孟子字從《孔叢子》稱『子車』爲當。」孟經國認爲，雖然《孔叢子》不被漢、隋、唐〈藝文志〉等正史所載，但已爲如齊孝標、李善等魏晉時人所徵引，鑒於其出現年代較早，應有一定可信度。因而，他認可《孔叢子》的說法，以爲孟子字既避曾子字「輿」之諱，應爲字「子車」〔註131〕。

清梁玉繩《史記志疑》卷二十九〈孟子荀卿列傳〉有：「魏晉以來，始傳孟子之字，故〈正義〉著之，雖未詳其所得，要非無據，可補史遺。王氏疑爲傅會，非也。」〔註132〕梁氏否定了王應麟的觀點，以爲：孟子之字「雖未詳其所得」，然「要非無據」，應該是可信的，「可補史遺」。遺憾的是，梁氏依據不知從何而來。

〔註128〕周廣業《孟子四考》卷四〈孟子出處時地考·孟子父母〉，《續修四庫全書》（158 冊），上海：上海古籍出版社 2002 年版，第 123 頁。

〔註129〕翟灝《四書考異》上編〈綜考二十四·孟子始末〉，《續修四庫全書》（167 冊），上海：上海古籍出版社 2002 年版，第 106 頁。

〔註130〕狄子奇《孟子編年》卷一：「謹按：孟子名軻，字子輿（自注：一字子車，又字子居，子與、子輿皆傳寫之訛）。」（《先秦諸子年譜》（5 冊），北京：北京圖書館出版社 2005 年版，第 55 頁）

〔註131〕《先秦諸子年譜》（5 冊），北京：北京圖書館出版社 2005 年版，第 319 頁。

〔註132〕梁玉繩《史記志疑》卷二十九〈孟子荀卿列傳〉，《續修四庫全書》（263 冊），上海：上海古籍出版社 2002 年版，第 236 頁。

先秦時期，人的名與字之間往往相呼應，或同義互訓、或反意相對、或近義相聯等。大概因為孟子的名「軻」有車義，便附會為字子車；又因為「車」、「居」音近，故說字「子居」，甚至於「輿」、「興」字形相同，訛而成為字「子興」。陳士元、蔣伯潛等文字學意義上的分析自然有其道理，故車、輿、居、興實乃一字之轉。要在孟子的字在漢代以前司馬遷、班固等早期信史均未提及，趙岐也明言「字則未聞」。這說明，漢代以前孟子的字的確已不為人所知。但經過兩漢，至三國時突然在偽書中出現，且並未提出足以令人信服的來源依據。故而，還是應該謹慎對待為好。

三、孟子師承

（一）有關孟子師授的爭論

作為儒家學派的後繼者，孟子一生敬仰孔子，崇尚儒學。對於自己的師承，孟子自稱：「予未得為孔子徒也，予私淑諸人也。」（《孟子‧離婁下》）「私淑諸人」，正表明孟子不是直接師承孔子。所謂「私淑」者，趙岐謂：「淑，善也。我私善之於賢人耳，蓋恨其不得學於大聖也。」〔註133〕朱熹《孟子集注‧孟子‧盡心上》「有私淑艾者」條下也解說為：「私，竊也。淑，善也。艾，治也。人或不能及門受業，但聞君子之道於人，而竊以善治其身，是亦君子教誨之所及。」〔註134〕看來，「私淑諸人」的表意應該是：孟子未及學於孔子，但仰慕儒學而學於後儒「諸人」。不過，至於這個「諸人」究竟是何人，也是孟子師承中的模糊點。

圍繞這個「諸人」究係何人，漢代以後出現了兩種觀點：一種認為孟子師承子思。最早提出者是西漢劉向，其《列女傳‧母儀傳》稱：「孟子懼，旦夕勤學不息，師事子思，遂成天下之名儒。」〔註135〕劉向之後，東漢班固、趙岐等多與之相同。班固《漢書‧藝文志》「《孟子》十一篇」下就自注：「名軻，鄒人，子思弟子。」〔註136〕東漢應劭《風俗通義‧窮通》：「孟軻受業於子思。」〔註137〕東漢趙岐《孟子題辭》：「孟子生有淑質，夙喪其父，幼被慈

〔註133〕《諸子集成》（1冊），上海：上海書店出版社1986年版，第340頁。
〔註134〕《四書五經》（上冊），天津：天津市古籍書店1988年版，第108頁。
〔註135〕劉向《列女傳》卷一〈母儀傳‧鄒孟軻母〉，《四庫全書》（448冊），上海：上海古籍出版社1987年版，第15頁。
〔註136〕班固《漢書》卷三十〈藝文志〉，北京：中華書局1962年版，第1725頁。
〔註137〕應劭《風俗通義》卷七〈窮通〉，《四庫全書》（862冊），上海：上海古籍出

母三遷之教，長師孔子之孫子思。治儒術之道，通五經，尤長於《詩》《書》。」〔註138〕三國王肅僞託孔鮒編的《孔叢子》甚至記錄了孟子與子思的幾次對話〔註139〕；第二種觀點認爲孟子師承子思之門人。持這一觀點的是西漢司馬遷，《史記‧孟子荀卿列傳》稱：「孟軻，鄒人也。受業於子思之門人。」司馬遷說的非常明白：孟子受業於孔子之孫子思（孔伋）的門人〔註140〕，而非子思本人。

　　　　版社 1987 年版，第 392 頁。

〔註138〕《諸子集成》（1 冊），上海：上海書店出版社 1986 年版，第 4 頁。

〔註139〕《孔叢子‧雜訓第六》：「孟子車尚幼，請見子思，子思見之，甚悅其志，命子上侍坐焉，禮敬子車甚崇，子上不願也。客退，子上請曰：『白聞士無介不見，女無媒不嫁，孟孺子無介而見，大人悅之而敬之，白也未諭。敢問。』子思曰：『然，吾昔從夫子於郯，遇程子於途，傾蓋而語，終日而別，命子路將束帛贈焉，以其道同於君子也。今孟子車孺子也，言稱堯舜，性樂仁義，世所希有也，事之尤可，況加敬乎？非爾所及也。』」「孟軻問牧民何先。子思曰：『先利之。』曰：『君子之所以教民，亦有仁義而已矣，何必曰利？』子思曰：『仁義固所以利之也。上不仁則下不得其所，上不義則下樂爲亂也。此爲不利大矣。故《易》曰：「利者義之和」也，又曰：「利用安身，以崇德也」，此皆利之大者也。』」又《孔叢子‧居衛第七》：「孟軻問子思曰：『堯舜文武之道，可力而致乎？』子思曰：『彼人也，我人也。稱其言，履其行。夜思之，晝行之。滋滋焉，汲汲焉，如農之赴時，商之趨利，惡有不至者乎？』」「子思謂孟軻曰：『自大而不修其所以大，不大矣；自異而不修其所以異，不異矣。故君子高其行，則人莫能偕也；遠其志，則人莫能及也。禮接於人，人不敢慢。辭交於人，人不敢侮。其唯高遠乎？』」（孔鮒《孔叢子》，《諸子百家叢書》，上海：上海古籍出版社 1990 版，第 18、21～22 頁。另：以上四段又見於《子思子》外篇〈過齊第九〉和〈魯穆公第七〉。見宋旺暉《子思子全書》，《諸子百家叢書》，上海：上海古籍出版社 1990 版，第 18～22 頁。）對上述《孔叢子》所載思、孟對話，清考據家如林春浦、周廣業明言其爲「附會之說」（見下）。梁濤認爲上述文字「有可能是出自子思後學之手，由子思後學加工而成」這樣做的目的「是要借孟子來抬高自己，屬於思、孟一系的內部紛爭。」（梁濤《郭店楚簡與思孟學派》，北京：中國人民大學出版社 2008 版，第 41 頁）

〔註140〕關於「門人」釋義：《禮記‧檀弓下》有：「子思哭於廟，門人至。」鄭玄注：「門人，弟子也。」（孔穎達《禮記正義》，阮元《十三經注疏》（上冊），北京：中華書局 1980 年版，第 1314 頁）歐陽修《文忠集》卷一百三十五〈後漢孔宙碑陰題名〉有：「漢世公卿，多自教授，聚徒常數百人，其新授業者爲弟子，轉相傳授者爲門生。」（《四庫全書》（1103 冊），上海：上海古籍出版社 1987 年版，第 368 頁）清江藩《漢學師承記》卷二〈惠松崖〉也有：「古人親受業者稱弟子，轉相授者稱門人。」（漆永祥《漢學師承記箋釋》（上冊），上海：上海古籍出版社 2006 年版，第 199 頁）另，閻若璩《四書釋地》也引歐陽修語，謂「《後漢》〈賈逵傳〉始析弟子與門生爲二，注未備。歐陽公《孔宙碑陰題名跋》云：『漢世公卿，多自教授，聚徒嘗數

圍繞以上兩種觀點，後人進行了大量探索性考辯。

晉王劭以劉向、班固、趙岐等的觀點爲依據，試圖糾正司馬遷的觀點，彌合二者之間的縫隙，提出：司馬遷「授業子思之門人」的「人」字是衍字〔註141〕。

至宋、明，司馬光與薛應旂都接受了劉向的觀點，認爲孟子親受業於子思，並復述了《孔叢子》的記述〔註142〕。看來，劉向的觀點在後世產生了不小的影響。

針對以上近乎一邊倒的觀點，明陳士元不吝詞句予以詳細駁證：「《史記》云『孟軻受業於子思之門人』，謂受業於子思之弟子也。王劭以『人』爲衍字，是親受業於子思之門也。高似孫云：『《孔叢子‧記問篇》載子思與孔子問答』，

百人，其親受業者爲弟子，轉相傳授者爲門生。』今宙碑殘缺，其稱弟子者十人、門生者四十三人。余按：鄭康成傳在馬融門下三年不得見，乃使高業弟子傳受於玄，是其證也。然《論語》稱『門人』者八」，『弟子』者三，『門弟子』者二。《孟子》稱『弟子』者三，『門人』者二，皆正屬一人。此則古今稱謂之不同耳。」（閻若璩《四書釋地‧三續》「弟子門人」條，清東浯王氏重刊，第42～43頁）。按照以上說解，所謂「門人」，並不是弟子的弟子，而是同門師兄弟，以是否親自受業於其師，而有弟子與門人的區別。師門弟子極多的情況下，其師不能一一親授，因而有的弟子不得親自聆聽其師教誨，只得轉學於其他得以親受業的同門師兄弟，而稱門人。如此一來，從授受淵源而言，鄭玄所釋是正確的：門人，即等同於弟子。依此意，則子思的門人即子思的弟子，而非再傳弟子。

〔註141〕唐司馬貞《史記‧孟子荀卿列傳‧索隱》「王劭以『人』爲衍字，則以軻親受業孔伋之門也。」（司馬遷《史記》，北京：中華書局1982年版，第2344頁）

〔註142〕司馬光《資治通鑒》稱：「初，孟子師子思，嘗問牧民之道何先」（司馬光《資治通鑒》卷二，北京：中華書局1956年版，第64頁）；薛應旂《四書人物考》卷十七〈傳十四‧孟子〉有：「請見子思，子思見之，甚悅其志。命子上侍坐，禮敬甚崇。既退，子上請曰：『白聞士無介不見，女無媒不嫁。孟孺子無介而見，大人悅而敬之，白也未諭。敢問。』子思曰：『然。吾昔從夫子於郯，遇程本於途，傾蓋而語，終日而別，命子路將束帛贈焉，以其道同於君子也。今孟軻言稱堯、舜，性樂仁義，世所希有也。事之猶可，況加敬乎？非爾所及也。』」「孟軻問子思曰：『堯、舜、文、武之道，可力而致乎？』子思曰：『彼人也，我人也，稱其言，履其行，夜思之，晝行之，如農之赴時，商之趨利，惡有不至者乎？』子思謂孟軻曰：『自大而不修其所以大，不大矣；自異而不修其所以異，不異矣。故君子高其行，則人莫能階也；遠其志，則人莫能及也。禮接於人，人不敢慢；辭交於人，人不敢侮，其唯高遠乎！』軻問子思：『牧民何先？』子思曰：『先利之。』曰：『君子之所以教民，亦仁義耳，固所以利之乎？』子思曰：『上不仁則下不得其所，上不義則樂爲亂也，此爲利大矣，故《易》曰：『利者，義之和也。』」（薛應旂《四書人物考》卷十七〈傳十四‧孟子〉，李經緯編《四庫全書存目叢書》（157冊），濟南：齊魯書社1997年版，第132～133頁。

如此，則孔子時，子思年已長矣。然《孔子家語·後敘》及《孔子世家》皆言子思年止六十二，《孟子》以子思在魯穆公時，固嘗師之，是爲的然矣。然孔子沒於哀公十六年，後十一年哀公卒，又悼公立三十七年元公立，二十一年穆公既立，距孔子之沒七十一年矣。當是時，子思尚未生，問答之事安得有邪？據高氏之論，則子思與孔子誠無問答，使子思與孔子問答，則孟子安得受業於子思之門？元又疑《孔叢子》乃後人綴集之言，而諸書所載子思壽年亦不足信。況伯魚卒於哀公十二年戊午，至穆公元年壬申，凡七十五年，而子思當生於哀公、定公之世，伯魚未卒之先，安得謂子思壽止六十二邪！不然，則孟子受業於子思，不在穆公初年，而在元公、悼公之世矣。夫赧王元年齊伐燕，孟子所親見者，《譜》謂孟子卒於赧王二十六年，魯文公之六年也。自文公六年上距穆公元年，凡一百二十一年，是穆公元年孟子未生，況上而元公，又上而悼公之世邪！若然，則謂孟子受業於子思之門人也亦宜。」

「元又按：何孟春《餘冬序錄》云：『司馬《史記》載「孟子受業子思之門人」，而後來著述家直云「孟子親受業於子思」，注《史記》者，遂以「人」爲衍字。謹考諸家書、傳，孔子生魯襄公二十一年，或云二十二年。襄公二十二年，爲周靈王二十一年庚戌，論者謂生是年爲是。敬王四十一年，孔子卒。孔子年二十生伯魚，伯魚先孔子五年卒。子思之母死，孔子令其哭於廟。子思逮事孔子，所與孔子問答語爲多。孔子之卒，子思實喪主，四方士來觀禮焉。子思生卒，今不可知，可知者，孔子卒之年，子思則既長矣。孟子以顯王三十三年乙酉至魏，愼靚王二年壬寅去魏適齊，赧王元年丁未去齊。其書論及張儀，當是五年辛亥後事。自敬王壬戌至赧王辛亥，百七十年，辛亥去伯魚之卒，百七十有四年，以百八九十、二百年間所生人物而謂其前後相待，共處函丈，傳道受業，何子思、孟子之俱壽考而至是也！」〔註143〕陳氏先是由《孔叢子》的成書及子思與孟子年齡推斷「孟子與子思問答」的不可信。之後，又從孔子、伯魚、子思及孟子壽年推斷子思有生之年絕不與孟子相接，斷定「孟子受業子思」的不可信。

繼之而後，明焦竑在《焦氏筆乘》中專列「孟子非受業子思」一條，直言：「《史記》載孟子受業子思之門人，不察者遂以爲親受業於子思，非也。考之孔子二十生伯魚，伯魚先孔子五年卒。孔子之卒，敬王四十一年，子思實爲喪主，

〔註143〕陳士元《孟子雜記》卷一〈受業〉，《四庫全書》（207 冊），上海：上海古籍出版社 1987 年版，第 294～295 頁。

四方來觀禮焉。子思生年雖不可知，然孔子之卒，子思既長矣。孟子以顯王二十三年至魏，赧王元年去齊，其書論儀、秦，當是五年後事，距孔子之卒百七十餘年。孟子即已耆艾，何得及子思之門，相爲授受乎哉！」〔註144〕

　　清代考據學興起，孟子受業問題再次成爲考證焦點。在清代考據諸家中，除毛奇齡持「受業子思」說外，其餘如崔述、陳寶泉、曹之升、黃玉蟾、管同、狄子奇、黃本驥、林春浦、周廣業、翟灝，均與司馬遷持相同觀點，認爲：孟子受業子思之門人。

　　毛奇齡《四書賸言》以爲：「考《春秋》，孔子卒在周敬王四十一年，而伯魚先孔子卒已三年矣。向使子思生於伯魚所卒之年，亦止當在威烈王三、四年之間，乃《三遷志》及《孟了》所載，則孟子實生於烈王四年，其距子思卒時已相去五十年之遠，焉能受業乎？又謂：魯繆公曾尊禮子思，然繆公即位在威烈王十九年，則《史記》所云『思年六十二』者，或是『八十二』之誤，亦未可知。若孟子則斷不能親受業也。予謂：《史記》、《漢書》猶不足據，況《三遷》諸志，則後人撰造，又安可信？予只以《孟子》本文計之，梁惠王三十年，齊虜太子申。則孟子游梁自當在三十年之後。何則？以本文有『東敗於齊，長子死焉』之語也。然孟子居梁不二三年而惠王已卒，襄王已立。何則？以本文見梁襄王之語也。乃實計其時，梁惠王即位之年距魯繆王卒之年，亦不過四十零年，然而孟子已老，本文有『王曰叟』是也。則受業子思或未可盡非歟？疑當從王邵說，刪『人』字，作『受業子思之門』」〔註145〕。毛氏以孟子與子思的年齡證孟子與子思不相接，孟子應受業子思之門人。但另一止面，又以孟子遊梁年已老，孟子或可親受業子思。可見其觀點游移搖擺不定。相比之下，其餘學者的論證更顯得堅定一些。

　　崔述《孟子事實錄》卷上從子思、孟子年齡及孟子自述入手，辯證孟子不可能直接受業子思，以爲當以《史記》記載爲實：「趙岐謂孟子親師子思。王劭謂《史記》『人』字爲衍。余按：孔子之卒，下至孟子游齊燕人畔時，一百六十有六年矣。伯魚之卒在顏淵前，則孔子卒時，子思當不下十歲。而孟子去齊後，居鄒，之宋，之薛，之滕爲文公定井田，復游於魯而後歸老。則孟子在齊時亦不過六十歲耳。即令子思享年八十，距孟子之生尙三十餘年。孟子何由受業於

〔註144〕焦竑《焦氏筆乘》卷三，上海：上海古籍出版社1986年版，第92頁。
〔註145〕毛奇齡《四書賸言》卷三，《四庫全書》（210冊），上海：上海古籍出版社1987年版，第233頁。

子思乎？孟子云：『予未得爲孔之子徒也，予私淑諸人也。』若孟子親受業於子思，則當明言其人，以見其傳之有所自，何得但云人而已乎？由是言之，孟子必無受業於子思之事，《史記》之言是也。然孟子之學深遠，恐不僅得之於一人，殆如孔子之無常師者然，故但云私淑諸人耳。」〔註146〕

曹之升《孟子年譜》卷上「周顯王十一年」條下也就「孟子學於子思，抑或是子思之門人」的幾種觀點一一釐清，並明確闡明自己的觀點爲：孟子係受業於子思之門人，而非直接受業子思。辯文稱：「謂孟子受業子思之門人，出《史記‧列傳》，隋秘書監王劭謂『人』是衍字。《漢書‧藝文志》：『《孟子》十一篇，名軻，子思弟子。』輔廣曰：『子思之門人無有顯名於世者。』而孟子眞得子思之傳，疑親受業者爲是，此不然。按《史記‧魯世家》：哀公十六年孔子卒時，周敬王四十一年壬戌也，又十一年癸酉，哀公卒，子寧立，是爲悼公；甲戌悼公元年，立三十七年，庚戌，悼公卒，子嘉立，是爲元公；辛亥元公元年，立二十一年，辛未，元公卒，子顯立，是爲穆公壬申；穆公元年立，三十三年甲辰穆公卒，子奮立，是爲共公乙巳；共公元年，越丙午、丁未、戊申、己酉，爲共公之五年，當周烈王之四年，而孟子生。是孟子生年距孔子卒年一百有八，自穆公之元年上距孔子之卒七十有一年。孔子之子伯魚卒於孔子之前四年，焦竑《筆乘》云：『孔子卒，子思實爲喪主，四方來觀禮焉。』則既長矣，即使子思生於伯魚之卒年，及其事魯爲臣，在穆公初年已七十五歲，故告穆公語多質直，蓋年高爲穆公所嚴事，故曰：『穆公無人乎！子思之側則不能安。』子思、孟子之生距穆公之立三十八年，則子思且百十二歲矣，及成童，入大學之年而見子思，子思不百二十餘歲與！《通鑒》載：『子思言苟變於衛侯』在安王二十五年。《大事記》云：『去孔子沒百有三年。』子思逮事孔子未必至是時尚存。薛常州亦云：『子思之年，毋乃過於壽考乎？』王草堂謂：『《史記‧世家》：「子思年六十二或是八十二之誤」，是未可知。若孟子則斷不能親受業也。』」〔註147〕

翟灝《四書考異》：「按：謂孟子親受業者，趙岐、《孔叢》外更有《風俗通》、《漢‧藝文志》二書，而其事卻難信。王氏本〈世家〉謂『子思年六十

〔註146〕崔述《孟子事實錄》卷上〈在鄒〉，四川大學古籍整理研究所編《儒藏》（10冊），成都：四川大學出版社2005年版，第304頁。

〔註147〕曹之升《孟子年譜》卷上，《先秦諸子年譜》（4冊）北京：北京圖書館出版社，第385頁。

二』，玩〈世家〉此文似屬下『困於宋』，非謂其壽終於此，若壽終於此，則
不及爲魯穆公臣矣。毛氏云『梁惠之卒距魯穆卒年不過四十零』。考子思臣魯
在穆公初年，孟子至梁則在惠王末年，相距者實七十餘年，故一欲破之，一
欲護之，而均覺未能，不若郝氏《說解》之辨爲得其當也（自注：郝敬《孟
子說解》：「史稱孟子受業於子思之門人，而不言門人姓名，王劭解《史記》
以『人』字爲衍，趙岐等遂謂親授業於子思，非也。）《孟子》言『由孔子而
來至於今百有餘歲』，『予未得爲孔子徒，私淑諸人』，又言『魯穆公之時，子
思爲臣』今按伯魚先孔子卒，則子思猶乃親事，夫子後此百餘年，安得尚在？
夫子卒於魯哀公十六年，又十一年哀公卒，悼公立，三十七年元公立，二十
一年穆公乃立，上距夫子卒時七十一年矣。子思爲穆公臣時，計其年已老，
而《孟子譜》謂孟子卒於周赧王二十六年，則是魯文公之六年也，上距穆公
元年凡百二十一年，去子思時遠矣，故謂親授業者誤。」〔註148〕

　　周廣業《孟子四考》卷四〈孟子出處時地考・師承〉：「孟子〈本傳〉稱
『受業子思之門人』。……自《漢・藝文志》本注云『子思弟子』。王劭因謂
《史》文衍一『人』字，孟子實親承子思之教，趙岐亦云『長師孔子之孫子
思』，《子思》、《孔叢》等書更附會爲思、孟問答之辭，唐韓退之、李習之皆
以爲學於子思，其實非也。」〔註149〕

　　其餘諸家論證大抵如此〔註150〕。

〔註148〕翟灝《四書考異》上編〈綜考二四・孟子始末〉，《續修四庫全書》（167冊），
　　　　上海：上海古籍出版社2002年版，第107頁。
〔註149〕周廣業《孟子四考》卷四〈孟子出處時地考・師承〉，《續修四庫全書》（158
　　　　冊），上海：上海古籍出版社2002年版，第124頁。
〔註150〕陳寶泉《孟子時事考徵》卷一「餘案：孟子與子思不相接，故孟子自云：『予
　　　　私淑諸人。』當從《史記》『受業子思之門人』爲是」（《先秦諸子年譜》（4
　　　　冊），北京：北京圖書館出版社，第166頁）；黃玉蟾《孟子年譜》「《史記・
　　　　列傳》云：『受業子思之門人。』按：先儒以『人』爲衍字，則以孟子親受於
　　　　子思也，其言非是」（《先秦諸子年譜》（4冊），北京：北京圖書館出版社2005
　　　　年版，第685頁）；管同《孟子年譜》：「孟子之生與子思迥不相及，彼諸人以
　　　　爲親受業者，何其妄哉！」（《先秦諸子年譜》（5冊），北京：北京圖書館出
　　　　版社2005年版，第6頁）；狄子奇《孟子編年》卷一：「（孟子）及長，受業
　　　　於子思之門人」條下自注：「《孔叢子》及趙岐《孟子題辭》俱謂：孟子親受
　　　　業於子思，非是」（《先秦諸子年譜》（5冊），北京：北京圖書館出版社2005
　　　　年版，第55頁）；清黃本驥《孟子年譜》：「案：孔子生於周靈王二十一年，
　　　　年十九娶亓官氏，明年生伯魚，年五十卒，其時爲敬王二十七年。自敬王三
　　　　十七年伯魚卒至烈王四年孟子生，相距一百一十二年。子思之生雖無可考，《史

　　從前人論證看，謂「孟子授業於子思」的觀點存在以下兩個問題：一，子思與孟子的年齡不相接。孔子卒於周敬王四十一年（公元前 479 年）。按《史記‧孔子世家》「伯魚年五十，先孔子死」，及該條下司馬貞《索隱》據《孔子家語》孔子「年二十生伯魚」，則伯魚先孔子三年卒，卒於周敬王三十七年（公元前 483 年）。而子思的生年無論如何不會晚於伯魚卒年，若以伯魚卒年爲子思生年。以孟子生於周烈王四年（公元前 372 年），又十五歲受業（公元前 357 年），則孟子受業與子思生年相距一百二十六年。子思年壽據《史記‧孔子世家》記爲「年六十二」，雖或有出入〔註 151〕，但謂子思年壽一百二十多，且仍教於孟子，殊不可信；二，《孟子》有多處直呼子思。如崔述所論，如孟子果親受業子思，則可堂而皇之地稱爲「學於子思」，大可不必晦而言「私淑諸人」。

　　所以，司馬遷關於孟子師承的記載——孟子學於子思之門人〔註 152〕，無論從年齡還是史事上考察都是較爲眞實可信的。綜合看，從司馬遷的記載可以斷定以下兩點：一，孟子非親受業於子思，而是子思的門人；二，孟子的

　　記》云『卒年六十二』，即以伯魚卒年爲子思生年，其卒亦當在威烈王四年，距孟子之生尚隔五十一年，何得及門受業？……孔鮒、劉向、王邵、趙岐之說皆不可從，當以《史記》『受業於子思之門人』爲是。」（《先秦諸子年譜》（5 冊）北京：北京圖書館出版社 2005 年版，第 218～219 頁）；林春溥《孟子時事年表‧後說》：「〈本傳〉謂：『孟子受業於子思之門人』，此爲實錄。自漢〈藝文志〉本注云：『子思弟子』，王劭遂謂《史》文衍一『人』字，孟子實親承子思之教，趙岐亦云：『長師孔子之孫子思』。而《子思》、《孔叢》等書更附會爲思、孟問答之語，並誤。案孔子卒於周敬王四十一年，時伯魚卒已五年，而子思爲喪主知其年已長矣，孟子之生距伯魚卒蓋百十一年，安得與子思相及耶？」（《先秦諸子年譜》（4 冊），北京：北京圖書館出版社 2005 年版，第 635 頁）

〔註 151〕《孟子‧萬章下》有魯繆公與子思問答的記載。（焦循《孟子正義》，《諸子集成》（1 冊），上海：上海書店出版社 1986 年版，第 420 頁）湖北荊門郭店楚簡也有《魯繆公問子思》篇，可見，子思爲魯繆公時人無疑，以子思生於伯魚卒年計，即使至魯繆公元年，即周威烈王十一年（公元前 415 年），也已超過「六十二」歲，與《史記》「年六十二」不符。

〔註 152〕至於《孟子外書》又指「子思門人」爲子思之子子上：「曼邱不擇問於孟子曰：『夫子焉學？』孟子曰：『魯有聖人曰孔子，曾子學於孔子，子思學於曾子。子思，孔子之孫，伯魚之子也。子思之子曰子上，軻嘗學焉，是以得聖人之傳也。』」（明姚士粦僞託《孟子外書》卷之一〈性善辨第一〉，清吳騫《拜經樓叢書》清乾隆壬午古新坡鄉校藏本，第 1 頁）概自孟子升格運動以來，儒學傳人孟子必學有所自的結果。一方面，《孟子外書》爲僞書（見下），不可信；另一方面，董洪利已辯明：儒家易子而教，子上既爲子思之子，必不是子思門人。（董洪利《孟子研究》，南京：江蘇古籍出版社 1997 年版，第 20 頁）

學術源自子思，思、孟之間必有一定的學術淵源。

（二）「思孟學派」及其論爭

學必有所授受，孟子的師承經前輩學者考辨幾成定論。孟子非親受業於子思，而是子思之門人。這非但不能削弱，反而更肯定了思、孟之間學術的內在關聯。如清管同所說：「夫趙岐注孟子於覆壁之中，其言固多舛誤，若《孔叢》則固後世偽書，朱子謂其『平白撰出』，而王劭者特據之以爲說焉耳，曷足信也！要之，孟子之學，則正出於思、曾，其曰：『私淑諸人』，『人』必子思之徒，無庸議者。荀卿亦曰：『子思倡之，孟軻和之。』太史公之說，夫必有所受矣。」〔註153〕從思想發展脈絡上考察，孟子思想的確源於子思，二者思想發展的統系構成了後人所說的「思孟學派」。當然，對這個結論的認定，也經歷了學術界長期的探討和爭論，問題的眞相也在這不斷的探討、爭論以及新材料的發現中正變得日益清晰起來。

1.「思孟學派」的提出與爭論

在先秦典籍中，《韓非子》最早明確把思、孟作爲學派看待，〈顯學〉篇有：「世之顯學，儒墨也。儒之所至，孔丘也。墨之所至，墨翟也。自孔子之死也，有子張之儒，有子思之儒，有顏氏之儒，有孟氏之儒，有漆雕氏之儒，有仲良氏之儒，有孫氏之儒，有樂正氏之儒。自墨子之死也，有相里氏之墨，有相夫氏之墨，有鄧陵氏之墨。故孔、墨之後，儒分爲八，墨分爲三，取捨相反不同，而皆自謂眞孔墨。」〔註154〕韓非子把子思與孟子視爲孔子死後儒家八派中的兩個分派。

繼而，《荀子·非十二子》率先提出思、孟之間存在學術淵源：「略法先王而不知統，猶然而材劇志大，聞見雜博。案往舊造說，謂之五行，甚僻違而無類，幽隱而無說，閉約而無解。案飾其辭而祇敬之，曰：『此眞君子之言也。』子思唱之，孟軻和之，世俗之溝猶瞀儒，嚾嚾然不知其所非也，遂受而傳之，以爲仲尼、子游爲茲厚於後世〔註155〕。是則子思、孟軻之

〔註153〕管同《孟子年譜》，《先秦諸子年譜》（5 冊），北京：北京圖書館出版社 2005年版，第 6 頁。

〔註154〕王先愼《韓非子集解》，《諸子集成》（5 冊），上海：上海書店出版社 1986 年版，第 351 頁。

〔註155〕對於這個子游，有學者認爲可能是子弓之誤，理由是「荀子屢言仲尼、子弓，不及子游。本篇後云『子游氏之賤儒』，與子張、子夏同譏，則此子游必子弓之誤」（王先謙《荀子集解》引郭嵩燾語；另見董洪利《孟子研究》江蘇古籍

罪也。」〔註 156〕按照荀子的說法：子思、孟子以其五行學說而前唱後和，被後世俗儒所繼承，在當時及其後產生了較大影響。荀子作爲戰國末期儒家學派的代表，其觀點在後人看來自然是持之有故，「思孟學派」也便由此而來。只不過，與韓非旨在強調派別的分化不同，荀子強調的是派別之間的歸屬與聯繫。在荀子看來，子思與孟子，如同〈非十二子〉中批判的其他學派（如它囂與魏牟、陳仲與史鰌、墨翟與宋鈃、愼到與田駢、惠施與鄧析）一樣，本屬不同學派，只不過因爲彼此間思想上的一致性而聯繫在了一起，統稱爲「思孟學派」。

　　思、孟一系的說法在兩漢得到學界的一致認同。無論是主張學於「子思門人」的司馬遷一派，還是主張學於「子思」的劉向、趙岐、班固和應劭一派，都認同孟子與子思或直接或簡接的思想淵源。當然，承認二者之間存在思想上的淵源關係，並不意味著二者思想完全一致。事實上，在思想繼承上，前者的思想往往只是後者思想的根芽。尤其是在社會變革的時代，後者的思想對前者而言，在吸納的基礎上往往更多的是發展，因與革，揚與棄，吸收與發展相輔

出版社 1997 年版，第 17 頁：「我認爲郭嵩燾的話很有道理，這段話中的子游當是子弓之誤。」）但這個結論是緣於對戰國儒家分化線索不清晰的錯覺。孔子之後，儒家分爲多個流派，其主要者是曾子、子游——子思——孟子一系注重內在仁的「內在派」和子張、子夏、子弓——荀子一系注重外在禮的「外在派」（關於子張、子夏屬荀子一系，詳見梁濤《郭店楚簡與思孟學派》，北京：中國人民大學出版社 2008 版，第 87、97 頁；關於子弓也屬荀子一系，詳見郭沫若《十批判書》，北京：東方出版社 1996 年版，第 152 頁：荀子「屢次稱道子弓（注：見《荀子》〈非十二子〉、〈儒效〉、〈非相〉），和仲尼並舉，足見他又是子弓的徒屬了。」）明乎此，荀子對子游、孟子的批判便在情理之中。郭沫若説：「別處之所以屢言『仲尼子弓』者，是荀子自述其師承；本處之所以獨言『仲尼子游』者，乃子思、孟子的道統。這是絲毫也不足怪的。」（郭沫若《十批判書》，北京：東方出版社 1996 年版，第 132 頁；另，對於韓非爲什麼在儒家八派中不列子夏，郭沫若認爲「這是韓非承認法家出於子夏，也就是自己的宗師，故把他從儒家中剔除了。」同上書，第 125 頁）儒家後學在分化中也有吸收與融合，對思、孟產生過重要影響的除子游外，還有曾子。《孟子》九次提及曾子，言語之間倍含推崇與敬仰，且常子思、曾子並舉，《禮記》中也有多處記載子思與曾子論孝，這説明曾子是對思、孟產生過影響的另一重要人物。子思作爲孔子之孫，因年幼而未及親自垂教孔子，又兼其父孔鯉早卒，受孔子眾弟子的影響，實乃合於情理。而其中影響較大者，可能是曾子和子游。

〔註156〕王先謙《荀子集解》，《諸子集成》（2 冊），上海：上海書店出版社 1986 年版，第 59～60 頁。

而成，至於因什麼，革什麼，吸收什麼，發展什麼，唯一的決定力量就是當下社會需求。孟子的思想正是如此，既有對子思思想的選擇性吸收，也有創新發展。不懂得這一點，就會犯停滯化、純粹化的毛病。《韓非子・顯學》的「取捨相反不同」，正恰當地反映了先秦諸子思想承續與發展的複雜性。

唐宋以後，思孟學派與道統論相黏連，隨著地位的提高逐漸偏離了學術正軌，墮入「道統化」歧途。比如關於孔子後學思想流派的分化，唐韓愈還承認「孔子沒，群弟子莫不有書，獨孟軻氏之傳得其宗。」〔註 157〕認識到群弟子對孔子思想各引一端自成一派，孟軻只不過是諸學派中「得其宗」者。到了宋代二程這裡，卻進一步純粹化爲：「孔子沒，傳孔子之道者，曾子而已。曾子傳之子思，子思傳之孟子，孟子死，不得其傳」〔註 158〕。這種編織出的道統化、純粹化的儒學傳承序列，在斬斷了思孟學派與其他儒學分派之間千絲萬縷的複雜關係的同時，也弱化了思、孟之間學術思想的差異性。這種文化塑造表現得越是完善、縝密，就越是偏離了思想發展的本眞。所以，清代考據學興起後，學者們在反對宋明空談心性的同時，開始重新審視這一道統化的儒學發展序列。

明清考據家對道統化儒學發展序列的懷疑和批判，是從對道統的提出者的質疑開始的。戴震率先發難，他質疑說：周朝、宋朝相去兩千年，《大學》爲孔子之言，而曾子述之，曾子之意，而門人記之，朱子何以知其然？〔註 159〕之後，陳澧、陸奎勳及袁枚、俞樾等學者在他的啓發下，用考證的方法認定《大學》和《中庸》晚出，非曾子和子思所作。通過考證宋代理學家所據以立論的經典的不可靠，以推翻他們的道統化立論，這一方法無疑於釜底抽薪。

然而，他們的論證也並非全然理據確鑿。因而，近代以來的眾多史學家如侯外廬、馮友蘭、郭沫若等沿襲這一路徑繼續探討，其過程的艱難與激烈如梁濤所說：「在思想史上，很少有象思孟學派這樣既有著顯赫的地位，又產

〔註 157〕韓愈《昌黎文集》卷二十〈序・送王塤秀才序〉，宋魏仲舉編《五百家注昌黎文集》，《四庫全書》（1074 冊），上海：上海古籍出版社 1987 年版，第 348 頁。

〔註 158〕程顥、程頤《二程集》卷第十八，北京：中華書局 1981 年版，第 221 頁。

〔註 159〕原文爲：「授《大學》章句右經一章，以下問其塾師曰：『此何以知其爲孔子之言而曾子述之，又何以知其爲曾子之言而門人記之？』師應之曰：『此先儒子朱子所注云爾。』即問：『朱子何時人也？』曰：『南宋。』又問：『孔子、曾子何時人也？』曰：『東周。』又問：『周去宋幾何時矣？』曰：『幾二千年矣。』又問：『然則子朱子何以知其然？』師無以應。」（洪榜《初堂遺稿・戴先生行狀》（4 冊），北京：北平通學齋民國 20 年（公元 1931 年）版）

生不斷的爭議。」〔註160〕探討的結果也終於越來越集中於最關鍵的焦點問題
——思、孟之間的思想承續問題——重點搞清楚子思與孟子之間在學術思想
上究竟存在著怎樣的一致性和差異性。

　　而要搞清楚思孟之間的思想統緒，真切地把握反映思、孟思想的材料是
首要的和必須的。然而事關這一主題的材料，除《史記》本傳、趙岐《孟子
題辭》等少數材料較爲可信外，唯有《孟子》一書可以信據。而子思有關的
文獻材料更少，流傳下來的唯有一篇據說爲子思所作的《中庸》，關於作者與
流傳尚撲朔迷離，難究其眞〔註161〕。

〔註160〕梁濤《郭店楚簡與思孟學派》，北京：中國人民大學出版社 2008 版，第 34 頁。
〔註161〕史料所載的子思作品，流傳過程極爲複雜。大體言，在四個不同時期以四種
　　　　不同形式呈現：最早的叫《中庸》。《史記・孔子世家》有「伯魚生伋，字子
　　　　思，年六十二。嘗困於宋。子思作《中庸》。《孔叢子・居衛第七》也記有：「子
　　　　思年十六適宋。宋大夫樂朔與之言學焉。朔曰：『《尚書》虞、夏數四篇，善
　　　　也。下此以訖於秦費，效堯舜之言耳。殊不如也。』子思答曰：『事變有極，
　　　　正自當爾。假令周公堯舜更時易處，其書同矣。』樂朔曰：『凡書之作，欲以
　　　　喻民也，簡易爲上，而乃故作難知之辭，不亦繁乎？』子思曰：『書之意兼複
　　　　深奧，訓詁成義，古人所以爲典雅也。昔魯委巷亦有似君所言者，伋答之曰：
　　　　「道爲知者傳，苟非其人，道不貴矣。」今君何似之甚也！』樂朔不悅而退
　　　　曰：『孺子辱吾。』其徒曰：『此雖以宋爲舊，然世有仇焉，請攻之。』遂圍
　　　　子思。宋君聞之，駕而救子思。子思既免，曰：『文王死於牖里作《周易》，
　　　　祖君屈於陳、蔡作《春秋》。吾困於宋，可無作乎？』於是撰《中庸》之書四
　　　　十九篇。」然而，司馬遷所說的《中庸》是整個作品實指，還是以《中庸》
　　　　篇概指子思著作呢？蔣伯潛引翟灝：「謂之《中庸》者，蓋以首篇之名爲全書
　　　　之名。猶鄒衍所作有四十九篇，而《史記・孟荀列傳》僅言作《主運》；《屈
　　　　原賦》尚有《九歌》等，而《史記・屈賈列傳》僅言作《離騷》也。」並以
　　　　「其說甚是」（蔣伯潛《諸子通考》下編〈諸子著述考・《子思子》考〉，杭州：
　　　　浙江古籍出版社 1985 年版，第 329 頁），對翟灝的説法表示認同。可見，司
　　　　馬遷所説的《中庸》僅是司馬遷列舉某人著述時的習慣法：舉首篇以代全部。
　　　　那麼，子思著作的全部包含多少篇章呢？《孔叢子》稱「撰《中庸》四十九
　　　　篇」，而唐宋史家多認爲是「四十七篇」，如李翱《復性書》曰：「子思，仲尼
　　　　之孫，得其祖之道，述《中庸》四十七篇。」晁說之《中庸傳》曰：「是書本
　　　　四十七篇。」鄭樵《六經奧論》亦曰：「《中庸》四十七篇。」但無論是「四
　　　　十七篇」還是「四十九篇」，今天都已難尋蹤影；之後，東漢班固《漢書・藝
　　　　文志》中出現了「《子思》二十三篇」的記載，至於這二十三篇與此前的四十
　　　　九（或四十七）篇是否有關係，是什麼關係，均無從得知。接下來，魏晉戰
　　　　亂，書籍亡佚，《漢書》所記《子思》二十三篇，再度下落不明；第三是，南
　　　　朝梁以後，唐馬總根據梁朝庾仲容《子鈔》增損而成的《意林》又記有：「《子
　　　　思子》七卷」（馬總《意林》卷一，《四庫全書》（872 冊），上海：上海古籍
　　　　出版社 1987 年版，第 205 頁）《隋書・經籍志》收錄了「《子思子》七卷」並

看來，要取得思孟學派研究的有效突破，還有待於新材料的發現。郭店楚簡的發現，正填補了這一材料上的空白。

2. 郭店楚簡的發現及對思、孟研究的意義

王國維說：「古來新學問起，大都由於新發見」〔註162〕。「郭店簡儒家典籍的出現，爲早期儒學的研究開闢了新的境界」〔註163〕，爲思孟學派研究帶來了新契機。

公元 1993 年 10 月，湖北荊門市四方鄉郭店村一號楚墓出土了八百零四枚竹簡，經整理有文字的共七百三十枚。公元 1998 年 5 月文物出版社整理釋文，以《郭店楚墓竹簡》正式出版。就目前研究的情況看，這批楚簡大致可分成儒家和道家兩類。屬於儒家的有十一種十四篇，包括《緇衣》、《尊德義》、《五行》、《性自命出》、《成之聞之》〔註164〕、《六德》、《窮達以時》、《魯穆公

在其下注曰：「魯穆公師孔伋撰」，其後新、舊《唐書》，晁公武《郡齋讀書志》也都作如是著錄。這七卷本的《子思子》是後人全新綴輯，還是在二十三篇基礎上的重編？亦即其內容與二十三篇是否有某種關聯？已很難考證。明宋濂稱：「《子思子》七卷，亦後人綴輯而成，非子思之所自著也。」（宋濂《諸子辨》，北京：樸社，1927 年版，第 19 頁）郭沂則認爲：七卷本《子思子》「可能是重編本，是在二十三篇本的基礎上重編而成，基本保留了二十三篇本的材料。」（郭沂《子思書再探討——兼論〈大學〉作於子思》，載《中國哲學史》2003 年第 4 期）不過，從《隋書·音樂志》沈約答梁武帝「〈中庸〉、〈表記〉、〈坊記〉、〈緇衣〉，皆取《子思子》」（魏徵等《隋書》卷十三〈音樂志上〉，北京：中華書局 1973 年版，第 288 頁）看，沈約看到了《子思子》。或者可以基本肯定，至少《子思子》中的某些篇章與最早的《中庸》諸篇，或班固的《子思》二十三篇有關聯，或者說，是據這些早期史料編綴而成。但北宋以後，七卷本的《子思子》又不知所終；最後是今日所見南宋汪晫編的《子思子全書》和清代黃以周重輯的《子思子輯解》七卷。汪晫的《子思子全書》是根據《禮記》、《孔叢子》等書內容綴輯而成，已受到《四庫》館臣「割裂《中庸》，別列名目」、「竄亂原文」（紀昀等《四庫全書總目提要》，《四庫全書》（703 冊），上海：上海古籍出版社 1987 年版，第 487 頁）的非議。黃以周重輯的《子思子輯解》有內篇五卷：〈中庸〉、〈累德〉、〈表記〉、〈坊記〉和〈緇衣〉，另從《禮記·檀弓》、《孟子》及漢、魏、唐、宋儒書輯錄若干條爲外篇一卷，又摘錄《孔叢子》中子思言論爲附錄一卷，也只能看作是在可能範圍內做了一次重新綴輯的努力。

〔註162〕王國維《最近二、三十年中國新發見之學問》，《王國維遺書》（五），《靜庵文集續編》，上海：上海古籍出版社 1983 年版，第 65 頁。

〔註163〕邢文編譯《郭店老子與太一生水·導論·郭店楚墓文獻的性質與年代》，北京：學苑出版社 2005 年版，第 5 頁。

〔註164〕該篇錯簡嚴重，編連和命名存在爭議。《成之聞之》爲《郭店楚墓竹簡》的整理者擬加。後期研究者又依竹簡編序和內容不同，而有不同命名。可參考姜

問子思》、《唐虞之道》、《忠信之道》及《語叢》四篇；屬於道家的有兩種四篇，包括《老子》甲、乙、丙三組和佚文《太一生水》一篇。

據發掘報告稱，郭店一號墓在時間上屬於戰國中期後段，約相當於公元前四世紀中期至公元前三世紀初〔註165〕。李學勤又通過與相鄰包山一、二號墓的分析，進一步斷定其年代「不會晚於公元前 300 年，作爲公元前四世紀末的墓是妥當的。竹簡的製作抄寫時間，自然還會更早一些，至於簡文的著作時代，可能就還要早了。」〔註166〕如此一來，郭店楚墓竹簡成於《孟子》成書之前〔註167〕，便是基本可以肯定的了。

顧炎武曾把周貞定王二年（公元前 467 年）「《左傳》終」，至周顯王三十五年（公元前 334 年）「六國以次稱王，蘇秦爲縱長」間的一百三十三年，稱爲「史文闕軼，考古者爲之茫昧」〔註168〕的時期，概因這一時間段史料的缺乏和思想的紛亂。就儒學而言，這正是孔子之後七十子及其後學的時代。這一時期資料的潰乏，致使從孔子到孟子一百多年間儒學發展的缺環。郭店楚簡的發現，恰填補了這一缺環，如龐樸所說：「這次郭店的楚簡，雖說數量最少，若從學術史的角度來看，也許價值最高。因爲，它填補了儒家學說史上的一段重大空白」，「補足了孔孟之間所曾失落的理論之環」〔註169〕。這一發現，無疑對於思孟學派及其思想統緒的研究具有重大意義。

從竹簡的內容看，其中《緇衣》已明確記載屬於《子思子》；《五行》此前發現於馬王堆帛書，解開了《荀子·非十二子》的「五行」之謎，郭店簡《五行》詳論仁義禮智聖五種德行，有經無說，早於帛書《五行》，屬於思孟思想。《子思見魯穆公》更是直言不諱地明確提及子思。這些信息是否意味著這批竹簡是已遺失的《子思子》的部份？由此，引起了學者的極大熱情和關注。

廣輝、郭沂、周鳳五、廖名春、詹群慧等的相關研究。

〔註165〕湖北省荊門市博物館《荊門郭店一號楚墓》，載《文物》，1977 年第 7 期。

〔註166〕邢文編譯《郭店老子與太一生水·導論·郭店楚墓文獻的性質與年代》，北京：學苑出版社 2005 年版，第 1 頁。

〔註167〕注：按本文觀點，孟子約卒於公元前 289 年，《孟子》一書的主幹應成於此前後。

〔註168〕顧炎武《日知錄》卷十三〈周末風俗〉，上海：上海古籍出版社 1989 年版，第 680 頁。

〔註169〕龐樸《古墓新知——漫談郭店楚簡》，見山東師範大學齊魯文化研究中心，美國哈佛大學燕京學社編《儒家思孟學派論集》，濟南：齊魯書社 2008 年版，第 467 頁。

　　龐樸率先有了重大發現：如果將以「仁」爲核心的儒家後學析分爲向內求索和向外探尋二派，前者由子思《中庸》而孟子，後者由《易傳》、《大學》而荀子，郭店楚簡正反映了孔孟之間向內求索的方向。因而，以爲「這批竹書屬思孟學派著作，是早期儒家心性學說的重要文獻。」〔註170〕

　　李學勤也研究指出：「郭店簡這些儒書究竟屬於儒家的哪一支派呢？我以爲是子思一派，簡中《緇衣》等六篇〔註171〕應歸於《漢書‧藝文志》著錄的《子思子》」，認爲「竹簡中有《魯穆公問子思》，並不是偶然的。這些儒書都與子思有或多或少的關聯，可說是代表了由子思到孟子之間儒學發展的鏈環」。「這些儒書的發現，不僅證實了《中庸》出於子思，而且可以推論《大學》確可能與曾子有關。《大學》中提出的許多範疇，如修身、愼獨、新民等，在竹簡裏都有反覆的論述引申……由此可知，宋以來學者推崇《大學》、《中庸》，認爲《學》、《庸》體現了孔門的理論理想，不是沒有根據的。」〔註172〕李學勤的分析不可謂不敏銳，郭店楚簡的確透露了有關思、孟的許多重大信息，展示著子思至孟子之間的思想發展線索。從楚簡內容和形制看，《緇衣》、《尊德義》、《五行》、《性自命出》、《成之聞之》、《六德》六篇。形制相同，都是簡長三二‧五釐米左右，兩端修成梯形，編線兩道。篇章內容彼此之間也有一定的邏輯性和連貫性，應是子思引徵孔子言論或論證自己理念的行文。《窮達以時》、《魯穆公問子思》兩篇，簡形一致，都是簡長二六‧四釐米，相對於前六篇簡長較短，但同樣兩端修成梯形，編線兩道。內容相對於前六篇應較晚，有可能雜入子思後學的觀念，但仍屬子思一派的思想。《五行》是總綱，由「德之型」的強調，引發《性自命出》的心性探討，通過對心性的培護、滋養和教化，達至「五行之和」的「天道」和「四行之和」的「人道」，並最終落實到《成之聞之》的治國之道。《尊德義》的爲君之道和《六德》的人倫之道是儒家始終如一的終極關懷，經過這一理論深化，最終完成了儒學從仁心到德治的理論開拓。這八篇漸次展現了孟子之前子思及其弟子的思想系統，它們與《孔

〔註170〕龐樸《孔孟之間──郭店楚簡的思想史地位》，載《中國社會科學》1998 年第 5 期。

〔註171〕認爲：《緇衣》、《五行》、《魯穆公》三篇屬於《子思子》，另《成之聞之》、《性自命出》、《尊德義》與《子思子》也有一定關係。（李學勤《郭店楚簡研究》，《中國哲學》（第 20 輯），瀋陽：遼寧教育出版社 1999 年版，第 75～80、13～17 頁）

〔註172〕李學勤《先秦儒家著作的重大發現》，載《人民政協報》1998 年 6 月 8 日。

叢子》及《中庸》的部份內容，共同構成了思孟思想體系研究的重要因子。

當然，也有的學者提出，不可將郭店楚簡全部歸於思孟學派。郭齊勇就認爲：「郭店儒家簡諸篇並不屬於一家一派，將其全部或大部視作《子思子》，似難以令人信服」，應該「把它視作孔子、七十子及其後學的部份言論與論文的彙編、集合，亦即某一時段（孔子與孟子之間）的思想史料來處理」〔註173〕。李存山也認爲：郭店竹簡，除《老子》、《太一生水》以及《語叢四》外，其餘都屬於孔、孟之間的儒家文獻，這一點是值得肯定的。但是，這些儒家文獻也有與思孟思想相出入的，因而，它們不都「屬於子思學派或思孟學派」〔註174〕。

以上學者都從郭店楚簡中敏銳地覺察到孔子後學早期思想分化和乖離尚不明顯這一現象。不過明確表述這一看法的是李澤厚，他從竹簡主張「仁內義外」，及重視外物對「心」、「性」、「情」的作用等與孟子思想相出入的思想要素，判斷認爲：「其基本傾向似更近荀而不近孟，更可能是當時派系分化尚不鮮明，只是處於某種差異中。因而，不能判定郭店楚簡單「屬於某派某子」〔註175〕。班固說：「昔仲尼沒而微言絕，七十子喪而大義乖」〔註176〕，儒家自孔子而後，七十子及其後學基於對孔子思想理解的不同而形成學派分化。不過，這一分化，經歷了一個由隱而顯，由淺至深的過程。郭店楚簡就處於這個分化過程的初期。因此，以上學者各自從中讀出了或思孟，或荀學的思想成份。從這個意義上看，他們的分析和判斷都不錯，他們既從儒家後學尚不明顯的分化中辨別出了細微的派別分化的思想根芽，也從總體上看到了儒家後學初期尚處於紛亂交錯，離析不明的思想階段及其特徵。

不過，分化的根芽終究還是出現了。只要我們拋卻純粹、單一、停滯化的思維幼稚，以歷史與邏輯相統一的觀點去關照這一問題，就不難從中發掘思孟學派即或潛在的、尚不明顯的，然而又歷史、客觀地存在著的思想發展脈絡。荀子曾指出思孟學派是「子思唱之，孟軻和之」，所謂「唱之」即首發其論，所謂「和之」即闡揚其說，荀子給我們提供了一條探尋子思和孟子之間思想統緒的線索。

〔註173〕郭齊勇《郭店儒家簡與孟子心性說》，載《武漢大學學報》1999年第5期。
〔註174〕杜維明、梁濤等《「郭店竹簡與思孟學派」座談會》，載《中國思想史研究通訊》2005年第4期。
〔註175〕李澤厚《初讀郭店竹簡印象記要》，載《中國哲學》（第21輯），瀋陽：遼寧教育出版社2000年版，第8～9頁。
〔註176〕班固《漢書》卷三十〈藝文志序〉，北京：中華書局1962年版，第1701頁。

3. 思、孟之間的學術統緒

孔德立曾經說過:「子思與孟子之所以被人們聯繫起來視爲一個學術流派——思孟學派,顯然是從二人學術傳承的聯繫出發,既有師承上的統緒關係,更有內容上的統緒關係。」〔註177〕孔德立的思維邏輯是正確的。所謂思孟學派的提出,其實是後人因之於二者之間的學術統緒總結而成。師承上的統緒關係(無論是直接的還是簡接的)已勿庸置疑;內容上的統緒關係,以往因爲子思作品的撲朔迷離而意見紛擾。現在,郭店楚簡的發現,將有助於得出更加清晰的結論。

(1)從「五行」到「四端」

公元 1973 年馬王堆漢墓出土帛書《老子》甲本及古佚書四種,龐樸經研究認爲其中一種佚書應命名爲《五行篇》,帛書中的「仁義禮智聖」正是荀子批判的「子思唱之」的「五行」,由此解開了思孟五行說之謎〔註178〕。魏啓鵬則直接斷定其爲「戰國前期子思氏之儒的作品」〔註179〕。但是,由於帛書的年代較晚,且「經」外有「說」,當時人們誤將「經」、「說」連綴,因枝葉而否定主幹,將其全部當作思孟後學的作品,甚至任繼愈等學者根本否定帛書的「五行」說〔註180〕。現在,郭店楚簡《五行》的出土,再次以不容置疑的證據證實了龐樸判斷的正確:子思《五行》的含義正是仁義禮智聖。

《五行》首章「仁型於內謂之德之行,不型於內謂之行;義型於內謂之德之行,不型於內謂之行;禮型於內謂之德之行,不型於內謂之行;智型於內謂之德之行,不型於內謂之行;聖型於內謂之德之行,不型於內謂之行。德之行五和,謂之德;四行和,謂之善。善,人道也;德,天道也。」《五行》開篇將仁義禮智聖五行分爲「型於內」的「德之行」和「型於外」的「行」,前者落實到了人的內心,成爲人的內在道德約束;後者表現於外在的行爲,成爲人的外在行爲規範。

在禮崩樂壞、新舊交替的時代,孔子雖然鑒於「禮」之不行,向內求索,發掘出「仁」,希求於通過「仁」使「禮」變爲自覺。因爲那畢竟還是一個禮的時代,「在此一時代中,有個共同的理念,不僅範圍了人生,而且範圍了宇

〔註177〕孔德立《子思與思孟學派》,濟南:山東文藝出版社 2004 年版,第 3 頁。
〔註178〕龐樸《馬王堆帛書解開了思孟五行說之謎》,《文物》1977 年第 10 期。
〔註179〕魏啓鵬《〈德行〉校釋》,成都:巴蜀出版社 1991 年版,第 105 頁。
〔註180〕任繼愈主編《中國哲學發展史·先秦卷》,北京:人民出版社 1983 版,第 290~299 頁。

宙，這即是禮。」〔註181〕文獻記載可以透露「禮」在其時人們觀念中的重要：「昭明物則，禮也。」（《國語‧周語上》）「禮，經國家，定社稷，序民人，利後嗣者也。」（《左傳‧隱公十一年》）「禮，上下之紀，天地之經緯，民之所以生也。」（《左傳‧昭公二十五年》）「禮，國之幹也。」（《左傳‧僖公十一年》）「禮，身之幹也。」（《左傳‧成公十三年》）在這樣的社會大環境下，孔子不可能擺脫對「禮」的偏好，沿襲「克己復禮為仁」（《論語‧顏淵》）、「不學禮，無以立」（《論語‧季氏》）、「不知禮，無以立」（《論語‧堯曰》）等「愛其禮」（《論語‧八佾》）的習慣。但是，在孔子之後的七十子時代，周室的衰微使禮日漸成為失去實質內容的空殼而遭到社會的唾棄。在這樣的情況下，「型於內」的「德之行」便顯得尤為重要。楚簡《性自命出》「雖能其事，不能其心，不貴。求其心有偽也，弗得之矣，人之不能以偽也」；《尊德義》：「察者出，所以知己。知己所以知人，知人所以知命，知命而後知道，知道而後知行」，都反映了子思重視「德之行」，強調內在道德自覺，提升內在行為約束使之超越外在行為規範的真實意圖。所以，楚簡《五行》雖然尚且沒有將仁義禮智聖絕然分為內與外兩部份，但已將「型於內」的「德之行」與「型於外」的「行」辯別畛域，兩相併列。由此導引出了孟子和荀子內在「仁」與外在「禮」的各引一端：孟子更強調仁義的內在約束——仁，「仁義禮智根於心」（《孟子‧盡心上》），發展了竹簡「型於內」的「德之行」，摒棄了「不型於內」的「行」；荀子則突出強調仁義的外在規範——禮，主張「隆禮儀」，沿襲、繼承了「不型於內」的「行」，而隱沒了「型於內」的「德之行」，導致了孔門「向內工夫」與「向外工夫」的分化。在這樣的分界中，隱匿於內的「德之行」相對於彰顯於外的「行」，體現出了荀子所說的「僻違無類、幽隱無說、閉約無解」的特性。從這一點看，荀子對思孟的批評其實恰當地點出了其學說特性。

孟子對子思《五行》的繼承和發展除了體現在對《五行》「型於內」的偏好外，還體現在將《五行》「天道」與「人道」的並行，引向對「人道」的偏好。《五行》：「德之行五和謂之德，四行和謂之善。善，人道也；德，天道也。」通過「五行和」而達天道，成就「與天合」是儒者眼中人之為人的根本，但儒者更關心的是社會人倫秩序的和諧。所以，落實於其中的「人道」才是儒者的終極關懷，這一關懷是春秋時期哲學上人神顛倒在學術思想上的反映。

〔註181〕徐復觀《中國人性論史》，上海：上海三聯書店 2001 年版，第 41 頁。

孟子毫不避諱地表現了這種傾向，突出強調「達人道」的「四行」，將《五行》「四行和謂之善」，發展為立於仁義禮智「四端」的性善論：「側隱之心，仁之端也；羞惡之心，義之端也；辭讓之心，禮之端也；是非之心，智之端也。」（《孟子·公孫丑上》）這「四端」如同人的四肢，我固有之，非由外爍〔註182〕。所謂：「知己所以知人，知人所以知命，知命而後知道，知道而後知行」（郭店楚簡《尊德義》）。然而，人道的落實需要通過人內在的心性和外在的教化，《性自命出》很好地完成了這一理論轉向，從哲學層面探討了「（情）性」、「教化」、「心術」，為「德之行」何以可能。

（2）從「性自命出」到性善論

春秋戰國新舊交替，制度更迭，舊禮制日趨腐朽，新制度在萌芽成長。身處於變革時代的孔子，一如變革著的時代，在新與舊、進與退的矛盾中糾結。觀念中既有新制度的影響，又難脫舊制度的窠臼。在對新制度的仰慕中，卻又不由自主地為「季氏八佾舞於庭」（《論語·八佾》）而憤怒。最終還是通過向後看找到了面對現實、走向未來的路。所以，他的醫治「禮崩樂壞」的良方目的在於喚醒人們對周禮的自覺，發掘人心深處被利益遮蔽而漸行湮沒的仁，所謂「人而不仁，如禮何？人而不仁，如樂何？」（《論語·八佾》）然而，要想成就和落實仁，必須首先尋找到人而為仁的人性根基。而這一時期，人神顛倒的哲學覺醒，也為關注人和人性問題提供了切實的社會基礎。在這一基礎之上，對人性的人識，從孔子「性相近」關於人性的籠統模糊不斷深化，以至漸成為人們關注和討論的焦點。以往，我們一度針對《孟子》頻頻提及的天、命、性、情問題找不到所由以發生的理論路徑，而郭店楚簡《性自命出》的面世，為我們生動地展現了這一時期關於人性問題的論戰場面，從而使我們在從孔子「性相近」到楚簡（子思）「性自命出」再到孟子「性善論」的理論轉換中，看到了從禮、仁到人性探討的內在邏輯演變。因而，郭店楚簡的發現，為我們補足了孔、孟之間關於人性理論問題的一大缺環。

深入探究，孔子的「性相近」雖然沒有明確表達出人性中的善惡傾向，但在他的其他論述中卻內含了人性善的根芽：「人之生也直」（《論語·雍也》），「天生德於予」（《論語·述而》）。這些論述顯示，在孔子看來，正直、直率、道德與生俱來，其中善的傾向性是顯而易見的。但是畢竟，孔子人性論的模

〔註182〕《孟子·公孫丑上》：「人之有四端也，猶其有四體也。」；《《孟子·告子上》》「仁義禮智，非由外鑠我也，我固有之也」。

糊和不足需要進一步加以明確和發展。學理和社會的雙重需求，推動了子思
《性自命出》、《中庸》進一步關注和探討人性問題，進而提出和闡發了更趨
精緻、深刻的人性理論。《性自命出》開篇即提出：「性自命出，命自天降」
的心性命題。人性根於天命，涵養於人體內，也可以由後天塑造。這種塑造
由心參與才能實現，「凡性爲主，物取之也。金石之有聲，（弗扣不）（鳴，人
之）雖有性，心弗取不出。心感於物而動爲性，見於外而發爲情「凡人雖有
性，心無奠志，待物而後作，待悅而後行，待習而後奠。喜怒哀悲之氣，性
也。及其見於外，則物取之也。」人人都有性，「性自命出，命自天降」。惟
人性來自天，方可五行合，達天道，四行合，達人道。但是人性無定志，感
物而發，爲物所誘，隨物遷移。需由心開發，由教定志。所以，《性自命出》
說：『四海之內，其性一也。其用心各異，教使然也……道者，群物之道，凡
道，心術爲主……教，所以生德於中者也。』《中庸》首篇與之唱和：「天命
之謂性，率性之謂道，修道之謂教。」由教育引導個性的健康發展，使人性
由自然的可能性達至必然的合理性。

早在郭店簡發現以前，徐復觀就研究發現：「孔子以後，人性論漸成爲思
想上之一重要課題，當屬事實。今日有典籍可據，在思想上言，則爲上承孔
子，下啓孟子，可由此而得確實把握其發展之系統者，賴有《中庸》一篇之
存。天命之謂性的性，自然是善的，所以可以直承上句而說『率性之謂道』。
這兩句話，是人性論發展的里程碑。但『性善』兩字，直到孟子始能正式明
白地說出。」〔註183〕徐復觀僅僅憑著他的學術敏銳和多年的文獻研究積澱，
就從傳世的《中庸》〔註184〕中揣摩出了子思到孟子之間關於人性問題的思想

〔註183〕徐復觀《中國人性論史》，上海：上海三聯書店 2001 年版，第 141 頁。
〔註184〕今日所見《中庸》，係漢戴聖《禮記》中的一篇。後由朱熹從中析出，作《四
　　　　書集注》，又恢復《中庸》名稱。關於此篇《中庸》的作者，歷史上爭議較大，
　　　　以至於從爲「儒學研究中著名的學術公案」（楊澤波《孟子評傳》，南京：南
　　　　京大學出版社 1998 年版，第 30 頁）。迄今主要有三種觀點：一，認爲全部爲
　　　　子思所作。宋代以前學者多持這一觀點。漢鄭玄《禮記·中庸》注曰：「以其
　　　　記中和之爲用也。庸，用也。孔子之孫子思作之，以昭明聖祖之德也。」（阮
　　　　元《十三經注疏》（下冊），北京：中華書局 1980 年版，第 1625 頁）。唐孔穎
　　　　達也深信不疑：「《中庸》是子思伋所作」。（孔穎達《禮記正義序》，阮元《十
　　　　三經注疏》（上冊），北京：中華書局 1980 年版，第 1226 頁）朱熹《中庸章
　　　　句集注·中庸章句序》更是開篇即稱：「《中庸》何爲而作也？子思子憂道學
　　　　之失其傳而作也。」（《四書五經》（上冊），天津：天津市古籍書店 1988 年版，
　　　　第 1 頁）二，認爲子思後學假託子思所作。清代以後學者多持這一觀點。崔

述《洙泗考信餘錄》列舉了三點可疑，以爲：「《中庸》必非子思所作。蓋子思以後，宗子思者之所爲書，故託之於子思，或傳之久而誤以爲子思也。」（崔述《崔東壁遺書》，上海：上海古籍出版社 1983 年版，第 397～398 頁）另：葉酉、袁枚等據《中庸》二十六章和二十八章有「載華嶽而不重」「今天下車同軌，書同文，行同倫」等語，證「是漢儒所撰，非子思作」。（詳見袁枚《小倉山房尺牘·又答葉書山庶子》，《袁枚全集》（第五卷），南京：江蘇古籍出版社 1993 年版，第 163 頁）三，認爲係子思所作，竄入子思後學的内容。這是前兩種觀點的折衷，近代以來學者多持這一觀點。馮友蘭將《中庸》内容分爲兩段「仲尼曰，君子中庸」到「道前定，則不窮」（以朱熹《四書集注》所列爲第二章至第二十章的前半段）爲子思所作，其餘爲秦漢時思孟後學所作。（馮友蘭《中國哲學史》，北京：中華書局 1961 年版，第 446～448 頁）對此，郭沫若認爲：《中庸》仍應屬子思所作，「馮氏所論，實不足以否定子思的創作權」，但同時也認爲「《中庸》經過後人的潤色和竄易是毫無問題的，任何古書，除刊鑄於青銅器者外，沒有不曾經過竄易與潤色的東西。但假如僅因枝節的後添或移接，而否定根幹的不古，那卻未免太早計了。」（郭沫若《十批判書·儒家八派的批判》，北京：東方出版社 1996 年版，第 143 頁）徐復觀《中國人性論史》用較大篇幅進行了文獻與思想體系的考證，結論爲：今日之《中庸》，原係分爲兩篇。自「天命之謂性」的第一章起，至「哀公問政」之第二十章前段之「道前定，則不窮」止，爲《中庸》本文之上篇；自第二十章後半段之「在下位，不獲乎上，民不可得而治矣」起，一直到第三十三章爲止，爲《中庸》本文的下篇；十六～十九章與《中庸》本文無關，是由禮家所雜入到裏面去的。「上篇可以推定出於子思，其中或也雜有他的門人的話。下篇則是上篇思想的發展。它系出於子思之門人，即將現《中庸》編定成書之人。如後所述，此人仍在孟子之前。」（徐復觀《中國人性論史》，上海：上海三聯書店 2001 年版，第 91、93 頁）徐氏的結論極其曉暢明白：一，今之《中庸》確爲兩篇，但兩篇均爲子思及子思後學所作；二，兩篇雖有子思後徒的竄入，但均成於孟子之前；三，只有十六～十九章爲漢代禮家雜入。徐氏對《中庸》全篇内容和結構組合的解析爲：《中庸》上篇第一章是作者有計劃寫的一個總論。其中「天命之謂性，率性之謂道，修道之謂教」三句話，又是全書的總綱領（第 102 頁）；《中庸》上篇是解決孔子的實踐性地倫常之教，和性與天道的關係（第 97 頁）；《中庸》的下篇，是以誠的觀念爲中心而展開的（第 121 頁），不僅是在進一步解決性與天道的問題，而且也是進一步解決天道與中庸的問題（第 129 頁）。徐氏結論的精準源之於不以表面的文字、詞句，而是以文獻實證和思想統系的深刻完整作爲考察標準。其在本書後再版〈補記〉慨歎：「治中國思想史，不必太求之於高深，但須務能期之於精密。這在今日，眞是大非易事了。」可見，務求精密，乃徐氏的治學宗旨。其關於《中庸》的考論，無論文獻的考校，抑或是思想脈絡的離析推演，較之於他家，的確更加細緻而精密。雖未及見楚簡，而靠其敏銳，猶及楚簡。以往如馮友蘭等之所以將首章與二十章定爲秦漢子思後學作品，除了受如「華嶽」、「同軌」等文詞影響外，實則有一種思想的支撐，即：堅定地認爲孟子之前絕不會有性、命之類形上問題的探討。郭店楚簡的發現，已將這一思想支撐擊碎，證實了徐氏結論的正確。故而，本書觀點從徐氏。

統系。今天，郭店楚簡的發現，明確地印證了徐氏當年的結論。楚簡《性自命出》上承「即生言性」的自然人性論，發明了道德人性論。雖然還沒有明確標明「性善」，卻已經成爲孟子「性善論」的前導。孟子正是沿著子思的這一思想邏輯和思維路徑繼續前行，最終提出了「性善論」。

從發生學角度考察，性即生，二字同源，性由生派生出來。所以，告子說：「生之謂性」。（《孟子·告子上》）而生的本意爲生長，取意於草木由地裏長出，許愼在《說文解字》卷六說：「生，進也，象草木生出土上」，泛指一事物之所以成就該事物的內在規定性。如唐君毅所言：「一具體之生命在生長變化發展中，而其生長變化發展，必有所向。此所向之所在，即其生命之性之所在。此蓋即中國古代之生字所以能涵具性之義，而進一步更有單獨之性字之原始。既有性字，而中國後之學者，乃多喜即生以言性。」〔註185〕這是人性探討初期即生言性的自然人性論。這種自然人性的特質就是告子的「性猶湍水也，決諸東方則東流，決諸西方則西流」「性無善無不善也」（《孟子·告子上》）。這種自然人性論受到了孟子的挑戰：「然則犬之性猶牛之性，牛之性猶人之性與」（《孟子·告子上》）孟子批判告子的自然人性論是將人性等同於物性，這一批判極具洞察力。人性是否異於物性？人性之於物性的特異之處又在哪裏？孟子的追問，將對人性的探討由先天引向後天，由自然引向社會。我們發現，對這一問題的追問，郭店楚簡就已經開始了，《性自命出》「牛生而長，雁生而伸，其性使然；人而學或使之也。」就此提出了思考和解答。縱觀《性自命出》全篇，前半部「道始於情，情生於性」，「性自命出，命自天降」，主要談喜、怒、哀、悲、好惡自然之情，「無善無惡」；下篇「凡人情爲可悅也」，主要談仁、愛、忠、信道德人性，需禮樂教化以便「生德於中」，體現人之爲人的價值。竹簡全篇展現了由自然人性到道德人性的過渡與發展。孟子對楚簡作了進一步深入闡釋：「孟子曰：『舜之居深山之中，與木石居，與鹿豕遊，其所以異於深山之野人者幾希；及其聞一善言，見一善行，若決江河，沛然莫之能禦也』」（《孟子·盡心上》），從而把楚簡創立的道德屬性引向深入。孟子又進一步論證人性之善根源於人心之善：「惻隱之心，人皆有之；羞惡之心，人皆有之；恭敬之心，人皆有之；是非之心，人皆有之。惻隱之心，仁也；羞惡之心，義也；恭敬之心，禮也；是非之心，智也。仁

〔註185〕唐君毅《中國哲學原論·原性篇》，香港：新亞研究所1974年版，第27～28頁。

義禮智，非由外鑠我也，我固有之也，弗思耳矣。」(《孟子‧盡心下》)惻隱、羞惡、辭讓、是非之心是根於人心，我固有之的善端，是仁義禮智四善的源泉。當然，這種善端的實現，需要人的主體自覺和踐履，通過「求放心」使善端「擴而充之」，才能使人的善性得以體現：「仁，人心也；義，人路也。舍其路而弗由，放其心而不知求，哀哉！」(《孟子‧告子上》)「凡有四端於我者，知皆而充之矣。若火之始燃，泉之始達。苟能充之，足以保四海；苟不充之，不足以事父母。」(《孟子‧公孫丑上》)至於如何使四端「擴而充之」，孟子也繼承了楚簡的思想，重視後天教化：「謹庠序之教，申之以孝悌之義。」(《孟子‧告子上》)

　　馬振鐸曾指出：「孔子尚未將其以求仁為核心的修己之道奠定在人性論的基礎上。」〔註186〕這一奠定工作是由子思的《性自命出》開始，而由孟子集其大成。孟子接續子思由自然人性向道德人性的過渡，開創了性善論，在戰亂與災難的紛亂社會裏，揭示人之為人的本質和價值，確立人生信念，安頓人的心靈，實現儒家德政的終極關懷：「舜何？人也；予何？人也。有為者亦若是。」由「人皆可以為堯舜」(《孟子‧告子下》)，為德治社會的可行找到人性的基礎和信心。

　　（3）從「仁內義外」到「仁義內在」

　　孔子生活的時代，建築在血緣倫理之上的貴族等級制初步瓦解。在孔子看來，利用植根於人心的血緣親情，通過挖掘以孝親為本的仁愛，扭轉禮崩樂壞的社會風氣，使外在的禮儀規範內化為個體自覺，是恢復舊有的禮儀秩序的可行路徑。所以，孔子終日孜孜矻矻，致力於仁的體系建設和社會踐履。進入戰國以後，生產力進步，商品經濟發展，促使血緣意識淡化，地緣意識增強，與此同時，國家兼併戰爭的日趨激烈，戰爭災難的日益頻繁，都促使人們把眼光更多地投向社會，由對家族人倫關係的關注（仁）轉向社會政治關係的重視（義）〔註187〕。這一變化決定了儒學理論架構的變化。於是，我們看到，孔子思想體系的核心「仁」，在孟子這裡被轉換成了「仁政」。

〔註186〕馬振鐸《自然人向「人」的轉化》，載《孔子研究》1992年第2期。

〔註187〕考察當時文獻，仁義並舉已為當時社會的普遍觀念。《墨子‧尚同下》有「中情將欲為仁義」；《墨子‧非攻下》「今欲為仁義」；《老子》十八章「在道廢，有仁義」；《莊子‧齊物論》「仁義之端，是非之塗」。子思的仁義並舉實不外於這一普遍觀念而與之契合。

　　郭店楚簡顯示了這個變化始於子思。子思對孔子理論的轉換和建設包含以下兩點：一，親情與政治並舉，親親之仁與尊尊之義並舉。《成之聞之》、《尊德義》和《六德》關注的全部是國家政治治理和道德教化：「天降大常，以理人倫。折（制）爲君臣之義，著爲父子之親，分成爲夫婦之辨。是故小人亂天常以逆大道，君子治人倫以順成天德。」（《成之聞之》）「尊德義，明乎民倫，可以爲君。」「仁爲可親也，義爲可尊也，忠爲可信也，學爲可益也，教爲可類也。」（《尊德義》）二，確立義在實踐對象上的內外之分與內外並舉：「仁，內也。義，外也。禮樂，共也。內位父、子、夫也，外位君、臣、婦也。」「人有六德，三親不斷。門內之治恩掩義，門外之治義斬恩。」（《六德》）但是，不可否認，《六德》的仁內義外，最終還是難脫傳統的血親偏愛。所以，「義」的發現，終究還是湮沒在「爲父絕君，不爲君絕父；爲昆弟絕妻，不爲妻絕昆弟；爲宗族殺朋友，不爲朋友殺宗族」的血緣親情之中。宗族血緣意識的深厚，既是中國自原始社會向階級社會過渡以來血緣紐帶解體不充分的表現，也反映了戰國新的家國同構初期，君與父、國與家在重新組合中的彼此較量，彰顯了在這一特殊歷史紐結中的子思，在兩者之間態度上的遊移，而這也正爲其後的孟子提出了繼續努力的方向。

　　孟子在子思的基礎上繼續向前發展，實現了兩大理論突破：一，由「仁」、「義」並重到「義」的自覺。子思在孔子「仁」的體系中發現了「義」，孟子將其強化爲意識自覺：「仁，人之安宅也；義，人之正路也。」（《孟子‧公孫丑上》）「仁，人心也；義，人路也」（《孟子‧告子上》）「居惡在？仁是也；路惡在？義是也。居仁由義，大人之事備矣。」（《孟子‧告子上》）「夫義，路也；禮，門也。唯君子能由是路，出入是門也。」（《孟子‧萬章下》）孟子在子思的基礎上特別強調了「義」的重要，並形象的以宅與路喻仁與義，仁是安宅，義是正路，意圖在於引導人們由仁宅走向義路；二，由實踐對象上的「仁內義外」到實踐主體上的「仁義內在」。子思的「仁內義外」是對應著仁義的實施對象而言，正是在這個意義上才有了「門內之治」與「門外之治」的區別。孟子把子思對仁義的關注由客體（仁義實施對象）的內外有別引向主體（仁義實施者）的內在自覺。這一轉換以孟子與告子的辯論爲契機：「告子曰：『食色，性也。仁，內也，非外也；義，外也，非內也。』孟子曰：『何以謂仁內義外也？』曰：『彼長而我長之，非有長於我也。猶彼白而我白之，從其白於外也，故謂之外也。』曰：『白馬之白也，無以異於白人之白也；不

識長馬之長也，無以異於長人之長與？且謂長者義乎？長之者義乎？』曰：『吾弟則愛之，秦人之弟則不愛也，是以我爲悅者也，故謂之內。長楚人之長，亦長吾之長，是以長爲悅者也，故謂之外也。』曰：『嗜秦人之炙，無以異於嗜吾炙，夫物則亦有然者也，然則嗜炙亦有外歟？』」（《孟子·告子上》）義是一種道德判斷，告子的義指向仁義實施的客體（文中的長者）。但是孟子以爲，決定道德判斷的是仁義實施的主體（文中的長之者），這才是探討仁義問題的關鍵所在。所以，鑒於告子此段對「仁內義外」是針對客體還是主體在語詞表達上的模糊，孟子由質疑「長者義」還是「長之者義」，把仁義問題的焦點由客體轉向主體，由此開啓了新的理論建構。

接下來要做的是，爲「義」的主體內在自覺的合理性找到一個恰當的論證路徑。自從孔子在禮崩樂壞的時代，致力於探討以仁喚起人們行禮的內在自覺以來，孔門後學衍生出內在派與外在派的分化。孟子繼承子思仁義並舉，自然要繼續關注「義」得以可能的內在依據，致力於對主體義的內在自覺問題的論證。但若繼續沿著孔子論仁的途徑論證這一問題，從血緣親情層層外推，不僅繁雜、模糊，而且無論如何都無法泯滅「兄」與「鄉人」在親疏關係上的差異（《孟子·告子上》「孟季子問公都子」章），填平親情與非親情之間的鴻溝。於是，孟子乾脆拋開孔子的思維路數，承續子思的「性自命出」，從「人皆有之」的心性下手，於心性根本處找到義的內在依據：「人皆有不忍人之心。先王有不忍人之心，斯有不忍人之政矣。以不忍人之心，行不忍人之政，治天下可運之掌上。」（《孟子·公孫丑上》）「不忍人之心」既是人皆有之的普遍人性，導源於此的仁政便代表了人皆向善的理性追求，超越了血緣親情的狹隘，建立在了廣泛的社會基礎之上。就實施主體而言具有可行性（「可運之掌上」），就實施效果而言具有普適性（「行仁政而王，莫之能禦」）。這一論證路徑的有效轉換，使孔子由親親之仁層層外推的繁雜簡約化，「將爲政與人心直接對接」〔註188〕，在仁與仁政之間架起了一座橋樑，實現了「兄」與「鄉人」，親情與非親情，血緣與非血緣，家族與政治之間的貫通。

（4）從「抗志」到「民貴君輕」

民本思想是春秋戰國「人」的觀念覺醒下發育起來的思想主線，它是社會實踐發展的結果，也是中國哲學擺脫宗教束縛，實現卓然獨立的前提。

〔註188〕梁濤《郭店楚簡與思孟學派》，北京：中國人民大學出版社 2008 年版，第317 頁。

　　文獻上關於民本思想的最早闡述是《尚書‧五子之歌》的「民爲邦本，本固邦寧」，本篇雖然被閻若璩考證爲僞作，但在「國將興，聽於民；將亡，聽於神」（《左傳‧襄公三十二年》），「民，神之主」（《左傳‧僖公十九年》）哲學崛起的環境下，的確標誌了民本意識在這一時期的覺醒。到戰國時期，統治者的貪婪，戰爭的災難，使崇尚弘毅，以道自任的儒者同情於百姓的苦難，從民本思想中生發出強烈的生命尊嚴和反叛意識。《穀梁傳‧桓公十四年》的「民爲君之本」和《左傳‧文公十三年》「天生民而樹之君」都透露了與此類似的民本思想的端倪。郭店楚簡《緇衣》的「民以君爲心，君以民爲體，心好則體安之，君好則民欲之」表達了對君民關係的新體認。《魯穆公問子思》則表現了之思之儒強烈的反叛意識：「魯穆公問於子思曰：『何如可謂忠臣？』子思曰：『恒稱其君之惡者，可謂忠臣矣。』公不悅，揖而退之。成孫弋見，公曰：『向者吾問忠臣於子思，子思曰：「恒稱其君之惡者，可謂忠臣矣。」寡人惑焉，而未之得也。』成孫弋曰：『噫，善哉，言乎！夫爲其君之故殺其身者，嘗有之矣。恒稱其君之惡者，未之有也。夫爲其君之故殺其身者，交祿爵者也。恒稱其君之惡者，遠祿爵者也。爲義而遠祿爵，非子思，吾惡聞之矣！』」〔註189〕這與《孔叢子》所記子思的抗志精神若合符節：「曾申謂子思曰：『屈己以伸道乎？抗志以貧賤乎？』子思曰：『道伸，吾所願也。今天下王侯，其孰能哉？與屈己以富貴，不若抗志以貧賤。屈己則制於人，抗志則不愧於道。』」〔註190〕在「道」與「勢」的對峙中，表現出了眞儒從道不從勢的風骨。《孔叢子‧公儀篇》和《孟子‧萬章下》記載的兩則故事很好地詮釋了這種風骨：「魯人有公儀休者，砥節礪行，樂道好古，恬於榮利，不事諸侯。子思與之友。」〔註191〕「繆公亟見於子思曰：『古之千乘之國以友士，何如？』子思不悅，曰：『古之人有言曰：「事之云乎。」豈曰「友之云乎。」』」孟子理解子思的「不悅」，因而解說爲：「子思之不悅也，豈不曰：『以位，則子君也，我臣也，何敢與君爲友也；以德，則子事我者也，奚可以與我友。』」（《孟子‧萬章下》）子思「傲世主之心」〔註192〕的反叛精神直接影響了孟子，

〔註189〕荊門博物館《郭店楚墓竹簡》，北京：文物出版社1998年版，第141頁。
〔註190〕孔鮒《孔叢子‧抗志》，《諸子百家叢書》，上海：上海古籍出版社1990年版，第27頁。
〔註191〕孔鮒《孔叢子‧公儀》，《諸子百家叢書》，上海：上海古籍出版社1990年版，第24頁。
〔註192〕孔鮒《孔叢子‧居衛》，《諸子百家叢書》，上海：上海古籍出版社1990年版，

形成了孟子的浩然之氣與民貴君輕思想。孟子的浩然之氣，是義與道的體現〔註193〕，是「居天下之廣居，立天下之正位，行天下之大道；得志，與民由之；不得志，獨行其道。富貴不能淫，貧賤不能移，威武不能屈，此之謂大丈夫。」（《孟子‧滕文公下》）「故士窮不失義，達不離道。窮不失義，故士得己焉；達不離道，故民不失望焉。古之人，得志，澤加於民；不得志，修身見於世。窮則獨善其身，達則兼善天下。」（《孟子‧盡心上》）浩然正氣與敢道君非，二者之間有著必然的邏輯關係：敢「稱君之惡」，必有遠爵祿的勇氣，因爲稱君之惡的抗志，便要冒不爲君用，失掉爵祿，陷入貧困的危險。反之亦然，所謂「無欲則剛」，只有不爲利祿所累，才能實現眞正的人格獨立和心性修養，也才敢於冒著失掉利祿的危險去稱君之惡。所以，「富貴不能淫，貧賤不能移，威武不能屈」的「大丈夫」氣概和「窮不失義，達不離道」的獨立人格，再加上「良貴」「天爵」、人人性善的人性理論，支撐著孟子敢道君非，爲民請命，扛起批判大旗，肯定民對君的反抗權。當我們把子思與孟子的材料對應來看，便不難發現：孟子「君之視臣如手足，則臣視君如腹心；君之視臣如犬馬，則臣視君如國人；君之視臣如土芥，則臣視君如寇讎」（《孟子‧離婁下》）是繼《緇衣》「民以君爲心，君以民爲體」之後更爲大膽的宣言；而孟子「君有大過則諫，反覆之不聽，則易位」、「君有過則諫，反覆之不聽，則去」（《孟子‧萬章下》）、「無罪而殺士，則大夫可以去；無罪而戮民，則士可以徙」（《孟子‧離婁下》）及「聞誅一夫紂矣。未聞弒君」（《孟子‧梁惠王下》）則是由子思「恒稱其君之惡者，可謂忠臣」的語言上的反叛進一步升級爲行爲上的背叛，由心理訴求發展爲行動踐履。個人人格的獨立自由，必以反虐政與重民輕君爲政治歸宿。「桀紂之失天下也，失其民也。失其民者，失其心也。得天下有道，得其民，斯得天下矣。」（《孟子‧離婁上》）和「民爲貴，社稷次之，君爲輕。」（《孟子‧盡心下》）正是孟子獨立人格與反叛精神滲透到國家政治的必然結果。

（5）從「輕心重情」到「盡心知性」

徐復觀說：「中國文化發展的性格，是從上向下落，從外向內收的性格。」〔註194〕回觀中國文化的發展趨向，此話極中肯綮。所謂從上向下落，是從神到人的下落；所謂從外向內收，是從外在行爲禮儀向內在心性情志的探索。

第 21 頁。

〔註193〕《孟子‧公孫丑上》：「吾善養吾浩然之氣……其爲氣也，配義與道」。

〔註194〕徐復觀《中國人性論史》，上海：上海三聯書店 2001 年版，第 141 頁。

這個過程，在春秋戰國時代表現得尤爲突出。就後者而言，這個過程始於孔子，中經子思，完成於孟子，以至於向後延伸到宋明的朱熹和王陽明。

「心」的本意是「在身之中」〔註195〕的器官，它在古人那裡有主血氣、主神志的作用，故而引申爲意志、意念等，《國語‧晉語八》「心以守志」，《左傳‧成公十三年》：「戮力同心」便是。

孔子專注於外在禮儀建設，對「仁」的稽求還沒有達至「心」、「性」的自覺。從現有材料看，孔子之後，儒家後學子思一支繼續向內探求，開始在關注「人性」的同時，重視「心」的作用。《性自命出》有：「凡人雖有性，心亡定志，待物而後作，待悅而後行，待習而後定。喜怒哀悲之氣，性也。及其見於外，則物取之也。」心沒有定向，由物而誘發，依情緒而施行，待習慣而後定。喜怒哀悲，是性的自然流露，因物誘發表現爲情。「金石之有聲，弗扣不鳴，人之雖有性，心弗取不出。」證實《性自命出》已開始對心、性、情三者進行全面探討。在子思看來：性出自然，由心與物交接而表現爲喜怒哀悲之情。子思的論述較之以往已「有很大的深化和系統化進步」。但與此同時，也顯示了「它的過渡性地位」，所謂：「從竹簡到孟子，還有相當一段距離要走。」〔註196〕這段「距離」是，相對於孟子的「盡心知性」，子思對心、性、情關係的認識具有濃厚的「輕心重情」的外在特徵，這在儒家後學向內探求的理論歷程中顯示了它的初級或淺顯。《性自命出》還有大量關於「情」的描述：「凡人情爲可悅也。苟以其情，雖過不惡。不以其情，雖難不貴。苟有其情，雖未之爲，斯人信之矣。未言而信，有美情者也。」「君子無中心之憂則無中心之智，無中心之智則無中心之悅，無中心之悅則不安，不安則不樂，不樂則無德」。「憂」「安」「悅」「樂」之「情」，發於中心，體現爲「德」，所以「君子美其情」，這些均體現了其對「情」的重視。所以，《中庸》第一節便以喜怒哀悲（之「情」）的未發與發而中節釋「中和」：「喜怒哀樂之未發，謂之中，發而皆中節，謂之和……和也者，天下之達道也」〔註197〕喜怒哀悲未發謂心，已發謂情，發而中節謂和，和才達道。所以，君子美情、重情。這是子思重情的出發點。甚至於《性自命出》以大量篇幅談「樂」：「鄭衛之樂，則非其聖（聽）而從之也。」「凡古樂龍心，益樂龍指，皆教其人者也。

〔註195〕許慎《說文解字》，北京：中華書局 1963 年版，第 217 頁。
〔註196〕梁濤《郭店楚簡與思孟學派》，北京：中國人民大學出版社 2008 年版，第 157 頁。
〔註197〕《四書五經》（上冊），天津：天津市古籍書店 1988 年版，第 1 頁。

韶武，樂取，韶夏，樂情」「凡學者求其心爲難，縱其所爲近得之矣，不如以樂之速也。」也是因爲「樂」有入「心」，表「情」的功能。較之以往，子思的貢獻在於，發現了諸如：「情」與「性」爲表裏，「心」與「志」相聯繫，而「性「必須用「心」取出，即通過心來運作等心、性、情之間的內在關聯性，特別是在性、情之中，發現了「心」作爲養性培情的重要環節。「心統性情」「盡心知性」雖呼之欲出，卻被其中的複雜性所遮蔽。所以，「凡學者求心爲難」，一語道出了子思在求「心」方面的舉步惟艱。但是，既意識到「人之雖有性，心弗取不出」，「雖能其事，不能其心，不貴。」（《性自命出》）則「求心」無可逃避。這一任務最終在孟子那裡得以完成。

　　在子思那裡，心無定志，所以難求。心志到底傾向於什麼，是善還是惡？這是孟子論證心的功能之前首先要解決的問題。孟子爲論證這一問題頗費了一番周折：「孟子曰：『人皆有不忍人之心……今人乍見孺子將入於井，皆有怵惕惻隱之心。非所以內交於孺子之父母也。非所以要譽於鄉黨朋友也。非惡其聲而然也。由是觀之，無惻隱之心，非人也；無羞惡之心，非人也；無辭讓之心，非人也；無是非之心，非人也。惻隱之心，仁之端也。羞惡之心，義之端也。辭讓之心，禮之端也。是非之心，智之端也。人之有是四端也，猶其有四體也。』」（《孟子·公孫丑上》）所謂人性，虛無縹緲，無形可循，因而，性善性惡，都來自於推論，無可徵求。所以，孟子進一步將性落實於有形的心。耳目口鼻之欲，靠心的認知作用表達出來，孟子稱心的這種認知功能爲「思」：「心之官則思，思則得之，不思則不得也。此天之所與我者。」（《孟子·告子上》）孟子以「乍見孺子入井」爲突破口，論證心的善端。「乍見」的一刹那，心保持著原生態，未曾「受到生理欲望的裹協，而當體呈露，此乃心自身直接之呈露。」〔註198〕這種原生態的自然呈露便是善端，這種善端是心所固有，因「孺子入井」而觸發。孟子立足於切身生活體驗，拔開欲望的迷霧，看到了心的本質——善。這是孟子性善論的立足點。心的本質在內體現爲性（即《中庸》喜怒哀樂之未發狀態），在外體現爲情（亦即《中庸》喜怒哀樂已發狀態）。朱熹以「心統性情」將三者聯繫起來：「靜者性也，動者情也。」〔註199〕「性，本體也；其用，情也。心，則統性情、該動靜而爲之主宰也。」〔註200〕然而，心之善端又常常

〔註198〕徐復觀《中國人性論史》，上海：上海三聯書店 2001 年版，第 149 頁。

〔註199〕黎靖德編《朱子語類》卷第九十八〈張子之書一〉，北京：中華書局 1986 年版，第 2513 頁。

〔註200〕朱熹《晦庵集》卷七十四〈雜著·孟子綱領〉，《四庫全書》（1145 冊），上海：

被物欲所誘，所以要存心養性「求放心」，使心的善端衝破遮弊，得以擴充，「心之善端擴充一分，則潛伏之性顯現一分」〔註201〕。如此一來，盡心就可以知性知天：「盡其心者，知其性也。知其性，則知天矣。」（《孟子・盡心上》）

（6）從「反己」、「誠」到「反身而誠」

孔子以內聖求外王，論證外在禮儀的內在性。但是，令孔子未曾料到的是，在他之後，內聖與外王的分化將儒學判為兩橛──思孟一系重視內在道德的修養與善端的培植，走了一條向內探求的內聖之路；荀子一系則重視外在禮制建設和道德的踐履，走了一條向外探求的外王之路。郭店楚簡的發現，與《中庸》相輔成，為我們展現了一條思孟的內求之路：由「求己」到「誠」到「反身而誠」三者之間的邏輯遞進關係。

《成之聞之》有：「君子貴成之。聞之曰：『古之用民者，求之於己為恒。行不信則命不從，信不著則言不樂。民不從上之命，不信其言，而能含德者未之有也。』」「……是故君子之求諸己也深。不求諸其本而攻諸其末，弗得矣。是君子之於言也，非從末流者之貴，窮源反本者之貴。苟不從其由，不反其本，未有可得也者。」此篇前後兩部份全部圍繞著君子教民治人，要「求諸己」，「反其本」。所謂「反本」、「求己」，實際上是在引導人返身內求，把教民治人的途徑向著心性修養鋪展。從楚簡的整個思想體系看，這合於《性自命出》「修身近乎仁」的「心性」理論和《五行》「型於內」的觀點，是這兩篇在政治實踐上的應用：「上苟身服之，則民必有甚焉者。……是故君子之求諸己也深。不求諸其本而攻諸其末，弗得矣。」這大概就是《禮記・緇衣》「上有所好，下必甚焉」和《孟子・滕文公上》「上有好者，下必甚焉」的原始版。修身而教，則民服焉。所以，君子要重視「反諸其本」，而不是「攻諸其末」。這裡所謂的「本」與「末」，無疑即是「型於內」與「不行於內」。從此章前段的「信」字，可推測第一句「君子貴成之」的「成」應該就是「誠」。許慎《說文》說：「誠，信也」，「信，誠也」，可見「誠」、「信」可以互釋。君子有誠，則德蘊其中，民則信之。所以，朱熹說：「然誠者，真實無妄，安得有惡！」〔註202〕反己，求得心之本，性之真，發現並踐履真實無妄，取信

上海古籍出版社 1987 年版，第 525 頁。

〔註201〕徐復觀《中國人性論史》，上海：上海三聯書店 2001 年版，第 157 頁。

〔註202〕黎靖德編《朱子語類》卷第十六〈大學三〉，北京：中華書局 1986 年版，第 335 頁。

於民，即是誠。朱熹以「眞實無妄」釋「誠」，無愧於「四十年之功」，他讓後人讀《中庸》以求的「微妙處」〔註203〕，正是其中「誠」所蘊含的玄奧。《中庸》接續了楚簡《成之聞之》「反己」而「誠」，由內至外的探索路向，其上篇第十四章「射有似乎君子，失諸正鵠，反求諸其身」重提「反己」，而其下篇整篇「以誠爲中心而展開」〔註204〕：「誠者，天之道也。誠之者，人之道也。」（《中庸》二十章）「誠者，自成也。」（《中庸》二十五章）「惟天下至誠，爲能盡其性。」（《中庸》二十二章）「不明乎善，不誠其身矣。」（《中庸》二十章）誠，便可達天道，未誠而欲誠，可達人道，這是誠的目的。「誠者自成」是至誠的途徑。《中庸》最終將「誠」落實到了性和善上，教你認識到，誠實際上就是發現人性天然蘊含著的善，惟有至誠，才能盡性明善。

　　孟子從子思那裡，看到了「反己」、「誠」在盡心、盡性中的重要。《孟子·離婁上》：「行有不得者，皆反求諸己」，及在同篇中幾乎全文引用《中庸》二十章後半段：「居下位而不獲於上，民不可得而治也。獲於上有道，不信於友，弗獲於上矣。信於友有道，事親弗悅，弗信於友矣。悅親有道，反身不誠，不悅於親矣。誠身有道，不明乎善，不誠其身矣。是故，誠者，天之道也；思誠者，人之道也。至誠而不動者，未之有也。不誠，未有能動者也。」並且，由《中庸》的「反諸身不誠」逆向思維，擴展視野而成爲「反身而誠」，所謂：「萬物皆備於我矣。反身而誠，樂莫大焉。強恕而行，求仁莫近焉。」（《孟子·告子下》）把「誠」最終安頓在了「仁」的眞實呈現之上。

　　從《成之聞之》、《中庸》的「反己」、「誠」到孟子的「反身而誠」，孟子上承子思，把儒家的內聖工夫引向極致。

　　有繼承也有發展，有區別更有一致。從學術思想演化的脈絡看，在子思之後，孟子之前，學術界就哲學人生問題展開如此熱烈的討論，其中的思想不可能不影響到孟子。現實地看，其中的某些思想理念也的確被他繼承下來，發揚下去，直至宋明理學，這是思想自我發展揚棄的內在作用使然。只不過，郭店楚簡的發現，使我們更眞實、清晰地看到了思、孟之間的學術統緒，也一併證實了思、孟之間無可質疑的師承關係。

〔註203〕黎靖德編《朱子語類》卷第十四〈大學一〉，北京：中華書局1994年版，第249頁。
〔註204〕徐復觀《中國人性論史》，上海：上海三聯書店2001年版，第131頁。

四、孟子遊歷

戰國時期，經濟的發展，造成了不同集團、地域或國家之間實力的再度失衡。舊的秩序被徹底巔覆了，新秩序的確立必然建基於各國家、集團間新一輪實力的激烈角逐之上。為此，各國家、集團為富國強兵以取得兼併優勢，廣開渠道，招賢納士。魏文侯「受子夏經藝，客段干木，過其閭，未嘗不軾也。」〔註205〕齊宣王「喜文學游說之士……是以齊稷下學士復盛，且數百千人。」〔註206〕燕昭王「卑身厚幣以招賢者」〔註207〕。在這樣一個不求思想統一的相對自由的社會環境之下，從舊秩序文化壟斷下解放出來的「士」們，奔走於各國家、地區和不同利益集團之間，宣傳主張，取合諸侯，合則留，不合則去。所謂：「高才秀士，度時君之所能行，出奇策異智，轉危為安，運亡為存」，「蘇秦為從，張儀為橫，橫則秦帝，從則楚王，所在國重，所去國輕」〔註208〕。

孟子謂：「天之生此民也，使先知覺後知，使先覺覺後覺也。予，天民之先覺者也；予將以斯道覺斯民也。非予覺之，而誰也？」（《孟子·萬章上》）儒學一向以強烈的憂患意識和入世精神特立於其他學派。孔子說：「學而優則仕」（《論語·學而》），毫不隱諱學習的目的在於出仕參政。被朱熹稱作「孔子之言而曾子述之」〔註209〕的《大學》「八條目」，即以修身為本，由此層層外推至齊家、治國、平天下〔註210〕。私淑孔子而又「受業子思之門」的孟子，自然秉承了儒家的入世精神，在學有所成之後，教授弟子，遊歷諸國，以求參政，實現治國平天下的理想抱負。

然而與公孫衍、張儀等取合諸侯，合縱連橫的爭霸目的不同。儒家的目

〔註205〕司馬遷《史記》卷四十四〈魏世家〉，北京：中華書局1982年版，第1839頁。

〔註206〕司馬遷《史記》卷四十六〈田敬仲完世家〉，北京：中華書局1982年版，第1895頁。

〔註207〕司馬遷《史記》卷三十四〈燕召公世家〉，北京：中華書局1982年版，第1558頁。

〔註208〕劉向《戰國策·書錄》（下冊），上海：上海古籍出版社1985年版，第1198、1197頁。

〔註209〕朱熹《大學章句》，《四書五經》（上冊），天津：天津市古籍書店1988年版，第1頁。

〔註210〕《大學》一章：「古之欲明明德於天下者，先治其國。欲治其國者，先齊其家。欲治其家者，先修其身。欲修其身者，先正其心。欲正其心者，先誠其意，欲誠其意者，先致其知。致知在格物。」（朱熹《大學章句》，《四書五經》（上冊），天津：天津市古籍書店1988年版，第1頁）

的是要消弭統治貪婪與社會殺戮〔註211〕，實現仁政天下的政治目的。儒者游說的對象也是以此爲軸心作出選擇。本著這一明確的目的性，孟子活動於鄒、魯、齊、滕、宋、魏等，這些在孟子看來有可能藉以實現仁政理想的國家。

　　由於《史記》記載過於簡單，致使孟子的遊歷與出仕過程有著太多的模糊之處。資料的缺乏，乃巧婦難爲無米之炊，針對孟子遊歷過程存在的諸多困惑與爭議，我們也只能根據現有材料和前期成果，作如下梳理。

（一）在鄒出仕（公元前 333 年之前）〔註212〕

　　孟子本爲鄒人，因而，最早的出仕地應該是他的父母之邦鄒國。周廣業在《孟子四考》中曾有論證：「孟子之仕，自鄒始也。時方隱居樂道，穆公舉之爲士。孟子乃傳贄爲臣，得見於公。會與魯鬨，有司多死者，公問如何而可。孟子以行仁政勉之。既遭父喪，葬以士禮，祭用三鼎，棺斂稱財，貧故也。時天下地醜德齊，士尙游說。孟子名聞諸侯，多以禮幣交際者，孟子以不爲臣概不往見。惟一之任見季子，以其處守不得之鄒也。後以鄒不能用，游於齊，時年蓋五十餘矣。筮仕於鄒有二據焉：孟子言『庶人不傳贄爲臣，不敢見於諸侯』，七篇中君臣問答惟齊、梁、鄒、滕而已，梁、滕以聘，齊以仕，使非委贄穆公，則以士之招，據庶人豈敢往哉！此一據也；樂正子曰『前以士，後以大夫』，趙注：孟子喪父時爲士，喪母時爲大夫。《禮》：士祭三鼎，大夫祭五鼎。使孟子不仕於鄒，安得葬以士而祭用三鼎？觀平公臧倉俱云『前喪』，則喪父不在仕齊之日明矣，《禮》云：『四十曰強而仕』，又云『四十始仕』。孟子親老家貧，年踰四十不見錄於父母之邦，輒以草莽臣游事齊、梁，有是理乎？《編年》乃謂事愍王後方見鄒穆公、滕文公歸魯。閻氏《生卒年月考》晚始游梁、齊，久之歸鄒見穆公，又如宋、魯、滕，殊不然也。」〔註213〕在此，周廣業考察並確定了有關孟子初仕的兩個問題：

〔註211〕《孟子》曾不止一處譴責統治者的貪殘、痛斥社會殺戮：「庖有肥肉，廄有肥馬，民有饑色，野有餓莩，此率獸而食人也。」「今夫天下之人牧，未有不嗜殺人者也。如有不嗜殺人者，則天下之民，皆引領而望之矣。」「不行仁政而富之，皆棄於孔子者也，況於爲之強戰！爭地以戰，殺人盈野；爭城以戰，殺人盈城。此所謂率土地而食人肉，罪不容於死。」（《孟子・梁惠王上》、《孟子・離婁上》，見《諸子集成》（1 冊），上海：上海書店出版社 1986 年版，第 37、44、303 頁）

〔註212〕關於孟子遊歷時間，因爲史料記載不明而眾說紛芸，難以確證。本著嚴謹的態度，此處與下文所標遊歷時間均取約數。

〔註213〕周廣業《孟子四考》卷四〈孟子出處時地考・辨先仕鄒〉，《續修四庫全書》

一，以樂正子「前以士，後以大夫」之論、《禮》「士祭三鼎，大夫祭五鼎」之規，及孟子言「庶人不傳贄爲臣，不敢見於諸侯」，證孟子之仕自鄒始；二，以《禮》「四十始仕」證孟子初仕鄒爲年界四十，並藉以否認《孟子編年》、《生卒年月考》所言「終老於鄒方見鄒穆公」之說。

孟子初仕於鄒的時間，史缺有間，已無從詳考，若據「四十始仕」之說，當在公元前 332 年離鄒首次至齊的前幾年。其時，因爲剛涉足社會，其言行見於文獻者不多，以下三例當是：

1. 講學設教

群雄逐鹿的戰國時代，出仕從政、教授弟子無疑是宣傳思想、傳播主張的重要渠道。孔子和孟子走得都是這條路。關於孟子在鄒收徒講學的具體情況，早期史料沒有確載，但在《孟子》本文及趙岐《孟子章句》的記載中，可以確定名姓的弟子有十五人〔註 214〕。後人也有關於這一階段孟子講學設教的記載，如元程復心《孟子年譜》：「孟子居鄒，教授弟子，不見諸侯，曰：『得天下英才而教育之，一樂也。』曰：『君子之所以教者五：有如時雨化之者，有成德者，有達財者，有答問者，有私淑艾者。此五者，君子之所以教也。』曰：『教亦多術矣。予不屑之教誨也者，是亦教誨之而已矣。』」〔註 215〕清狄子奇《孟子編年》卷二「周顯王三十七年」條下自注：「譚氏貞默曰：『孟子四十以前講學設教，六十以後歸老著書，其傳食諸侯，當在四十以外。』周氏廣業曰：『孟子之游自鄒穆公始。』愚安：二者之言皆無確據，然以本經推之，當不甚相遠」〔註 216〕。狄子奇雖然認爲譚貞默與周廣業所說「孟子四十以前講學設教」並無確據，但仍然承認「以本經推之，當不甚相遠」。清趙大浣《孟子年譜》：「周顯王十三年，孟子教授於鄒，公孫丑、萬章之徒受業」〔註 217〕，不

（158 冊），上海：上海古籍出版社 1987 年版，第 137 頁。
〔註 214〕趙岐《孟子章句》凡涉及孟子弟子均以「孟子弟子」或「學於孟子者」注明。其明確注明「孟子弟子」者有 15 人，爲：樂正子、公都子、公不丑、萬章、陳臻、充虞、季孫、高子、子叔、徐辟、咸丘蒙、陳代、彭更、屋廬子、桃應；注明「學於孟子」者四人：孟仲子、告子、滕更、盆成括。此爲孟子弟子中有姓名可考者。當然，從，最盛時「從者數百人」（《孟子‧滕文公下》）的記載看，孟子弟子遠不及此。因史料缺載，孟子所收弟子的具體數量及時間，已無可考證。
〔註 215〕《先秦諸子年譜》（4 冊），北京：北京圖書館出版社 2005 年版，第 38～39 頁。
〔註 216〕《先秦諸子年譜》（5 冊），北京：北京圖書館出版社 2005 年版，第 89 頁。
〔註 217〕《先秦諸子年譜》（4 冊），北京：北京圖書館出版社 2005 年版，第 597 頁。

但指出孟子這一時期曾「教授於鄒」，且直接指明「公孫丑、萬章之徒」即是這一時期的受教者。

2. 答鄒穆公問國事〔註218〕

《孟子・梁惠王下》有：「鄒與魯鬨。穆公問曰：『吾有司死者三十三人，而民莫之死也。誅之，則不可勝誅；不誅，則疾視其長上之死而不救。如之何則可也？』孟子對曰：『凶年饑歲，君之民，老弱轉乎溝壑，壯者散而之四方者，幾千人矣；而君之倉廩實，府庫充，有司莫以告。是上慢而殘下也。曾子曰：『戒之戒之，出乎爾者，反乎爾者也。』夫民今而後得反之也，君無尤焉。君行仁政，斯民親其上，死其長矣。』」鄒國的弱小及鄒、魯之間的戰和已見前述。這一段記載了鄒穆公就鄒、魯之戰中鄒國人袖手旁觀的現象質疑於孟子。孟子以「上慢而殘下」提出對鄒國國政的批評，試圖以此說服鄒穆公「君行仁政」，方能使「斯民親其上，死其長」。

3. 到任國〔註219〕見季子〔註220〕

〔註218〕注：關於「鄒魯之鬨」發生的具體時間。因為戰國鄒魯關係缺載及鄒穆公在任時間的失考，究竟發生於孟子遊歷入仕的哪個階段，已難以確定，學界也意見不一。上文周廣業認為在孟子初仕於鄒時，而清崔述提出發生於孟子首次離齊返鄒之時：「然則孟子去齊之後，先至宋、薛，然後至滕矣……去宋、薛之後，蓋嘗歸鄒，鄒、魯之鬨當在此時」（崔述《孟子事實錄》卷下〈雜記〉，四川大學古籍整理研究所編《儒藏》（10 冊），成都：四川大學出版社2005年版，第323頁。）兩人均未就此提出明確證據，但考慮到既謂「出仕」，意味著涉足社會，參與政治，此時孟子可能因講學設教而名聲大噪，由此受到鄒穆公倚重。而首次離齊反鄒，只是暫居，來去匆匆，未必談得上「入仕」參政。因而本文採納周氏觀點，將此段內容置於孟子初仕於鄒之時。另關於鄒穆公問政，《孟子外書・為正》也有：「邾婁繆公問政於孟子曰：『為政之道奚先？』孟子曰：『省刑罰，薄稅斂，愛民之政也；非是，則無所為政也。君其勿信倖臣之言。』」

〔註219〕注：一，關於任國。趙岐《孟子章句》「孟子居鄒」條下注：「任，薛之同姓小國也。季任，任君季弟任。」（《諸子集成》（1 冊）），上海：上海書店出版社1986年版，第487頁）清閻若璩《四書釋地》考證以為：「任，國名。大暤之後，風姓。漢為任城縣。後漢為任城國。今濟寧州東任城廢縣是，去國鄒城僅百二、三十里。」（閻若璩《四書釋地》「任」條，清東涆王氏重刊本，第11頁）清曹之升《孟子年譜》卷下「周顯王三十九年」條下據閻氏之說論證為：「任，風姓太暤之後，趙氏謂『與薛同姓』，非也。後有以國為姓，古無以姓為國者。漢為任城縣，後漢為任城國。閻百詩據今濟寧州東任城廢縣謂去古鄒城僅百二、三十里，宜任人之難屋盧子『明日即可往問』是也。」（《先秦諸子年譜》（4 冊），北京：北京圖書館出版社2005年版，第439頁）

　　《孟子・告子下》：「孟子居鄒。季任爲任處守，以幣交，受之而不報。
處於平陸，儲子爲相，以幣交，受之而不報。他日，由鄒之任，見季子。
由平陸之齊，不見儲子。屋廬子喜曰：『連得間矣！』問曰：『夫子之任見
季子，之齊不見儲子，爲其爲相與？』曰：『非也。《書》曰；「享多儀，儀
不及物曰不享，惟不役志於享。」爲其不成享也。』屋廬子悅。或問之，
屋廬子曰：『季子不得之鄒，儲子得之平陸。』」〔註221〕孟子居鄒期間，任
國的季任和齊相儲子都曾派人送來禮物和孟子結交。後來，孟子作爲答謝
曾親自到任國拜訪季任，但在路經平陸到齊國時，卻並沒有拜訪儲子，爲
此，弟子屋廬子等人質疑孟子，孟子解釋爲：季任當時代理任國國政，無
法親身前往鄒國；而儲子能夠親身去鄒國，卻只派人送去禮物，兩個人的

　　　清陳鵬也認爲任爲：地處濟寧的風姓國；(陳鵬《春秋國都爵姓考》,《叢書集
　　　成初編》(3479 冊)，北京：中華書局 1991 年版，第 15 頁) 二，關於孟子至
　　　任的具體時間，清曹之升《孟子年譜》和狄子奇《孟子編年》均以爲「周顯
　　　王三十九年，孟子四十三歲，由鄒之任」(分見曹之升《孟子年譜》卷上，《先
　　　秦諸子年譜》(4 冊)，北京：北京圖書館出版社 2005 年版，第 438 頁；狄子
　　　奇《孟子編年》卷二，《先秦諸子年譜》(5 冊)，北京：北京圖書館出版社 2005
　　　年版，第 102 頁)，如果承認孟子四十一歲始遊齊 (見下) 這個大前提，則不
　　　可能在四十三歲時至任。

〔註220〕注：孟子一生居鄒多年，分爲三個階段：出生初仕於鄒，中途由薛反鄒和歸
　　　老於鄒。見於《孟子》所記共有五處：除以上《孟子・告子下》「季任以幣交」
　　　一段外，另有《孟子・梁惠王下》「鄒與魯鬨」、《孟子・告子下》「屋廬子問」
　　　「曹交問」和《孟子・滕文公上》「然友問」四段。這五段史事究竟發生於孟
　　　子哪一次居鄒，學界意見不一。史料所限，已無從詳考。關於孟子至任的時
　　　間，周廣業認爲是在孟子遊歷初仕於鄒期間。這是有依據的，因爲本段內容
　　　中，有「他日……由平陸至齊」的記述，可見本段內容發生於孟子由平陸首
　　　次至齊之前。而孟子首次至齊之前，應屬在鄒初仕階段，故置於此。

〔註221〕另唐林慎思《續孟子》也有關於孟子至任見季子的一段記述：「孟子適任見季
　　　子，喜，欲授孟子祿。孟子辭而去。屋廬子憮然曰：『連敢問昔夫子居鄒，任
　　　君嘗以幣交之，夫子受。今之任，任君復以祿授之，夫子不受，何也？』曰：
　　　『汝聞孔氏不疑之盜乎？不疑，宋人也，好饋食於士，士有館於孔氏者，未
　　　嘗不懼其盜焉，然而不疑豈眞盜邪？家有無肖之誤矣。不疑非好士邪，反貽
　　　盜之名矣。今任君待吾誠猶孔氏好士焉。左右無肖非爲任君盜邪，吾今罹盜
　　　之人也。吾苟不去，未始能報任君也，適足以貽任君爲盜之名。』」(林慎思
　　　《續孟子》卷上〈屋廬子〉，《四庫全書》(696 冊)，上海：上海古籍出版社
　　　1987 年版，第 625 頁) 清周廣業認爲：「《續孟子》有『任季子欲授孟子祿，
　　　孟子辭去』云云，乃相當然之辭。」(周廣業《孟子四考》卷四〈孟子出處時
　　　地考・論之任〉，《續修四庫全書》(158 冊)，上海：上海古籍出版社 2002 年
　　　版，第 138 頁)

誠懇程度是不同的，所以只拜訪季任而不拜訪儲子。孟子生活的戰國時代，禮制已敗壞。這反映了孟子輕外在禮儀而重內在「心志」的思想傾向。這是孟子思想經過子思由外而內的轉向。

（二）威王時首次遊齊（公元前 332 年～公元前 325 年）

經濟的發展，打破了各諸侯國之間的勢力均衡。因而西周之後，諸侯逐鹿，五霸迭起。各國為強大自我，紛紛走上了封建改革的道路。隨著封建化改革的不斷深入，再一次打破春秋後期的勢力均衡，引發了諸侯國之間新一輪更為殘酷和激烈的實力角逐和較量。先是，魏國因率先封建化改革而強大一時，之後，其他各國的封建化改革業已陸續展開。地處西方僻遠之地，原本經濟文化較落後的秦，在公元前 359 年～公元前 349 年也完成了商鞅變法，並因為變法的徹底而強大起來；東方的齊也在齊威王、宣王統治時期（公元前 356 年～公元前 320 年），任用鄒忌為相，以人才為寶〔註222〕，廣開言路，整頓吏治，加強集權，「人人不敢飾非，務盡其誠，齊國大治」〔註223〕。戰國格局由魏國獨霸轉向齊、秦兩強東西對峙。

鄒國的腐敗與孱弱已如前述，因而，孟子在鄒國的努力，注定不會對時局產生多大影響，對於胸懷天下的孟子而言，只得審時度勢，擇木而棲。而此時，「山東之國齊號強大，其地勢雄於天下，宣王於是侈然有撫薄華夷之意，昭徠文學游說之士，以為圖王不成猶可以霸也。孟子見天下大亂，民生憔悴，冀王可為湯、武，跋涉千里，始至境，問禁而入」〔註224〕。孟子毅然離開弱小的鄒國，寄希望於在強大的齊國施展天下仁政的宏圖抱負。

〔註222〕《史記・田敬仲完世家》：威王「二十四年，與魏王會田於郊。魏王問曰：『王亦有寶乎？』威王曰：『無有。』梁王曰：『若寡人國小也，尚有徑寸之珠照車前後各十二乘者十枚，奈何以萬乘之國而無寶乎？』威王曰：『寡人之所以為寶與王異。吾臣有檀子者，使守南城，則楚人不敢為寇東取，泗上十二諸侯皆來朝。吾臣有肦子者，使守高唐，則趙人不敢東漁於河。吾吏有黔夫者，使守徐州，則燕人祭北門，趙人祭西門，徙而從者七千餘家。吾臣有種首者，使備盜賊，則道不拾遺。將以照千里，豈特十二乘哉！』梁惠王慚，不懌而去。」（司馬遷《史記》卷四十六〈田敬仲完世家〉，北京：中華書局 1982 年版，第 1891 頁）此段齊威王以人才為寶的記述，預示了齊威王的雄心作為和魏國在惠王時期的腐朽衰敗，魏國失去文侯以來的獨霸地位，而代之以齊國的崛起。

〔註223〕司馬遷《史記》卷四十六〈田敬仲完世家〉，北京：中華書局 1982 年版，第 1888～1889 頁。

〔註224〕周廣業《孟子四考》卷四〈孟子出處時地考・仕齊〉，《續修四庫全書》（158 冊），上海：上海古籍出版社 2002 年版，第 138 頁。

1. 關於孟子遊齊的問題

關於孟子遊齊，由於文獻記載的舛誤，產生了一次遊齊和兩次遊齊〔註225〕的爭論，這個問題需要首先討論一下。

主張孟子一次遊齊的，典型者有漢司馬遷，清崔述和周廣業。

司馬遷《史記·孟子荀卿列傳》：「道既通，游事齊宣王，宣王不能用。適梁，梁惠王不果所言，則見以爲迂遠而闊於事情。」司馬遷記載了孟子在齊宣王時一次遊齊，之後，於梁惠王時遊梁的史事。清周廣業對此表示認同，並在其《孟子四考·孟子出處時地考》中撰〈論《史記》梁事之失〉專篇辨孟子先齊後梁：「（孟子）仕齊在前，游梁在後，若任若宋若滕若魯，皆其歷聘所至，而鄒則父母之國也。……《孟子》書先梁後齊，此篇章之次，非遊歷之次也。趙注梁惠王章云：『叟，長老之稱也，猶父也。孟子去齊，老而之魏，故王尊稱之曰「父不遠千里之地而來。」至此注齊宣王章云：「孟子冀得行道，故仕於齊，不用而去，乃適於梁。」建篇先梁者，欲以仁義爲首篇，因言魏事章次相從，然後道齊也。』其言可謂明且核矣。後儒不喜趙注，見展卷即云孟子見梁惠王，遂斷爲歷聘之始，而梁惠王之改元一誤也，惠王三十五年至梁之說再誤之。於是，遷就附會，愈求其合而愈不得矣！」〔註226〕周廣業論稱：《孟子》各篇並非編年爲次，首篇〈梁惠王〉，只是想藉此表明孟子對「仁義」主張的重視，並不能表示孟子的遊歷次序。孟子遊歷的次序是先遊齊，值年老方遊梁，故梁惠王以「叟」相稱。

崔述《孟子事實錄》卷上：「《史記·孟子荀卿列傳》云：『道既通，游事齊宣王，宣王不能用，適梁，梁惠王不果所言，則見以爲迂遠而闊於事情。』是謂至齊在至梁之前也。余按：《孟子·梁惠王篇》皆以時之先後爲序，而至梁在篇首，見襄王後，乃次之以齊宣。則是見梁惠在先，見齊宣在後也。即以《史記》之文論之，周顯王三十三年乙酉，孟子至梁，後二十三年，齊始取燕。當是時，梁惠王卒已久矣。然則孟子去齊以後，必無復有適梁之事，故今次至齊於至梁之後。」〔註227〕崔氏針對《史記》本傳所持的「先齊後梁」

〔註225〕主張一次遊齊者又有先梁後齊與先齊後梁的不同，前者有明陳士元、清崔述，後者有漢司馬遷、清周廣業；主張二次遊齊者，又有齊威、齊宣與齊宣、齊愍的不同，前者有近人錢穆，後者有元程復心。

〔註226〕周廣業《孟子四考》卷四〈孟子出處時地考·論《史記》梁事之失〉，《續修四庫全書》（158冊），上海：上海古籍出版社2002年版，第127頁。

〔註227〕崔述《孟子事實錄》卷上〈游齊上〉，四川大學古籍整理研究所編《儒藏》（10

說，考證提出「先梁後齊」說，只不過在至齊與至梁的先後次序上，與司馬遷意見相反。然在孟子至齊次數的問題上，這兩種觀點並沒有什麼本質性區別，都持一次至齊說。

主張孟子兩次遊齊的，典型者有元程復心、清狄子奇和近人錢穆。

程復心《孟子年譜·前序》在談爲什麼《孟子》以見梁惠王爲開篇時稱：「孟子非編年之書，安得以見梁惠王爲應聘第一事？其見齊宣王實前乎此矣，後乎此而去梁則見齊愍王矣。」程復心採納了《史記》孟子在齊宣王時遊齊的觀點，但也提出了兩個創見：一是孟子兩次遊齊；二是兩次遊齊的具體時間是齊宣王和齊愍王時。

清狄子奇也確認孟子曾兩次至齊，其《孟子編年》卷二「（周顯王）四十年，年四十四，由平陸之齊」條下自注：「《史》云：孟子兩至齊，《經》云：『由平陸之齊』，又云：『自范之齊』，則孟子至齊確有兩次。」〔註228〕狄子奇以《孟子》爲據，以爲，既然《孟子》本書分別記錄了孟子「自平陸」和「自范」至齊，孟子至齊必爲兩次。但與程復心不同的是，他認爲孟子兩次至齊的具體時間分別是在齊威王和齊宣王時期。

清易順豫就孟子威王時至齊一說進行了論證：「孔子四十不惑，孟子四十不動心，不動心即不惑也，四十不動心，五十以後始敢自信而自言之也。居齊最久，當威王之世。始終不見威王，雖貧不仕不憂，所謂不動心也。」〔註229〕

然而，清周廣業卻在認可《史記》「孟子於齊宣王時一次游齊」結論的基礎上，據《竹書紀年》、《戰國策》等史料，提出齊威、宣實是一人二諡的說法：「《戰國策》蘇子謂秦王曰：『齊威宣者，世之賢王也，德博而地厚，國宣而民用，將武而兵強，宣王用之破韓威魏』云云，《史記·封禪書》『自齊威宣之時，騶子之徒論著終始』云云……夫《策》《史》皆分威宣爲二王者也，而此言威宣又言宣王，明係一人……威宣實一人而二諡，今則析兩諡爲二王故耳。蓋是時多複諡，或並稱，或約取而錯舉一字，則自周貞定王已然。齊事傳之稷下，流播諸侯，此『威』彼『宣』尤易雜出，《國策》因分系之而『世家』遂斷爲父子……《孟子》之書而終未知《史》之誤，分威宣爲二，以致

　　冊），成都：四川大學出版社 2005 年版，第 308 頁。
〔註228〕狄子奇《孟子編年》卷二，《先秦諸子年譜》（5 冊），北京：北京圖書館出版
　　　　社 2005 年版，第 103 頁。
〔註229〕易順豫《孟子年略》「（周顯王）三十七年」條下，《先秦諸子年譜》（5 冊），
　　　　北京：北京圖書館出版社 2005 年版，第 543～544 頁。

斯鵑突也。」〔註230〕周氏引《竹書》數條今已不存，不可考。而引《戰國策》顯係威、宣並稱，意即威王、宣王之世。古文無標點，若加以標點，威宣之間必以頓號（、）相隔。周氏以周貞定王後即多有複諡，而斷定威、宣實爲複諡並稱，實在失之武斷。

　　鑒於此，近人錢穆在《先秦諸子繫年》中以〈孟子在齊威王時先已遊齊考〉專篇考論孟子遊齊次數及具體時間。論稱：「《孟子》：『陳臻問曰：「前日於齊，王餽兼金一百而不受。於宋，餽七十鎰而受。於薛，餽五十鎰而受。」』玩其語氣，似孟子至宋在去齊之後。閻潛邱謂：『孟子去齊適宋，當周愼靚王之三年，正康王改元之歲，宋始稱王。』全謝山云：『所以游宋亦有故。蓋康王初年亦嘗講行仁義之政，孟子所以往而受七十鎰之餽。』今按：康王改元，乃在周顯王四十一年，《史記》誤後十年。據《孟子》：『萬章問曰：「宋小國也，今將行王政，齊楚惡而伐之，則如之何？」』雲將行王政者，其爲初稱王將行新政以悅民之征甚顯。然謂孟子游宋，正值康王新王之際則是，必謂康王初王之歲，則未見其必是也。惟既在宋康新王之際，則其見梁惠王、齊宣王定在至宋之後。而其去齊適宋，則必當在齊威王之時，斷無疑矣。崔東壁云：『「梁惠王」一篇，凡與時君問答之言，皆以時之先後次之。則是至滕至魯，皆孟子晚年事也。「兼金章」以在齊爲前日，在宋、薛爲今日，則是至宋至薛亦在孟子去齊後也。「滕文章」孟子在宋，「滕定章」孟子在鄒，皆滕文未即位時事，則是孟子去齊之後，先至宋而後至滕也。』其考孟子游仕先後，一以《孟子》原書爲證，意誠是，而言則猶誤。其謂孟子至滕至魯乃晚年事，皆非也。余考《孟子》書，其初在齊，乃值威王世。去而至滕諸國。及至梁，見惠王、襄王，又重返齊，乃值宣王也。崔氏誤以見宣王後乃始去至宋、滕，前後相差十許年，請仍據《孟子》書爲辨。齊王餽兼金一百，孟子以謂未有處而不受，此必威王之時，孟子猶未仕齊也。若至宣王世，孟子致爲臣而歸，而宣王餽金以贐行，則君臣之間，又何云無處而餽哉？此孟子威王世先已游齊之證一。〈公孫丑下〉：『孟子爲卿於齊，出弔之滕。』季本《孟子事蹟圖譜》云：『其與王驩使滕，爲文公之喪也。非大國之君，無使貴卿及介住弔之禮。此固重文公之賢，亦孟子欲親往弔以盡存沒始終之大禮。』此說雖若無據，而實可信。何者？若謂定公之喪，則其時孟子在鄒，固不爲齊卿。若謂弔喪

〔註230〕周廣業《孟子四考》卷四〈孟子出處時地考‧論《史記》齊事之失〉，《續修四庫全書》，上海：上海古籍出版社 2002 年版，第 129〜131 頁。

猶在定公前，或尙在文公後，則益遠於事實。謂所弔非君薨，又不應有使貴卿及介往弔之禮。推此言之，其爲弔文公之喪可知。則孟子見滕文公，固在仕齊宣王之前。而其游宋，又在見滕文公前，而游齊尙在游宋前。此孟子當威王世先已游齊之證二。〈離婁下〉：『公都子曰：「匡章，通國皆稱不孝，夫子與之游，又從而禮貌之，何也？」孟子曰：「夫章子之父，責善而不相遇也。父子責善，賊恩之大者。夫章子豈不欲有夫妻子母之屬哉？爲得罪於父，不得近，出妻屛子，終身不養焉。」』其事又見於〈齊策〉：『威王使章子將而拒秦。章子母爲父所殺，埋於馬棧之下。王謂曰：「全軍而還，必更葬將軍之母。」章子對曰：「臣非不能更葬母。臣之母得罪於臣之父，未敎而死，臣葬母，是欺死父也。故不敢。」後章子勝秦而返。』全祖望《經史問答》云：『孟子所云責善，蓋必勸其父以弗爲已甚，而父不聽，遂不得近。此自是人倫大變。章子之黜妻屛子，非過也，然而孟子以爲賊恩，何也？蓋章子自勝秦以前，所以處此事者本不可以言過，然其勝秦而還，則王必葬其母矣，而章子之黜妻屛子終身如故，是在章子亦以恫母之至，不僅以一奉君命得葬了事，未嘗非孝。而不知是則似於揚父之過。自君子言之，以爲非中庸矣。』又謂：『章子之事，未必在威王之世。』全氏既誤以章子爲不在威王世，又不知孟子當威王世已先游齊，故所擬議多誤。公都子之問，孟子之答，其事當尙在章子將兵勝秦之前。通國皆稱不孝者，爲其母葬馬棧之下，而章子不爲更葬也。黜妻屛子，終身不養者，孟子據其前以爲言，非要其終以言之也。孟子力辨章子之非不孝，孟子深諒章子之處變而不獲已，未嘗謂章子之非中庸。自章子勝秦歸，威王既明稱其不欺死父，又必爲之更葬其死母，而章子益見親重於齊。不應通國猶稱其不孝。意其時從遊而禮貌之者必多矣，公都子亦何疑於孟子而有此問？余與全氏之說，雖同屬推想，而余說似較有理。此孟子當威王時先已游齊之證三。〈盡心〉篇：『孟子曰：「不仁哉梁惠王也！仁者以其所愛及其所不愛，不仁者以其所不愛及其所愛。」公孫丑曰：「何謂也？」孟子謂：「梁惠王以土地之故，麋爛其民而戰之，大敗，將復之，恐不能勝，又驅其所愛子弟以殉之。」』此其語似發於梁敗馬陵之際。公孫丑齊人，蓋其時孟子已游齊，而丑方及門，故記其一時之問答云爾也。此又孟子當威王時先已游齊之證四。」〔註231〕

〔註231〕錢穆《先秦諸子繫年考辨》卷三〈孟子在齊威王時先已遊齊考〉，《先秦諸子繫年》，北京：商務印書館 2001 年版，第 363～366 頁。

　　錢穆綜合文獻記載，論證孟子在齊威、宣時兩次遊齊：一，考「公孫丑章」陳臻問曰：「前日於齊，王餽兼金一百而不受；於宋，餽七十鎰而受；於薛，餽五十鎰而受」。從這段話看，孟子的遊歷順序是先至齊，再至宋，再至薛。孟子此次至齊是在齊威王時還是在齊宣王時，這要從孟子至宋的時間和前後活動來考察。從有關記載來看，孟子前往宋國，是和宋偃公欲行仁政有關。據錢穆《先秦諸子繫年》考證，宋偃公初即位是在公元前 338 年，十年後即公元前 328 年始稱王改元（見該書〈宋君偃元年乃周顯王三十一年非四十一年乃幼年嗣位非弒兄自立辨〉和〈宋偃稱王爲周顯王四十一年非慎靚王三年辨〉）。《史記》記爲公元前 328 年，是誤以稱王改元之年爲初即位之年。宋偃公行仁政當在其稱王前後，即公元前 328 年前後，而此時齊宣王尙未即位，所以孟子首次至齊只能是齊威王時，而不可能是齊宣王時；二，考「滕文公上」：「滕文公爲世子，將之楚，過宋而見孟子。」由此可知，孟子離開齊國到宋國後，曾與滕文公相會，當時滕文公還沒有即位，尙爲世子。而「公孫丑下」又稱滕文公去世時，孟子在齊國做客卿，代表齊國參加了滕文公的葬禮：「孟子爲卿於齊，出弔於滕。」可見，孟子前後兩次來到齊國，前一次滕文公還沒有即位，後一次滕文公已經去世，兩次時間相去較遠，前次應在齊威王時，而後次則是在齊宣王時；三，考〈離婁〉章公都子曰：「匡章，通國皆稱不孝焉，夫子與之游，從而禮貌之，敢問何也？」匡章是齊國的著名將領，他的父母發生爭吵，父親一氣之下殺死了母親，埋在馬棧之下，匡章不敢更葬母親，國人都罵他是不孝之子，孟子卻與匡章密切往來並尊敬有加。此事發生在匡章率兵勝秦之前的齊威王時，正說明孟子在齊威王時就來過齊國；四，孟子離開齊國時，齊王曾賜給孟子「兼金一百」，孟子說「無處而饋之，是貨之也」，表示如若接受等於出賣自己。而按《孟子》的記載，孟子在齊宣王時作過齊國的客卿。既爲客卿，就不存在「無處而饋之」的問題。可見，孟子在齊宣王之前還來過齊國一次，這次只是一般的賓客，故齊王賜金，孟子才有如此回答。

　　那麼，爲什麼司馬遷會將齊威、宣時孟子兩次至齊誤爲只有齊宣時一次來齊呢？蔣伯潛曾就此作過分析：「此時齊威王在位，孟子嘗爲卿。故公孫丑有『當路於齊』及『加齊之卿相』之問。其『爲卿於齊，出弔於滕，』亦在此時〔註232〕。及其致爲臣也，威王命時子留之，言欲中國授室，養以萬鍾，

〔註232〕孟子「爲卿於齊，出弔於滕」實在齊宣王時，而不是在齊威王時，詳見下述。

孟子答語有云：『如使予欲富，辭十萬而受萬，是謂欲富乎？』『辭十萬』，正指辭齊卿也。此次適齊、仕齊、去齊與第二次均不同。讀者誤以為一次，故常覺其矛盾耳。伯潛按：《史記》於田齊之君遺漏田悼子及田侯剡二代，又減去齊桓侯在位年數十三年。故威王、宣王在位之時期皆移早二十二年。但齊與他國有關之大事，其勢不能均隨之而移早，只能仍留原處。於是威王之事變成宣王時事，宣王之事變成愍王時事矣。而《孟子》中記威王，又僅曰『王』，不明言『威王』。故誤合為一次，並覺其記事先後矛盾耳。」〔註233〕這一分析近於史事。

如錢穆所考，孟子在齊威、宣二世先後二次遊齊，這一結論，合於《孟子》七篇所涉內容。今日看來，幾近不易之論。按著這一思路來考察孟子的遊歷，原來的一些迷惑之處就也迎刃而解了。

2. 孟子首次遊齊

考察《孟子》七篇，孟子威王時首次遊齊的經歷大致如下：

（1）自平陸〔註234〕至齊

〔註233〕蔣伯潛《諸子通考》上編〈諸子人物考‧孟子〉，杭州：浙江古籍出版社 1985年版，第 148 頁。

〔註234〕關於平陸，漢趙岐、清閻若璩、狄子奇、焦循等均有考證。漢趙岐《孟子章句》注曰：「平陸，齊下邑也」（《諸子集成》（1 冊），上海：上海書店出版社 1986 年版，第 156 頁）；閻若璩以「平陸為齊邊邑……漢屬東平國，為古厥國，孔子時為魯中都邑地，爾時屬齊，即今汶上縣。」（閻若璩《四書釋地》，清東浯王氏重刊本，第 17 頁）狄子奇《孟子編年》卷二：「平陸為古厥國，即魯之中都。在今汶上縣，與鄒相近。」（《先秦諸子年譜》（5 冊），北京：北京圖書館出版社 2005 年版，第 101 頁）清曹之升以為：「孟子去任之齊而由平陸者，平陸，齊邊邑，漢屬東平國，孔子時為魯中都邑，地而時屬齊，即今汶上縣，在兗州府西北九十里。齊、魯之界以汶分，《孟子》所謂：『臣始至於境』者，當即指此邑。大夫孔距心與孟子有舊，處於平陸，依距心也。」（清曹之升《孟子年譜》卷上，《先秦諸子年譜》（4 冊），北京：北京圖書館出版社 2005 年版，第 442 頁）清焦循《孟子正義》作了綜合性考證：「或問：『平陸之為齊邊邑者，何也？余曰：『（《史記》）〈六國表〉、〈田齊世家〉康公貸十五年，魯敗我平陸，徐廣曰：東平陸縣。余謂漢屬東平國，為古厥國，孔子時為魯中都邑地，爾時屬齊，即今汶上縣是。又有陶平陸，則梁門不開。張守節云：平陸唐兗州縣，即中都，在大梁東界，故曰平陸，齊邊邑也。』周氏柄中《辨正》云：『《史記‧封禪書》、《漢書‧郊祀志》云：』蚩尤在東平陸，監鄉，齊之西竟。』《水經注》：『汶水又西南逕東平陸故城北。』應劭曰：古厥國也，又西南逕緻密城。《郡國志》曰：『須昌縣有緻密城，古中都也，即夫子所宰之邑。』則東平陸為厥國，須昌為中都，其地相近，後漢省

　　孟子兩次至齊分別途經平陸和范。至於此次至齊究係途經平陸還是范，無法從《孟子》原文中考見。但我們可據現有文獻進行一些合理的推測。

　　《孟子・公孫丑下》「孟子之平陸」章，記錄了孟子在平陸與齊大夫孔距心的一段辯論。孟子通過兩個類比推理，指責孔距心不行仁政。先是用某個戰士一天三次失職，類推孔距心不行仁政使百姓「轉於溝壑」、「散而之四方」，同樣是失職。當孔距心為自己辯解，孟子又以替人放牧為例，說明既然受人之命，就應該盡心盡職，否則就是自己的過錯。孟子遊歷的早期，常用這種類推方式說明推行仁政的必要，這與他後來把仁政看作是不忍人之心、惻隱之心的外在表現有著理論形成與論證次序上的區分。這種論證方式的差異性，正反映了孟子前後兩次遊齊思想由淺入深的發展軌跡，展現了孟子思想由不成熟到成熟的過程。

　　另外，清狄子奇、曹之升對此也都有過探尋。狄子奇《孟子編年》卷二：「（周顯王）三十八年，（孟子）年四十二，居於平陸」下自注：「《經》云『孟子居鄒』又云『居於平陸』，則居平陸應在居鄒之後，故繫之是年。」〔註235〕清曹之升《孟子年譜》卷上：「周顯王四十年，孟子四十四歲，去任由平陸之齊。」〔註236〕

　　狄子奇和曹之升在孟子生年問題上都持「孟子生周烈王四年」說。雖然二者在孟子居平陸的具體時間上有兩年之差，但都認為孟子居平陸時間為四十歲後不久，其時孟子剛由鄒出遊。所以，居平陸當是孟子首次至齊時事。

　　（2）見齊相儲子

　　孟子在平陸時，齊相儲子聞聽孟子已至齊境，曾派人送來禮物示好。孟子至齊後，儲子又特來拜會，並與孟子討論關於堯舜與普通人的異同問題，《孟子・離婁下》：「儲子曰：『王使人瞯夫子，果有以異於人乎？』孟子曰：『何以異於人哉？堯、舜與人同耳。』」這當視為孟子「人人可為堯舜」理論的雛形。

平陸入須昌，遂合而為一。」（焦循《孟子正義》，《諸子集成》（1冊），上海：上海書店出版社1986年版，第156～157頁）；綜合上述結論，關於平陸所在地，意見大體一致，即為古厥國，春秋為魯下邑，戰國時屬齊，漢為東平國。地近齊、魯、鄒，故孟子首次至齊途經平陸。
〔註235〕《先秦諸子年譜》（5冊），北京：北京圖書館出版社2005年版，第101頁。
〔註236〕《先秦諸子年譜》（4冊），北京：北京圖書館出版社2005年版，第441頁。

（3）與匡章〔註237〕交遊

　　孟子在齊與匡章交遊的史事見於《孟子・離婁下》「公都子曰」。匡章之父殺其母並埋於馬廄之下，匡章為不欺死父而不改葬其母，國人指責其不孝。孟子藉此論證了「五不孝」而將匡章排除在外，「與之交」且「禮貌之」。

　　之所以將孟子與匡章交遊置於孟子威王首次遊齊時，理由有二：一，以上史事又見於《戰國策・齊策・秦假道韓魏以攻齊》：「秦假道韓、魏以攻齊，齊威王使章子將而應之。與秦交和而舍，使者數相往來。章子為變其徽章，以雜秦軍。候者言章子以齊入秦，威王不應。頃之間，候者復言章子以齊兵降秦，威王不應。而此者三。有司請曰：『言章子之敗者，異人而同辭，王何不發將而擊之？』王曰：『此不叛寡人明矣，曷為擊之！』頃間，言齊兵大勝，秦軍大敗。於是，秦王拜西藩之臣而謝於齊。左右曰：『何以知之？』曰：『章子之母啓，得罪其父，其父殺之而埋馬棧之下。吾使者章子將也，勉之曰：「夫子之強，全兵而還，必更葬將軍之母。」對曰：「臣非不能更葬先妾也。臣之母啓得罪臣之父。臣之父未教而死。大不得父之教而更葬母，是欺死父也。故不敢。」夫為人子而不欺死父，豈為人臣欺生君哉？』」〔註238〕匡章不改葬其母，被國人責為不孝，其事在匡章率兵勝秦之前，而匡章與秦交兵，《戰國策》明言為「齊威王」時。可見，《孟子・離婁》章「匡章與孟子交游」當在匡章與秦交兵前；二，焦循《孟子正義》據鮑彪本注上述《戰國策》「威王與

〔註237〕關於匡章是否為孟子弟子，早期漢代記載已出現分歧。趙岐《孟子章句》稱：「匡章，齊人也。」從趙岐《孟子章句》的習慣行文看，凡是孟子弟子，趙岐均明確注明「孟子弟子」，如公都子、陳臻、樂正克、充虞等。可見，趙岐並不認為匡章是孟子弟子；而高誘《呂氏春秋》注則稱：「匡章，孟子弟子也。」清代考據家的觀點依然延續了漢代的分歧。焦循同於趙岐的觀點，其《孟子・滕文公下・正義》稱：「匡章見於《戰國策》，一在《齊策・秦假道韓魏以攻齊》：『齊威王使章子將而應之，秦兵大敗』；一在《燕策》：『齊宣王令章子將五都之兵，以因北地之眾以伐燕，齊大勝燕。』然則，章子在齊，歷仕兩朝，屢掌軍伐。當孟子在齊時，章年亦長矣。趙氏但云：齊人。不以為弟子也。」周廣業則同於高誘的觀點。其《孟子四考》卷四〈孟子出處時地考・門弟子〉稱：「章在孟門，所禮異於滕更，稱子有同樂正。謂為著錄也宜。」（《續修四庫全書》（158 冊），上海：上海古籍出版社 2002 年版，第 125 頁）。本文分析以為，高誘和周廣業既然並未提供「匡章為孟子弟子」的明證，且從《孟子・離婁下》「夫子與之游，又從而禮貌之」的語氣看（按古代禮制習慣，「禮貌」一詞一般用於對待朋友而非對待弟子），匡章非孟子弟子，而是孟子在齊時超越世俗偏見與之交遊的朋友。

〔註238〕劉向《戰國策》（上冊），上海：上海古籍出版社 1985 年版，第 327～329 頁。

秦獻公、孝公同時」，此時「秦王」應爲「秦惠王之子武王」的結論，以爲「章子之事，未必在威王之世。威王未嘗與秦交兵。齊秦之鬥在宣王時，而伐燕之役將兵者正是章子，則恐其誤編於威王策中者。」〔註239〕對此，錢穆在《先秦諸子繫年‧匡章考》中已辨明：「今按：焦氏謂章子之事未必在威王世者，由誤信《史記》威王年世移前之故。語既無證，自不足辨。威王卒於周愼靚王元年，當秦惠文王五年。則高《注》以秦王爲惠王子武王者，亦誤也。據〈齊策〉所記，知匡章信用於齊，自此役始，其後遂爲宣王將而伐燕。〈燕策〉所謂：『齊宣王令章子將五都之兵，以因北地之眾以伐燕，燕王噲死，齊大勝，子之亡』是也。」〔註240〕錢穆用齊王與秦王在位年代對比以證焦循與高誘之誤：齊威王元年即秦孝公六年，齊威王在位三十七年，卒於周愼靚王元年，亦即秦惠文王更元五年，在位期爲秦孝公與惠文王時，而《史記‧六國年表》則將齊威王元年前移至周安王二十四年，秦獻公七年。秦獻公在位共二十三年，之後是秦孝公，自秦獻公七年至秦孝公六年齊威王即位，《史記》將齊威王即位之年前移了二十二年。至於此次齊、秦大戰的情況及具體時間，《史記》〈秦本紀〉和〈田敬仲完世家〉均未提及，錢穆考證認爲：「〈年表〉：『秦惠王三年，拔韓宜陽。』〈韓世家〉：『昭侯卒前一年，作高門。屈宜臼曰：「往年秦拔宜陽，今年作高門，昭侯不出此門矣。」』則此年實有拔宜陽。……是時梁方怨齊，謀報馬陵之仇。秦或者以其時乘勝韓之餘威，游兵及於齊界。威王使章子應，亦本非舉國以屬，扞禦大敵之比也。明年，即齊、魏會徐州相王之年。如此差爲得之。事乏明證，姑志以待再定。〈齊策〉又云：『秦王稱西藩之臣。』鮑云：『威王與秦獻公孝公同時。』如余所考，則秦憶是惠王，惟其時尚未稱王耳。」錢穆雖然稱上述推測「事乏明證，姑誌以待再定」，但結合史事，應有一定眞實度。周顯王三十四年，即公元前 335 年，秦甘茂攻韓宜陽，秦借勝韓之機，兵臨齊境，齊以匡章爲將迎擊，敗秦。此年，齊威王與趙肅侯會於平陸〔註241〕。次年，即公元前 334 年（周顯王三十五年），魏惠王用惠施策與齊威王會徐州，此爲齊、魏徐州相王，魏惠王改元。韓作高

〔註239〕焦循《孟子正義》，《諸子集成》（1 冊），上海：上海書店出版社 1986 年版，第 353 頁。

〔註240〕錢穆《先秦諸子繫年考辨》卷三〈匡章考〉，《先秦諸子繫年》，北京：商務印書館 2001 年版，第 328 頁。

〔註241〕司馬遷《史記》卷四十六〈田敬仲完世家〉，北京：中華書局 1982 年版，第 1891 頁。

門。而周顯王三十四年，即公元前 335 年，齊、秦交戰，匡章爲將，時在秦惠文王三年，齊威王二十二年。

（4）與告子論「性」

此次孟子在齊，還曾與告子就人性善惡、仁內義外等問題展開討論。與此相關的辯論，集中見於《孟子·告子上》「性如杞柳」、「性猶湍水」、「生之謂性」、「食色，性也」、「孟季子問公都子」章。

至於爲什麼將孟子與告子論性的史事，置於孟子在齊威王首次至齊時，可由兩方面考察：一，《墨子·公孟》有：「二三子復於子墨子曰：『告子曰：「言義而行甚惡。」請棄之！』子墨子曰：『不可。稱我言以毀我行，愈於亡。有人於此，翟甚不仁，尊天事鬼愛人，甚不仁獨愈於亡也。今告子言談甚辯，言仁義而不吾毀。告子毀，猶愈於亡也。』二三子復於子墨子曰：『告子勝爲仁。』子墨子曰：『未必然也。告子爲仁，譬猶以跂爲長，隱以爲廣，不可久也。』告子謂子墨子曰：『我治國爲政。』子墨子曰：『政者，口言之，身必行之。今子口言之，而身不行，是子之身亂也。子不能治子之身，惡能治國政？子姑亡，子之身亂之矣。』」〔註242〕據以上記載，告子曾與墨子親辨，並在墨子門徒中有較大的影響。墨子去世時，他至少當在二十歲左右。墨子的年代約爲公元前 468 年～公元前 387 年〔註243〕，由墨子死之年上推

〔註242〕《諸子集成》（4 冊），上海：上海書店出版社 1986 年版，第 281 頁。

〔註243〕關於墨子生卒，因《史記》僅有「或曰並孔子時，或曰在其後」（司馬遷《史記》卷七十四〈孟子荀卿列傳〉，北京：中華書局 1982 年版，第 2350 頁）的模糊記載而眾說紛芸。清孫詒讓《墨子閒詁·墨子後語上·墨子年表弟二》以爲：「墨子前及與公輸般、魯陽文子相問答，而後及見齊太公和與齊康公興樂，楚吳起之死。上距孔子之卒，幾及百年。則『墨子之後孔子』蓋信。審覆前後，約略計之，墨子當與子思並時，而生年尚在其後。當生於周定王之初年，而卒於安王之季。蓋八、九十歲，亦壽考矣。……儒家唯孔子生卒年月，明著於《春秋》經傳，然尚不無差異。七十子之年，孔壁古文，弟子籍所傳者，亦不能備。外此，則孟荀諸賢，皆不能質言其年壽，豈徒墨子然哉！今取定王元年，迄安王二十六年，凡九十有三年。」（《諸子集成》（4 冊），上海：上海書店出版社 1986 年版，第 13 頁）孫氏所言的周定王，應爲周貞定王，周貞定王元年，即公元前 468 年，周安王二十六年，當公元前 376 年；除此而外，重要者另有梁啓超《墨子年代考》認爲：墨子生於周定王之初年（公元元至十年間），……卒於周安王中葉（十二年至二十年之間），約當孟子生前十餘年」（即公元前 464 年～公元前 387 年）；錢穆《先秦諸子繫年考辨》卷二〈墨子生卒考〉認爲：「墨子之生，至遲在元王之世，不出孔子卒後十年。其卒當在安王十年左右，不出孟子生前十年」（即公元前 475 年～公元

二十年，則告子當生於公元前 407 年左右。以此推斷，與孟子辯論時告子至少為七、八十歲。而孟子二次至齊在周慎靚王五年左右（此可由燕噲之亂考見，見下），即公元前 316 年，上距告子生年已逾九十年，告子年齡雖不可考，但以九十高齡的老者仍反覆與孟子論辯，可能性不大；二，從孟子思想本身的發展邏輯考察。孟子關於人性善的論證依據，是沿著由自然人性論到血緣親情再到人心「四端」的路徑逐級轉變、成熟起來的。這一點，梁濤《郭店楚簡與思孟學派》已有詳述〔註 244〕。從上述孟子與告子的辯論中可見，此時孟子對人性善的論證尚限於前兩個階段。而辯論中頻頻出現的邏輯性錯誤，則更顯示了孟子思想的不成熟。「然而，可能正是與告子的辯論，使孟子意識到早期儒學理論中的內在矛盾，意識到必須突破血親狹隘，為性善論尋找到更為廣闊的人性論依據，從而為建立在性善基礎上的仁政理論立論。而正是在這一背景下，孟子提出了他的『四端』說，把仁的基點由血親孝悌轉換到『惻隱』、『羞惡』、『辭讓』、『是非』等更為普遍的道德情感中去。」〔註 245〕孟子關於人性的思想及其理論體系正是借由此次與告子的辯論而形成並成熟起來。

（5）首次至齊不受重用，離齊至宋

孟子首次至齊自周顯王三十七年至四十四年（公元前 332 年～公元前 325年），在齊八年始終沒有得到重用。這可從兩方面作出推斷：一是《孟子》七篇未見孟子與威王對話；二是孟子答蚳鼃「我無官守」〔註 246〕之語。

前 392 年）（錢穆《先秦諸子繫年》，北京：商務印書館 2001 年版，第 103頁）；方授楚《墨學源流‧生卒年代》認為：「墨子之生年當為敬王三十年，而在孔子卒前十年也。至墨子之卒年，當在威烈王二十三年左右」（即公元前490 年～公元前 403 年）；（方授楚《墨學源流》上卷〈生卒年代〉，上海：中華書局、上海書店 1989 年聯合出版，第 12 頁）任繼愈《墨子》認為其生卒在前 480 年～公元前 420 年之間。（任繼愈《墨子與墨家》，北京：商務印書館 1998 年版，第 12 頁）

〔註 244〕梁濤《郭店楚簡與思孟學派》，北京：中國人民大學出版社 2008 年版，第 320～338 頁。

〔註 245〕梁濤《孟子「四端」說的形成及其理論意義》，《中國社會科學院歷史所學刊》2001 年創刊號。

〔註 246〕原文見《孟子‧公孫丑下》：「孟子謂蚳鼃（趙岐注：蚳鼃，齊大夫；靈丘，齊下邑。）曰：『子之辭靈丘而請士師，似也，為其可以言也；今既數月矣，未可以言與？』蚳鼃諫於王而不用，致為臣而去。齊人曰：『所以為蚳鼃則善矣；所以自為則吾不知也。』公都子以告。曰：『吾聞之也，有官守者，不得其職

　　觀《孟子》七篇及相關史料，在孟子決定離齊至宋期間，有三件事發生：

　　一是「王饋兼金」，不受，答陳臻問。《孟子·公孫丑下》：「陳臻問曰：『前日於齊，王餽兼金一百而不受；於宋，餽七十鎰而受；於薛，餽五十鎰而受。前日之不受是，則今日之受非也。今日之受是，則前日之不受非也。夫子必居一於此矣。』孟子曰：『皆是也。當在宋也，予將有遠行，行者必以贐；辭曰：「餽贐，」予何爲不受？當在薛也。予有戒心；辭曰：「聞戒，故爲兵餽之。」予何爲不受？若於齊，則未有處也；無處而餽之，是貨之也；焉有君子而可以貨取乎？』」

　　二是以母老弱而不忍離，「擁楹而歎」。劉向《列女傳·母儀傳》：「孟子處齊而有憂色，孟母見之曰：『子若有憂色，何也？』孟子曰：『不敢。』異日閒居，擁楹而歎。孟母見之曰：『向見子有憂色，曰：「不也。」今擁楹而歎，何也？』孟子對曰：『軻聞之，君子稱身而就位，不爲苟得而受賞，不貪榮祿。諸侯不聽則不達其土，聽而不用則不踐其朝，今道不用於齊，願行而母老，是以憂也。』孟母曰：『夫婦人之禮，精五飯、冪酒漿、養舅姑、縫衣裳而已矣。故有閨內之修而無境外之志。《易》曰：「在中饋，無攸遂。」《詩》曰：「無非無儀，惟酒食是議。」以言婦人無擅制之義，而有三從之道也。故年少則從乎父母，出嫁則從乎夫，夫死則從乎子，禮也。今子成人也，而我老矣。子行乎子義，吾行乎吾禮。』」〔註247〕《列女傳》的記載雖然未必全信，但這一故事倒眞切反映了孝親與從政之間的矛盾。孔子雖然以「父母在，不遠遊，遊必有方」（《論語·里仁》）化解二者之間的矛盾，但要遠離年邁的母親去實現仁政理想，就一般人情而言也都是難以抉擇的，更不要說秉持了儒家孝親觀念的孟子。從另一方面看，雖然《列女傳》的寫作意圖是塑造偉大的婦女形象以爲漢成帝的後宮作鑒戒，但鼓勵子女志在遠方又的確是中國母親無私形象的濃縮。如此說來，像「故事本身是否眞實」這類的外在形式問題倒眞的不必再予追究了，因爲它的「內涵與精神實質」已經是眞實的了。

　　　則去；有言責者，不得其言則去。我無官守，我無言責也，則吾進退，豈不綽綽然有餘裕哉？」孟子勸䵝䵝盡忠職守，向齊王進諫，齊國人議論說，孟子勸䵝䵝盡職守，爲什麼自己卻不進諫呢？孟子說，有固定職務的，如不盡其職責，自然應該離官而去；而自己在齊國沒有固定職務，故沒有進言的職責。

〔註247〕劉向《列女傳》卷一〈母儀傳·鄒孟軻母〉，《四庫全書》（448 冊），上海：上海古籍出版社 1987 年版，第 16 頁。

三是爲離齊而至小國宋，答萬章問。《孟子·滕文公下》：「萬章問曰：『宋，小國也，今將行王政，齊楚惡而伐之，則如之何？』孟子曰：『湯居亳，與葛爲鄰。葛伯放而不祀，湯使人問之，曰：「何爲不祀？」曰：「無以供犧牲也。」湯使遺之牛羊。葛伯食之，又不以祀。湯又使人問之曰：「何爲不祀？」曰：「無以供粢盛也。」湯使亳眾往爲之耕，老弱饋食。葛伯率其民，要其有酒食黍稻者奪之，不授者殺之。有童子以黍肉餉，殺而奪之。《書》曰：「葛伯仇餉。」此之謂也。爲其殺是童子而征之，四海之內皆曰：「非富天下也，爲匹夫匹婦復讎也。」湯始征，自葛載，十一征而無敵於天下。東面而征，西夷怨；南面而征，北狄怨。曰：「奚爲後我？」民之望之，若大旱之望雨也。歸市者弗止，芸者不變，誅其君，弔其民，如時雨降。民大悅。《書》曰：「徯我后，后來其無罰。」「有攸不爲臣，東征，綏厥士女，匪厥玄黃，紹我周王見休，惟臣附於大邑周。」其君子實玄黃於篚以迎其君子，其小人簞食壺漿以迎其小人。救民於水火之中，取其殘而已矣。《太誓》曰：「我武惟揚，侵于之疆，則取于殘，殺伐用張，于湯有光。」不行王政云爾。苟行王政，四海之內，皆舉首而望之，欲以爲君，齊楚雖大，何畏焉？』」萬章以爲，宋爲小國，受齊、楚兩大國的威脅與制約，自身生存尚且難保，更無以承擔起統一天下的大任。但孟子卻不以爲然，他以湯征葛「十一征而無敵於天下」爲依據，指出「苟行仁政，四海之內皆舉首而望之」的「仁者無敵」的實踐構想。

（三）之宋過薛返鄒遊滕（公元前 324 年～公元前 320 年）

前引《孟子·公孫丑下》「陳臻問」章有「前日於齊，王餽兼金一百而不受；於宋，餽七十鎰而受；於薛，餽五十鎰而受。前日之不受是，則今日之受非也。今日之受是，則前日之不受非也。夫子必居一於此矣。」崔述由此推斷：「齊稱『前日』，而宋、薛稱『今日』，則是至宋、薛在至齊後也。然則孟子去齊之後，先至宋、薛，然後至滕矣，故「滕文」章稱『過宋而見孟子』也。去宋、薛後，蓋嘗歸鄒，鄒、魯之鬨當在此時〔註248〕，故「滕定」章稱『然友之鄒問於孟子』也。」崔述由此章得出結論：孟子首次離齊之後，先後輾轉於宋、薛、鄒、滕之間。這一結論，概合於史事。

〔註248〕崔氏認爲「鄒與魯鬨」非在孟子初仕鄒時，而是由齊至宋過薛返鄒時，此書不取，已見前述。

1. 之宋

孟子在齊八年，然齊威王無意於「仁政」而一心稱霸。孟子失望之餘，在母親的鼓勵下，義無反顧地離開齊國，準備到宋國推行仁政。

關於孟子離齊至宋的時間，可據《史記》推出。《史記·宋世家》說：「君偃〔註249〕十一年，自立為王。」《史記·六國年表》列宋君偃元年為周顯王四十一年（公元前328年），又列「宋自立為王」於十一年後的周慎靚王三年，即公元前318年。但據錢穆考證，《史記》宋君偃的年代同梁惠王、秦惠文王一樣，是把改元之年誤作始立之年，故宋君偃稱王之年當為《年表》所說的「宋君偃元年」，即周顯王四十一年，公元前328年〔註250〕。如此，宋君偃即位之年應前推十一年，約在公元前338年，宋君偃「十一年，自立為王」應是在公元前327年左右。又據萬章「宋，小國也，今將行王政」之語，知孟子離齊至宋當在宋君偃稱王後不久。錢穆「按：孟子在宋，與戴不勝語，曰：『子欲子之王之善歟？』是其時宋已稱王也。又曰：『宋將行王政』，是宋已稱王而未久，尚在王偃之早年也。又《孟子》書不見與宋王語，其在宋似不久。今姑定孟子游宋在宋王偃之十三、四年間，即宋偃稱王之第四、五年也。」〔註251〕錢穆考證的結論是：孟子離齊至宋，當在宋王偃十三、四年之間，即公元前324年前後。這一結論較合於史事〔註252〕。

據《孟子》七篇，孟子在宋期間史事如下：

（1）與戴盈之論什一關市之征：「戴盈之曰：『什一，去關市之征。今之未能，請輕之，以待來年然後已，何如？』孟子曰：『今有人，日攘其鄰之雞者，或告之曰：「是非君子之道。」曰：「請損之，月攘一雞，以待來年然後已。」如知其非義，斯速已矣，何待來年！』」（《孟子·滕文公下》）。戴盈之以延緩關市什一之稅向孟子徵詢意見，孟子以攘鄰人之雞予以諷刺。

〔註249〕注：即宋君偃，又稱宋王偃、宋康公，稱王後諡號康王，稱宋康王。
〔註250〕錢穆《先秦諸子繫年考辨》卷三〈宋偃王稱王為周顯王四十一年非慎靚王三年辨〉，《先秦諸子繫年》，北京：商務印書館2001年版，第367頁。
〔註251〕錢穆《先秦諸子繫年考辨》卷三〈孟子至宋過薛過鄒考〉，《先秦諸子繫年》，北京：商務印書館2001年版，第400頁。
〔註252〕清狄子奇也將孟子離齊至宋之年定為周顯王四十三年：「（周顯王）四十三年，（孟子）年四十七，去齊之宋。」（狄子奇《孟子編年》卷二，《先秦諸子年譜》（5冊），北京：北京圖書館出版社2005年版，第106頁）周顯王四十三年為公元前326年，與錢穆之說相近。

孟子家族文化研究

（2）與滕世子論「道性善」：「滕文公爲世子，將之楚，過宋而見孟子。孟子道性善，言必稱堯舜。世子自楚反，復見孟子。孟子曰：『世子疑吾言乎？夫道一而已矣。』」（《孟子·滕文公上》）。滕爲姬姓小國，故城在今徐州以北滕縣。時宋國已由舊都商丘遷都於彭城（今徐州）。故滕文公適楚，必南行過宋。閻若璩認爲：滕文公過宋是爲見孟子而故意繞道「迂而西南行三百五十餘里」，並說「不憚假道於宋之勞，其賢可知」〔註253〕，蓋因不知此時宋已遷都而誤解。錢穆考證認爲《先秦諸子繫年·孟子游滕考》：「世子往楚，乃自滕南行過宋而入楚境，並不迂道西南三百五十餘里，往如是，返如是，特爲見孟子。否則記者不應輕輕下一『過』字。」〔註254〕此次孟子與當時還是世子身份的滕文公相會，其「道性善，言必稱堯、舜」的思想影響了滕世子，這成爲滕文公繼位後專門派人向孟子請教，以及孟子後來至滕推行仁政的前奏。

（3）與宋人句踐論說君之道：「孟子謂宋句踐曰：『子好遊乎？吾語之遊。人知之，亦囂囂；人不知，亦囂囂。』曰：『何如斯可以囂囂矣？』曰：『尊德樂義，則可以囂囂矣。故士窮不失義，達不離道。窮不失義，故士得已焉；達不離道，故民不失望焉。古之人，得志澤加於民；不得志，修身見於世。窮則獨善其身，達則兼善天下。』」（《孟子·盡心上》）孟子以爲無論是否能夠得到君主的理解或支持，都要抱定「窮則獨善其身，達則兼善天下」的窮達觀，在「尊德樂義」的人生信念裏體驗人生的快樂。

（4）與宋臣戴不勝論仁政之難：「孟子謂戴不勝曰：『子欲子之王善與？我明告子。有楚大夫於此，欲其子之齊語也，則使齊人傅諸？使楚人傅諸？』曰：『使齊人傅之。』曰：『一齊人傅之，眾楚人咻之，雖日撻而求其齊也，不可得矣。引而置之莊嶽之間數年，雖日撻而求其楚，亦不可得矣。子謂薛居州，善士也，使之居於王所。在於王所者，長、幼、卑、尊皆薛居州也，王誰與爲不善？在王所者，長、幼、卑、尊皆非薛居州也，王誰與爲善？一薛居州獨如宋王何？』」（《孟子·滕文公下》）孟子與宋臣戴不勝論及宋國推行仁政之難的原因在於：宋王周圍的環境不利於仁政的實施。在宋大臣多反對仁政的環境下，宋王曲高和寡，故而仁政難以實現。

〔註253〕閻若璩《四書釋地·續》「之楚過宋」條，清東湖王氏重刊本，第18頁。
〔註254〕錢穆《先秦諸子繫年考辨》卷三〈孟子游滕考〉，《先秦諸子繫年》，北京：商務印書館2001年版，第403頁。

—98—

　　從《孟子‧滕文公下》與戴盈之論關市之征及與戴不勝論仁政之難，可見孟子在宋國推行仁政並非如想像的那般樂觀，原因概有以下三點：一，宋君偃對待仁政的騎牆術。觀《孟子》，可見宋君偃確曾有過行仁政的想法。但《戰國策》和《史記》卻展示了宋君偃暴虐的一面。《戰國策‧宋康王之時有雀生》有：「宋康王之時有雀生（鳥旗）於城之陬。使史占之，曰：『小而生巨，必霸天下。』康王大喜。於是滅滕伐薛，取淮北之地，乃愈自信，欲霸之亟成，故射天笞地，斬社稷而滅之，曰：『威服天下鬼神。』罵國老諫曰，為無顏之冠，以示勇。剖傴之背，鍥朝涉之脛，而國人大駭。齊聞而伐之，民散，城不守。王乃逃倪侯之館，遂得而死。」〔註255〕《史記‧宋微子世家》也記有：「君偃十一年，自立為王。東敗齊，取五城；南敗楚，取地三百里；西敗魏軍，乃與齊、魏為敵國。盛血以韋囊，懸而射之，命曰『射天』。淫於酒、婦人。群臣諫者輒射之。於是諸侯皆曰『桀宋』」〔註256〕。若果真如此，以桀紂般暴虐的宋君偃欲行仁政，實在是不可想像的事。雖有後期史家對《國策》、《史記》所載予以駁正，為宋君偃辯誣。以為宋偃王推行仁政不力，實在是受環境所限而身不由己〔註257〕。然而非證據確鑿，《史記》、《國策》所載不可輕易否定；二、即便宋君偃真有推行仁政的意圖，從《孟子‧滕文公下》「與戴盈之論什一」之說和「與戴不勝論仁政之難」，可見宋王周圍的大臣除薛居州、戴不勝等少數幾個人外，包括戴盈之在內的多數大臣，對仁政並不支持。在仁政上處於孤立狀態的宋王，恐怕很難在仁政上有所造詣，正所謂「一薛居州，獨如宋王何？」

　　綜觀《史記》、《國策》與《孟子》諸書，蓋宋君偃在繼位之初，或確有

〔註255〕劉向《戰國策》（下冊），上海：上海古籍出版社1985年版，第1157頁。
〔註256〕司馬遷《史記》卷三十八〈宋微子世家〉，北京：中華書局1982年版，第1632頁。
〔註257〕如錢穆《先秦諸子繫年》辯稱：「偃之稱王，去魏、齊徐州相王已六年，而尚在秦、韓、燕、趙稱王之先，故頗為當時所嫉視。今據《孟子》書，萬章問：『宋，小國，將行王政，齊、楚惡而伐之，則如之何？』孟子以湯武之事告之。又觀其臣如盈之，如不勝，議行什一，議去關市之征，進居州以輔王，其政當有可觀。而錢穆認為，宋偃王之所以被時人稱為「桀紂之君」實是因為宋以小國稱王而遭時人忌嫉所致。《國策》記其射天笞地，〈世家〉書其淫於酒色，並皆謂之『桀宋』，與《孟子‧萬章》之言迥別。蓋出於一時忌嫉之口，非信史也。」（錢穆《先秦諸子繫年考辨》卷三〈宋偃稱王為周顯王四十一年非慎靚王三年辨〉，《先秦諸子繫年》，北京：商務印書館2001年版，第368頁）

仰慕孟子而欲行仁政的端倪。但在稱王之後，爭霸環境與權力膨脹，更兼周圍大臣對仁政的消極牴觸態度，終使宋王仁政難以付諸實踐。既如此，孟子只得打消在宋國推行仁政的幻想，離宋過薛回鄒。

2. 過薛

關於孟子離宋後曾到過薛的證據有如下幾點：一是《孟子・公孫丑下》：「陳臻問曰：『前日於齊，王餽兼金一百而不受；於宋，餽七十鎰而受；於薛，餽五十鎰而受。前日之不受是，則今日之受非也；今日之受是，則前日之不受非也。夫子必居一於此矣。』孟子曰：『皆是也。當在宋也，予將有遠行，行者必以贐；辭曰：「餽贐。」予何爲不受？當在薛也，予有戒心；辭曰：「聞戒，故爲兵餽之。」予何爲不受？若於齊，則未有處也。無處而餽之，是貨之也。焉有君子而可以貨取乎？』」此段明確指出了孟子的遊歷軌跡：於齊、於宋、於薛；二是清代學者，如陳寶泉《孟子時事考徵》、曹之升《孟子年譜》及近人錢穆《先秦諸子繫年》等，均據《孟子》就此事詳加考證並予認可。如陳寶泉明確指出：「去宋知其至薛者，觀陳臻問答卻齊王之餽曰：『前日』，則時已去齊也。受宋、薛之餽則曰：『今日』，時在薛也。」曹之升在《孟子年譜》卷下「周顯王四十七年」條下也明確標明：「孟子自薛反鄒之滕」並考證稱：「孟子居宋有年，薛則至而即去。去宋知其之薛者，以『陳臻問餽』知之也。」〔註258〕；三是漢應劭《風俗通義・窮通》有孟子「絕糧於鄒薛，困殆甚」〔註259〕的記載。可見，孟子離宋返鄒前曾到過薛，似無疑義。

3. 返鄒

《孟子》中可歸屬於孟子離薛後返鄒期間的史事概有兩處：

（1）然友問禮。《孟子・滕文公上》「滕定公薨」章有「昔者孟子嘗與我言於宋」的明確表述，故「然友問禮」必發生於由宋至鄒期間無疑。另，清代學者對此也有類似結論。如曹之升考證了孟子離薛後至鄒的行程，其《孟子年譜》卷下「周顯王四十七年」條下稱：「去薛知其反鄒者，以『然友之鄒』，『然友復之鄒』知之也。是年，滕定公薨，文公曰：『昔者，孟子嘗與我言於宋』，則之滕固在之宋之後，而滕在薛之北，薛在魯之東，鄒去孟子所居又止

〔註258〕《先秦諸子年譜》（4 冊），北京：北京圖書館出版社 2005 年版，第 240、477、481 頁。

〔註259〕應劭《風俗通義》卷七〈窮通〉，《四庫全書》（862 冊），上海：上海古籍出版社 1987 年版，第 392 頁。

五十里，孟子與穆公有舊，故嘗自薛反鄒而由是之滕，固即在此一年中事。」
〔註260〕孟子在鄒時，恰逢滕定公去世，滕文公即位。已如前述，滕文公爲世
子時，曾與孟子在宋國兩度交談，深受影響。所以即位後即刻派人到鄒國，
徵求孟子有關喪禮的意見。孟子借機闡述了儒家孝道，並建議滕文公實行三
年之喪。即位君主要爲父守喪三年，不理朝政。這在列國紛爭，形勢瞬息萬
變的戰國時代未免迂腐，因而遭到群臣反對。滕文公只好再度派然友至鄒請
教孟子，孟子以「上有好者，下必甚焉」鼓勵滕文公堅定不移地實行三年之
喪，後滕文公果然踐行。

（2）與屋廬子、曹交〔註261〕問答。見《孟子·告子下》「任人有問屋廬
子」和「曹交問曰」章〔註262〕。在這兩章裏，孟子分別與屋廬子和曹交討論
了「禮與食孰重」以及「人皆可以爲堯舜」的問題。孟子認爲必須把禮與食
放在同等條件下比較，如果拿食之重者與禮之輕者相比，結論便有失公允。
在與曹交的問答中，孟子肯定人皆可以爲堯舜，這是孟子對性善理論的論證，
說明此時孟子的理論已然實現了由血緣倫理向人性善惡，由仁向仁政的過渡。

4. 遊滕

在諸侯國君中，滕文公算是少數對孟子仁政「心嚮往之」的國君之一。
也由此有了他與孟子的種種機緣：前有至楚過宋的請教，後有派然友至鄒的
詢問。這些機緣，使孟子對滕文公行仁政充滿了希冀。因而，甫聞滕文公即
位，即刻離鄒赴滕，幻想以滕國作爲推行仁政的入手出。孟子在滕的作爲可
以分爲三部份：

（1）答「爲國」與「井地」，雄心勃勃。集中反映這一史事的有《孟子·
盡心下》「孟子之滕」和《孟子·滕文公上》「滕文公問爲國」、「使畢戰問井

〔註260〕《先秦諸子年譜》（4 冊），北京：北京圖書館出版社 2005 年版，第 481～
　　　　482 頁。
〔註261〕趙岐《孟子章句》「曹交問曰」條下注：「曹交，曹君之弟。交，名也。」（《諸
　　　　子集成》（1 冊），上海：上海書店出版社 1986 年版，第 477 頁）宋王應麟《困
　　　　學紀聞》卷八〈孟子〉：「曹交，注謂曹君之弟。按《左傳》哀公八年，宋滅
　　　　曹，至孟子時，曹亡久矣。曹交，蓋以國爲氏者。」（王應麟《困學紀聞》卷
　　　　八〈孟子〉，《四庫全書》（854 冊），上海：上海古籍出版社 1987 年版，第
　　　　307 頁）
〔註262〕注：本段內容究竟屬於孟子遊歷的哪個階段發生的史事，已無法確考。但從
　　　　本段文意分析，「人人爲堯舜」是性善論的邏輯延伸。而孟子詳細地闡發人性
　　　　理論是在首次至齊時。故視本段爲首次遊齊後歸鄒期間的史事，置於此。

地」三章。孟子在滕國受到「館於上宮」的禮遇，滕文公也曾圍繞國事多次求教於他。藉此，孟子在滕國發表了一系列有關國家經濟、教育及社會秩序等方面的重要言論，提出了諸如制民之產、正經界、行井田、減賦稅、興庠序等重要的治國策略。它們作爲孟子仁政思想的重要組成部份，標誌著儒家政治思想的日臻完善。

（2）與陳相、許行辯「社會分工」。孟子躊躇滿志，協助滕文公將儒家仁政思想推向實踐。對於滕文公推行仁政的實際效果，清曹之升有所論及：「滕文公即位，孟子在滕，勸行井田、學校之仁政，於是感動遠方之人，自楚自宋皆至於滕，願爲之氓，其弟更亦及門卒業，所謂『猶可以爲善國者』，此也。其間如許行蔽道，陳相倍師，孟子皆博陳堯、舜上下之敍以正之，何莫非性善之旨歟？」〔註263〕

根據《孟子》的記述和曹之升的分析，滕文公推行仁政，的確曾一度引發較大的社會反響。爲此，農者許行自楚、儒者陳相自宋聞風至滕。陳相折服於許行的農家學說而拜許行爲師，背棄了儒家，並且站在農家的立場與孟子就社會分工問題進行了激烈辯論〔註264〕。

陳相認爲，賢明的君主必與民同耕，而滕文公不勞而獲，厲民而自養，難稱賢君。孟子則用嚴密的邏輯，層層推演，批駁陳相，以爲：社會分工不同，農民用糧食換取陶器、鐵器，不能算損害陶工和鐵匠的利益。陶工和鐵匠用陶器和鐵器換取糧食，也不能算是損害農民的利益。同樣，國家統治者肩負社會管理職責，同樣屬於勞動和智力付出。因而，統治者與被統治者，管理者與被管理者，因分工不同而決定了勞動付出的方式不同，不存在「厲」與「養」的問題。作爲農家代表，陳相的觀點代表了小農的均平思想。這種均平思想從積極方面看，反映了農民原始樸素的情感。但其消極面也是顯而易見的，那就是對社會分工的拒斥。從社會發展角度看，正是隨著農業發展而出現的社會分工，才使人類由蒙昧進入文明〔註265〕。社會分工標誌著社會

〔註263〕曹之升《孟子年譜》卷下「周顯王四十八年」條下，《先秦諸子年譜》（4冊），北京：北京圖書館出版社 2005 年版，第 486 頁。

〔註264〕見《孟子・滕文公上》「有爲神農之言者許行」和「陳相見孟子」二章。

〔註265〕田昌五《關於堯舜禹的傳說與中國文明的起源》：「世界上一切古老的文明國家都是伴隨著農業的發展而出現的……當農業發展到足以產生社會分工時，文明才會產生。」（深圳大學國學研究所編《中國文化與中國哲學》，北京：東方出版社 1986 年版，第 26～27 頁）

的發展和人類文明的進步。由此而言，孟子從社會分工的角度駁斥農家陳相的觀點，自有合理因素。但是，他把統治與被統治的關係與社會分工混為一談，用後者論證前者的合理性，這是有失偏頗的。

（3）以滕之小，而有「齊、楚之窘」。滕國的弱小，終難在諸侯之間形成仁政的大氣候，《孟子·梁惠王下》對此有多處記載〔註 266〕。從三章「滕文公問」，可見滕國整日惶惶於大國的馳逐而疲於奔命、苟延殘喘。而面對滕文公針對現實難題的一再追問，孟子的回答也只不過是不解近渴的「遠水」，空洞而遙遠。恐怕連孟子自己，也感覺出了未來前途的渺茫。處於強齊、大楚之間弱小的滕國，眼下自保尚且艱難，又何談仁政的外推？孟子對滕國的仁政由「問為國」時的勃勃雄心而漸轉入答「滕，小國」以「效死」、「遷居」的無奈。

由此看來，孟子離滕的原因是顯而易見的。清曹之升的分析合於情理：「孟子於滕文非所為不合則去也。是時，井制壞，學制亦壞，滕行仁政而許行之流即至，若非文公信之深，行之力，孟子亦未能期年而報成者，不然百畝之田，庠序之教，為齊、梁之君各陳之，又如之何弗效耶？惜乎滕君則誠賢君，而所與為善者，僅五十里耳，於平治天下之志固未逮焉。於是孟子去滕。」〔註267〕曹之昇明確指出，孟子離滕的真正原因，並不是因為與滕文公不合，也不是因為滕文公不行仁政，而是因為滕國太小，雖竭其全力，仍不免受大國威脅。以如此難以自保的生存窘境，欲將仁政外推於天下，就目前看，其可行度幾乎為零。因此，捨棄滕國，成為孟子無奈而必然的選擇。

關於孟子在滕的時間，可從《孟子》所記「田嬰封薛」及「答滕文公問」等記述中作出推斷。清狄子奇《孟子編年》卷二「（周顯王）四十五年」條下明確指出了年代推算的路徑：「孟子至滕本無確年，惟『齊人築薛』一條差為可據。按：『索隱』引《紀年》云『梁惠王後元十三年四月齊封田嬰於薛，十月，齊城薛』。在周顯王四十六年，是時孟子已在滕，《禮》既葬稱『子』，踰年稱『君』。是年，孟子與文公言已稱之曰『君』，而『問為國』章則稱之曰『子』，是其至滕在四十六年以前可知。由此推之，則其由鄒之宋，由宋反鄒之年亦大約可見矣。」〔註268〕

〔註266〕見《孟子·梁惠王下》滕文公問「齊人築薛」、「間於齊楚」、「以事大國」三章。
〔註267〕曹之升《孟子年譜》卷下「周慎靚王元年」條下，《先秦諸子年譜》（4 冊），
　　　　北京：北京圖書館出版社 2005 年版，第 491 頁。
〔註268〕《先秦諸子年譜》（5 冊），北京：北京圖書館出版社 2005 年版，第 110 頁。

　　齊國於梁惠王後元十三年四月封田嬰於薛，十月，齊國加固薛城。滕文公以爲齊國的這一行動指向滕國，構成了對滕國的威脅，因此而惴惴不安，於是有《孟子・梁惠王下》滕文公問「齊人將築薛，吾甚恐」的記載。梁惠王後元十三年有確切紀年，即周顯王四十七年（狄子奇誤推爲周顯王四十六年），即公元前 322 年。因此，齊人封薛、築薛成爲孟子至滕年代重要的參照坐標。而據《孟子・滕文公上》「滕文公問爲國」章有「子力行之」一句，孟子稱滕文公爲「子」，而《孟子・梁惠王下》「滕文公問」章又有「君請擇於斯二者」之語。依據《禮》既葬稱「子」，踰年稱「君」的禮制規定，孟子至滕當在齊人築薛的前一年，即周顯王四十六年，公元前 323 年，此年孟子答「滕文公問爲國」，稱滕文公爲「子」。曁年，即周顯王四十七年，公元前 322 年，孟子在滕，又答滕文公「滕，小國」夾於齊、楚之間該「如之何」，孟子稱滕文公爲「君」。此後不久，孟子深感於滕國的弱小，推行仁政的無望而離開滕國，前往魏國。以故，孟子至滕當在周顯王四十六年，即公元前 323 年前不久，離滕當在周顯王四十七年，即公元前 322 年之後不久，在滕前後約二至三年的時間。

　　錢穆的考證與這一結論相合。錢穆《先秦諸子繫年》卷三專闢一篇〈孟子游滕考〉考證這一問題：「閻若璩《孟子生卒年月考》論之云：『《春秋・公羊傳》：君存稱「世子」，君薨稱「子某」，既葬稱「子」，逾年稱「公」。《左氏》例則未葬稱「子」，既葬稱「君」。不待逾年始稱「君」，此二傳之異同也。及以《孟子》證，則又有異。君存稱「世子」，滕文公爲世子是；君薨亦稱「世子」，滕定公薨，世子謂然友是；未葬稱「子」，不獨既葬爲然，至於子之身而反之是。若孟子所稱「子力行之」，則在既葬之後，但未逾年耳。何以驗之？滕文公既定爲三年之喪，五月居廬，未有命戒，則亦無禮聘賢人之事可知。惟至葬後，始以禮聘孟子至滕而問國事焉，故孟子猶稱之爲「子」。直至逾年改元，然後兩稱爲「君」，曰「君如彼何哉？」，曰「君請擇於斯二者」。然則孟子於滕行蹤歲月，亦略可覩矣。』今按：閻說甚密。大抵五月卒葬，而孟子至滕，即在滕定公卒歲。明年，孟子尚在滕，則爲滕文公元年，今姑假定是年即梁惠王後元十三年，四月田嬰封薛，十月城薛。文公『如之何』之問，在四月後，十月前。而孟子游梁，則在惠王後元十五年。是孟子在滕，先後有三年之久。方其去宋，固已有遠行之志，而在滕淹留有如是之久者？亦滕文之賢有以使之然矣。」〔註 269〕錢穆循著閻氏的考證路徑，進一步論證了孟

〔註 269〕錢穆《先秦諸子繫年考辨》卷三〈孟子游滕考〉，《先秦諸子繫年》，北京：商

子至滕與在滕的時間。以爲：孟子在滕文公卒年，即惠王後元十二年（公元前 323 年）至滕。次年，即梁惠王後元十三年（公元前 322 年），田嬰封薛，梁惠王後元十五年（公元前 320 年），孟子始遊梁，前後在滕三年之久。錢穆的結論，較合於史事。

（四）遊梁（公元前 320 年～公元前 319 年）

梁惠王後元十五年，即公元前 320 年，孟子至魏。

1. 孟子至魏的原因

關於孟子爲什麼選擇離滕之後至魏，清曹之升《孟子年譜》卷下「周愼靓王元年」條下分析稱：「自三家分晉而力不足以禦秦，始嘗觀蘇秦要約六國，攻守形勢具見。蘇氏謂：『天下之所重者，莫如韓、魏』，意亦本此。其實梁之地小於趙而大於韓，賈誼《過秦論》言秦孝公據殽、函之固，擁雍州之地，拱手而取西河之外，秦之強實自梁始。故曰孟子不之韓之趙，而之魏者，捄腹心也。」〔註 270〕曹之升認爲：孟子選擇至魏的原因，在於魏地處中原，並曾率趙、韓稱霸於中原，在孟子看來，若魏能率先行仁政，足以對其餘各國的仁政推行起到表率作用，故離滕至魏。

從魏國的現實情況看，韓、趙、魏三家分晉之初，魏因地處河東，自然地理條件較好，又兼魏文侯任用李悝率先實施封建化改革，國力率先強盛起來，成爲戰國首霸。在接下來的幾十年間，魏東征西討，戰果輝煌，一度威震中原：公元前 408 年，魏與韓、趙聯合西向，攻佔了秦的河西，迫使秦退守洛水；公元前 406 年，向北越過趙國滅掉中山；公元前 404 年，率領三國聯軍東向伐齊，攻入齊長城，大敗齊軍。魏武侯時期，又向南發展，取得了包括大梁在內的鄭、宋、楚三國之間的大塊土地。不僅淮水、泗水一帶的小諸侯不敢有所違逆，以至於韓、趙、齊也要表示對魏的順從。爲便於控御全國，魏惠王於公元前 365 年遷都大梁。此後，魏國又稱梁國，魏惠王也稱梁惠王。然而，梁惠王中期以後，由於齊、秦東、西兩國封建化改革的成功而漸次強大，又由於韓、趙懼怕四面出擊的魏再次實現三晉統一而產生對魏的離心，再加上魏惠王的平庸。魏漸次失去獨霸地位，由強轉弱。自公元前 340 年至公元前 323 年，魏在對周邊齊、秦、楚的戰爭中屢遭失敗。對此，魏惠

務印書館 2001 年版，第 403～404 頁。
〔註 270〕曹之升《孟子年譜》卷下「周愼靓王元年」條下，《先秦諸子年譜》（4 冊），北京：北京圖書館出版社 2005 年版，第 493 頁。

王並不甘心，決意重振旗鼓，東山再起。於是，在公元前321年～公元前320年前後（即魏惠王後元十四、五年前後）「卑禮厚幣以招賢者」〔註271〕。孟子恰在這時，辭別滕國，「後車數十乘，從者數百人」（《孟子・滕文公下》），浩浩蕩蕩由滕國來到魏國。

2. 孟子在魏的經歷

孟子在魏的經歷，《孟子》中有多處記載，主要集中於〈梁惠王〉、〈滕文公〉、〈告子〉等篇。

（1）初見惠王，「義」與「利」悖，話不投機。《孟子・梁惠王上》開篇即記載了孟子初見梁惠王的一段對話：「孟子見梁惠王。王曰：『叟！不遠千里而來，亦將有以利吾國乎？』孟子對曰：『王！何必曰利？亦有仁義而已矣。王曰：「何以利吾國？」大夫曰：「何以利吾家？」士庶人曰：「何以利吾身？」上下交征利而國危矣。萬乘之國，弒其君者，必千乘之家；千乘之國，弒其君者，必百乘之家。萬取千焉，千取百焉，不爲不多矣。苟爲後義而先利，不奪不饜。未有仁而遺其親者也，未有義而後其君者也。王亦曰：仁義而已矣，何必曰利？」魏惠王初見孟子，即掩飾不住自強稱霸的急切心情，劈頭便問：「叟！不遠千里而來，亦將有以利吾國乎？」而孟子卻以「仁義」相答，以「義」否「利」，彰顯了二者關注焦點的不同。之後，孟子與梁惠王又曾就這一問題有過幾次交鋒〔註272〕。梁惠王關注的重心始終不離如何快速強國，如何報仇雪恨，重拾魏國的霸主地位，而孟子也總是執著於仁義道德、民本、仁政等固有思想。這些言論，對於在魏國「東敗於齊，西喪地於秦，南辱於楚」國勢危殆的情況下，急於雪恥圖霸的魏惠王而言，無疑於「迂遠而闊於事情」〔註273〕的愚腐之論，很難被接受與採納。孟子的仁政思想，在魏國依然找不到實踐的舞臺。

（2）與景春對話，譏公孫衍、張儀的權謀之術。作爲仁政論的思想代表，孟子自然要極力反對縱橫權謀之術，相關言論見於《孟子》的有多處，主要有〈滕文公下〉與景春對話，批公孫衍、張儀爲「妾婦之道」和〈告子下〉論「五霸者，三王之罪人」、「今之事君者」三章。這三章典型反映了孟子忠

〔註271〕司馬遷《史記》卷四十四〈魏世家〉，北京：中華書局1982年版，第1847頁。
〔註272〕見《孟子・梁惠王上》「孟子見梁惠王」章和梁惠王曰「寡人之於國」、「晉國，天下莫強」三章。
〔註273〕司馬遷《史記》卷七十四〈孟軻荀卿列傳〉，北京：中華書局1982年版，第2343頁。

於仁政，反對戰爭，反對霸道的思想。

（3）與白圭論辯。譏白圭二十稅一爲「貉道」，「善治水」爲「與鄰爲壑」〔註274〕，宣揚儒家仁政。

（4）答周霄問「古之君子仕」〔註275〕。藉此闡述儒家入仕之道，即爲政以仁不以霸。

（5）與襄王論「天下定於一」〔註276〕。公元前 319 年，梁惠王去世，惠王子繼位爲襄王。次年（公元前 318 年），孟子又見襄王，與之論「天下定於一」，見其言談缺乏「人君」威嚴，泯滅了對於襄王行仁政的希望而漸生去意。

3、關於孟子在魏的時間

孟子至魏的時間，是孟子生平遊歷中又一爭論較多的問題。其焦點圍繞《史記》的「梁惠王三十五年」（公元前 335 年）說，和《竹書紀年》的「梁惠王後元十五年」（公元前 320 年）說。

司馬遷認爲孟子至魏在梁惠王三十五年。《史記・六國年表》「梁惠王三十五年」條下注：「孟子來，王問利國，對曰：『君不可言利。』」《史記・魏世家》：「（魏惠王）三十五年，與齊宣王會平阿南。惠王數被於軍旅，卑禮厚幣以招賢者。鄒衍、淳于髡、孟軻皆至梁。梁惠王曰：『寡人不佞，兵三折於外。太子虜，上將死，國以空虛。以羞先君宗廟社稷，寡人甚醜之。叟不遠千里，辱幸至敝邑之廷，將何以利吾國？』孟軻曰：『君不可言利若是。夫君欲利則大夫欲利，大夫欲利則庶人欲利，上下爭利，國則危矣。爲人君，仁義而已矣，何以利爲！』……襄王元年，與諸侯會徐州，相王也。追尊父惠王爲王。五年，秦敗我龍賈軍四萬五千于雕陰，圍我焦、曲沃。予秦河西之地。六年，與秦會應。秦取我汾陰、皮氏、焦。……七年，魏盡入上郡于秦。秦降我蒲陽。八年，秦歸我焦、曲沃。十二年，楚敗我襄陵。諸侯執政與秦相張儀會齧桑。十三年……秦取我曲沃、平周。」〔註277〕司馬遷最早提出孟子遊梁在梁惠王三十五年。此後，贊同這一觀點的有元程復心、清焦循、管同等。

〔註274〕見《孟子・告子下》白圭曰「吾欲二十而取一」和「丹之治水也愈於禹」二章。

〔註275〕見《孟子・滕文公下》「周霄問曰」章。

〔註276〕見《孟子・梁惠王上》「孟子見梁襄王」章。

〔註277〕司馬遷《史記》卷四十四〈魏世家〉，北京：中華書局 1982 年版，第 727、1847～1849 頁。

程復心《孟子年譜》:「孟子知齊宣王不能用,去齊。時梁惠王立三十五年矣,數敗於軍旅,卑禮厚幣以招賢者,孟子、鄒衍、淳于髡皆至梁。」〔註278〕程復心相信《史記》記載,認爲孟子至梁時間是在梁惠王三十五年。

焦循《孟子正義》引周柄中《辨正》也以爲:「孟子於齊梁先後,當以〈六國年表〉及〈魏世家〉爲據,……〈年表〉魏惠王三十五年,齊宣之七年也。是年特書曰『孟子來』。」〔註279〕

管同《孟子年譜》周顯王三十五年條下:「或問予曰:『孟子見惠王之歲何以決爲三十五年而惠、襄之年必從《史記》而不從《竹書》也?』曰:『惠王三十一年始徙大梁,《孟子》書於惠、襄稱「梁王」而不稱「魏」,固知其至必在三十一年以後矣,此易明也。孟子以惠王三十五年至梁,明年惠王薨,襄王立,度孟子時正在梁而繼見之,見之有不似人君之歎,則不久旋去梁矣。故後二年有齊宣伐燕之事而孟子已在齊,其年歲事實歷歷可見。如此,故知太史公記惠、襄之年決不誤,安得有如《竹書》改元之說者與?』」〔註280〕管同以惠王三十一年徙梁而《孟子》稱「梁王」,證孟子至梁必在三十五年,否定《竹書》的改元之說。

司馬遷的記載雖被程復心、焦循、管同等考證大家所認同,然而卻與《孟子》篇章所述矛盾。

《孟子·梁惠王上》有:「梁惠王曰:『晉國,天下莫強焉,叟之所知也。及寡人之身,東敗於齊,長子死焉;西喪地於秦七百里;南辱於楚。寡人恥之,願比死者一灑之,如之何則可?』」梁惠王所說的「東敗於齊,長子死焉;西喪地於秦七百里;南辱於楚」係魏與齊、秦、楚三國之間的多次戰役,魏惠王因爲在這些戰役中魏國屢敗而倍感恥辱,爲復仇計,才向孟子求良策。由此判斷,孟子至梁當在此一系列戰役之後。那麼,我們先來看一下這些戰役發生的時間。

所謂「東敗於齊,長子死焉」,是指齊魏馬陵之戰。《史記》〈魏世家〉、〈田敬仲完世家〉、〈孟嘗君列傳〉及《竹書紀年》均記載了此事。《史記·魏世家》:「(魏惠王)三十年,魏伐趙,趙告急齊。齊宣王用孫子計,救趙擊魏。魏遂

〔註278〕《先秦諸子年譜》(4 冊),北京:北京圖書館出版社 2005 年版,第 59 頁。

〔註279〕焦循《孟子正義》,《諸子集成》(1 冊),上海:上海書店出版社 1986 年版,第 21 頁。

〔註280〕《先秦諸子年譜》(5 冊),北京:北京圖書館出版社 2005 年版,第 24～25 頁。

大興師，使龐涓將，而令太子申爲上將軍。……戰於馬陵。齊虜魏太子申，殺將軍涓，軍遂大破。」〔註281〕《竹書紀年》：「（梁惠成王）二十七年十二月，齊田盼敗梁馬陵」〔註282〕魏惠王三十年，魏召集逢澤之會〔註283〕，此前始終配合魏國爭霸的韓國，欲擺脫魏的控制而拒絕參加。魏惠王大怒，派兵大舉攻韓。韓求救於齊，齊威王派田盼、田忌、田嬰爲大將，孫臏爲軍師，起兵救韓。魏惠王派遣龐涓、太子申爲將，率十萬大軍應戰。兩軍相持一年，至周顯王二十八年，齊用孫臏逐日減灶之計，誘使魏軍追至馬陵，陷入齊軍埋伏。魏全軍覆沒，龐涓自殺〔註284〕，太子申被俘。馬陵之戰是魏國自戰國以來遭遇的最嚴重的一次慘敗，以至於這次慘敗成爲魏國由強而弱的轉折點。此後，魏國接連遭受秦、齊、韓、楚的四面夾擊，失去了戰國初期獨霸中原的霸主地位。時在周顯王二十八年，即公元前341年。

所謂「西喪地於秦七百里」，是自秦獻公二十三年至秦惠文王十一年，三十多年間秦、魏多次戰役的結果。一連串的交戰後，魏戰敗喪地，秦步步緊逼。其中包括馬陵大戰前的「（魏惠王）九年，與秦戰少梁，虜我將公叔座。十七年，與秦戰元裏，秦取我少梁。三十一年，秦、趙、齊共伐我，秦將商君詐我將軍公子卬而襲奪其軍，破之。秦用商君，東地至河……（魏襄王）五年，秦敗我龍賈軍四萬五千於雕陰，圍我焦、曲沃。予秦河西之地。六年，與秦會應。秦取我汾陰、皮氏、焦。……七年，魏盡入上郡於秦。秦降我蒲陽。八年，秦歸我焦、曲沃。……十三年……秦取我曲沃、平周。」〔註285〕

〔註281〕司馬遷《史記》卷四十四〈魏世家〉，北京：中華書局1982年版，第1845～1846頁。另《史記·田敬仲完世家》：「（齊宣王）二年，魏伐趙。趙與韓親，共擊魏……韓氏請救於齊……齊因起兵，使田忌、田嬰將，孫子爲師，救韓、趙以擊魏，大敗之馬陵。殺其將龐涓，虜魏太子申。」司馬遷《史記》卷四十六〈田敬仲完世家〉，北京：中華書局1982年版，第1893～1894頁《史記·孟嘗君列傳》：「宣王二年，田忌與孫臏、田嬰俱伐魏，敗之馬陵，虜魏太子申而殺魏將龐涓。」（司馬遷《史記》卷七十四〈孟嘗君列傳〉，北京：中華書局1982年版，第2351頁）

〔註282〕司馬貞《史記·孫子吳起列傳》〈索隱〉引，清朱右曾輯，民國王國維較補《古本竹書紀年輯校》，瀋陽：遼寧教育出版社1997年版，第29頁。

〔註283〕《史記·六國年表》於周顯王二十七年有「會諸侯於澤，朝天子。」司馬貞〈集解〉引徐廣曰：「逢澤」。（司馬遷《史記》卷十五〈六國年表〉，北京：中華書局1982年版，第724頁）

〔註284〕此據《史記·孫子吳起列傳》，另《史記·六國年表》以爲龐涓被殺；《孫臏兵法》及《戰國縱橫家書》以爲被俘。

〔註285〕司馬遷《史記》卷四十四〈魏世家〉，北京：中華書局1982年版，第1847～

所謂「南辱於楚」，即是司馬遷《史記・魏世家》所記載的「（魏襄王）十二年，楚敗我襄陵。」〔註286〕

以上史事，按照司馬遷的說法，除「東敗於齊」的馬陵之戰及秦商鞅詐襲魏二事發生於魏惠王時期外，其餘均發生於魏襄王時期。但是，《孟子》中，梁惠王卻稱「及寡人之身」，二者牴牾，孰是孰非？也就是說，以上史事究竟發生在梁惠王時，還是梁襄王時？要弄清這個問題，須先看一下梁惠王與梁襄王各自在位的時間。

關於梁惠王即位的年代，《史記・六國年表》定梁惠王元年爲周烈王六年，不確。由天文記載可以確證，梁惠王元年應爲周烈王七年。《史記・六國年表》也有周烈王七年，即秦獻公十六年，「民大疫，日蝕」的記載。對此，朱文鑫《歷代日蝕考・戰國及秦日蝕考》考證的結論是：公元前369年4月11日13時9分，的確發生了日環食。而公元前369年正是周烈王七年，秦獻公十六年〔註287〕。綜合各種記載並參照天文考證，可以確定：梁惠王元年應爲周烈王七年，而不是《史記・六國年表》所記的周烈王六年，《竹書紀年》的記載是正確的。

《孟子・梁惠王上》既有「孟子見梁惠王」，也有「孟子見梁襄王」。由此推知，孟子在魏時處於惠、襄交替之際。關於梁惠王卒年和襄王繼位之年，《史記・魏世家》有「（梁惠王）三十六年，復與齊王會甄。是歲，惠王卒，子襄王立。」司馬貞〈索隱〉於「惠王卒」句下：「按《紀年》，惠成王三十六年改元，稱一年，未卒也。」〔註288〕另，司馬貞又於《史記・田敬仲完世家》「魏惠王卒」句下〈索隱〉：「案《紀年》，……此時梁惠王改元稱一年，

1849頁。另《史記・秦本紀》也記爲：「（秦孝公）二十二年，衛鞅擊魏，虜魏公子卬。……惠文君六年，魏納陰晉，陰晉更名寧秦。七年，公子卬與魏戰，虜其將龍賈，斬首八萬。八年，魏納河西地。九年，渡河，取汾陰、皮氏。與魏王會應，圍焦，降之。十年，張儀相秦。魏納上郡十五縣。十一年，縣義渠。歸魏焦、曲沃。」（司馬遷《史記》卷五〈秦本紀〉，北京：中華書局1982年版，第204～206頁）

〔註286〕司馬遷《史記》卷四十四〈魏世家〉，北京：中華書局1982年版，第1849頁。另《史記・楚世家》記爲：「（楚懷王）六年，楚使柱國昭陽將兵而攻魏，破之於襄陵，得八邑。」（司馬遷《史記》卷四十〈楚世家〉，北京：中華書局1982年版，第1721頁）

〔註287〕楊寬《戰國史》，上海：上海人民出版社1998年第3版，第706頁。

〔註288〕司馬遷《史記》卷四十四〈魏世家〉，北京：中華書局1982年版，第1848頁。

未卒也。」〔註289〕於《史記·孟嘗君列傳》「殺魏將龐涓」句下〈索隱〉：「《紀年》當梁惠王二十八年，至三十六年改爲後元也。」〔註290〕而裴駰在《史記·魏世家》「襄王卒」句下《集解》引荀勗曰：「和嶠云：『《紀年》起自黃帝，終於魏之今王。今王者，魏惠成王子。今案古文，惠成王立三十六年，改元稱一年，改元後十七年卒。太史公誤分惠成之世以爲二王之年數也。』」〔註291〕司馬貞與和嶠均引《竹書紀年》證實了司馬遷在惠王在位年限上的失誤：惠王三十六年，改元後元，又十七年而卒，襄王繼立，惠王在位共五十二年。而司馬遷誤將惠王三十六年改元以爲惠王卒，襄王立〔註292〕。

《竹書紀年》的記載證實了《孟子》記載的正確。司馬遷將惠王三十六年改元誤爲惠王卒，襄王立，故將惠王時事下移於襄王。如此一來，所謂「東敗於齊，長子死焉；西喪地於秦七百里；南辱於楚」諸史事，其實是發生於梁惠

〔註289〕司馬遷《史記》卷四十六〈田敬仲完世家〉，北京：中華書局1982年版，第1895頁。

〔註290〕司馬遷《史記》卷七十五〈孟嘗君列傳〉，北京：中華書局1982年版，第2352頁。

〔註291〕司馬遷《史記》卷四十四〈魏世家〉，北京：中華書局1982年版，第1849頁。

〔註292〕朱右曾、王國維《古本竹書紀年輯校》：「（梁惠成王）三十六年」條下注：《春秋經傳集解·後序》：「惠王三十六年改元從一年始，至十六年而稱惠成王卒。」（瀋陽：遼寧教育出版社1997年版，第30頁）關於《竹書紀年》的史料價值及其記載的準確性應不容置疑。首先，從此書的撰寫與存世情況看。據《晉書·束晳傳》載：「（晉武帝）太康二年，汲郡人不准盜發魏襄王墓，或言安釐王冢，得竹書數十車。其《紀年》十三篇，記夏以來至周幽王爲犬戎所滅，以事接之，三家分，仍述魏事至安釐王之二十年。蓋魏國之史書，大略與《春秋》皆多相應。」（房玄齡等《晉書》卷五十一〈束晳傳〉，北京：中華書局1974年版，第1432頁）《汲冢書》發現後由當時的中書監荀勗、中書令和嶠、著作郎束晳及鎮南將軍杜預編次整理，改寫隸文，並列入目錄書《中經》中，《隋書·經籍志》記有「《紀年》十二卷」，但至唐朝以後，《汲冢書》逐漸散失，至南宋只剩三卷。後雖有多家學者輯佚，並以王國維據朱右曾《汲冢紀年存真》及魏晉時人引用而補充訂正的《古本竹書紀年輯校》一卷最好，但《竹書紀年》原貌已無從看到。《竹書紀年》既爲時人所記的「魏國之史書」，其內容又「大略與《春秋》皆多相應」，寫就後又隨葬於汲冢之中，免遭後人篡改，爲當時人所留的原始資料；其次，自發掘後其價值被魏晉至清諸多史家認可而紛紛引用，如干寶《搜神記》、酈道元《水經注》、司馬貞《史記》〈索隱〉、歐陽詢《藝文類聚》、李善《文選注》、劉知幾《史通》、李昉《太平御覽》、王存《元豐九域志》、羅泌《路史》、胡應麟《三墳補遺》、鮑彪《戰國策注》、顧炎武《日知錄》等；最後，前文梁惠王元年的記載已有天文證其確切。綜合以上幾點，可證其史料價值之高，當爲不疑。

王時（起自梁惠王九年，終於梁惠王後元十三年）的事。而若以魏惠王在位五十二年計，至惠王卒前幾年，孟子年齡便不是三十八，而是五十多，惠王稱「叟」問題也隨即迎刃而解。

清代考據學家也多據《紀年》及和嶠、杜預之說以證《孟子》之「是」與《史記》之「非」。

清任兆麟《孟子時事略》「周顯王三十五年」條下：「荀公普曰：『和嶠云：「《編年》起於黃帝，終於魏今王。今王惠成王子。」按：《史記》惠王子襄王，襄王子哀王。惠王立三十六年，襄王立十六年，並惠、襄為五十二年。今按《古文》惠成立三十六年改元稱一年，後十六年卒。太史公書誤分惠成之世為二王年數也。《世本》惠王生襄王而無哀王，然則今王者，襄王也。』」「司馬君實曰：『〈六國表〉魏惠王三十六年薨，哀王二十三年薨。《紀年》惠王三十六年改元後十六年薨。』杜預、和嶠皆以《史記》誤分惠王之世為二王之年，蓋《世本》無哀王，且《竹書》魏史所書，必得其實。」「朱子曰：『惠、襄之世，見於《竹書》、《史記》，蓋失其實。』」「顧寧人曰：『《史記》惠王三十六年卒，襄王立，與諸侯會徐州相王也。追尊惠王為王。不知《孟子》書中其對惠王無不稱之為王者，則非追稱明矣。司馬子長亦知其不通，而改曰「君」，然《孟子》書出於當時，不容誤也。』」〔註293〕任氏引和嶠、司馬光、朱熹和顧炎武的觀點以證《史記》漏掉惠王改元後十六年之誤。

清崔述《孟子事實錄》考證最全：「《史記》此文載於〈魏世家〉惠王三十五年，以《年表》考之，乃周顯王之三十三年乙酉也。余按：《史記》惠王在位三十六年而卒，子襄王在位十六年卒。襄王元年，乃周顯王三十五年丁亥，與諸侯會徐州，相王也。追尊父惠王為王，是丁亥以前梁未稱王也。而孟子之見梁王，乃云『王何必曰利！王好戰，請以戰喻。王往而征之。』夫誰與王敵？惠王果未稱王，孟子何由預稱之曰王乎？又按：《史記》梁予秦河西地，在襄王五年。盡入上郡於秦，在襄王七年。楚敗魏襄陵，在襄王十二年。皆惠王身後事，而惠王之告孟子，乃云：『西喪地於秦七百里，南辱於楚。』未來之事，惠王何由預知之，而預言之乎？按杜預《左傳·後序》云：『古書〈紀年篇〉：「惠王三十六年改元。」從一年始，至十六年而稱惠成王卒，即惠王也。疑《史記》誤分惠成之世以為後王年也。然則《史記》所稱『會徐州相王』者，即惠

〔註293〕《先秦諸子年譜》（4冊），北京：北京圖書館出版社2005年版，第131～132頁。

王，非襄王矣。所稱襄王之元年，即惠王之後元年，而予河西、入上郡，敗於襄陵，皆惠王時事，非襄王時事矣。蓋惠王本稱魏侯，既僭稱王，則是年乃稱王之始年，故不稱三十七年，而稱元年。《史記》不知惠王改元之故，但見其於『三十六年』之後，又書『元年』，遂誤以為襄王之元年耳。然則孟子之至梁，不在惠王三十五年，而在後元十二年襄陵既敗之後。則孟子與惠王之所云者，無一語不符矣。孟子與齊宣問答甚多，而與梁惠殊少，在梁亦無他事，則孟子居梁，蓋不久也。然猶及見襄王而後去，則孟子之至梁，當在惠王之卒前一、二年，辛丑、壬寅兩歲之中，於《年表》，則周慎靚王之元年、二年也。《史記》所云非是。」〔註294〕崔氏考證孟子至魏當在周慎靚王元年或二年（即公元前320年或公元前319年），《史記》記載錯誤。

清陳寶泉《孟子時事考證》卷一也有：「《史記》『秦降魏蒲陽』、『魏納上郡十五縣之地於秦』、『魏人張儀相秦』，按此所謂『西喪地於秦七百里』者也。江慎修曰：『按《紀年》魏成王立三十六年改年稱一年，改元後十七年卒，此後稱今王。今王者，魏襄王也。』《史記》言『秦取少梁，東地至河。』惠王時未嘗喪七百里，至襄王五年，秦敗我龍賈軍於雕陰，圍我焦、曲沃，予秦河西之地。六年，秦取我汾陰、皮氏、焦。七年，魏盡入上郡於秦，秦降我蒲陽。八年，秦歸我焦、曲沃。十三年，秦取我曲沃、平周，此正喪地於秦七百里之事，皆在惠王時，孟子未至梁，而《史記》誤繫之於襄王者，是誤分惠王之世為二王之年也。」〔註295〕陳寶泉結合孟子時史事考證孟子至魏時間，認為孟子至梁是在惠王後元年間，《史記》不知惠王改元之事，將惠王後元誤為襄王時，故將孟子惠王時至魏誤為襄王時，結論與任兆麟異曲同工。

贊同這一結論的還有清林春溥，其《孟子時事年表·後說》就《史記》錯誤作了進一步分析：「〈魏世家〉稱：『惠王三十五年，孟子至梁』。今以七篇證之，殊誤。孟子時年三十七歲，而惠王稱之曰『叟』，不合一也；惠王時未稱王，而孟子稱之曰『王』，不合二也；時梁未南辱於楚，即喪地於秦亦未至七百里之多，不合三也。案《竹書紀年》：惠成王三十六年改元稱一年，自是又十七年乃薨，此則襄王九年『獻上郡十五縣以謝秦』者，實惠王之後元

〔註294〕崔述《孟子事實錄》卷上〈適梁〉，四川大學古籍整理研究所編《儒藏》（10冊），成都：四川大學出版社2005年版，第306頁。

〔註295〕《先秦諸子年譜》（4冊），北京：北京圖書館出版社2005年版，第204～205頁。

八年，所謂『喪地七百里』是也。襄王十四年楚破魏襄陵，得八邑，實惠王之後元十三年，所謂『南辱於楚』是也。其明年，秦復伐魏取曲沃，平周，而《新論》載：秦攻梁，惠王謂孟軻曰：『先生不遠千里，幸辱敝邑。今秦攻梁，先生何以禦乎？』則孟子至梁當在此年。又二年，惠王卒，襄王立，而孟子去梁，此其確然可證者也。《史》公未考惠王有改元之事，故不得不繫孟子至梁於三十五年，致種種不合。《通鑑》既從《竹書》以正其失，而仍從《史》至魏之年，直至襄王即位，載孟子見魏襄王語，竟似孟子在梁歷十八年之久，則猶未免襲誤耳。」〔註296〕林春溥以上述三點論證《史記‧魏世家》所記：「惠王三十五年，孟子到梁」在年代上的錯誤。

和嶠、杜預均爲魏晉時參與整理《紀年》的史學大家，其對《紀年》所記惠王改元之事深信不疑，當殊爲可信。

梁惠王自周烈王七年繼位後，在位三十六年後改元，又十七年卒，梁襄王繼位。孟子於梁惠王後元十五年（去世前二年），亦即周愼靚王元年（公元前 320 年）離滕至魏，於梁襄王元年（周愼靚王 3 年，公元前 318 年）因望襄王「不似人君」而離魏，二次至齊，前後在魏三年。

（五）宣王時二次遊齊（公元前 319 年～公元前 312 年）

1. 孟子離魏至齊的原因

孟子寄希望於由魏入手，將仁政推行於天下。無奈，魏惠王之志在於一心雪齊、秦、楚之恥。孟子在對惠王的急功近利失望之餘，轉寄希望於襄王。襄王上任伊始，與之論「天下定於一」。然而，襄王的平庸再度讓孟子失望。《孟子‧梁惠王上》記載了這一過程：「孟子見梁襄王，出，語人曰：『望之不似人君，就之而不見所畏焉。卒然問曰：「天下惡乎定？」吾對曰：「定於一。」對曰：「孰能一之？」對曰：「不嗜殺人者能一之。」「孰能與之？」對曰：「天下莫不與也。王知夫苗乎？七八月之間旱，則苗槁矣。天油然作雲，沛然下雨，則苗浡然興之矣。其如是，孰能禦之？今夫天下之人牧，未有不嗜殺人者也。如有不嗜殺人者，則天下之民，皆引領而望之矣。誠如是也，民歸之，由水之就下，沛然誰能禦之？』」顯然，在孟子看來，梁襄王也絕非是能擔當仁政大業的理想人選，絕望之餘遂產生去意。

〔註296〕《先秦諸子年譜》（4 冊），北京：北京圖書館出版社 2005 年版，第 635～636 頁。

　　清曹之升的《孟子年譜》分析了孟子離魏的原因：「季氏《圖譜》言：惠王一見孟子而首有『利國』之問，既又有『鴻雁麋鹿』之問，既又因歲凶而有『民不加多』之問。孟子皆以仁義之道啓之，而惠王之志在於報怨，乃欲雪齊、秦、楚之恥，非愛民之仁也，故孟子歎其不仁。而他日爲公孫丑言之，居魏而與之論仕者，又僅有周霄焉，則魏可知也。」〔註297〕曹之升指出：由於惠王的「不仁」與「不欲仁」，與孟子遊歷諸侯，推行仁政的政治主旨徹底相背，這是孟子離魏的根本原因〔註298〕。

　　而此時，東方的齊國歷經威王時期的封建化改革，漸成爲地廣勢強的東方大國。魏、齊間發生於公元前 354 年（齊威王三年，魏惠王十六年）的桂陵大戰和公元前 342 年（齊威王十五年，魏惠王二十八年）的馬陵大戰，兩次交鋒均以魏國慘敗告終。公元前 334 年（齊威王二十三年，魏惠王後元元年）齊、魏「徐州相王」，正式宣告了齊國勢力的崛起，所謂：「齊最強於諸侯，自稱爲王，以令天下」〔註299〕。公元前 320 年，齊威王去世，繼位的宣王更是躊躇滿志，廣攬賢才，所謂：「宣王喜文學游說之士，自如騶衍、淳于髠、田駢、接子、慎到、環淵之徒七十六人，皆賜列弟，爲上大夫，不治而議論。是以齊稷下學士復盛，且數百千人。」〔註300〕經濟、軍事與文化的強盛，使齊大有壓倒秦、

〔註297〕曹之升《孟子年譜》卷下「周慎靚王元年」條下，《先秦諸子年譜》（4 冊），北京：北京圖書館出版社 2005 年版，第 494～495 頁。

〔註298〕曹之升在《孟子年譜》卷下「周慎靚王元年」條下，指出孟子至魏不久即離魏的又一原因：「戰國縱橫者流，孟子皆辭而避之，前者蘇秦入齊而孟子因以去，今者張儀相魏而孟子豈能留乎？以知孟子之不久於梁。」（《先秦諸子年譜》（4 冊），北京：北京圖書館出版社 2005 年版，第 499 頁）曹氏以爲孟子離魏的又一原因，是縱橫家張儀相魏而孟子之。陳寶泉《孟子時事考證》卷二「《通鑒》二年」條下也提出了與曹之升類似的觀點：「按：孟子在梁，正儀、衍爲相……夫衍、儀相而孟子尚可留乎？」（《先秦諸子年譜》（4 冊），北京：北京圖書館出版社 2005 年版，第 216 頁）就孟子的主張和戰國形勢而言，這一說法似有一定道理，但按照這一說法無法解釋的是，張儀相魏在周顯王四十七年（公元曹之升《孟子年譜》卷下「周顯王四十七年」條下也有「張儀相梁」的記載，見《先秦諸子年譜》（4 冊），北京：北京圖書館出版社 2005 年版，第 477 頁），此年爲公元前 322 年，而該書（如前考證）又認爲孟子於周慎靚王二年，即公元前 319 年入魏。顯然，張儀相魏在前，孟子至魏在後。孟子至魏時，張儀已經在魏。按照曹、陳二氏的觀點，孟子若恥於與張儀爲伍，大可不必趨魏時不避張儀，又在至魏後爲避張儀而離魏。如此，二氏之說有太多主觀臆想成分，今不取。

〔註299〕司馬遷《史記》卷四十六〈田敬仲完世家〉，北京：中華書局 1982 年版，第 1892 頁。

〔註300〕司馬遷《史記》卷四十六〈田敬仲完世家〉，北京：中華書局 1982 年版，第

楚，統一天下之勢。孟子再度對地廣人多，政治強盛，學術活躍的強齊推行仁政、統一天下樹立起信心。因此，於公元前 318 年離魏，再次至齊。對此，曹之升曾在《孟子年譜》卷下「周慎靚王二年」條下分析稱：「然去梁復之齊何也？任氏《約旨》謂：齊宣與梁惠質地不同，勢局亦異。梁惠小，齊宣大；梁惠浮，齊宣實；梁惠在位四十餘年習染已深，齊宣即位未幾天機猶在；看梁惠只想報仇雪恥，齊宣便想范夏撫夷；梁惠喪敗尚詡『盡心』，齊宣自知動稱有疾；梁惠許多警發尚難動其哀痛之心，齊宣只就易牛一事提撕便能戚戚。此其質地不同也。梁國小而逼於秦，齊居海岱之間國安而民富，此其勢局亦不同也。王有足王之資，國有易王之勢，故孟子望齊尤倍於梁，於是孟子復之齊。」〔註301〕曹氏的分析雖然有一些事後諸葛的味道，但就當時時勢而言，亦可謂中其肯綮。

2. 孟子二次遊齊

孟子二次至齊的經歷與首次至齊相比，除了齊執政者和入齊途徑以及孟子思想體系的成熟程度不同外，還有一個重大的區別就是：孟子首次至齊時，名不聞於諸侯，在齊國沒有受到國君的重用，以「無官守」的身份僅限於在民間活動。而二次至齊時，孟子已遊歷多國，也曾有過「後車百乘」的榮耀，因而受到齊最高執政者宣王的重視，與之直接對話。因而，此次孟子得以以「客卿」的身份直接參與齊國的內政外交。

（1）由范至齊。孟子二次至齊，途經范，望見齊王子，感其威儀而歎其所居。《孟子·盡心上》：「孟子自范〔註302〕之齊，望見齊王之子，喟然歎曰：

1895 頁。
〔註301〕《先秦諸子年譜》（4 冊），北京：北京圖書館出版社 2005 年版，第 499～500 頁。
〔註302〕關於范，趙岐在此條下僅釋為「齊邑」，未明確指出其地理位置。清閻若璩謂：「今東昌府濮州范縣。本春秋晉大夫士會邑……孟子時則屬齊。趙注云：『范，齊邑，王庶子所封食也。』頗妙。」（閻若璩《四書釋地》「范」條，清東浯王氏重刊本）曹之升《孟子年譜》卷下「周慎靚王二年」條下：「孟子復之齊，而知其自范者，經文也。按《廣輿記》：東昌府，禹貢兗州之域；春秋齊西鄙聊攝地；戰國魏、齊、趙三國之境。范，即今東昌府濮州范縣，是孟子去梁之齊所經之途也。（自注：《山東通志》：范縣「孟望臺」在縣東南二十里，孟子自范之齊即此。）（《先秦諸子年譜》（4 冊），北京：北京圖書館出版社 2005 年版，第 500～501 頁）曹之昇明確指出屬東昌府，清代東昌府轄境相當於今山東聊城、冠縣、高唐、茌平、莘縣等地。而蔣伯潛《諸子通考》有：「〈盡心篇〉曰：『孟子自范至齊。』范故城在今山東省范縣東南二十里，正自梁至齊所必經也。〈公孫丑篇〉記尹士之言，有曰『千里而見王』，亦指自梁至齊而言。如自郯至齊不過四五百里耳。此孟子第二次適齊也。正當齊宣王初年。」（蔣伯潛《諸子通考》上編〈諸子人物考·孟子〉，杭州：浙江古籍出版社

『居移氣，養移體，大哉居乎！夫非盡人之子與？』孟子曰：『王子宮室、車馬、衣服多與人同，而王子若彼者，其居使之然也。況居天下之廣居者乎？魯君之宋，呼於垤澤之門。守者曰：「此非吾君也，何其聲之似我君也？」此無他，居相似也。』」趙岐注曰：「范，齊邑，王庶子所封食也。孟子之范，見王子之儀，聲氣高涼，不與人同，還至齊，謂諸弟子喟然漢曰：居尊則氣高，居卑則氣下，居之移人氣志，使之高涼，若供養之移人形身，使充盛也，大哉居乎者。言當慎所居，人必居仁也。」〔註303〕

（2）與公孫丑論守喪〔註304〕。孟子於齊宣王二年至齊，恰逢齊威王喪期，宣王欲短喪（縮短守喪期），使公孫丑問於孟子，孟子以爲：守喪關鍵在於行孝之心。只要有行孝之心，盡力而爲便可以，不必拘泥於禮制教條。若無孝心，所謂三年守喪便淪爲形式，毫無意義。

（3）多次與齊宣王論「仁政」。《荀子‧大略》有「孟子三見宣王不言事。門人曰：『曷爲三遇齊王而不言事？』孟子曰：『我先攻其邪心。』」〔註305〕看來，孟子此次對齊宣王的說服工作，吸取以往的教訓，採用不言其事，先攻其心，以退爲進的策略。由惻隱之心的發掘，鼓勵、引導齊宣王走上仁政之路。於是，有了接下來兩人之間關於「桓產桓心」「庠序之教」、「文王之囿」〔註306〕、「鄰國之道」，「雪宮之見」與「明堂之論」〔註307〕等頻繁的問答與思想交鋒。

孟子「攻其邪心」策略的目地是：改變以往直接批評、指責的過激方法，「因其所好而啓之以王道」〔註308〕。通過潛移默化，誘導和改變齊宣王武力統一的思想傾向和心理企圖。由其對牛的「觳觫」引向愛人與仁政；由其獨

1985年版，第151頁）蔣氏又進一步指出「范」的所在地，即今山東范縣。

〔註303〕司馬貞《史記‧孫子吳起列傳》〈索隱〉引，清朱右曾輯，民國王國維較補《古本竹書紀年輯校》，瀋陽：遼寧教育出版社1997年版，第29頁。

〔註304〕見《孟子‧盡心上》「齊宣王欲短喪」章。

〔註305〕《孟子外書》卷三也有：「孟子三見齊宣王而不言事。丑子曰：『夫子何以三見齊王而不言？（高氏誘曰：丑子，即公孫丑。」《世本》云：「齊末公子，公子朝之子，字子景，以字爲氏。亦曰：景丑。」）孟子曰：「我先攻其邪心，去則無不正矣。《書》曰：『格其非心。』」與《荀子‧大略》大同而小異。因此書真假問題屢被後人質疑，此僅列爲參考。

〔註306〕見《孟子‧梁惠王上》齊宣王問「齊桓、晉文之事」和「文王之囿」章。

〔註307〕包括《孟子‧梁惠王下》齊宣王問：「交鄰國，有道」、「人皆謂我毀明堂」、「湯放桀，武王伐紂」三章；孟子謂齊宣王「王之臣，有託其妻子」、「爲巨室，則必使工師求大木」二章；「孟子見齊宣王」「齊宣王見孟子於雪宮」二章。

〔註308〕曹之升《孟子年譜》卷上，《先秦諸子年譜》（4冊），北京：北京圖書館出版社2005年版，第454頁。

樂而推己及人，與民同樂。在循循善誘、迂迴曲折中向宣王灌輸「置民之產」、「關市不徵」、「任賢使能」等仁政主張。

但是，從現實情況看，孟子的耐心誘導似乎並沒有從根本上左右和動搖宣王霸政的趨向。孟子在失望之餘，以「誅一夫紂，未聞弒君」痛斥殘賊仁義，不行仁政，只一味衷情於霸政的人。二人在政治取向上的矛盾在齊宣王伐燕之後終於公開化。

（4）與公孫丑辯「王霸」〔註309〕、「四十不動心」與「浩然之氣」〔註310〕。孟子在齊國，還多次與公孫丑就治國及仁政問題進行辯論。公孫丑以爲，孟子到齊國應該像管仲和晏子一樣，建復興之功勳，成齊桓之霸業。而孟子則以此爲契機，大談王政不興已久，民患虐政已甚，今齊地土民人已足矣，以此行仁而王必無與匹敵，是事半功倍之事。顯然，孟子的仁政，意在由仁人愛民而實現王政，與富國強兵以圖霸政相悖。

孟子又由答公孫丑的「動心」論證自己的「不動心」，並進而通過區別自己與告子的不同，論證自己的「不動心」乃由內心的「義」生出浩然之氣，其「氣」因發自內心，而至大至剛，充塞天地之間，浩然而凜然。孟子的思想體系及精神氣質，由此臻於成熟。

（5）出弔於滕〔註311〕。滕國國君去世〔註312〕，孟子以正卿的身份受命

〔註309〕見《孟子·公孫丑上》「公孫丑問：夫子當路於齊」章。

〔註310〕見《孟子·公孫丑上》「公孫丑問：夫子加齊之卿相」章。

〔註311〕見《孟子·公孫丑下》「孟子爲卿於齊，出弔於滕」章。關於孟子「爲卿於齊，出弔於滕」究竟是在首次至齊，還是在二次至齊時事，清代以來的學者多贊同後者。如清曹之升《孟子年譜》卷上「周顯王四十四年」條下：「《皇極經世》書謂：孟子顯王四十三年乙未爲齊卿，四十四年丙申去齊。余按：孟子前至齊爲賓師，並未爲卿，且既於乙未爲卿，何不及一年而遽去者？惟是孟子去齊當即在丙申以後，時蓋大夫王驩漸用事。」（《先秦諸子年譜》（4冊），北京：北京圖書館出版社2005年版，第461頁）清狄子奇《孟子編年》卷二「（周顯王）四十一年」條下自注：「孟子在齊前後不同：其始爲賓師，但受公養之禮，不受祿。其後爲卿，受粟十萬。凡言『無官守，無言職』者，皆在爲賓師時，言『當路於齊，加齊卿相』者，皆在爲卿時。當分別觀之」（《先秦諸子年譜》（5冊），北京：北京圖書館出版社2005年版，第104頁）以上二家均認爲：孟子「爲卿於齊，出弔於滕」均在二次至齊期間。對此，近人錢穆也表示贊同，其在《先秦諸子繫年考辨》卷三〈孟子去齊考〉中稱：「狄氏《編年》謂：孟子『其始爲賓師，但受公養之禮，不受祿。其後爲卿，受粟十萬。凡言「無官守無言職」者，皆在爲賓師時，言「當路於齊，加齊卿相」者，皆在爲卿時，當分別觀之。』其說極是。」（錢穆《先秦諸子繫年》，北京：商務印書館2001年版，第433頁）

〔註312〕關於孟子往弔的是滕國哪個國君，歷史上有分歧，或爲滕定公，或爲滕文公。

往弔，按照趙岐的說法，孟子不悅於隨行副使王驩的爲人，恥於與之爲伍而聽憑其自專而行，不與之就出行之事協商勾通，而受到公孫丑「未嘗與言行事」的質疑責備。

（6）以「徒餔啜」責樂正子〔註313〕。孟子在齊期間，弟子樂正克前往謁見，孟子責備他徒學聖人之道而無所匡正於齊（指責樂正克不向正得勢於齊的右師王驩建言行仁政，違背了儒家身體力行的根本宗旨，因而斥責樂正克是吃白飯者）。

（7）葬母於魯，返齊，與充虞論葬。孟子在齊期間，母死，返葬於魯〔註314〕。由魯返齊後，應充虞問，答以儒家厚葬與孝親之事。對喪葬制的重視是儒家的一貫主張，也是儒家試圖以血緣倫理維繫家族宗法與社會秩序和諧的重要手段。答充虞論葬，是孟子結合自身實踐，對這一主張的深度闡發。

孟子在魯爲母守喪期間，魯平公想來拜訪，因嬖臣臧倉作梗沒能成行〔註315〕。孟子表示：自己不得見平公，是由於「天」〔註316〕，非臧倉所能

爭議見焦循《孟子正義·公孫丑章句下》「孟子爲卿於齊」章。清陳寶泉認爲應是滕文公：「《通鑒》（周）愼靚王二年」條下「其出弔於滕者，必是文公卒也，季氏曰：『非大國之君，無使貴卿及介往弔之禮。』此固重文公之賢而隆其禮，亦孟子欲親往弔以盡存亡始終之大禮也。未幾，孟子母喪於齊，自齊歸葬於魯。既葬之後，曷爲反於齊止於嬴？蓋致其事於君也。」（陳寶泉《孟子時事考微》卷二，《先秦諸子年譜》（4 冊），北京：北京圖書館出版社 2005 年版，第 218～219 頁）

〔註313〕見《孟子·離婁上》「樂正子從於子敖之齊」章。
〔註314〕見《孟子·公孫丑下》「孟子自齊葬於魯」章。
〔註315〕見《孟子·梁惠王下》「魯平公將出」章。應劭《風俗通義》也有：「魯平公駕，將見孟子，嬖人臧倉謂曰：『何哉？君所謂輕身以先於匹夫者，以爲賢乎？』樂正子曰：『克告於君，君將爲來見也。嬖人有臧倉者沮君，君是以不果。』曰：『行，或使之；止，或尼之。行止，非人之所能也。吾不遇於魯侯，天也。臧氏之子焉能使予不遇哉？』」（應劭《風俗通義》卷七〈窮通〉，《四庫全書》（862 冊），上海：上海古籍出版社，1987 年版，第 392～393 頁）清林春溥《孟子時事年表》：周愼靚王六年「五十八歲，終喪，魯平公將來見，嬖人臧倉沮之不果，遂反於齊。」（《先秦諸子年譜》（4 冊），北京：北京圖書館出版社 2005 年版，第 622 頁）關於魯平公見孟子的時間，明清以來，學界長期存在兩種觀點：一種認爲孟子在齊葬母返魯時，如明陳士元及清崔述、林春溥等；一種認爲在孟子離齊至魯時，如清閻若璩、陳寶泉、黃本驥等。這兩種觀點的不同在於：前一種認爲孟子在齊遊歷時，因母葬返魯，而有魯平公欲見一事，母喪後又返回齊國；後一種認爲魯平公欲見孟子一事與孟子葬母並無關聯，是在孟子離齊至魯時。近人錢穆的

左右〔註317〕。

　　（8）答沈同伐燕〔註318〕。公元前 316 年，燕王噲因爲將王位禪讓給相國子之，引起將軍市被和太子平的不滿，由此引發燕國內亂。齊大臣沈同請教孟子該如何對待燕國內亂一事，孟子主張齊國應該出兵干預。孟子的這一主張本是站在仁政的基點上，欲使齊以武力制止燕國內亂，救燕國百姓於水火，幫助燕國重建和平秩序。

　　觀點也屬於後一種，但他與清代學者不同的是，清代學者多認爲魯平公欲見孟子是在孟子二次離齊至魯時，而錢穆則強調魯平公欲見孟子一事不是在孟子二次離齊至魯時，而是在孟子第一次離齊至魯時。但是細推錢穆的考證仍有不合之處。按錢穆的考證，自孟子首次遊齊至二次遊齊期間的過程如下：威王 24 年——孟子首次遊齊；31 年——葬母返魯，隨即返齊；34年——至宋；35 年——薛、鄒、魯，是年冬至滕；36 年——魯平公立，至是年 10 月，孟子一直在滕，滕文公問築薛；37 年——孟子在滕；38 年——齊威王卒，孟子遊梁；宣王元年——孟子自魏二次至齊。司馬遷在《史記·六國年表》中列魯平公元年於周赧王元年（公元前 314 年），但在《史記·魯周公世家》中又說：「平公立，是時六國皆稱王。平公十二年，秦惠王卒。」秦惠王卒於周赧王四年（公元前 311 年），由此前推十二年，則魯平公元年應爲周顯王四十七年（公元前 322 年）。（詳見錢穆《先秦諸子繫年考辨》卷三〈魯平公元年爲周顯王四十七年非周赧王元年卒在赧王十二年非十九年辨〉，《先秦諸子繫年》，北京：商務印書館 2001 年版，第 393頁）若按錢穆考證，齊威王三十六年爲魯平公元年，近於《史記·魯周公世家》孟子自齊威王三十一年葬母返魯，至齊威王三十五年再次返魯時，魯平公尚未繼位。而自魯平公在齊威王三十六年即位後，孟子一直在滕。在以後的兩年裏，齊威王卒，孟子又由滕至梁，最後又於齊宣王初由梁二次至齊。如此一來，在魯「平公初即位之年，或初稱元年之年」孟子並無機會在魯，便不會有魯平公欲見孟子之事。（分見錢穆《先秦諸子繫年考辨》卷三〈魯平公欲見孟子考〉和《先秦諸子紀年通表·第三》，《先秦諸子繫年》，北京：商務印書館 2001 年版，第 406～408、633 頁）依據《孟子·公孫丑下》有「孟子自齊葬於魯」，則孟母卒時，孟子正在齊國無疑。既然第一次在齊時，魯平公繼位後，孟子沒有時機至魯見魯平公。而魯平公見孟子便只能是在第二次在齊時。至於魯平公見孟子一事，究竟與孟母卒是否有關聯，則從史料中找不到直接證據。不過，由臧倉獨以孟子「後喪踰前喪」爲理由阻擋平公，故而可以在二者之間產生一種聯想。

〔註316〕孟子的「天」非指人格神的天，而是指對人的生活的一種支配力，即孔子所說的「命」，這是蒙昧狀況下人們對所謂「超自然力」的概括與迷信，屬時代局宥，不必苛責於古人。

〔註317〕林春溥《孟子時事年表》：「周慎靚王六年」條下也記爲：「五十八歲，終喪，魯平公將來見，嬖人臧倉沮之不果，遂反於齊。」（《先秦諸子年譜》（4 冊），北京：北京圖書館出版社 2005 年版，第 622 頁）

〔註318〕見《孟子·公孫丑下》「沈同以其私問」章。

（9）與齊宣王論伐燕是非〔註319〕。公元前 314 年，齊宣王命匡章率軍伐燕，燕王噲和子之皆死。齊伐燕得勝，但是齊王伐燕的目的是爲了滅掉燕國，這與孟子贊同出兵伐燕救民水火的初衷大相徑庭。齊國欲取燕而代之的野蠻行徑，引起了燕人的不滿和其餘諸侯國的干涉，齊宣王無奈之下問孟子該如何應對，孟子明確提出了「置君而後去之」的意見，但齊宣王沒有採納。這令孟子極度失望，故而在公元前 313 年，齊宣王再度召見孟子時，孟子稱病不朝，宣王使人造訪探望，孟子借宿於景丑氏府，避而不見〔註320〕。

事實上，孟子二次在齊期間，雖有多次與齊宣王論爲政的對話，但宣王的霸道與孟子的王道始終背道而馳，這從《孟子・梁惠王上》齊宣王的「將以求吾所大欲」而孟子問及王所大欲時齊宣王的「笑而不言」，以及《孟子・梁惠王下》齊宣王「寡人有疾，寡人好勇」、「寡人有疾，寡人好貨」及「王顧左右而言他」等均可推見。以至於孟子與宣王的關係因政見的不同而頻頻出現緊張，孟子以「君之視臣如土芥，則臣視君如寇讎」、「聞誅一夫紂矣，未聞弒君也」、「君有大過則諫；反覆之而不聽，則易位」而暗責之。《孟子・離婁下》：「孟子告齊宣王曰：『君之視臣如手足，則臣視君如腹心；君之視臣如犬馬，則臣視君如國人；君之視臣如土芥，則臣視君如寇讎。』王曰：『禮，爲舊君有服，何如斯可爲服矣？』曰：『諫行言聽，膏澤下於民；有故而去，則君使人導之出疆，又先於其所往；去三年不反，然後收其田里。此之謂三有禮焉。如此，則爲之服矣。今也爲臣，諫則不行，言則不聽，膏澤不下於民；有故而去，則君搏執之，又極之於其所往；去之日，遂收其田里。此之謂寇讎。寇讎何服之有？』」《孟子・萬章下》：「齊宣王問卿。孟子曰：『王何卿之問也？』王曰：『卿不同乎？』曰：『不同。有貴戚之卿，有異姓之卿。』王曰：『請問貴戚之卿。』曰：『君有大過則諫，反覆之而不聽，則易位。』王勃然變乎色，曰：『王勿異也。王問臣，臣不敢不以正對。』王色定，然後請問異姓之卿。曰：『君有過則諫，反覆之而不聽，則去。』」此後，圍繞伐燕問題雙方矛盾進一步升級。

（10）與淳于髡論「嫂溺援手」。齊宣王的主張和行爲顯然與仁政相悖，孟子寄希望於通過齊國推行仁政的信心再度動搖而生離意。爲此，淳于髡以「嫂溺援手」暗指孟子意志的不堅定：官在三卿，輕離齊國，是「天下溺而

〔註319〕見《孟子・梁惠王下》「齊人伐燕，勝之」和「齊人伐燕，取之」二章。
〔註320〕見《孟子・公孫丑下》「孟子將朝王」章。

不援之以手」〔註321〕。宣王聞聽孟子欲離齊，以贈予房子和萬鍾俸祿爲贈挽留。但是，宣王顯然誤解了孟子到齊國非爲萬鍾俸祿，而爲實現仁政的眞正意圖，因而遭到孟子拒絕，事見《孟子·公孫丑下》「孟子致爲臣而歸」章。

　　儘管去意已定，但此時的孟子心裏十分清楚，環顧戰國局勢，此次離齊後將再也沒有哪個國家可以實現他的仁政理想了。這意味著在有生之年，將不可能看到仁政推行於天下這一理想藍圖的實現。於是，在希望渺茫而近於絕望的情況下，仍心有不甘地於歸途中在齊之邊邑晝城逗留三宿，寄希望齊宣王能幡然悔悟，派人來挽留他。然而，孟子最後的一絲希望落空，無奈之下，毅然離齊〔註322〕。

　　（11）在石丘與宋牼論罷兵。孟子離齊之際，正值秦、楚兩國交戰，宋牼〔註323〕準備勸說兩國罷兵，於石丘〔註324〕遇孟子。孟子問其將如何勸說兩國罷兵，答曰，將以交戰對雙方的不利勸說雙方罷兵。孟子回答說，用「利」來勸說罷兵，必然會使人們因重利而輕義，從而導致百姓國家人人懷利遠義，如此則國無不亡；相反，若以仁義勸說雙方罷兵，則人人懷義遠利，如此則仁者無敵，行王道者一天下〔註325〕。這是儒家義利觀在社會實踐上的應用。

　　（12）居休〔註326〕，答公孫丑「仕而不受祿」〔註327〕。孟子在休與公孫

〔註321〕見《孟子·告子下》和《孟子·離婁上》「淳于髡曰」二章。

〔註322〕見《孟子·公孫丑下》「孟子去齊」章。

〔註323〕注：關於宋牼，趙岐《孟子·告子章句下》注曰：「宋牼，宋人名牼。學士年長者，故謂之先生。」焦循《孟子正義》：「宋鈃，宋人，與孟子、尹文子、彭蒙、慎到同時，《孟子》作宋牼，牼與鈃同音。」（《諸子集成》（1冊），上海：上海書店出版社1986年版，第485頁）

〔註324〕注：關於「石丘」，趙岐《孟子·告子章句下》僅注曰：「石丘，地名也，道遇問欲何之。」沒有注明石邱爲何地。焦循《孟子正義》釋曰：「石邱，趙氏但云地名，或以爲宋地，蓋以牼爲宋人也。」而在下文中，焦循又說：「孟子是年因燕人畔去齊，疑孟子或有事於宋，而自宋至薛，因與宋牼遇於石邱。」（《諸子集成》（1冊），上海：上海書店出版社1986年版，第485～486頁）焦循似乎認爲石丘爲宋地，然而行文中「或」、「蓋」、「疑」等詞的使用，又表明了這一看法的不確定性。

〔註325〕見《孟子·告子下》「宋牼將之楚」章。

〔註326〕注：關於「休」，趙岐《孟子·公孫丑章句下》僅注：「休，地名。」（《諸子集成》（1冊），上海：上海書店出版社1986年版，第184頁）宋孫奭《孟子注疏》始以休爲齊地：「孟子去齊居休。休乃地名也。言孟子去齊，乃居於休之地，蓋齊邑下之地也。」（阮元《十三經注疏》（下冊），北京：中華書局1980年版，第2700頁）然，孫奭《孟子注疏》後人考證爲僞託之作，四庫館臣進一步考證

丑「仁而不受祿」的對話，表明了孟子離齊的最後抉擇。

3. 孟子二次遊齊的時間

關於孟子二次在齊的時間，因前有齊宣王欲短喪的問答，後有齊王伐燕的史事。兩次問答，粗略框定了孟子在齊的大致時間。因而後代各家的考證結論，小有出入而無大差異，基本在公元前 318 年至公元前 312 年的七、八年之間。

孟子二次至齊，既以齊宣王問「欲短喪」始，必在威王喪期，宣王即位不久。關於宣王在位年代，《史記》記載有誤，《史記・六國年表》齊宣王辟疆元年，在周顯王二十七年（公元前 342 年）。然，《史記・索隱》多處引《紀年》糾正《史記》之誤。《史記・孟嘗君列傳》「索隱」引《紀年》：「梁惠王後元十五年，齊威王薨。」梁惠王後元十五年，爲周慎靚王元年，即公元前 320 年，次年（公元前 319 年）爲齊宣王元年，而這一年又恰是梁惠王統治的最後一年，即後元十六年。又次年（公元前 318 年），襄王即位，孟子正是於當年以見梁襄王「不似人君」而離魏至齊。

關於孟子二次離齊的具體時間，應主要依據「齊伐燕」做出判斷。

關於燕國子之之亂與齊伐燕的時間，《史記・六國年表》載爲：燕王噲五年，當周慎靚王五年，即公元前 316 年，「君讓其臣子之國，顧爲臣」；燕王噲七年，當周赧王元年，即公元前 314 年，「君噲及太子相子之皆死」；燕王噲九年（燕王噲此時已死，此僅沿用其年號），當周赧王三年，即公元前 312 年，燕人共立公子平〔註 328〕。

> 確認：「《涑水紀聞》載奭所定著有《論語》、《孝經》、《爾雅》正義，亦不聞有《孟子正義》，其不出奭手，確然可信。其疏皆敷衍語氣，如鄉塾講章。故朱子《語錄》謂其全不似疏體，不曾解出名物制度，只繞纏趙岐之說。至岐注好用古事爲比，疏多不得其根據。……以久列學官姑仍舊本錄之耳。」（永瑢等《四庫全書總目》卷三十五〈經部・四書類一〉，北京：中華書局 1965 年版，第 290 頁）。因此，其疏所說似不足爲據。而清林春溥《孟子時事年表》「周赧王三年」條下又以休爲宋地：「又孟子去齊居休，《路史》曰：『休在穎川，屬宋境。』殆亦一證云。」（《先秦諸子年譜》（4 冊），北京：北京圖書館出版社 2005 年版，第 624 頁）清閻若璩《四書釋地》爲：「故休城，在今兗州府滕縣北一十五里，距孟子家約百里。《路史・國名紀》：『休在穎川，或云介休。』介在膠西，並非。」（閻若璩《四書釋地・續》「休」條，清東浯王氏重刊本，第 19 頁）閻氏以來，休在兗州滕縣，既不在河南穎川，也不屬齊國，似已成定論。

〔註 327〕見《孟子・公孫丑下》「孟子去齊，居休」章。
〔註 328〕司馬遷《史記》卷十五〈六國年表〉，北京：中華書局 1982 年版，第 732～733 頁。

《戰國策‧燕策一‧燕王噲既立》則稱：「燕噲三年，……燕王因舉國屬子之，……子之南面行王事，而噲老不聽政，顧為臣，國事皆決子之。子之三年，燕國大亂，百姓恫怨。將軍市被、太子平謀將攻子之。儲子謂齊宣王：『因而僕之，破燕必矣。』……國構難數月，死者數萬眾，燕人恫怨，百姓離意。士卒不戰，城門不閉。燕王噲死，齊大勝。燕子之亡二年，燕人立公（鮑彪本「公」作「太」）子平，是謂燕昭王。」〔註329〕

《史記‧燕召公世家》與《戰國策》記載的區別，除了一為齊愍王，一為齊宣王外，在年代上幾乎完全相同：「燕噲三年，……燕王因屬國於子之，……國大亂，百姓恫恐。將軍市被與太子平謀，將攻子之。諸將謂齊愍王曰：『因而赴之，破燕必矣。』……王因令章子將五都之兵，以因北地之眾以伐燕。士卒不戰，城門不閉，燕君噲死，齊大勝。燕子之亡二年，而燕人共立太子平，是為燕昭王。」〔註330〕

顯然，關於燕王噲讓國於子之的時間，《史記‧六國年表》與《戰國策‧燕策》、《史記‧燕召公世家》有兩年的出入：前者以燕噲五年（公元前 316 年），後者以燕噲三年（公元前 318 年）。至於齊國出兵伐燕與燕立昭王，又各以該年為準而推後兩年，即齊出兵燕，燕噲及子之死之年分別為：燕噲七年（公元前 314 年）和燕噲五年（公元前 316 年）；燕立昭王之年為燕噲死後二年，即分別為：周赧王三年（公元前 312 年）和周赧王五年（公元前 310 年）。

那麼，這兩種說法哪個更準確呢？再看一下其他證據。

裴駰《史記‧燕召公世家‧集解》「是為燕昭王」條下引徐廣曰：「噲立七年而死，其九年燕人共立太子平。」〔註331〕以此逆推，如果燕噲七年而死，與《史記‧六國年表》同。

清代考據家由《孟子》入手，雖小有出入，但多以為孟子離齊在周赧王三年（公元前 312 年）：

清陳寶泉《孟子時事考徵》卷二「《通鑒》赧王三年」條下：「愚按：孟子去梁適齊，為齊客卿，當周慎靚王二年壬寅，又自齊葬母於魯，居喪三年，

〔註329〕劉向《戰國策》（下），上海：上海古籍出版社 1985 年版，第 1058～1061 頁。
〔註330〕司馬遷《史記》卷三十四〈燕召公世家〉，北京：中華書局 1982 年版，第 1555～1557 頁。
〔註331〕司馬遷《史記》卷三十四〈燕召公世家〉，北京：中華書局 1982 年版，第 1757 頁。

反於齊而當齊人伐燕，至周赧王三年己酉，燕人畔而孟子去齊。蓋自壬寅以迄己酉，前後在齊者蓋閱七、八年矣。」〔註332〕陳寶泉認為：孟子自慎靚王二年（公元前 319 年）至齊，至赧王三年（公元前 312 年）離齊，二次在齊的時間約七、八年。

　　清曹之升《孟子年譜》卷下「周慎靚王三年」條下：「按：孟子五十四歲去魏；五十六歲有母之喪，自齊葬於魯；五十八歲免喪反齊；五十九歲齊人伐燕，取之；六十一歲燕人畔而去齊。是孟子再至齊為卿者，前後約七年。」〔註333〕曹之升認為：孟子自周慎靚王三年五十四歲離魏至齊，六十一歲離齊，第二次在齊的時間約七年。

　　清狄子奇《孟子編年》卷三「周慎靚王三年」條下：「按：孟子為齊卿雖無確年可據，然其自梁至齊，以至去齊之宋，前後凡六年，中間自齊葬魯終三年喪，其餘在齊亦僅三、四年耳。則以為卿繫之是年，當不甚相遠也。」〔註334〕狄子奇持謹慎態度，稱二次在齊確年不可考。然仍據離梁與返魯居喪時間，大體推算出其二次在齊的時間前後約六、七年。

　　至於孟子離齊究竟距齊伐燕多久，雖無確據，但根據齊伐燕而致孟子與齊宣王的矛盾升級，孟子因此而對在齊國推行仁政徹底絕望這一事實，斷為孟子離齊在齊伐燕後不久，當離史事不遠。具體時間如以上諸家考證，約在周赧王三年，即公元前 312 年左右。戰國史專家楊寬也據此做出了類似的總結性推斷：「孟子去齊，當在齊宣王破齊、『燕人畔』之後。前人所作關於孟子行事之考證，多主此說。」〔註335〕

4. 孟子二次離齊的原因

　　孟子在《孟子·萬章下》「齊宣王問卿」章回答齊宣王，離齊的原因是因為「君有過，反覆諫而不聽」。

　　閻若璩《孟子生卒年月考》也考證稱：「朱子謂：孟子之所以去齊，其事雖不可考，意王驩為齊王幸臣，嘗欲自託於孟子以取重，而王亦使驩為介，與往弔公行子，皆未嘗與言。即從之來者，亦正言以折焉，則所以絕之者深

〔註332〕《先秦諸子年譜》（4 冊），北京：北京圖書館出版社 2005 年版，第 234～235 頁。

〔註333〕《先秦諸子年譜》（4 冊），北京：北京圖書館出版社 2005 年版，第 504～505 頁。

〔註334〕《先秦諸子年譜》（5 冊），北京：北京圖書館出版社 2005 年版，第 138 頁。

〔註335〕楊寬《戰國史料編年輯證》，上海：上海人民出版社 2001 年版，第 522 頁。

矣。疑驩以是積憾而去之。余謂：是固然矣。然係『致爲臣章』於『燕畔王慚』之後，蓋君臣之隙既間，有不可以復合者矣，故孟子決然請去。」〔註 336〕閻氏以爲，孟子在齊伐燕問題上與齊宣王之間矛盾的白熱化，是致使孟子離齊的主要原因。清林春溥的分析與之類似，其《孟子時事年表・後說》稱：「孟子所以去齊，七篇無明文，朱子疑王驩以積憾去之，然其故卻不止此。郝仲輿曰：取燕一事猶不改興兵構怨之習，燕人已畔，而邪臣猶爲文飾，孟子知齊禍始此，故致臣去。閻潛丘曰：係『致爲臣章』於『燕畔王慚』之後，恐指燕人事，所云『王庶幾改之』，即前章『過則改之』之『改』，殊得之矣。事在報王三年。」〔註 337〕

陳寶泉以不甚肯定的態度，對這一結論提出質疑。其《孟子時事考徵》卷二：「按：『沈同問』、『燕人畔』二章，括燕事首尾而繫諸去齊數章前，正以著孟子去齊之本也，爾時齊王知慚於孟子，猶有悔心之萌，而陳賈復寒之，任聽細人強詞求解，此其怙過飾非，不足有爲決矣。此孟子之所以去齊歟？」〔註 338〕陳寶泉依據齊伐燕後孟子即離去這一事實，判斷孟子離齊與違背己意強行滅燕肯定有關，但同時也指出：孟子離齊的眞正原因似並非如此單純。所以，最後以問句形式表示疑惑。

事實上，閻氏的分析的確沒有觸及問題的本質，陳寶泉的疑惑是有道理的。綜合孟子離齊前多次言論〔註 339〕看，促使孟子再次離齊的眞正原因是齊宣王不行仁政。滅燕只不過作爲「不仁」的表現之一，而成爲孟子最終離齊的導火線罷了。

在這一點上，宋王應麟和清崔述的分析更全面深刻一些。

王應麟在其《困學紀聞》卷八〈孟子〉稱：「好樂，好勇，好貨色，齊宣王所以不能用孟子也；文帝好清靜，故不能用賈誼；武帝好紛更，故不能用汲黯。上有好者，下必甚焉。光武封一卓茂，而節義之俗成；太宗誅一德儒，而諫爭之門闢。信乎，如風之偃草也。不仁而得天下，未之有也。秦皇以不

〔註 336〕閻若璩《孟子生卒年月考》，《叢書集成續編》（15 冊），上海：上海書店出版社 1994 年版，第 283 頁。

〔註 337〕《先秦諸子年譜》（4 冊），北京：北京圖書館出版社 2005 年版，第 643 頁。

〔註 338〕《先秦諸子年譜》（4 冊），北京：北京圖書館出版社 2005 年版，第 233～234 頁。

〔註 339〕分見《孟子・公孫丑下》「致爲臣章」和「宿晝章」，特別是《孟子・公孫丑下》「尹士語人曰章」。

仁得之矣，二世而失，猶不得也。」〔註340〕

　　崔述《孟子事實錄》卷上分析得更透徹：「孟子去齊之故，『致爲臣章』不言所以，『宿晝章』雖有不及子思一語，而亦未明其所以然。至此章始詳言其故。蓋孟子之至齊，無他，不過欲救民於水火之中耳，而戰國之君多不足與有爲，幸而齊宣猶足用爲善，是以孟子戀戀而不忍遽去也。庶幾改之，必有一事。孟子言之而宣王不從者，不從則不能行仁政。不行仁政，則不能救民於水火之中，孟子雖在齊何益？且孟子之去齊，齊王何嘗不留孟子，授室中國，養以萬鍾，齊王之意渥矣。然非孟子之所望於王者也。王不能改，雖萬鍾何加焉！王自留之，不可代王留行，豈有益乎？欲及子思，惟有勸王改過而已。觀此章，然後知孟子之所以去齊，與其所以不遽去齊皆非苟然者，學者不可以不察也。然尹士亦當時之賢人，其所譏刺皆近於理，非若淳于髡輩溫然而妄議者，但未識孟子救世之苦心耳。觀其聞孟子之言，而即自謂爲小人，則其人亦非易及者矣。」〔註341〕

　　仁政是孟子一生爲之不懈奮鬥的政治理想。所以，迫使孟子離開齊國的真正原因，只能是這一目標和希望的落空。僅僅一次滅燕事件，尚不足以使孟子意氣用事、放棄理想而離開齊國。

（六）歸鄒著述（公元前 312 年～公元前 289 年）──《孟子》七篇及其外書

　　至二次離齊爲止，孟子已遊歷了宋、滕、梁、齊等他以爲可能實行仁政的國家，結果是不斷碰壁。絕望之餘，已屆耳順之年的孟子，終於幡然領悟：在那個「力功爭強，勝者爲右；兵革不休，詐僞並起」的年代，「時君咸謂之迂闊於事，終莫能聽納其說」〔註342〕，「雖有道德，不得施謀」〔註343〕。在這種情況下，自己所能做的只有返歸故鄉，著書立說，以期於將來。就像趙岐所分析的：「孟子亦自知遭蒼姬之訖籙，值炎劉之未奮，進不得佐興唐虞雍熙之和，退不能信三代之餘風，恥沒世而無聞焉，是故垂憲言以詒後人。仲

〔註340〕王應麟《困學紀聞》卷八〈孟子〉，《四庫全書》（854 冊），上海：上海古籍出版社 1987 年版，第 308 頁。

〔註341〕崔述《孟子事實錄》卷上〈游齊下〉，四川大學古籍整理研究所編《儒藏》（10 冊），成都：四川大學出版社 2005 年版，第 316 頁。

〔註342〕趙岐《孟子題辭》，《諸子集成》（1 冊），上海：上海書店出版社 1986 年版，第 6 頁。

〔註343〕劉向《戰國策》（下冊），上海：上海古籍出版社 1985 年版，第 1196 頁。

尼有云：『我欲託之空言，不如載之行事之深切著明也。』於是退而論集所與高弟弟子公孫丑、萬章之徒難疑答問，又自撰其法度之言，著書七篇。」〔註344〕於是，孟子回到父母之邦鄒國，授徒講學，並與弟子萬章、公孫丑等以問答的形式，著《孟子》一書，記敘其一生活動、闡明其思想主張，寄希望於在未來「道德可以施謀」的年代，由後繼者完成仁政接力，實現仁政理想。

所著《孟子》七篇，因產生年代較早，在流傳過程中也出現了「七篇」成書與「外書」眞僞的爭議。

1. 關於《孟子》七篇成書

《孟子》七篇即傳世《孟子》，由東漢趙岐作注後流傳至今。全文分爲：〈梁惠王〉、〈公孫丑〉、〈滕文公〉、〈離婁〉、〈萬章〉、〈告子〉、〈盡心〉七篇，共計「二百六十一章，三萬四千六百八十五字」〔註345〕。記載了孟子一生的行蹤、經歷、思想和言行，其旨則「宏遠微妙」，「包羅天地，揆敘萬類，仁義道德，性命禍福，粲然靡所不載」；其言則「長於譬喻，辭不迫切，而意已獨至」〔註346〕，是後人研究孟子及其時代的信史。趙岐作注時，將每篇分爲上、下兩部分，共成十四卷〔註347〕。

作者與成書時代不明，是中國上古史籍普遍存在的問題，《孟子》也概莫能外。《孟子》七篇的成書問題，涉及七篇作者及成書年代（這二者又是二而一的問題，確定了前者，也就同時明確了後者）。有關這一問題，學界有兩種主流觀點：一種是司馬遷和趙岐的「孟子自撰」說，以爲《孟子》成書於孟

〔註344〕趙岐《孟子題辭》，《諸子集成》（1冊），上海：上海書店出版社1986年版，第6頁。

〔註345〕注：關於《孟子》七篇字數有差異。趙岐《題辭》計爲「三萬四千六百八十五字」；晁公武《郡齋讀書志》與同；（晁公武《郡齋讀書志》卷三上〈孟子十三卷〉，《四庫全書》（674冊），上海：上海古籍出版社1987年版，第213頁）陳士元《孟子雜記》計爲「三萬五千四百一十字」（見周廣業《孟子四考》卷二〈孟子異本考〉，《續修四庫全書》（158冊），上海：上海古籍出版社2002年版，第78頁）；焦循據清乾隆壬辰（1772年）孔繼涵微波榭刊本，計爲「三萬五千二百二十六字」（詳見焦循《孟子正義》，《諸子集成》（1冊），上海：上海書店出版社1986年版，第7～8頁）。字數的不同，或因編簡脫殘，或因流傳版本不同，或因統計失誤，對七篇內容概無大礙，不必拘泥。

〔註346〕趙岐《孟子題辭》，《諸子集成》（1冊），上海：上海書店出版社1986年版，第15、8、11頁。

〔註347〕趙岐《孟子題辭》有「於是乃述己所聞，證以經傳，爲之章句。具載本文，章別其指，分爲上、下，凡十四卷。」（趙岐《孟子題辭》，《諸子集成》（1冊），上海：上海書店出版社1986年版，第16頁）

子卒前；一種是唐代韓愈的「孟子弟子所撰」說，以爲《孟子》成書於孟子卒後〔註348〕。

西漢司馬遷最早述及《孟子》成書問題，其《史記・孟子荀卿列傳》稱：「天下方務於合從連橫，以攻伐爲賢，而孟軻乃述唐虞三代之德，是以所如者不合。退而與萬章之徒序《詩》、《書》，述仲尼之意，作《孟子》七篇。」〔註349〕由於古漢語習用的主詞省略，司馬遷的這段論述可以有兩種意義理解：一是孟子與萬章之徒共作《孟子》；二是孟子一則與萬章之徒述仲尼之意，二則自作《孟子》〔註350〕。

東漢趙岐採用了後一種說法，其《孟子題辭》記爲：「孟子退自齊梁，述堯舜之道而著作焉」，「退而論集所與高弟弟子公孫丑、萬章之徒難疑答問，又自撰其法度之言，著書七篇」，並特別強調「此書孟子之所作也，故總謂之《孟子》。」〔註351〕趙岐的表述十分清楚：《孟子》由孟子自作，其材料來源有二：一是萃集與公孫丑、萬章之徒的難疑答問；二是自撰法度之言〔註352〕。

〔註348〕也有個別介於二者之間的說法，如元袁俊翁認爲：《孟子》既非孟子所自作，亦非作於孟子卒後，而是孟子生前，其門弟子輯錄師徒問答編集而成：「《史記》謂孟子與其徒自著書，韓子又曰：孟子歿後其徒記之。……要之，《史記》謂此書作於孟子退自齊、梁之後，則是然。謂孟子自與其徒作之，則未必然也；韓子謂此書非軻自著，則是然。謂其徒於軻既沒之後，則無所徵也。竊意孟子歷事齊、梁以堯舜之道陳於君者，既不行，乃退以其道淑諸人。當時門弟相師尊之，遂取其平日之善言編集而成書，初非孟子自與其徒作之也。韓子謂非孟子所自著，本亦有見於此。但直謂作於孟子既沒之後，則書中初未嘗及於孟子臨終之事，殆亦無所明驗。論者但從韓子之論，除去『軻既沒』三字，則斯言爲得之矣。」（袁俊翁《四書疑節》卷七〈孟子一〉，《四庫全書》（203 冊），上海：上海古籍出版社 2003 年版，第 281～282 頁）袁氏以《孟子》一書未涉及孟子臨終之事，否定其書作於孟子卒後。但對於爲什麼不是孟子自作，而由弟子編集，則並未提出論據。
〔註349〕司馬遷《史記》卷七十四〈孟子荀卿列傳〉，北京：中華書局 1982 年版，第 2343 頁。
〔註350〕崔述《孟子事實錄》稱：「謂《孟子》一書爲公孫丑、萬章所纂者近是。謂孟子與之同撰，或孟子所自撰則非也。」（崔述《孟子事實錄》卷下〈公孫丑・附〉，四川大學古籍整理研究所編《儒藏》（10 冊），成都：四川大學出版社 2005 年版，第 328 頁）其中「孟子與之同撰」指第一個意項；「孟子所自撰」則指向第二個意項。
〔註351〕趙岐《孟子題辭》，《諸子集成》（1 冊），上海：上海書店出版社 1986 年版，第 8、6、2 頁。
〔註352〕焦循與翟灝以爲司馬遷的語意應作第二種理解。焦循在《孟子題辭・正義》「著書七篇」條下解說爲：「《史記・列傳》云：孟軻所如不合，退與萬章之

後代學者大多沿用了趙岐的理解，如晉傅玄《傅子‧附錄》：「昔仲尼既沒，仲尼之徒追論夫子之言，謂之《論語》。其後，鄒之君子孟子輿擬其體，著七篇，謂之《孟子》。」〔註353〕

但唐代韓愈提出了完全不同的觀點，認爲：《孟子》由孟子弟子公孫丑、萬章等所著，成書於孟子卒後。他在《答張籍書》中針對趙岐的說法辯稱：「孟軻之書，非軻自著，軻既及〔註354〕，其徒萬章、公孫丑相與記軻所言焉耳。」〔註355〕自韓愈之說出而迄於清，學界關於《孟子》成書問題即判然兩途：一派認同趙岐，一派認同韓愈。兩派各引一端，相互論難。

張籍和晁公武分別從習俗和禮制方面附和韓愈的觀點。張籍首先從社會習俗下手論證：「古之學君臣父子之道，必資於師。師之賢者，其徒數千人，或數百人，是以沒則紀其師之說以爲書，若孟子軻者是已。傳者猶以孟軻自論集其書，不云沒後其徒爲之也。」〔註356〕南宋初，晁公武又從禮制的角度考證並肯定了韓愈的觀點：「按：此書韓愈以爲弟子所會集，非軻自作。今考於軻之書，則知愈之言非妄發也。其書載孟子所見諸侯皆稱諡，如齊宣王、梁惠王、梁襄王、滕定公、滕文公、魯平公是也。夫死然後有諡。軻著書時，所見諸侯不應皆死。且惠王元年至平公之卒凡七十七年。孟子見梁惠王，王目之曰『叟』，必已老矣，決不見平公之卒也。故予以愈言爲然。」〔註357〕

徒，序《詩》、《書》，述仲尼之意，作《孟子》七篇。是七篇爲孟子所自作。故趙氏前既云此書孟子之所作也，此又云自撰法度之言。……難疑者，有疑則解說之也；答問者，有問則答之也。平日與諸弟子解說之辭，諸弟子各記錄之，至是孟子聚集而論次之，如篇中諸問答之文是也。其不由問答，如離婁、盡心等章，則孟子自撰也。」（焦循《孟子正義》，《諸子集成》（1冊），上海：上海書店出版社1986年版，第7頁）翟灝《四書考異》：「按漢人追原《孟子》書者，有此三家皆謂孟子自作，而其徒與之。」（詳見翟灝《四書考異》上編〈綜考十八‧孟子原始〉，《續修四庫全書》（167冊），上海：上海古籍出版社2002年版，第78頁）

〔註353〕傅玄《傅子‧附錄》，《四庫全書》（696冊），上海：上海古籍出版社1987年版，第520頁。

〔註354〕注：此「及」字應爲「沒」字。

〔註355〕韓愈《昌黎文集》卷十四〈雜文‧答張籍書〉，宋魏仲舉編《五百家注昌黎文集》，《四庫全書》（1074冊），上海：上海古籍出版社1987年版，第280頁。

〔註356〕韓愈《昌黎文集》卷十四〈雜文‧張籍遺公第二書〉，宋魏仲舉編《五百家注昌黎文集》，《四庫全書》（1074冊），上海：上海古籍出版社1987年版，第281頁。

〔註357〕晁公武《郡齋讀書志》卷三上〈孟子十三卷〉，《四庫全書》（674冊），上海：上海古籍出版社1987年版，第213～214頁。注：孟子見梁惠王在惠王後元

但是，韓愈的說法遭到了朱熹的反對。朱熹從《孟子》一書的文風入手，論證了《孟子》爲孟子本人所作：「觀七篇筆勢如鎔鑄而成，非綴緝可就。」他又把《孟子》與《論語》相對比，以爲：「《論語》多門弟子所集，故言語時有長長短短不類處。《孟子》疑自著之書，故首尾文字一體，無些子瑕疵。不是自下手，安得如此好！」〔註358〕其後，元何異孫《十一經問對》又從書名的角度闡述孟子自作的觀點：「《論語》是諸弟子記諸善言而編成集，故曰《論語》而不號孔子。《孟子》是孟軻所自作之書，如《荀子》。故謂之《孟子》。」〔註359〕

清代考據學盛行，引發了對《孟子》成書問題的進一步考證。

閻若璩在《孟子生卒年月考》中總結前代，肯定朱熹，批評韓愈，力主「孟子自作說」：「七篇爲孟子自作，止韓昌黎故亂其說。亦莫妙於朱子曰：觀七篇筆勢如鎔鑄而成，非綴緝可就。余亦有一證：《論語》成於門人之手，故記聖人之容貌甚悉。七篇成於己手，故但記言語或出處耳。」「道不行，歸而作書七篇。卒當在赧王之世。卒後，書爲門人所敍定，故諸侯王皆加諡。」〔註360〕閻氏以爲《孟子》七篇仍爲孟子本人所作，只是用「卒後，書爲門人所敍定」來解決「諸侯皆加諡」的問題。

清黃位清和黃本驥也認爲《孟子》七篇是孟子自作。黃位清《孟子時事考》卷下只說了一句：「七篇是孟子自作」〔註361〕，未加詳考。而黃本驥則針對閻若璩用「孟子卒後，書爲門人所敍定」解決「諸侯皆加諡」的問題，提出：孟子死時，七篇中所提及的諸侯王皆已先卒，以此否定了七篇有門人續定的成分，其《孟子年譜》案：「《孟子》七篇，趙岐以爲孟子自作，朱子亦謂：七篇筆勢如鎔鑄而成，非綴緝可就。惟唐林愼思及昌黎韓子則謂門人共記，非孟子自著。閻氏從朱子，又謂：諸侯王稱諡，爲門人所加。不知孟子

末與襄王交替之際，非在惠王初，不應由惠王元年累加至平公卒。且據楊寬考證，魯平公卒於公元前303年，若以孟子卒於公元前289年算，在孟子卒前14年。故晁氏此論錯誤。

〔註358〕黎靖德編《朱子語類》卷第十九〈論語一〉，北京：中華書局1986年版，第433頁。

〔註359〕焦循《孟子正義》引，《諸子集成》（1冊），上海：上海書店出版社1986年版，第2頁。

〔註360〕閻若璩《孟子生卒年月考》，《叢書集成續編》（15冊），上海：上海書店出版社1994年版，第284頁。

〔註361〕《先秦諸子年譜》（4冊），北京：北京圖書館出版社2005年版，第674頁。

著書時，諸侯王皆已先卒，故書其謚，非門人敘定也。」〔註362〕梁玉繩引閻若璩《尚書疏證》四〈補遺〉附和這一說法，並引《春秋》證梁襄、滕文等稱「謚」的問題：「《孟子》七篇，手所親著。所見諸修王若梁襄、滕文、魯平，不皆前死，盡繫以謚者，爲後人塡補。《春秋》絕筆獲麟，哀公見存焉，得有謚，亦必後人欲與襄昭定一例，改繫以謚也。余謂《孟子》說，當是門弟子隨時記錄，孟子晚年手自改定之耳。」〔註363〕

周廣業則力主韓愈說，不惟如此，他還進一步提出，《孟子》不僅係由孟子弟子公孫丑等作，甚至孟子再傳弟子（如萬章、公都子、屋廬子之門人）也曾參與其中。他在《孟子四考》卷四〈孟子出處時地考·論七篇非盡自著〉：「案：此書敘次數十年之行事，綜述數十人之問答，斷非輯自一時，出自一手。其始章、丑之徒，追隨左右，無役不從，於孟子之言動，無不熟察而詳記之。每章冠以『孟子曰』者，重師訓，謹授受，兼法《論語》也。觀公孫丑美大之稱，幾及孳孳之言；屋廬子喜於得間數節，當日師弟情事畢見矣。治還自青、齊，既難必於行道，而孟子亦欲垂教後世，取向所進說時王傳授弟子者，潤飾而刪定之。以爲有王者起，必來取法，託諸空言，不若載諸事實之深切著明也。老游梁、魯，其例亦同。豈竟孟子自著哉！至其後編次遺文，又疑樂正子及公都子、屋廬子、孟仲子之門人與爲之，……林之奇謂：有『萬子曰』，當是萬章門人所錄，則同事編集正未可知也。孟子稱謚者止一梁惠王，若梁襄、滕文、魯平，皆後孟子死，則書謚出門人甚明。或者乃云『當日門人不能有此精粹文字寫得孟子意思』，出夫親炙大賢之門，既不能師其德行，復不能傳其言語，則其時設科受業果所教何術，所學何道耶？傳食諸侯，將竟一無事事，徒資賴其師爲餬口計耶？後世追封侯伯從祀孟廟，亦不問其功德之稱否耶？秦漢以下文士接踵亦頗有粹然者，其師不必孟子也，《朱子語類》數億萬言，盡其徒所記，孟子顧不及朱子耶？宋明人此等議論實令人氣塞也。」〔註364〕

崔述也以三條理由力挺韓愈的觀點：「余按：謂《孟子》一書爲公孫丑、

〔註362〕《先秦諸子年譜》（5 冊），北京：北京圖書館出版社 2005 年版，第 245～246 頁。

〔註363〕梁玉繩《史記志疑》卷二十九〈孟子荀卿列傳第十四〉，《續修四庫全書》（263 冊），上海：上海古籍出版社 2002 年版，第 236 頁。

〔註364〕周廣業《孟子四考》卷四〈孟子出處時地考·論七篇非盡自著〉，《續修四庫全書》（158 冊），上海：上海古籍出版社 2002 年版，第 126～127 頁。

萬章所纂述者近是。謂孟子與之同撰，或孟子所自撰則非也。《孟子》七篇之
文，往往有可議者，如『禹決汝漢，排淮泗而注之江』，『伊尹五就湯，五就
桀』之屬，皆與事理未合。果孟子所自著，不應疏略如是，一也；七篇中稱
時君皆舉其謚，如梁惠王、襄王、齊宣王、魯平公、鄒穆公皆然，乃至滕文
公之年少亦如是。其人未必皆先孟子而卒，何以皆稱其謚？二也；七篇中於
孟子門人多以『子』稱之，如樂正子、公都子、屋廬子、徐子、陳子皆然。
不稱『子』者無幾。果孟子所自著，恐未必自稱其門人皆曰子，三也。細玩
此書，蓋孟子之門人萬章、公孫丑等所追述，故二子問答之言在七篇中為最
多，而二子在書中亦皆不以『子』稱也。」〔註365〕

　　以上各家所論，多由司馬遷和趙岐的觀點生發出來。自唐韓愈後，分歧
愈加明顯。

　　文獻史顯示，我國先秦史料多非成於一人一時。就《孟子》一書而言，
朱熹的意見有其正確之處，《孟子》的語言風格的確首尾一體，言近旨遠，長
於比喻，渾然天成，合於孟子游說諸侯的一貫作風。絕非似後徒拼湊而成，
必有孟子本人主持鎔鑄之功，這一點趙岐已注意到並有所評論。但是，晁公
武關於「諸侯皆稱謚」的疑問和詰難也的確有些份量。所以，後來的崔述也
抓住這一點。但是晁公武所謂「軻著書時，所見諸侯不應皆死」因諸侯死的
時間缺乏實考，有虛設成分。故而，其後崔述的「七篇中稱時君皆舉其謚，
如梁惠王、襄王、齊宣王、魯平公、鄒穆公皆然，乃至滕文公之年少亦如是。
其人未必皆先孟子而卒」，被黃本驥的「孟子著書時，諸侯王皆已先卒」所否
定。看來，消弭這一對立的關鍵在於考證清楚《孟子》中所涉諸侯王與孟子
的卒年。但這顯然是較困難的，除孟子的卒年難以確認外，《孟子》一書所涉
諸侯王中，除齊宣、梁惠、梁襄可以斷定外，其餘如魯平、鄒穆、滕定、滕
文皆限於史料難以確定。況且，即便確定了諸侯王有卒於孟子之後者，也只
能肯定有孟子卒後內容的纂入，而不能否定書的主體由孟子編成。反之，即
便考證清楚各諸侯王均卒於孟子之前，也並不能以此證明《孟子》一書在流
傳過程中一定沒有後人加入或修改的情況。明於此，則崔述否定孟子撰的第
三個理由便自然不能成立。「子」是先秦普遍流行的男子尊稱，無論從孟子編
撰所採用的師生答疑素材的角度還是從孟子身後弟子補編的角度都難否定稱

〔註365〕崔述《孟子事實錄》卷下〈公孫丑‧附〉，四川大學古籍整理研究所編《儒藏》
　　　　（10冊），成都：四川大學出版社2005年版，第328頁。

「子」的可能，無論是師生之間還是生生之間。至於崔述的第一條理由，以「禹決汝漢」、「伊尹就湯」等與史事不符以否定孟子自撰，也依然不能成立。因爲它建基於以下兩個錯誤的前提之上：一，「聖人」萬能；二，《孟子》是嚴謹的史著。事實是，孟子即便被後人奉爲「亞聖」，但聖人的名頭只是後人加贈，況且作爲以仁政關注重點的儒者孟子，未必對地理諸問題都能有準確的瞭解。聖人萬能、聖人無錯的觀念本身是站不住腳的；另者，《孟子》一書只不過是以傳承思想，弘揚仁政爲宗旨的政論性文章，在論點的支撐材料上不必一定講求完美精準。這一點，從戰國時由政論文綴輯而成的《戰國策》一書中頻頻出現的史事性錯誤，可以有所證悟〔註366〕。對此，楊伯峻的論述頗中肯綮：「孟子即便是所謂『亞聖』，也不能肯定他所說所寫的每字每句都非常正確。何況『決汝漢，排淮泗而注之江』這種話，孟子不過藉以說明禹治水的功績。正確的地理知識具備與否，上古的所謂聖賢，似乎不曾給以重視。伊尹的『五就湯五就桀』，孟子也不過藉以說明伊尹全心爲百姓服務的忠誠。而且孟子援引史事，常常主觀地加以改造，以期論證自己的觀點。稍讀孟子書就會瞭解這一點。」〔註367〕

綜上所述，有關《孟子》成書問題，史料所限，已難有確論。比較通達的看法是：由孟子融匯與弟子答疑撰成《孟子》一書的主體，但也並不排除孟子卒後，其弟子參與、修改的可能。稱「子」與稱「諡」的問題概即如此。

2. 關於《孟子外書》真偽

（1）兩漢的《孟子外書》四篇及其眞偽論爭。我國上古史籍或因非成於一人一時，或因流傳過程中佚失和版本的不同，常常出現篇章不一的現象。《孟子》的篇數也存在同樣的問題。《史記‧孟子荀卿列傳》稱孟子「退而與萬章之徒序《詩》、《書》，述仲尼之意，作《孟子》七篇。」〔註368〕但是，東漢班固《漢書‧藝文志》著錄爲「《孟子》十一篇」〔註369〕。東漢末應劭《風俗通義‧窮通篇》也稱孟子「退與萬章之徒，序《詩》、《書》仲尼之意，作書中、

〔註366〕《戰國策》只不過是記載當是游說之士言論的一部政論性記言史，並不是嚴謹的史著。限於游說之士主觀上的目的性和客觀上的知識性，使該書充斥著誇張、虛構，甚至史事顛倒，如關於齊臨淄的繁榮、蘇秦張儀的對論、燕昭王招賢納士後的「士爭湊燕」等。
〔註367〕楊伯峻《孟子譯注‧導言》，北京：中華書局1962年版，第5頁。
〔註368〕司馬遷《史記》卷七十四〈孟子荀卿列傳〉，北京：中華書局1982年版，第2343頁。
〔註369〕班固《漢書》卷三十〈藝文志〉，北京：中華書局1962年版，第1725頁。

外十一篇。」〔註370〕並且，同爲東漢末的趙岐在《孟子題辭》中還明確提到：「又有《外書》四篇：〈性善辯〉、〈文說〉、〈孝經〉、〈爲政〉，其文不能宏深，不與內篇相似，似非孟子本眞，後世依放而託也。」〔註371〕

據此看，兩漢時期，《孟子》除七篇外，另有《外書》四篇，只是《外書》四篇「不與內篇相似」，因而被趙岐注孟子時，視爲僞託而逐於七篇之外。至於司馬遷爲什麼直稱「《孟子》七篇」，是因爲西漢時還不存在《外書》四篇，司馬遷沒有看到？還是西漢時本已有，司馬遷雖已看到，但與後之趙岐持相同觀點，認爲係僞託之作而直接逐於七篇之外？或者說《外書》四篇是在司馬遷和班固之間僞造的，還是在司馬遷之前就已僞造？限於史料，這些問題今天已很難考證清楚。

趙岐對所見《孟子外書》四篇，直斥爲「後世依放而托」，清崔述曾力贊趙岐對《孟子》的甄別去取之功：「趙氏乃獨能分別其眞僞而去取之，以故《孟子》一書純潔如一，其功大矣。故今特表之。惟謂孟子恥沒世而無聞，自撰此書，尚未盡合，閱者不以噎廢食可也。」〔註372〕崔述既以《孟子》七篇爲孟子弟子所作（如前述），又謂趙岐對七篇與外書四篇的「分別眞僞」之功。自然便意味著，在他看來，《孟子外書》四篇既非孟子本人，亦非孟子弟子所作，而是後人的僞託之作。

由於趙岐所見的《孟子外書》四篇，今天已無從見到，故無法就趙岐所說的「其文不能宏深」，對《外書》四篇作內容上的考察。但從四篇篇名看，《孟子》七篇篇名均無實義，只從每篇首章首句中截取一、二字作篇名而已。而《外書》四篇的篇名則均有實義。據此判斷，七篇與四篇應有質的區別。由此看，趙岐的懷疑不無道理。

〔註370〕應劭《風俗通義》卷七〈窮通〉，《四庫全書》（862 冊），上海：上海古籍出版社 1987 年版，第 393 頁。

〔註371〕《諸子集成》（1 冊），上海：上海書店出版社 1986 年版，第 9 頁；關於《孟子外書》四篇的篇名，也有不同說法。清翟灝《四書考異》有：「《外書》之目，自宜以性善爲一，辯文爲一，說孝經爲一」（翟灝《四書考異》上編〈綜考十九·孟子外書〉，《續修四庫全書》（167 冊），上海：上海古籍出版社 2002 年版，第 82 頁），即《孟子外書》的篇目應該是：《性善》、《辯文》、《說孝經》、《爲政（正）》。清焦循《孟子題辭·正義》與此同。（《諸子集成》（1 冊），上海：上海書店出版社 1986 年版，第 9 頁）

〔註372〕崔述《孟子事實錄》卷下〈孟子七篇源流考〉，四川大學古籍整理研究所編《儒藏》（10 冊），成都：四川大學出版社 2005 年版，第 329 頁。

　　清陳寶泉的觀點與崔述有出入，其《孟子時事考微》卷二稱：「退而與萬章之徒辨疑問答，乃著《孟子》七篇。其《外書》四篇，則門人所記也。」〔註373〕陳氏認為，《孟子外書》四篇是孟子門人所記。如果承認鄭玄和江藩關於「門人即非親授業之弟子」的觀點，則《外書》四篇並非偽作。不過，陳氏並沒有就這一說法提出依據和論證，也只能看作推測之辭而已。

　　清周廣業的觀點與趙岐的觀點區別較大：「《史記‧列傳》：『孟子七篇』，《漢‧志》依劉歆《七略》作『十一篇』，無『內』、『外』之說。趙岐始名七篇為『內篇』，以四篇為『外書』。案：《漢‧志》內、外名篇者，惟雜家《淮南》為然，『內』論道，『外』雜說也。今《莊子》之分內、外，蘇子瞻謂出於世俗，非其本意，以之擬《孟》均屬不倫。及觀《風俗通》，稱『中、外十一篇』，乃得其解。《漢書‧儒林傳》成帝求《尚書》古文，得張霸百兩篇，以中書校之，非是。顏師古注：『中書，天子所藏之書也。』〈藝文志〉：『《易》有施、孟、梁邱、京氏列於學官，而民間有費、高二家之說』，劉向以中古文《易經》校施、孟、梁邱經，或脫去『無咎』『悔亡』，惟費氏經與古文同，師古注：『中者，天子之書，言「中」以別於「外」耳。』然則天子所藏書皆謂之『中』，學官及民間所有皆謂之『外』。蓋自孝武開獻書之策，立寫書之官，凡諸子傳說皆充秘府，《七略》所謂『外有太常、太史、博士之藏，內有延閣廣內秘室之府』是也。劉向校《晏子》稱有中書、太史書、臣向書、參書，凡中、外三十篇，定為內篇六，外篇二，例正如此。《孟子》在武帝時七篇早入大內，故曰『中』，亦言『內』，猶今稱『中秘書』為『內府書』也，其上太史及學官所肄，子長所見本，皆止七篇。至成帝時，陳農所求，則向父子所校，續得民間本，增多四篇，以中秘所未有，故謂之外。中書多古文善本，外書容有增竄，是以趙、劉作注俱以中書為定也。」〔註374〕周氏由《風俗通》得到啟發，論證所謂《孟子》「內」、「外」篇，應即「中」、「外」篇，並敘述了《孟子》中、外篇的形成。從其論述《外書》四篇的形成看，認為所謂《外書》四篇在司馬遷之前就有，早年不為朝廷所藏，流落民間，後獻書所得。如此一來，《孟子》十一篇並無偽託一說，所謂「內」與「外」，概由流傳渠道不同所致。周廣業的分析看似合於情理，但若深究，其中仍有諸

〔註373〕《先秦諸子年譜》（4 冊），北京：北京圖書館出版社 2005 年版，第 242 頁。
〔註374〕周廣業《孟子四考》卷一〈逸文考〉，《續修四庫全書》（158 冊），上海：上海古籍出版社 2002 年版，第 76 頁。

多疑點：首先，東漢趙岐在區別內、外篇時不曾以「天子亦或民間所藏」爲標準，而是以「內容是否宏深」爲標準；其次，七篇和四篇又爲何會各歸於不同的流傳渠道，或者換句話說，四篇爲何沒有與七篇一樣同入內府？恐怕根本上還是如趙岐所說，有一個「內容與成書」的區別，僅一個「流傳渠道不同」，未必可以究其根柢。

（2）宋代重現的《孟子外書》及其真僞辨正。東漢班固所錄，趙岐、應劭所載的兩漢《孟子外書》四篇，概因被趙岐視爲僞託而逐於七篇之外，遂致湮沒。如翟灝所說：「趙氏不爲外書章句，嗣後傳《孟子》者，悉以章句爲本，《外書》遂以廢閣致亡。」〔註375〕然而，時至南宋，久已湮沒的《孟子外書》似又重現於世。孫奕《示兒篇》：「昔嘗聞前輩有云：親見館閣中有《孟子外書》四篇：曰〈性善辯〉，曰〈文說〉，曰〈孝經〉，曰〈爲政〉。」劉昌詩《蘆浦筆記》則又云：「予鄉新喻謝氏多藏古書，有〈性善辯〉一帙。」孫奕所「聞」之《孟子外書》四篇，劉昌詩所「見」之〈性善辯〉是否真有其事？即有其事，是漢代存世的《孟子外書》四篇再現？還是宋人新近僞託之作？學界多傾向於後者。

清翟灝《四書考異》：「南宋去趙氏時千有餘歲，不應館閣中能完然如故也。孫氏僅得耳聞，當日在館閣諸公未有以目擊詳言之者，道聽途說，必不足爲案據。新喻謝氏所藏一帙，劉氏似及見之，雖一人私言未必竟無所因矣。《隋書・經籍志》錄有梁綦毋邃《孟子注》九卷。他家注俱七卷，獨綦毋氏多出二卷，其時稱引《孟子》者，若梁武帝、蕭子良、蕭綺、姚思廉諸人都無可探其本據，豈有所謂《外書》四篇在梁時嘗購得其二，至宋乃僅存劉氏所見之一篇耶？但綦毋氏書，李善注《文選》猶引用之，似流行於唐世，而其有無《外書》，唐人絕無片言論及，則又難以質言。且《外書》之篇目自宜以〈性善〉爲一，〈辯文〉爲一，〈說孝經〉爲一，劉氏以所見之〈性善辨〉遂以『辨』字上屬，而謂〈文說〉一篇，〈孝經〉一篇。據《論衡》，則但云〈性善〉之篇，不綴『辨』字，疑新喻謝氏所藏〈性善辨〉又屬後人依放而作，非《外書》本真也。」〔註376〕

〔註375〕翟灝《四書考異》上編〈綜考十九・孟子外書〉，《續修四庫全書》（167 冊），上海：上海古籍出版社 2002 年版，第 82 頁。
〔註376〕翟灝《四書考異》上編〈綜考十九・孟子外書〉，《續修四庫全書》（167 冊），上海：上海古籍出版社 2002 年版，第 82 頁。

　　清焦循的觀點與翟灝相同，其《孟子題辭・正義》稱：「《漢書・藝文志》：『孟子十一篇。』《風俗通・窮通篇》云：『作書中、外十一篇』，是七篇爲中，餘四篇爲外。……孫奕履齋《示兒篇》云：『昔嘗聞前輩有云親見館閣中有《孟子外書》四篇：曰〈性善辯〉，曰〈文說〉，曰〈孝經〉，曰〈爲政〉。』劉昌詩《蘆浦筆記》云：『予鄉新喻謝氏多藏古書，有〈性善辯〉一帙。』翟氏灝《考異》云：『趙氏不爲外書章句，嗣後傳《孟子》者，悉以章句爲本，《外書》悉以廢閣，致亡。』南宋去趙氏時千有餘歲，不應館閣中能完然如故也。孫氏僅得耳聞，當日在館閣諸公，未有以目擊詳言之者，道聽途說必不足爲按據。」〔註377〕焦循考證後人所傳，否定了孫奕、劉昌詩所聞所見《外書》的眞實性，言其已非兩漢趙岐等所述之《孟子外書》。

　　近人蔣伯潛也提出類似觀點：「趙岐雖舉此四篇之名，未加區分，殊難辨別。宋孫奕《示兒編》曰：『嘗聞先輩言，親見館閣中有《孟子外書》四篇，曰〈性善辨〉，曰〈文說〉，曰〈孝經〉，曰〈爲政〉。』始將四篇篇題分別舉之。劉昌詩《蘆浦筆記》曰：『予鄉新喻謝氏多藏古書，有《性善辨》一帙。』可與孫奕之說互相印證。但孫奕僅得之傳聞，又不明言此前輩爲何人。而當時在館閣諸公未有自言曾見此書者，宋之館閣書目中亦不錄此書，何也？觀劉昌詩所記，於新喻謝氏所藏之〈性善辨〉，究係目睹，抑亦得之傳聞，亦未明言，恐仍不足據。王充《論衡・本性篇》曰：『孟子作「性善」之篇。』《孟子》七篇中雖多論性善之言，但均散見，並無以『性善』爲篇名者。則所謂『性善之篇』，似即指《外書》中之〈性善辨〉。如指此篇，則其篇名似僅爲『性善』二字。果爾，則『辨』字當屬下篇矣。『辨』字如果屬下，則第二篇之篇名，當爲〈辨文〉，或〈辨文說〉矣。第二篇如名〈辨文〉，則第三篇爲〈說孝經〉，似爲解說孝經而作矣。第二篇如名〈辨文說〉，則第三篇如〈孝經〉，恰與現列《十三經》中之《孝經》相同，且『辨文說』三字，亦不似一篇名也。第四篇名〈爲政〉，又恰與《論語》之〈爲政篇〉相同。是《外書》四篇之篇名，已大可疑。自趙岐不注《外書》且明言其僞，此四篇久已湮沒，何以至南宋而復出？竊疑當時並無此書，孫奕、劉昌詩所記，特當時好事者之謾言耳。……又按《孟子》七篇之題，亦皆無義，列舉如左：（一）〈梁惠王〉。（『孟子見梁惠王。』）（二）〈公孫丑〉。（『公孫丑問曰。』）（三）〈滕文公〉。（『滕文公爲世子。』）（四）〈離婁〉（『離婁之明。』）（五）〈萬章〉。（『萬

〔註377〕《諸子集成》（1 冊），上海：上海書店出版社 1986 年版，第 9 頁。

章問曰』。）（六）〈告子〉。（『告子曰』。）（七）〈盡心〉（『盡其心者知其性也。』）
《外書》四篇之題，雖疑問尙多，但均有義。即此一端，亦與《內書》不同。」
〔註378〕蔣氏總結前人，對宋代《外書》四篇的眞僞提出五點質疑：一，孫奕
所說得自傳聞，且當時館閣諸公並未提及，館閣書目中也不見收錄；二，劉
昌詩所記新喻謝氏所藏，究係親見亦或傳聞，亦未明言，也難作爲可靠依據；
三，若信王充《論衡》「孟子作〈性善〉之篇」，則四篇篇名可疑；四，《外書》
四篇自趙岐不注，而魏晉久已湮沒，何以至宋復出？殊爲可疑；五，《孟子》
七篇題目皆無意，而四篇則無不由篇旨凝練而成，彰顯了二者的不同。綜上
所述，蔣氏得出結論，宋代新出《外書》四篇「特當時好事者之譌言耳」，非
漢代班固、趙岐所見《外書》原本。

關於宋代《外書》四篇的眞僞，前人論證理據較充分。《孟子外書》四篇
若眞如孫奕所言藏於館閣，則理應在其前代或本代正史「志」中有所著錄，
但查前代的《隋·志》、《唐·志》及後代《宋·志》，以及《文獻通考》、《崇
文總目》、《玉海》等目錄書中均無著錄，其眞實性受到質疑便在情理之中。

（3）明代《孟子外書》四篇的出現及眞僞考辨。兩漢《外書》四篇來歷
不明，且魏晉久已不傳。宋代再現的《外書》四篇也眞僞難辯。至明神宗萬
曆年間，《孟子外書》四篇再次出現，該書篇前注有「熙時子〔註379〕注」，並
附有馬廷鸞的序、晏淵的題記和胡震亨的跋。其中胡氏跋文敘述了該書來歷：
「吾友叔祥客濟南，得《孟子外書》四篇見寄，惜第四篇〈爲正〉殘缺不全，
眞秘冊也。按劉昌詩《筆記》云，新喻謝氏多藏古書異本，有〈性善辯〉一
帙，蓋即是書。自宋以來流傳絕少，雖斷珪殘璧尤當寶貴之。」文中「叔祥」，
即明海寧人姚士粦的字，此人學識淵博，善收羅秦漢遺文，撰成僞作，如見
於《四庫總目提要》的《於陵子》、《後梁春秋》等。此書時以手抄形式出現，
流傳不廣。至清乾隆四十四年（公元 1779 年），縣令周春〔註380〕於海鹽古家

〔註378〕蔣伯潛《諸子通考》下編〈諸子著述考·《孟子》考〉，杭州：浙江古籍出版
　　　　社 1985 年版，第 313～315 頁。

〔註379〕注：熙時子，名劉放，字貢父，臨江新喻人。慶曆中與兄弟敞同弟進士，歷
　　　　秘書少監，出知蔡州，拜中書舍人，曾參與司馬光《資治通鑑》編撰。以疾
　　　　卒，私諡公非先生，有集六十卷。

〔註380〕注：周春，字芚兮，號松靄，晚號黍穀居士，又號內樂村叟。海寧人。清乾
　　　　隆十九年進士，官岑溪知縣。學識廣博，有《西夏書》、《代北性譜》、《遼金
　　　　元姓譜》、《遼詩話》等史學類，《古文尚書》、《爾雅補注》、《續經籍題跋》等
　　　　經學類，《十三經音略》、《小學餘論》、《杜詩雙聲疊竟譜話》等音韻學類及《海

的廢籍中撿得《孟子外書》四篇，由海寧拜經樓主人吳騫〔註381〕於乾隆四十
六年（公元1781年）輯入《拜經樓叢書》並作跋。

顯然，按照胡震亨的看法，明代新出的《孟子外書》四篇即是宋代存世
的《外書》。但是，清代學者卻多不以爲然，他們在詳細辯證之後一致認爲：
這部明代復出的《孟子外書》爲明代以後出現的僞書無疑。

周廣業《孟子四考》卷一〈逸文考〉：「近有姚士粦等所傳《孟子外書》
四篇，云是熙時子注，則顯屬僞託也。」〔註382〕

清翟灝提出八條理由論證明代出現的《外書》並非《孟子》原著：「此書
之僞，敗跡顯然，約略舉之，其驗有八：《內書》七篇，每篇俱五千餘字，篇
內多長展之章，開闔變化，不可端倪。今此四篇，每不及千字。章之略長展
者惟襲《韓詩外傳》淳于髡一條，余悉勉強支綴，淹淹無生氣，則其根體迥
別，不但不能宏深而已。僞跡之可驗一也。孟子頗薄齊桓、管仲，此以至德
稱之；孟子再斥陳仲，此以千古高士誄之；樂正子偶從子敖，《孟子》深責，
此謂徐辟因依蘇秦而贈之以言，則均於孟子意旨背戾。僞跡之可驗二也。趙
氏但不爲《外書》章句，非不見《外書》也。趙雲孟子師子思，此謂學於子
上，孟子嘗自言之；趙注徐辟不云何國人，此謂辟之祖自南州遷於郊廓，今
五世矣。若古《外書》有如是文，則趙氏何不節取？僞跡之可驗三也。書雖
有內外之別，所記言事不應重出也。今因綴索隱及鮑照頌序文，而與『舜生
諸馮』章犯重；因襲《韓詩外傳》文，而與『先名實』章犯重；貪擴拾而不
暇旁顧。僞跡之可驗四也。《周禮》注引《孟子》『諸侯有王』，《顏氏家訓》
引《孟子》『圖影失形』，《藝文類聚》引《孟子》『滕文公卒』皆顯係疏舛；《考
工記》注引『七十而莇』，只一字偶異；《坊記》注引『舜年五十二』，語即『萬
章』篇文小變；《意林》錄『敬老慈幼』三語，即『梁惠』篇文稍節；而此悉

昌勝覽》、《海昌拾遺》等掌故類著作數十種。

〔註381〕 注：吳騫，字槎客，又字葵裏，號兔床、兔床山人。清海寧新倉人。貢生。學
識淵博，能畫工詩，「篤嗜典籍，遇善本傾囊購之弗惜。所得不下五萬卷，築
拜經樓藏之。晨夕坐樓中，展誦摩挲，非同與不得登也。」（《海昌備志》）常
與同里陳鱣、周春及吳縣黃丕烈往來，鑒賞析疑，互相抄校。著有《愚谷文存》
及《續編》、《詩譜補亡後訂》、《許氏詩譜鈔》、《孫氏爾雅正義拾遺》、《國山碑
考》、《小桐溪吳氏家乘》、《陽羨名陶錄》及《續錄》、《桃溪客語》、《拜經樓詩
話》、《拜經樓文集》、《拜經樓詩文集》、《桐溪客話》、《四朝經籍志補》等。

〔註382〕 周廣業《孟子四考》卷一〈逸文考〉，《續修四庫全書》（158冊），上海：上
海古籍出版社2002年版，第76頁。

冒昧編列，僞跡之可驗五也。《列女傳》所載『三遷』、『出妻』等事，本不謂《孟子》言，蓋其事只應他人記載。孟子著書立教，必無自述之理，今亦雜湊篇中，且仍彼書文稱母曰『孟母』，曰『其母』，謬戾殊甚矣。僞跡之可驗六也。因充虞敦匠事，氾濫及諸弟子，杜撰其名曰季孫郊、公都或，又稱公孫丑曰丑子，並注云：『丑，字子景，以字爲氏，亦曰景丑』，於他籍悉無可徵，特有意眩亂，以欺不學之人，宋以前無此習。僞跡之可驗七也。荀況爲孟仲子再傳門人，後孟子約五、六十年，齊襄王時自趙至齊，與孟子不相值，後自齊適楚爲卿，此乃云『孫卿子自楚至齊見孟子』。字子石之公孫龍，孔子弟子，孟子不及見之。其持堅白異同。公孫龍字曰子秉，乃平原君門客，不及見孟子，此乃云：『孟子以卵有毛問子石』。田嬰於齊愍王三年封薛，嬰卒，文代立，是爲孟嘗君，其立當在孟子卒後，樂閒於燕惠王元年始用燕，乃周赧王四十四年也，時孟子卒已久。此謂『孟子論孟嘗君，燕使樂閒迎孟子，時代事蹟盡難檢點，僞跡之可驗八也。』另外，翟氏又以三條證據論證了明代新出的《外書》也不是宋代文獻中出現的《外書》，而是明代的新僞，且作僞者就是姚士粦。其文稱：「其僞既有此八驗，其作僞人甚晚近，不當劉貢父注，復有三證：趙氏《章指》有云『計及下者無遺策，舉及眾者無廢功』，《選》注引上一句誤題『孟子曰』。字邵武士人作疏，刪去章指，此遂不知其下句而漫易其文，則此書必出邵武士人後矣。《荀子》稱『孟子三見齊王不言事』，《集注》取以註『格君心非』句，此遂以《尚書》『格其非心』連屬之，則此書必出朱子後矣。《鹽鐵論》引孔子曰：『吾於河廣知德之至也』。明李詡誤以孔字爲孟，類舉爲孟子逸文，而此遂捃入篇中，則此書更出李詡後矣。然則此書究孰所僞哉？吾友歸安丁小山傑斷之爲姚叔祥，當未誣枉。姚名士粦，說者謂今存《後梁春秋》、《於陵子》等書，並叔祥所僞。此書既出自叔祥家，誠不嫌于堅斷也。今休寧吳君騫偶刊問世，丁君爲之疏證，屬草稿未定，承借觀，乃爲引申其說，陳右八驗三證以副，還其書。」〔註383〕

基於以上考證，近人梁啟超《〈漢書·藝文志·諸子略〉考釋》明確下結論稱：「《外書》四篇，經岐鑒別爲僞，後無傳者，遂亡佚。其佚文見於《法言》、《鹽鐵論》、《顏氏家訓》、《文選注》有若干條，清末林春溥曾輯出，信乎『不能宏深』矣。至明季姚士粦所傳《孟子外書》四篇，則又僞中出僞，

〔註383〕翟灝《四書考異》上編〈綜考十九·孟子外書〉，《續修四庫全書》（167 冊），
　　　　上海：上海古籍出版社 2002 年版，第 83～84 頁。

並非漢時之舊，更不足道。」〔註384〕

清代以來，學者眾口一詞，一併視《孟子外書》，包括馬廷鸞的序、晏淵的題記及熙時子注為姚氏僞作〔註385〕。證據鑿鑿，幾成定論。

（七）孟子生卒考辯

關於孟子的生卒年代，因為《孟子》及相關早期文獻如司馬遷的《史記》、趙岐的《孟子題辭》均無記載，因而成為孟子生平事蹟研究中的一大難題〔註386〕。

唐宋，伴隨孟子地位的上升，研究孟子的著作猛增，但大多圍繞解說《孟子》〔註387〕，包括張九成的《孟子傳》〔註388〕。稍晚的朱熹，在《四書集注》中，也只不過以孟子遊梁之年推測孟子大概生年：「自孔子卒，至孟子游梁時，方百四十餘年，而孟子已老。然則孟子之生，去孔子未百年也。」〔註389〕以朱熹之廣博，猶不能弄清孟子生卒的確切年代，足可見其難度之大。

元代以來，孟子升爲「亞聖」，研究孟子著作雖然仍多爲「解」、「說」之類。但敘述其生平事蹟的傳記類作品開始出現，如元程復心《孟子年譜》、吳迁《孟子年譜》（已佚）、明陳士元《孟子雜記》、季本《孔孟事蹟圖譜》、呂兆祥《孟子年表》、譚貞默《孟子編年略》等〔註390〕。

〔註384〕梁啓超《〈漢書・藝文志・諸子略〉考釋》，張品興主編《梁啓超全集》（8 冊），北京：北京出版社 1999 年版，第 4710 頁。

〔註385〕見上蔣伯潛所述及董洪利著《孟子研究》，南京：江蘇古籍出版社 1997 年版，第 157 頁。

〔註386〕清代考據大家閻若璩專門撰《孟子生卒年月考》，以考孟子生卒，甚至對孟子一生遊歷也作過構勒，但在孟子生卒問題上除了一句模糊的「卒當在赧王之世」（見《叢書集成續編》（15 冊），上海：上海書店出版社 1994 年版，第 279 頁）外，並沒有作出明確結論。

〔註387〕可參見南懷瑾《孟子旁通》附〈歷代孟子研究書目〉，上海：復旦大學出版社 2009 年版。

〔註388〕四庫館臣稱《孟子傳》蓋採用清朱彝尊《經義考注》「實作《孟子傳》，不作《孟子解》」（永瑢等《四庫全書總目》卷三十五〈經部・四書類〉「孟子傳」條，上海：上海古籍出版社 2003 年版，第 714 頁）的觀點。然元馬端臨《文獻通考》有「張無垢《孟子解》十四卷」（注：張九成自號「無垢居士」）。（馬端臨《文獻通考》卷一百八十四〈經籍十一〉，杭州：浙江古籍出版社 2000 年版，第 1583 頁）考該書內容，並無孟子生卒年月及生平事蹟記載，多係解說論證孟子章句，故稱爲《孟子解》更合適。

〔註389〕朱熹《四書集注・孟子集注・離婁章句下》「予未得爲孔子徒也」條下注，《四書五經》（上冊），天津：天津市古籍書店 1988 年版，第 63 頁。

〔註390〕另，明清學者關於孟子生卒論述，多有依《孟氏譜》（一稱《孟氏家譜》）的

　　清朝考據學興起，研究孟子生平事蹟及年月考述類著作也陡然增多，如閻若璩《孟子生卒年月考》、翁方綱《孟子附記》、曹之升《孟子年譜》、周廣業《孟子四考》、陳寶泉《孟子時事考徵》、管同《孟子年譜》、林春溥《孟子時事年表》、黃位清《孟子時事考》、狄子奇《孟子編年》、黃本驥《孟子年譜》、易順豫《孟子年略》、馬徵麐《孟子年譜》、黃玉蟾《孟子年譜》、馮雲鵷《孟子年譜》、姜兆狆《孟子年表》、趙大浣《孟子年譜》、臧庸《孟子編年略》、何秋濤《孟子編年考》、朱駿聲《孟子紀年》、任兆麟《孟子時事略》、張宗泰《孟子七篇諸國年表》及孟廣均《孟子世家譜》等家譜類著作。學者們就孟子生平問題各依所據，百般考索，然論證不同，觀點不一。關於生卒問題，觀點不下數十種。總而言之，主要有以下三種：

　　一，生於周定王三十七年己酉四月二日，卒於周赧王二十六年壬申正月十五日，壽八十四。

　　這一說法源於《孟氏譜》。此《孟氏譜》究為何年、何人所修，引文中沒有標明，今已不得而知。但從最早引用此譜的是元代張頵的《孟母墓碑記》。由此推斷，此《孟氏譜》應為元版《孟氏家譜》〔註391〕。之後，此書屢屢被

説法，此書應為族譜類著作，但其書的具體情況不明。可以肯定的是，宋代朱熹以前未曾出現，如正文前述，以朱熹之博聞，在《四書集注》涉及孟子生卒時無談及，可見其未見此類書。《孟氏家譜》的修撰，資料顯示最早者為北宋元豐七年（公元1084年）四十五代孫孟寧主持修《孟子家譜》；其後，金大安三年（公元1211年）孟子四十八代孫鄒縣縣令孟潤和元朝至元元年（公元1264年）孟子五十一代孫孟祗祖曾續修家譜，未知陳士元所言之《孟氏譜》為何種版本。《孟氏家譜》明、清兩代又不斷續修，先後有：明萬曆年間（1573年）六十代孫孟承相續修本，明天啟二年（公元1622年）六十二代孟聞鉦續修本，清康熙五十九年（公元1720年）孟子六十五代孫世襲翰林院五經博士孟衍泰續修本，清道光四年（公元1824年）六十九代孫世襲翰林院五經博士孟繼烺續修本，清同治四年（公元1865年）七十代孫世襲翰林院五經博士孟廣均續修本（現可見的只有清道光本和同治本）。下文所述清黃本驥所言親見之《孟氏家譜》，從年代判斷（黃本驥為清道光元年舉人）應為清道光本。

〔註391〕 注：按《孟氏家譜》修撰原則規定：新譜修成，舊譜輒毀。隨著《家譜》在元、明、清兩代不斷續修，舊譜不斷被毀，故今均不可見。今可見者，惟有清道光和同治譜。然新譜與舊譜之間究係有何變化，無對比亦無可鑒別。就以上著作所引之孟氏舊《譜》，與今存孟廣均之同治《譜》對比，可見就孟子生卒，已有生年「周定王三十七年己酉四月二日」與「周烈王四年四月二日己未」之別。這一區別恰應反映元、明、清三代學者就孟子生卒問題辯證之結果。近人錢穆稱：「朱子《集注》：『自孔子卒，至孟子游梁時，方百四十餘年，而孟子已老。然則孟子之生，去孔子未百年也。』朱子博學多識，其為

明、清學者簡接引用以作實證或反證，如明陳士元《孟子雜記》、清宋翔鳳《過庭錄》、清曹之升《孟子年譜》、清陳寶泉《孟子時事考徵》、清狄子奇《孟子編年》等。

　　《孟氏譜》〔註392〕所述孟子生卒年歲語氣肯定，然而不知所據，且其年代與歷史不合。查《史記》「十二諸侯年表」和「六國年表」，周有兩位定王，一是春秋時的周定王瑜（公元前 606 年～公元前 586 年）；一是戰國時的周貞定王介（公元前 468 年～公元前 441 年）。孟子處戰國時代〔註393〕，則《孟氏譜》中的「定王」只能是第二位，即周貞定王介。然而，據司馬遷《史記·周本紀》〔註394〕及司馬貞《史記·六國年表》《索隱》〔註395〕，周定王介在位均無三十七年，只有二十八年。由此，學界得出兩種推測：一種是，定王「三十七年」爲「二十七年」之誤。但是這一推測猶有二處不合：一，定王二十七年爲己亥年，而非己酉年；二，自定王二十七年（公元前 442 年）至赧王二十六年（公元前 289 年），共計一百五十四年，不僅與「年八十四」不合，且不合於壽命常規；另一推測是，「定」爲「安」之誤，即《孟氏譜》定王三十七年，應爲安王三十七年。然而，這一推測也有不合之處：一，安王在位僅二十六年而崩，並無三十七年；二，安王二十年是己亥年（公元前 382 年），若以此年爲孟子生年，則至赧王二十六年，孟子年九十四，與八十四不合；三，安王在位二十六年，無己酉年。對此，清曹之升《孟子年譜》卷上「周烈王四年」條下有論證：「《孟氏譜》：『周定王三十七年己酉四月二日，孟子生。』按《竹書》，定王止二十八年，無三十七年，一誤也；定王自癸酉元年至庚子，王陟有己亥，無己酉，二誤也；據《譜》稱：孟子卒於周赧王

　　《四書集注》，尤精力所萃。今觀其推論孟子生年，知其時尚未有《譜》，故爲朱子所未見。」（見錢穆《先秦諸子繫年考辨》卷二〈孟子生年考〉，《先秦諸子繫年》，北京：商務印書館 2001 年版，第 215～216 頁）錢穆認爲：朱熹撰《四書集注》時猶據孟子遊梁推孟子生年，以朱熹之博學而未見《孟氏譜》，足見其在朱熹存世的南宋尚未面世，或因失傳而不聞。
〔註392〕注：自此以下，稱「《孟氏譜》」者均爲今日不可見的舊譜。
〔註393〕注：此由《孟子》各篇可斷定。
〔註394〕《史記·周本紀》：「二十八年，定王崩」（司馬遷《史記》卷四〈周本紀〉，北京：中華書局 1982 年版，第 158 頁）。
〔註395〕《史記·六國年表》「定王元年」司馬貞索隱：「名介，二十八年崩。」（北京：中華書局 1982 年版，第 691 頁）另，杜建民編著《中國歷代帝王世系年表》，亦完全據於此。（見杜氏著《中國歷代帝王世系年表·東周諸王在位時間表》，濟南：齊魯書社 1995 年版，第 7 頁）

之二十六年壬申，年八十四。若謂生於定王之己亥，則孟子年當一百五十四，尤必無之事。陳氏士元曰：孟子當生安王時，『定』字乃『安』字之誤。按安王自庚辰元年至乙巳，王陟凡二十六年，亦有己亥，無己酉，若生於安王之己亥，則孟子年亦當九十四，皆與《譜》不合。」〔註396〕

　　曹之升所提到的「陳氏士元曰」是指明陳士元在《孟子雜記》卷一〈生卒〉中的一段論證：「元按：《史》、《鑑》並云：周定王在位二十一年而崩，無三十七年也。考之《長曆》，定王二十一年乙亥，至赧王二十六年壬午，凡二百九十八年。竊疑『定』或『安』字之訛。安王在位二十六年而崩，自安王二十六年乙巳，至赧王壬午，凡八十八年，然《譜》謂『孟子壽八十四歲』。自赧王壬午逆推之，當生於烈王四年己酉也。然《年表》、《綱目》、《大事記》等書，並謂孟子於顯王三十三年乙酉至魏。四十三年乙未爲齊上卿。四十四年丙申去齊復至魏。愼靚王二年壬寅去魏復適齊。赧王元年丁未致爲臣於齊，不復仕。若孟子果生於烈王己酉，至顯王乙酉應聘至魏，年甫三十七，未老也。魏惠王自烈王辛亥嗣國，歷三十五年而孟子始來見，是時惠王年不啻六、七十，老矣，豈得反稱三十七歲之孟子爲『叟』哉？疑孟子或生於安王初年，卒於赧王初年，未可知也。按禮制，國君薨後，始得稱諡，魯平公薨於赧王二十年，而孟子稱之。若孟子生於安王初年，豈不百有餘歲乎？然則《譜牒》、《紀年》蓋不足據，或疑七篇非孟子自著，乃其弟子追述以此。」〔註397〕陳士元結合《孟子》七篇所記，考察孟子生卒，可以跳出文獻年代舛誤所帶來的迷惑，是孟子生卒考察的正確路數。但是，陳氏的論證還是在文獻年代上出了問題，因爲相信《史記·年表》等文獻的年代記載，在孟子去魏年代上產生了孟子年齡三十七歲與魏惠王稱「叟」不合的問題。只得「疑」孟子或生於安王初年，卒於赧王初年。旋即，又因魯平公稱諡，上推安王初年，則又產生了孟子享年百餘歲的疑惑。最終，還是以「未可知也」表示在孟子生卒問題上的不確定。

　　對於陳士元「孟子生於安王初年」的推測，清狄子奇還提出存在的另一漏洞即：安王在位二十六年，並無己酉年。清狄子奇《孟子編年》卷一：「按：

〔註396〕曹之升《孟子年譜》，《先秦諸子年譜》（4冊），北京：北京圖書館出版社2005年版，第350～351頁。
〔註397〕陳士元《孟子雜記》卷一〈生卒〉，《四庫全書》（207冊），上海：上海古籍出版社1987年版，第298頁。

《孟氏譜》謂『孟子生於定王三十七年己酉』，其誤不待言。陳士元謂『定王乃安王之誤』。考安王止二十六年，自庚辰元至乙巳陟並無己酉，則其說亦誤。《闕里志》謂『孟子生於安王十七年』，又非己酉。惟《三遷志》則云『孟子生於烈王四年己酉』。以《譜》謂『孟子卒於赧王二十六年壬申，年八十四』，逆溯至是年，正合此數，今從之。」〔註398〕狄子奇否定了《孟氏譜》、《闕里志》及陳士元的生於「定王」、「安王」說，獨採用《孟氏譜》的「卒於赧王二十六年，年八十四」，並認同《三遷志》由此逆推而得出生於「烈王四年」說，認爲：孟子生於烈王四年己酉，卒於赧王二十六年壬申，年八十四。

二，生於安王十七年（公元前 385 年），卒於赧王十二年（公元前 303 年）或十三年（公元前 302 年），壽八十四。持這一觀點的主要有清周廣業《孟子四考》、魏源《孟子年表》等。

清周廣業《孟子四考》卷四〈孟子出處時地考·生卒年月〉以爲：「當改『定』字去『三』字，爲安王十七年，則上距孔子卒九十五年，其卒當在赧王十三年或十二年，而《譜》倒爲二十，又衍『六』字也。……竊爲約紀其年曰：周安王十七年丙申孟子生。……（赧王）十三年己未，孟子八十四歲。」〔註399〕此說顯係由《孟氏譜》推演而出。針對《孟氏譜》定王三十七年的明顯錯誤，首先依「安」與「定」形近，改定王爲安王。再以「三十七年」的「三」字爲「王」字之誤，定孟子生年爲安王十七年；其次，以認同《孟氏譜》「年八十四」爲前提，向下推出卒年爲赧王十二或十三年。

與此類似的還有一批持「安王」生年的學者，如清黃宗羲、魏源及近人錢穆等。但就孟子具體生卒年及壽數而言，他們的觀點又各有不同。

黃宗羲《孟子師說》：「按：《史記·年表》孟子之見梁惠王在三十五年，是時已稱『叟』，當六十歲外矣，後此二十三年而魯平公始立，其欲見之年雖不可定，孟子亦近九十歲。《孟氏家譜》云：『孟子生於周定王三十七年四月二日，卒於赧王二十六年正月十五日，年八十四。』按《史記》，定王二十八年崩，無三十七年，『三』或傳寫之誤，考王十五年，威烈王二十四年，安王二十六年，烈王七年，顯王四十八年，慎靚王六年，又加赧王二十六年。自定王二十七年己亥至赧王二十七年壬申，凡一五四年，是不足據，而年之八

<hr>

〔註398〕《先秦諸子年譜》（5 冊），北京：北京圖書館出版社 2005 年版，第 58～59 頁。
〔註399〕周廣業《孟子四考》卷四〈孟子出處時地考·生卒年月〉，《續修四庫全書》（158 冊），上海：上海古籍出版社 2002 年版，第 119 頁。

十四，當不爲謬。姑以魯平公元年次之，上距周安王五年甲申，則年八十四矣。其生卒不過前後其間，而見梁惠王正當六十歲也。」〔註400〕黃氏以孟子見梁惠王稱『叟』假定時年孟子爲六十歲，下推孟子卒年爲魯平公元年，又確信孟子享年爲八十四。以此爲據，否定了孟子生於定王三十七年、二十七年之說，提出孟子生卒之年爲周安王五年至魯平公元年（即周赧王元年）。

而魏源《孟子年表》稱：「周安王十七年，孟子生。」「赧王二十六年壬申，孟子卒。」魏源的結論源於以下推斷：「《史記・索隱》謂：『孟子卒於周赧王二十六年壬申』與鄭康成謂：『孟子當赧王之際』及『七篇』事蹟皆合，《闕里志》從之，而謂：『壽九十有七歲』，逆推之當生於安王十七年。」〔註401〕如此，魏源確認孟子自周安王十七年至周赧王二十六年，而改變了以上諸家堅信「孟子年八十四」的結論，定孟子享年九十七。

錢穆《先秦諸子繫年・孟子去齊考》引宋翔鳳《過庭錄》，否定了《孟氏譜》「孟子生於周烈王四年」的說法，以孟子遊歷爲主要依據，力證孟子生於周安王二十年之前。同時，也改變了《孟氏譜》關於「孟子享年八十四」的結論：「宋翔鳳《過庭錄》有『論孟子去齊年歲』一節云：『俗傳《孟子譜》云：孟子生於周烈王四年，此言誕不足信。〈公孫丑篇〉『孟子將朝王』章，言惡得其一以慢其二哉？是蓋在孟子去齊之前。當赧王三年，孟子年過七十，故云齒尊。《曲禮》：大夫七十而致事，若不得謝，則必賜之几杖，行役以婦人，適四方，乘安車，自稱曰老夫，於其國則稱名。則五十、六十雖在養老之列，而尚無此隆禮，安得以齒尊自居？若孟子生於烈王四年，至赧王三年僅六十一歲，不宜云爾矣。計孟子致爲臣而歸時，已合七十致事，故云致爲臣。若曰不可更仕矣。他日王謂時子曰：吾欲中國而授孟子室，養弟子以萬鍾。此亦養老優賢之義，不能更令孟子仕，但留其歸也。孟子去齊，宿於晝，有欲爲王留行者，坐而言，不應，隱几而臥。《曲禮》：七十賜几杖。孟子對客隱几，正是年過七十之證。則生於烈王四年之說，全不可據也。』今按：宋氏信黃震《日鈔》，謂孟子仕齊愍王，故其論孟子事多誤。獨此條辨《舊譜》孟子生於烈王四年之說，頗爲精確有見。然其論亦僅足爲孟子去齊年過七十

〔註400〕黃宗羲《孟子師說》卷上〈魯平公章〉，《四庫全書》（208 冊），上海：上海古籍出版社 1987 年版，第 838 頁。
〔註401〕魏源《孟子年表》，《先秦諸子年譜》（5 冊），北京：北京圖書館出版社 2005年版，第 421、454 頁。

之證，未見其必為始逾七十也。孟子仕齊八年，『將朝王』章一事，未知定在何時，不得即謂赧王之三年。致為臣與中國授室，亦未可全據七十致事之禮為說。（參讀《考辨》第七六。且《曲禮》亦有不得謝之說，則亦非一逾七十必致事也。）宋氏又謂：『以赧王三年孟子七十餘歲，知生於安王二十年前後。自安王二十年至赧王三年，恰得七十一年。前尚可言，後則非矣。』宋氏必欲抑後孟子生年者，為以《孟子》書載魯平公諡，宋氏必以出孟子親筆，而謂孟子卒後魯平公，故為此也。若更核以梁惠王稱孟子為『叟』之事，知孟子年不應再後。故余謂孟子之生，最晚在周安王二十年者，以此。」〔註402〕錢氏〈孟子去齊考〉係重點論證孟子去齊年代，故於孟子生卒年論而不詳。在其《先秦諸子繫年通表》所附〈諸子生卒年世約數〉中，詳定孟子生卒年為：公元前 390 年～公元前 305 年，享年八十六。公元前 390 年為周安王十二年，公元前 305 年為周赧王十年〔註403〕。

三，生於周烈王四年（公元前 372 年），卒於周赧王二十六年（公元前 289 年），壽八十四。最早採用這一說法的是元程復心《孟子年譜》：「孟子生於周烈王四年（魯共公五年）己酉四月二十，卒於周赧王二十六年（魯文公六年）五日。周正建子，改朔不改月也，壽八十四歲。以冬至日終，鄒邑人悲感，遂輟賀正，迄茲成俗。」〔註404〕程氏此說顯然也是以《孟氏譜》為主要依據，首先認同了《孟氏譜》所說「孟子卒於周赧王二十六年，壽八十四」的結論，然後由赧王二十六年上推八十四，定孟子生年為周烈王四年。

〔註402〕錢穆《先秦諸子繫年考辨》卷三〈孟子去齊考〉，《先秦諸子繫年》，北京：商務印書館 2001 年版，第 432～433 頁。

〔註403〕錢穆《先秦諸子繫年》附〈諸子生卒年世約數〉，北京：商務印書館 2001 年版，第 695 頁。注：關於孟子生年，錢穆在《先秦諸子繫年》不同篇章中多有論及，結論略有參差：在《先秦諸子繫年考辨》卷二〈孟子生年考〉中稱：「孟子生年，最早當在安王之十三年，最晚當在安王二十年」；在卷三〈孟子在齊威王時先已遊齊考〉中亦稱：「孟子之生，最早在周安王十三、四年」；在《先秦諸子繫年通表・第二》「魯國」條下特標注：「孟子當生於此時稍後」。（以上分見錢穆《先秦諸子繫年》，北京：商務印書館 2001 年版，第 216、367、619 頁）以上說法與正文所引有一年之差。糾其緣由，概以錢穆重遊歷而輕生卒，故於諸子生卒年世僅標「約數」。正如其《孟子生年考》中所論：「知人論世，貴能求其並世之事業，不務詳其生卒之年壽。」（錢穆《先秦諸子繫年考辨》卷二〈孟子生年考〉，《先秦諸子繫年》，北京：商務印書館 2001 年版，第 216 頁）故一年之差，當不必過於計較。

〔註404〕《先秦諸子年譜》（4 冊），北京：北京圖書館出版社 2005 年版，第 97～98 頁。

　　清曹之升接續了程復心的觀點，在否定了《孟氏譜》孟子生於周定王四年，及陳士元改「定」爲「安」的說法之後，繼續論證稱：「惟自赧王之二十六年，逆溯之至烈王之四年己酉，適八十有四。孟子明明自云『由孔子而來百有餘歲』，孔子卒於敬王壬戌，距烈王己酉一百八年，與《孟子》合，是《孟子年表》謂：『生於周烈王四年，魯共公五年』者，較《孟氏譜》足據。」〔註405〕並且就程復心沒有完成的孟子卒年的論證問題繼續論證，稱：「任氏《孟子考略》：『《孟氏譜》稱孟子卒於赧王之二十六年，壽八十四。』今按梁襄王之諡，猶見於《孟子》，則孟子卒於是時，信也。」〔註406〕

　　程氏的結論雖然仍以《孟氏譜》爲據，但這一結論與《孟子》所載及孟子遊歷諸侯事蹟相合，因而後人多採用此說。除上述曹之升的觀點外，其餘如陳寶泉、黃本驥、黃位清、狄子奇、林春溥、任光霖、馬徵麐、翁方綱、朱駿聲、萬斯同、易順豫等一大批清代學者也均持此說。

　　清陳寶泉的《孟子時事考徵》對這一問題尤爲重視。該書卷一首先據任啓運考證及《竹書紀年》的年代記載，認定《孟氏譜》關於「孟子生於定王三十七年」結論的不確：「《孟氏譜》：『孟子魯公族孟孫氏後，父曰激，字宜，母仉氏。定王三十七年己酉四月二日孟子生。』任釣臺曰：『竹書』定王止二十八年，無三十七年，定王有己亥，無己酉，若謂生於定王之己亥，據《譜》云『卒於赧王之二十六年壬申』，則孟子壽當一百五十四，尤必無之事也。」繼之，又以《孟氏譜》「壽八十四」爲據，否定了陳士元改「安」爲「定」的說法：「陳氏士元曰：『孟子當生安王時，「定」字乃「安」字之誤，任釣臺云：『安王有己亥，無己酉。』若謂安王之己亥距赧王之壬申，則孟子壽當九十四矣，亦與《孟氏譜》不合。」最後，據《三遷志》、《留青日箚》、《聽雨紀談》等記載，綜合《孟子》所述及孟子遊歷等史料遺存，由《孟氏譜》所記卒年，上推八十四，定生年爲周烈王四年：「《三遷志》：『四月二日孟子生。』案孟子生卒《史記》不載，據《孟氏譜》稱『卒於周赧王二十六年壬申，壽八十四歲。』《留青日箚》、《聽雨紀談》與《孟子譜》並同。獨其所生之歲，《孟氏譜》謂在『周定王三十一年』，《日箚》、《紀談》又作『定王三十七年』，

〔註405〕曹之升《孟子年譜》卷上，《先秦諸子年譜》（4冊），北京：北京圖書館出版社2005年版，第351～352頁。
〔註406〕曹之升《孟子年譜》卷下，《先秦諸子年譜》（4冊），北京：北京圖書館出版社2005年版，第584頁。

陳氏士元謂在『安王』，瞿氏九思謂『定王崩後三十餘年，孟子乃生』。諸說不同，惟《三遷志》云『當在烈王四年己酉』。蓋自赧王二十六遙溯烈王四年，孟子年適八十有四，況此年距孔子生一百八十年，距孔子卒一百八年，與孟子自云『由孔子而來百有餘歲』亦合，任釣臺從之，較《譜》說足據。」在該書卷二中，又專就《孟氏譜》所說孟子卒年及壽數之可信進行了說明：「按《譜》稱：『孟子卒於赧王二十六年壬申，壽八十四』。據君薨然後稱諡，魯平公卒於十八年甲子，梁襄王卒於十九年乙丑，孟子猶及見之，則《譜》稱壽八十四之說信也。《禮樂錄》謂：『孟子卒年七十四』，甘馭麟謂：『生於安王丙申（公元前385年），卒於赧王壬申，壽九十有七』，殊未足據。」〔註407〕

清林春溥的《孟子時事年表・後說》，也對自元代以來有關孟子生卒的記載做了系統考察：「孟子生卒年月《史・傳》無名文，元張頵《孟母墓碑記》據《鄒公壇廟碑》云：『孟子後孔子三十五年生，時周定王三十七年。』《雜記》載：『《孟子譜》云：「周定王三十七年己酉四月二日孟子生，赧王二十六年壬申正月十五日卒，壽八十四。」』今考貞定王在位只二十八年，無己酉，己酉在考王九年，下距赧王二十六年已一百四十三年，不得去『壽八十四』也。陳士元疑『定』爲『安』之訛，然安王在位亦只二十六年，無己酉，己酉在烈王四年，故孟衍泰《三遷志》所載《年表》據黃梅瞿九思說定爲：烈王四年己酉生，赧王二十六年壬申卒，既與八十四之數符，亦與孟子言『由孔子而來至於今百有餘歲』合，萬斯同《孟子生卒年月辨》引《孟氏世譜》亦然，故今從之。至《闕里志》謂：孟子生於周安王十七年。潘彥登《孟子生日考》亦疑是安王十七年，《譜》訛『安』爲『定』，訛『王』爲『三』，周廣業《孟子四考》從之，謂：孟子當卒於赧王十三年或十二年，《譜》倒爲『二十』又衍『六』字也。如其說則孟子先魯平公梁襄王卒，七篇中何以皆稱其諡，殊不可從。」〔註408〕林春溥對《孟氏譜》、《三遷志》、《闕里志》及萬斯同的《孟子生卒年月辨》、周廣業的《孟子四考》等進行了全面考察後，得出了與程復心相同的觀點：孟子生於周烈王四年，卒於周赧王二十六年，壽八十四。

〔註407〕《先秦諸子年譜》（4冊），北京：北京圖書館出版社2005年版，第165、177、179～181、257頁。

〔註408〕《先秦諸子年譜》（4冊），北京：北京圖書館出版社2005年版，第633～635頁。

　　清黃本驥對孟子生卒的判定則主要依據其自稱曾親見於山東的《孟氏家譜》:「周烈王四年己酉四月二日寅時,孟子生。」「(周赧王)二十六年壬申,八十四歲,十一月十五日午時卒,其日爲冬至,鄒人廢賀冬之禮遂以成俗。」對於這一結論,其在《孟子年譜》開篇稱:「孟子生卒《史記・列傳》未載,說者紛紛,迄無定論。自太原閻徵君若璩撰《孟子生卒年月考》一卷,附《四書釋地》以傳,考據家遂奉爲圭臬焉。余近得山東《孟氏家譜》所載孟子生卒年月日時,享年八十有四,又賢配田氏之生卒及子孫世系,無不詳備,可謂聞所未聞。或曰:《譜牒》所書未足爲據。余謂:家傳事實或有阿私,至生卒年月以其子孫載記,累世相傳,雖未必盡實,不猶愈於數千年後據遺文推測考求之爲確乎?況先賢後裔不乏通儒,豈若民間族譜全無所據,而漫錄之乎?又所載出處年月多與《史記・六國年表》、《通鑒綱目》等書相合,由是而推其生卒亦甚可據也。」〔註409〕黃本驥是道光元年進士,其《孟氏家譜》初刻於道光年間。推測黃氏於山東所得《孟氏家譜》,應是孟子六十九代孫孟繼烺於清文宗道光四年(公元 1824 年)續修的「道光譜」。惜此譜今日不復得見。孟廣均所編的《同治譜》,實乃《道光譜》的續修本,有關孟子生卒的記述應與之無大異,此譜卷一所記孟子生卒,與黃本驥所述相同,即生於周烈王四年,卒於周赧王二十六年〔註410〕。

　　但是,其餘各家所稱引的《孟氏譜》,究係何代所編家譜,各家或互爲援引,均無明確標識。今天,因道光以前的各代家譜,均無傳世,故已無以確證。而傳世的六種家志中,最早的劉濬編明憲宗成化本《孔顏孟三氏志》,無關於孟子生卒的記載。史鶚編明世宗嘉靖本《三遷志》,今存於北京首都圖書館,因已申請文物,不復得見。其餘四種中,最早記載孟子生卒的是胡繼先編明神宗萬曆本《孟志》,記孟子生卒爲:「周烈王四年魯共公五年己酉四月初二日孟子生,赧王二十六年十一月十五日孟子卒。碑云孟子卒於冬至日,鄒人因哭孟子而廢賀冬之禮,遂以成俗。」〔註411〕呂元善編明熹宗天啓本《三遷志》卷一〈年表〉和孟衍泰編清世宗雍正本《三遷志》卷三〈年表〉,所記與同。最晚的孟廣均編清世宗雍正本《三遷志》卷一〈年表〉,對孟子生卒進行了考證:「孟子生卒年月,史傳無徵,舊志據孟氏世譜,定爲周烈王四年四

〔註409〕黃本驥《孟子年譜》,《先秦諸子年譜》(5 冊),北京:北京圖書館 2005 年版,第 213、246、209 頁。
〔註410〕孟廣均編清穆宗同治本《孟子世家譜》卷一,現存鄒城市文物局。
〔註411〕胡繼先編明神宗萬曆本《孟志》卷一〈年表〉,現存清華大學圖書館。

月二日生，赧王二十六年正月十五日卒，其說始於明人。或云世譜得自孟子四十五代孫寧，寧宋元豐時人，今亦未知其言何據。謹按：《四庫全書提要》論郝敬《孟子說解》云：是書所論孟子生卒，以為當在安王時，非定王時，其說近是。但直斷孟子生於安王初年，卒於赧王元年，則似未可為定。孟子生卒大約當以閻若璩所訂為正。又論閻若璩《孟子生卒年月考》云：是編博引諸書，考孟子出處始末，而於生卒年月卒無的據。按《山堂肆考》具載孔孟生卒，謂孟子生於周定王三十七年四月二日，卒於赧王二十六年正月十五日，年八十四。若璩獨不引之，蓋先儒詁經多不取雜書，義取謹嚴，非疏漏也。今按周貞定王無三十七年，或疑為安王二十七年之訛。按安王亦止二十六年，其二十七年為烈王元年。自烈王元年至赧王二十六年，當得八十有七歲，與八十四歲之說亦不合。或又謂孟子八十九歲而卒，紛紛議論，俱出自臆測，非有確證。故今為孟子年表，不敢注生卒於年月之下，闕疑以示慎也。」〔註412〕因而，本書所列孟子生卒，不明確標明孟子具體生卒時間。

以上三種主流觀點中，除了魏源、錢穆等少數學者外，均以認可《孟氏譜》中「孟子壽八十四」的結論為前提，並以之作為推定孟子年歲的重要依據。

第一種觀點，即孟子生年為周定王三十七年，已確認錯誤。我們不妨暫且拋開第一種，比較一下後兩種觀點。

持第二種安王生年的觀點有三個需要注意的關節點：一，其前提「安」與「定」字形相似而訛，屬推測，無證據；二，安王在位二十六年，並無「己酉」年，與《孟氏譜》「己酉」不合；三，孟子年壽為八十四不可輕易否定。原因是：民間一直有「七十三、八十四，閻王不叫自己去」的俗語，意為：七十三和八十四歲是老人年壽的兩個難過的坎，民間這一說法概據孔子和孟子兩位「聖人」的年壽而來。前者是孔子的年壽，史有確載。而孟子的年壽八十四，雖然找不到明確記載，然而後人之所以確信，實乃基於其與《孟子》中所記生平事蹟相符。對此，上文中清陳寶泉等已有所論述。由此可以推斷：《孟氏譜》的記述除生年已明確界定為錯誤外，其餘應有可信成分，對於這些可信成分，如無確證，不宜輕易否定。

持第三種烈王四年者，也有三個需要注意的關節點：一，在「定王」已

〔註412〕孟廣均編清德宗光緒本《重纂三遷志》卷一〈年表〉，四川大學古籍整理研究所編《儒藏》（10冊），成都：四川大學出版社2005年版，第118～119頁。

被否定的前提下，「烈」雖與《孟氏譜》「定」無任何關係，但烈王四年，正是己酉年，與《孟氏譜》「己酉」合；二，如前論，定孟子為烈王四年生，與《孟子》中孟子所說「由孔子而來，至於今百有餘歲」（《孟子・盡心下》）最相合；三，魏惠王稱孟子為「叟」。據考證，《史記》所載遺漏了惠王改元之年，如加上改元後十六年，則孟子至魏年齡在五十左右。

以上對比可以看出，第三種觀點中，除了第三個關節點含有部份推測性成份外，其餘多合於史實。現在問題的關鍵集中在對梁惠王稱孟子為「叟」的理解上。

趙岐《孟子章句》：「叟，長老之稱也，猶父也。孟子去齊，老而之魏，故王尊禮之曰父。」《史記・集解》也引劉熙《孟子注》稱：「叟，長老之稱，依皓首之言。」趙岐和劉熙的敘述雖然因不能確定孟子至魏時的準確年齡而有些模糊，但確定了兩個信息：一，年老；二，表尊禮。持孟子安王生年的學者大多執著於第一點，即以年老與周禮七十齒尊相對應，斷定老而稱「叟」，必在七十。這一觀點以宋翔鳳《過庭錄》的論述最為典型：「俗傳《孟子譜》云：孟子生於周烈王四季四月二日生，赧王二十六季十一月十五多至日卒，季八十四。此言誕不足信。〈公孫丑篇〉『孟子將朝王』章稱『惡得其一以慢其二哉？』是蓋在齊愍王十二季，燕人叛，孟子去齊之前。當赧王三季，孟子季亦過七十，故云『齒尊』。《曲禮》：『大夫七十而致事，若不得謝，則必賜之几杖，行役以婦人，適四方乘安車，自稱曰老夫，於其國則稱名。』則五十、六十雖在養老之列，而尚無此隆禮，安得以『齒尊』自居？若孟子生於烈王四季，至赧王三季僅六十一歲，不宜云爾矣。計孟子致為臣而歸時，已合七十致事之禮，故云『致為臣』。若曰不可更仕矣。他日王謂時子曰：『吾欲中國而授孟子室，養弟子以萬鍾，使諸大夫國人皆有所矜式。』此亦養老優賢之義，不能更令孟子仕，但留其歸也。孟子去齊，宿於晝，有欲為王留行者，坐而言，不應隱几而臥。《曲禮》：七十賜几杖。孟子對客隱几，正是季過七十之證。……則生於烈王四季之說全不可據也。」〔註413〕然而，宋氏的論述有兩點值得商榷：其一，孟子至梁時，正值魏國四面楚歌，屢受外辱，梁惠王為改變窘境，正思賢若渴。所以，梁惠王對孟子的稱呼，不一定非要嚴格按周禮七十而稱「叟」的規定。這一點，趙岐也有所表述：「叟」猶父，

〔註413〕宋翔鳳《過庭錄》卷十〈孟子事蹟考・辨《孟子譜》之誤〉，北京：北平富晉書社中華民國十九年（公元 1930 年）刊本，第 15～16 頁。

魏惠王為「尊禮之」而稱；其二，宋氏所引〈公孫丑篇〉所謂「齒尊」及「至為臣而歸」之事，實是孟子二次去齊時事。宋氏不察，錯將二次離齊後之事安插到第一次離齊至魏時，以就此判定孟子遊梁時的年代，顯係錯誤。對於孟子二次至齊，錢穆已於《先秦諸子繫年‧孟子在齊威王時先已遊齊考》中有不易之論。而錢穆雖然以確鑿事實考證出了孟子二次至齊，但因堅信被在位已五十年的惠王稱「叟」的人，年齡一定在六十以上，再參照《周禮》七十致仕稱「叟」的說法，確定孟子遊梁時必在六、七十歲：「其游梁乃在惠王後元十五年。時惠王在位已五十年，計其年壽殆及七十，或已過。而稱孟子曰『叟』，『叟』是長老之稱，則孟子之年決不下於六十，或亦竟及七十矣。」〔註414〕

孟子遊梁是在梁惠王後元十五年，而不是如《史記‧魏世家》所言在惠王三十五年，這一點，崔述與錢穆已相繼作出令人信服的考證〔註415〕。在此基礎上，考察相關資料，其餘清代學者多與以上二人所論相反，認為孟子至梁時年歲約五十二、三，且以為，這樣的年歲，與「叟」的稱呼並無不合，現引用幾例：

清任兆麟《孟子時事略》（周顯王）「四十八年孟子至魏」條下引：「《風俗通》曰：『孟子去齊，梁惠王聘之為上卿。』《考略》曰：『時孟子年五十二矣，故稱之曰「叟」。』」〔註416〕

清陳寶泉《孟子時事考證》卷一「顯王四十八年」條下：「按孟子至梁當在時年，時孟子年五十二矣，故王稱孟子曰『叟』。趙注：『「叟」長老之稱，猶父也。』」〔註417〕

〔註414〕錢穆《先秦諸子繫年考辨》卷三〈孟子在齊威王時先已遊齊考〉，《先秦諸子繫年》，北京：商務印書館2001年版，第366頁。

〔註415〕崔述《孟子事實錄》：「孟子之至梁，不在惠王三十五年，而在後元十二年襄陵既敗之後。……孟子與齊宣王問答甚多，而與梁惠殊少。在梁亦無他事，則孟子居梁蓋不久。然猶及見襄王而後去，則孟子之至梁，當在惠王之卒前一、二年，於《年表》則周慎靚王之元年、二年也。」（崔述《孟子事實錄》卷上〈適梁〉，四川大學古籍整理研究所編《儒藏》（10冊），成都：四川大學出版社2005年版，第306～307頁）錢穆採納江永《群經補義》的考證結論，認為孟子至梁當在惠王後元十五年，即公元前320年：「今推《年表》致誤之跡，依江說，定孟子至梁在慎靚王元年也。」（錢穆《先秦諸子繫年考辨》卷三〈孟子游梁考〉，《先秦諸子繫年》，北京：商務印書館2001年版，第412頁）

〔註416〕《先秦諸子年譜》（4冊），北京：北京圖書館出版社2005年版，第142頁。

〔註417〕《先秦諸子年譜》（4冊），北京：北京圖書館出版社2005年版，第211頁。

　　清曹之升《孟子年譜》卷上「周愼靚王元年」條下稱：「孟子時年五十有三，惠王稱之曰『叟』，劉熙曰：『叟，長老之稱，依皓首之言。』」〔註418〕

　　周顯王在位四十八年，周顯王四十八年（公元前321年）的次年（公元前320年），即是周愼靚王元年，按照以上學者的考證結論，孟子離齊至魏當在顯王四十八年至愼靚王元年前後，孟子五十二至五十三歲時。且從行文看，以這樣的年齡被稱爲「叟」，似於禮並無不合，故多將孟子年歲與「叟」相連而並稱。鑒於此，清萬斯同有如下針對性論述：「其生於烈王四年，無可疑者。『叟』雖長老之稱，世亦有尊其人而加以尊稱者，不必以其年也。如漢高帝稱秦人爲父老，其人果皆父老哉！惠王之意，稱孟子亦猶是也。」〔註419〕

　　結合以上各家論證並考查《孟氏譜》有關孟子生卒的相關記載，可基本斷定：一，孟子生年中「定王」肯定是錯誤，「己酉」無否定依據；二，「壽八十四」已被後人認可並採用，具有一定的可信度；三，孟子卒年「赧王二十六年壬申」沒有否定證據〔註420〕，且赧王二十六年恰是壬申年，至少內部沒有自相矛盾之處。綜合以上，除「定王」明確錯誤外，其餘均無明確的否認依據。既然「壽八十四」是可信的，爲什麼其餘無明確否定依據的幾個義項要否定呢？尤其是生於「己酉」年，是一個不可忽視的重要義項。而在眾多的可能性中，「己酉」與烈王四年恰相合。若非將《孟氏譜》的以上各條逐一否定，「己酉」與「烈王四年」的關係就存在，孟子生於烈王四年的結論，在其餘孟子生平事蹟的支撐下，就有相當大的可信度。所以，孟廣均編清穆宗同治四年（公元1865年）刊印的《孟子世家譜》，將孟子生卒定爲：周烈王四年己酉至周赧王二十六年壬申：「己酉，一歲，是年爲周烈王四年（魯共公五年）四月二日己未（即今二月二日）。孟子生於魯鄒興鄉，今名鳧村，故宅猶在。」「壬申，八十四歲，周赧王二十六年（魯湣公八年）正月五日卒（今

〔註418〕《先秦諸子年譜》（4冊），北京：北京圖書館出版社2005年版，第493頁。
〔註419〕萬斯同《群書疑辨》卷五〈孟子生卒年月辨〉，《續修四庫全書》（1145冊），上海：上海古籍出版社2002年版，第542頁。
〔註420〕注：關於孟子卒於赧王二十六年壬申，較早的除前述元明時期程復心《孟子年譜》、張頴《孟母墓碑記》、陳士元《孟子雜記》外，魏源在《孟子年表·考第一》中還稱：據《史記·索隱》「孟子卒於赧王壬申」（《先秦諸子年譜》（5冊），北京：北京圖書館出版社2005年版，第463頁）但是，今本《史記·索隱》並無孟子卒年，惜不知《史記·索隱》是否有版本如此記載，而今已佚失，還是魏源誤記。若此記載屬實，那麼，孟子卒於赧王二十六年的說法，唐代即有，司馬貞見過，可以成爲這一觀點的更早證據。

相承以十一月十五日爲忌辰)。是日冬至，鄒人因哭孟子而廢賀冬之禮，遂以成俗。」〔註421〕對此，萬斯同《群書疑辨》呼應稱：「《孟氏宗譜》其言必有所據，若並捨而不從，更將何所取信乎？」〔註422〕近人胡適雖然也認爲：「孟子的生死年歲，頗不易考定」，但也指出：「明人所纂《孟子譜》，孟子生於周烈王四年四月二日，死於赧王二十六年十一月十五，年八十四。呂元善《聖門志》所紀年與《孟子譜》同。此等書是否有根據，今不可知。但所說孟子生於周烈王四年，頗近理。」〔註423〕

關於孟子生卒及其遊歷，難有定論的困難在於：一，司馬遷《史記》、趙岐《孟子題辭》等早期資料無載；二，《孟子》一書並非編年記事，而書中所記史事雖有可大略斷定孟子年齡者，如築薛城、見梁惠王、齊人伐燕等。但年代不確，無法據此作出明確判定；三，《史記》對孟子生平事蹟記載的舛誤，及與《竹書紀年》等早期史料在年代上的參差。如孟子見魏惠王本是判定孟子年齡的重要依據，但又存在以下問題：一，《史記》與《竹書紀年》、《孟子》所記不同：《史記》記惠王三十六年卒，襄王立。《孟子》明確記載孟子在惠王晚年至魏見魏惠王，魏惠王去世後，孟子見梁襄王「不似人君」而離去。而《竹書紀年》所記則是惠王三十六年改元惠成王，又十六年而卒，傳位哀王。《史記》漏掉惠王改元一事，但與《孟子》在惠、襄繼立順序上無異義；而《竹書紀年》記惠王改元十六年卒後是哀王繼位，而非襄王。在魏王繼立順序上，與《史記》、《孟子》均有異；二，對惠王稱孟子爲「叟」的不同理解，並由此產生眾多迷惑與歧異。以故，形成了孟子生卒考證之難，以至「山陽閻百詩著《孟子生卒年月考》，究不知生卒在何年，蓋實無可考也。」〔註424〕清黃位清也有同樣的感慨：「孔子生卒出處年月有《史記》『世家』可據，參之以《春秋》內、外《傳》及《公》、《穀》、《家語》等書，則當時事蹟約略可知。雖以年則《史記》、《公》、《穀》有一年之差，以月則《公》、《穀》有一月之差，然大略猶可按籍稽也。惟孟子，《史記》『列傳』獨略，『年表』

〔註421〕孟廣均編清穆宗同治四年刻本《孟子世家譜》卷一，現存鄒城市文物局。
〔註422〕萬斯同《群書疑辨》卷五〈孟子生卒年月辨〉，《續修四庫全書》(1145 冊)，上海：上海古籍出版社 2002 年版，第 542 頁。
〔註423〕胡適《中國古代哲學史》，《胡適文集》(6)，北京：北京大學出版社 1998 年版，第 348 頁。
〔註424〕萬斯同《群書疑辨》卷五〈孟子生卒年月辨〉，《續修四庫全書》(1145 冊)，上海：上海古籍出版社 2002 年版，第 542 頁。

及各『世家』『列傳』又與《竹書紀年》、《通鑑綱目》多所異同。於是議者紛紜，各據所見。全氏（祖望）謂『非二千年後人所能懸決』，信矣！」〔註425〕所以，涉及孟子生卒遊歷年代問題，還是錢穆說得更實際一些：「無徵不信，必欲穿鑿，則徒自陷於勞而且拙之譏，由何爲者？」〔註426〕不過，相信研究和論辯的深入，終究能使結論更趨近於事實。

〔註425〕黃位清《孟子時事考》卷下，《先秦諸子年譜》，北京：北京圖書館出版社2005年版，第667頁。

〔註426〕錢穆《先秦諸子繫年考辨》卷二〈孟子生年考〉，《先秦諸子繫年》，北京：商務印書館，2001年版，第216頁。

第二章　政治變遷與家族崛起

　　孟子家族的崛起，外決定於中國政治文化變遷的人環境，內決定於儒家思想自身強烈的倫理文化特性。它是儒家文化與中國文化相契合的產物。

　　農耕經濟和游牧經濟是中國傳統的兩大經濟類型，前者構成了中國經濟的主導，自給自足的小農經濟始終是傳統中國社會經濟結構的基礎形式。小農經濟的脆弱使「他們不能代表自己，一定要別人來代表他們。他們的代表一定要同時是他們的主宰，是高高站在他們上面的權威，是不受限制的政府權力，這種權力保護他們不受其他階級侵犯，並從上面賜給他們雨水和陽光。所以，歸根到底，小農的政治影響表現為行政權力支配社會。」〔註1〕這種小農經濟需要並且必然滋生出君主制政體，並保障了它的長期延續。在這樣的政體下，文化、意識、觀念均覆蓋於政治之下，並與政治保持高度的同步，如龔自珍所說：「一代之治，即一代之學也。一代之學，皆一代王者開之也。……是道也，是學也，是治也，則一而已矣。」〔註2〕自秦始皇「別黑白而定一尊」〔註3〕和漢武帝「大一統」之後，以思想一統為表象的文化控制便一直持續到清。君主政治對文化的直接干預，最明顯的是西漢宣帝甘露三年（公元前51年）平定五經同異的石渠閣會議，和東漢章帝建初四年（公元79年）的白虎觀會議，「帝親稱制臨決」〔註4〕。在封建秩序的確立期，便展現了以君權裁定學術是非，強制思想一統的集權威力。

〔註1〕　馬克思《路易·波拿巴的霧月十八日》，《馬克思恩格斯選集》（1卷），北京：人民出版社1972年版，第693頁。

〔註2〕　龔自珍《龔定庵全集類編》卷四〈乙丙之際著議第六〉（又名〈治學〉），北京：中國書店1991年版，第66頁。

〔註3〕　司馬遷《史記》卷六〈秦始皇本紀〉，北京：中華書局1982年版，第255頁。

〔註4〕　范曄《後漢書》卷三〈章帝紀〉，北京：中華書局1965年版，第138頁。

　　從秦漢開始建立並逐漸完善起來的封建君主政治，自秦始皇奠定「天下之事無小大皆決於上」〔註5〕的集權體系後，至明清，集權形式經過兩千年的政治錘鍊日臻成熟。特別是在經歷了宋、明、清三代的關鍵性強化後，終於達至巔峰，集中體現於宋代的文官政治、兵將分離與三司鼎足，明代的廢丞相權分六部和清代軍機處的設置。明、清迭興的文字獄恰是與政治集權相一致，而表現出的政治對思想文化控制的極致。

　　而這種君主政治，既建基於穩固的小農經濟基礎之上，又與宗法緊密結合，二者相互輔成。家族與專制的長期延續，使中國文化表現為濃厚的倫理——政治化色彩。孝親倫理構成了中國人的思想核心，忠君入仕構成了中國人的政治核心。倫理與政治相互憑依，控制了中國人普遍的心理與意識。即便是「以自隱無名為務」〔註6〕的道家，其實也是在「小國寡民」的理想藍圖設計下，充斥著對社會政治民生的關懷〔註7〕和動盪戰亂的譴責〔註8〕。而主張法術霸道的法家，其理論更是始終不離忠順孝悌〔註9〕。

　　孟子的地位正是伴隨家族倫理與君主政治的相互輔成而盤旋上升。孫葆田在《重纂三遷志·序》中曾高度濃縮地概括了這一上升過程：「孟子當戰國時，異說蜂起，乃獨著書。論道德以仁義為本，述堯舜禹湯文武周公孔子之意，而作七篇。遭秦滅學，諸經或亡或微，而《孟子》以儒書獨存。在漢文帝時嘗立博士，其後罷，不復置。歷魏晉六朝，學術紛歧，孟子之書雖存，然當時真能好之者鮮。至唐而昌黎韓子出，作《原道》以明聖賢之緒，其言曰：孔子傳之孟子，孟子死，不得其傳焉。又曰：欲求觀聖人之道者，必自孟子始。至其推尊孟子，以為功不在禹下。嗚呼，知言哉！厥後，皮氏日休

〔註5〕　司馬遷《史記》卷六〈秦始皇本紀〉，北京：中華書局1982年版，第258頁。
〔註6〕　司馬遷《史記》卷六十三〈老子韓非列傳〉，北京：中華書局1982年版，第2141頁。
〔註7〕　如《道德經》三十七章：「禍莫大於不知足，咎莫大於欲得。」「道常無為而無不為，侯王若能守之，萬物將自化。」《道德經》七十五章：「民之饑，以其上食稅之多，是以饑。民之難治，以其上之有為，是以難治。民之輕死，以其上求生之厚，是以輕死。」《道德經》七十四章：「民不畏死，奈何以死懼之？」
〔註8〕　《道德經》三十章：「師之所處，荊棘生焉。大軍之後，必有凶年。」
〔註9〕　《韓非子·忠孝》：「天下皆以孝悌忠順之道為是也，而莫知察孝悌忠順之道而審行之，是以天下亂。……臣事君，子事父，妻事夫，三者順則天下治，三者逆則天下亂，此天下之常道也。明王賢臣而弗易也，則人主雖不肖，臣不敢侵也。」

雖請以《孟子》為學科，迄唐之世議終不行。宋興而眞宗復起，始詔孫奭等校刊《孟子》。由是，學者宗之。其後，遂升為經。及程朱諸儒出而表章愈力，孟子之道日益尊，科舉之制亦自此興矣。元、明以來，其書遂大顯。」〔註10〕

第一節　戰國秦漢孟子地位隱而不彰

秦漢以前，孟子雖曾以其遊仕活動和仁政理論引起過人們的注意，甚至也一度有「後車數十乘，從者數百人」（《孟子·滕文公下》）的盛況，但總地來看，學術與社會地位其實並不高。

一、戰國由「邪蠹」到「顯學」

戰國是奴隸制崩解、封建制漸行確立的時代。劉向在《戰國策·書錄》中形象地論述了這個時代的特點：「仲尼既沒之後，田氏取齊，六卿分晉，道德大廢，上下失序。至秦孝公，捐禮讓而貴戰爭，棄仁義而用詐譎，苟以取強而已矣。夫篡盜之人，列為侯王；詐譎之國，興立為強。是以傳相放效，後生師之，遂相吞滅，并大兼小，暴師經歲，流血滿野，父子不相親，兄弟不相安，夫婦離散，莫保其命，潛然道德絕矣。晚世益甚，萬乘之國七，千乘之國五，敵侔爭權，蓋為戰國。貪饕無恥，競進無厭；國異政教，各自制斷；上無天子，下無方伯；力攻爭強，勝者為右；兵革不休，詐偽並起。當時之時，雖有道德，不得施謀；有謀之強，負阻而恃固；連興交質，重約結誓，以守其國。」〔註11〕

在這個天崩地裂的時代，由經濟發展引發的政治和觀念變革，使整個社會呈現出翻天覆地的變化。首先，鐵農具和牛耕的廣泛使用標誌著生產力的顯著提高，中國歷史由青銅時代進入了鐵器時代。而「鐵使更大面積的農田耕作，開墾廣闊的森林地區，成為可能。」〔註12〕土地大量開墾，水利工程大規模興建，土地利用率大大提高。其次，生產力的進步牽引著生產方式發生巨大變革，以往大規模簡單協作的農耕方式，被以男耕女織為特點的個體

〔註10〕孟廣均編清德宗光緒本《重纂三遷志·孫葆田序》，苗楓林主編《孔子文化大全》，濟南：山東友誼書社1989年版，第15頁。

〔註11〕劉向《戰國策·書錄》（下冊），上海：上海古籍出版社1985年版，第1196頁。

〔註12〕恩格斯《家庭、私有制和國家的起源》，《馬克思恩格斯選集》（4卷），北京：人民出版社1972年版，第159頁。

家庭經濟所取代。與農耕經營方式的改變相呼應，手工業和商業經營也出現了新格局：以往以國家壟斷工商業爲特徵的「工商食官」被打破，私營工商業迅猛發展。農業、工商業變革巨浪推動著列國統治者被動地調整政策：放棄農業和工商業的國家壟斷，承認私有，並向私有土地經營者及工商業者征稅。一種以私有制爲基礎的新型生產關係悄然確立。再次，經濟基礎的變化最終導致社會制度和社會意識形態領域的深刻變革，君主政治取代了貴族政治，私有觀念日益深入人心。

社會的巨變引發了思想觀念的多元變革。對社會變革下產生的諸多問題，人們基於不同的階級、立場，代表著不同的態度、主張，表達著不同的理想、願望。與此同時，小國林立，戰爭連綿，促成了各國尊士養士之風的盛行，禮賢下士成爲社會風尚，正所謂「諸侯並爭，厚招遊學」〔註13〕。再有，諸侯割據紛爭，政治對文化的鉗制削弱，這就使得心懷不同政見的「士」們，得以自由地各持已見，游說奔走於諸侯之間，「率其群徒，辨其談說」（《荀子·儒效篇》），合則留，不合則去。以上種種，共同促成了戰國時期思想領域「百家爭鳴」局面的出現。儒、墨、道、法、名、陰陽、兵、農各家各派既持不同的政見，又在彼此的碰撞、交鋒中互相吸收、涵融，共同匯聚成了中國軸心時代的文化洪流。重實用理性，重人倫日用，重整體思維，重人文主題的中國文化特色，在這一時期集結、創建、形成。

這是一個人才濟濟、群星璀燦的時代。就是在這樣一個除舊布新的時代，孟子繼承了孔子創立的儒家學說，以「仁」爲思想核心，以「義」爲價值準繩，以「禮」爲外在規範，以「知」（「智」）爲認知手段，揚棄著儒學的理論學說，延續著儒學的「顯學」地位。作爲儒學的繼承者，孟子理所當然地受到了時人的關注。

第一個關注孟子的是荀子。《荀子·非十二子》對當時的六個學派進行了逐一評價，稱思、孟一派「略法先王而不知其統，猶然而材劇志大」，「僻違而無類，幽隱而無說，閉約而無解」，認爲孔子學說之所以遭到後世曲解完全是「子思、孟軻之罪也」。從荀子的評判中可以判斷：一，子思、孟軻爲孔子之後「各引一端」（《漢書·藝文志序》）的一個分支；二，在荀子一派看來，子思、孟子學說是曲解儒學的「邪說」。荀子與孟子作爲後儒兩大分支，觀點不一顯而易見。既然如此，那麼，一派對另一派的評判是否會帶有派系之間

─────────────────

〔註13〕司馬遷《史記》卷六〈秦始皇本紀〉，北京：中華書局1982年版，第255頁。

的偏見而使結論的客觀性受到質疑呢？在如何對待荀子的評價問題上，這是一個值得注意的問題。

韓非是荀子之後第二個關注孟子的人。《韓非子・顯學》稱：「世之顯學，儒墨也。」「自孔子之死也，有子張之儒，有子思之儒，有顏氏之儒，有孟氏之儒，有漆雕氏之儒，有仲良氏之儒，有孫氏之儒，有樂正氏之儒」。孔子之後，儒分爲八，孟氏之儒成爲與子思之儒並列的儒家八派之一。韓非對孟子的評價與其老師荀子相比不同的是：孟子已由此前「子思唱之，孟軻和之」（《荀子・非十二子》）的「思孟」一派被納爲儒學八派之一，成爲後儒分派領袖；相同的是：在韓非「儒以文亂法」的價值判斷中，孟子和其「孟氏之儒」的學說依然屬於「以文亂法」的「邦之蠹」。

從上述評價可見，戰國時期的孟子，雖然其學說仍被定位爲「以文亂法」的「邪說」〔註14〕，作爲儒學分支的社會地位也還只不過是「與諸子等耳」〔註15〕。但是，孟子獨立的儒學支派領袖的地位開始逐漸得到認同，社會認可度開始上升。

二、漢代免遭焚滅後的關注

秦始皇「續六世之餘烈，振長策而御宇內」〔註16〕，以武力掃平六國，統一天下。但是，他的失誤在於以打天下的辦法治天下。蔑視儒學，崇尚法家，嚴刑酷法，焚滅文章，以吏爲師，促使秦朝政權迅速走向滅亡。西漢初賈誼曾總結秦朝短祚的教訓：「仁義不施，而攻守之勢異也」〔註17〕。在戰爭與征伐的非常態下固然可以暫用法家的苛酷與決斷，但在社會常態下秩序的穩定卻需要孔孟儒家思想的維繫，這也就是儒士叔孫通所說的：「儒者難與進取，可與守成」〔註18〕。

趙岐在《孟子題辭》中說：「孟子既沒之後，大道遂絀，逮至亡秦，焚滅

〔註14〕注：其中難免有學術分派政見不一及其文人微妙心理因素導致的「相輕」與非難。

〔註15〕崔述《孟子事實錄》卷下〈附韓文公稱述孟子三則〉，四川大學古籍整理研究所編《儒藏》（10 冊），成都：四川大學出版社 2005 年版，第 330 頁。

〔註16〕司馬遷《史記》卷六〈秦始皇本紀〉，北京：中華書局 1982 年版，第 280 頁。

〔註17〕賈誼《新書》卷一〈過秦上〉，《四庫全書》（695 冊），上海：上海古籍出版社 1987 年版，第 390 頁。

〔註18〕司馬遷《史記》卷九十九〈劉敬叔孫通列傳〉，北京：中華書局 1982 年版，第 2722 頁。

經術，坑戮儒生，孟子徒黨盡矣！其書號爲諸子，故篇籍得不泯絕。」〔註19〕趙岐的說法並不誇張，十幾年的秦朝暴政，儒學的確遭受了沉重打擊，典籍被焚，徒黨零落。好在《孟子》一書因爲「子」書地位逃過了「焚滅經術」的劫難，「得不泯絕」。對此，《漢書》有載：「河間獻王德，以孝景前二年立，修學好古，實事求是。從民得善書，必爲好寫與之，留其眞，加金帛賜以招之。……獻王所得書，皆古文先秦舊書，《周官》、《尚書》、《禮》、《禮記》、《孟子》、《老子》之屬，皆經傳說記，七十子之徒所論。」〔註20〕

漢代建立以後，經過初期七十年的休養生息，到武帝時期，儒家終因其善守成的特性彰顯出優勢。與此同時，作爲注重仁政的孟子一派，其地位也在政治的需要中伴隨儒學一同上升。《孟子》一書雖然尙且無法與儒家五經相比，但其地位也已經高於一般「子」書〔註21〕。

（一）西漢文、武帝時《孟子》博士旋置旋廢

趙岐《孟子題辭》稱：「漢興，除秦虐禁，開延道德。孝文皇帝欲廣遊學之路，《論語》、《孝經》、《孟子》、《爾雅》皆置博士，後罷傳記博士，獨立五經而已。」〔註22〕按照趙岐的說法，《孟子》也曾在漢文帝時期一度設博士，立學官，但又因爲在時人眼中只不過是解說儒經的「傳記」〔註23〕，而在武

〔註19〕 趙岐《孟子題辭》，《諸子集成》（1 冊），上海：上海書店出版社 1986 年版，第 10〜11 頁。

〔註20〕 班固《漢書》卷五十三〈景十三王傳・河間獻王劉德〉，北京：中華書局 1962 年版，第 2410 頁。

〔註21〕 注：「經書」和「子書」既關涉中國古籍四部份類法，又關涉古籍本身的分類屬性與地位問題。在中國古籍分類史上，漢代劉向、劉歆父子整理宮中藏書而成《七略》，將中國古籍分爲六藝、諸子、詩賦、兵書、術數、方伎六類（外加總論輯略而成七略），此即中國最早的圖書目錄分類。其中，六藝對應「經」，諸子對應「子」，詩賦對應「集」，史部書因爲數量太少，附於六藝類之後，由此形成了中國書籍四部份類法的雛形。後東漢班固《漢書・藝文志》基本沿襲這一分類。三國魏文帝時，秘書郎鄭默編《中經》，將書籍分爲甲、乙、丙、丁四類，分別對應經、子、史、籍四部。西晉武帝時，秘書監荀勖撰《中經新薄》，正式確立了四部份類法。東晉著作郎李充整理宮中圖書，編纂《晉元帝四部書目》，基本沿用此四部份類法，並依據當時四部書目在社會上的地位，按由高到低另行排序爲經、史、子、集四部。四部份類法從封建社會後期的唐、宋、元、明、清一直沿用至今。四部排序的變化說明了古代社會「經書」的獨尊地位和「子書」的從屬地位。

〔註22〕 趙岐《孟子題辭》，《諸子集成》（1 冊），上海：上海書店出版社 1986 年版，第 10 頁。

〔註23〕 焦循《孟子正義》據翟灝《孟子考義》考證：「時《論語》、《孝經》通謂之

帝時與《論語》、《孝經》、《爾雅》等「傳記」一同罷廢〔註24〕。由於《孟子》
設博士之事不見於《史記》、《漢書》，所以歷代學者多所懷疑，以爲非實有其
事〔註25〕。究竟是否確有其事，限於史料，今天已很難考證清楚〔註26〕。

　　不過，無論此事是否屬實，總起來看，西漢時期《孟子》作爲儒家經典
的地位雖然不如儒家五經高，但較之以前的確略有改觀。

　　所謂「略有改觀」，可以由以下兩點說明：第一，揚雄的《法言》中有兩
處提及孟子並給予較高評價。一是〈吾子篇〉：「古者楊墨塞路，孟子辭而辟
之，廓如也。後之塞路者有矣，竊自比於孟子。」另一是〈君子篇〉：「或問
孟子：知言之要，知德之奧。曰：非苟知之，亦允蹈之。或曰：子小諸子，
孟子非諸子乎？曰：諸子者，以其知異於孔子者也，孟子異乎不異。」〔註27〕
揚雄對孟子的尊崇主要體現在兩個方面：一是充分肯定孟子批判楊墨、廓清
孔子之道的歷史功績；二是在揚雄眼裏，孟子雖爲諸子，但無疑已是孔子思
想的直接繼承者，其地位已高出荀子。所以「竊自比於孟子」，把自己的「正
儒學」和對當時神學迷信的批評，稱爲仿傚孟子批判楊墨，捍衛孔子之道；

『傳』，而《孟子》亦謂之『傳』，如《論衡・對作篇》曰：『楊墨不亂傳義，
則孟子之傳不造』；《劉向傳》引『傳曰：聖人不出，其間必有名世者』；《後
漢書・梁冀傳》引『傳曰：以天下與人易，爲天下得人難』；《越絕書・序外
傳記》引『傳曰：於厚者薄，則無所不薄矣』；《說文解字》引『傳曰：簞食
壺漿』；《詩・邶風》正義引『傳曰：外無曠夫，內無怨女』；《中論・夭壽篇》
引『傳曰：所好有甚於生者，所惡有甚於死者』；又《法象篇》曰：『傳稱大
人正己，而物自正』，皆可爲證。故趙氏以《論語》、《孝經》、《孟子》、《爾
雅》博士，統言之曰『傳記博士』。」（焦循《孟子正義・孟子題辭》「漢興，
除秦虐禁」條下，《諸子集成》（1 冊），上海：上海書店出版社 1986 年版，
第 10 頁）

〔註24〕焦循據錢大昕《潛研堂答問》考證，漢武帝罷《孟子》等「傳記博士」，當在
武帝建元五年。原文爲：「孝武初立，卓然罷黜百家，表章六經。以『本紀』
考之，建武五年（公元注：當爲建元五年），置五經博士，則傳記博士之罷，
當在是時矣。」

〔註25〕「趙岐《孟子題辭》亦謂孝文皇帝欲廣遊學之路，《論語》、《孝經》、《孟子》、
《爾雅》皆置博士，此則《史記》、《漢書》並未之及，其爲實錄以否，不可
知矣。」（馬宗霍《中國經學史》第六篇〈兩漢之經學〉，北京：商務印書館
1936 年版，第 40 頁）

〔註26〕楊澤波從趙岐寫《孟子題辭》時年代較早，及趙岐爲學嚴謹兩個方面，論證
趙岐關於漢文帝時設《孟子》爲博士的說法的眞實可靠，實屬有益的探索。
但大多仍屬推測，缺乏實證。（詳見楊澤波《孟子評傳》，南京：南京大學出
版社 1998 年版，第 454～455 頁）

〔註27〕《諸子集成》（7 冊），上海：上海書店出版社 1986 年版，第 6、37 頁。

第二，漢昭帝始元六年（公元前 81 年），在以昭帝名義召開的鹽鐵會議上，孟子的思想由「迂遠而闊於事情」〔註28〕，一變而爲治國理政的思想資源。鹽鐵會議的主題是「議罷鹽鐵榷酤」〔註29〕，會議由兩派組成：一派是武帝時以桑弘羊爲代表的主政理財的御史大夫；一派是民間選派的賢良文學之士。與會雙方就富國之路、導民之術等社會政治治理問題進行了激烈的思想交鋒。結果，以孔孟思想爲指導的賢良文學之士最終取勝。從桓寬根據會議記錄整理的《鹽鐵論》看，雙方都引用孟子觀點爲自己的理論依據，特別是孟子的仁政和內聖道德學說〔註30〕。鹽鐵會議標誌著孟子思想在漢代地位的提升。另外值得注意的是，會議上雙方在引徵孟子言論時，多次孔、孟並稱，這說明，人們在習稱上已經開始由「孟、荀齊號」向「孔、孟並稱」過渡，這從一個側面反映了孟子地位的上升。

所謂「不高」，主要體現在以下四點：第一，在司馬遷的《史記·孟子荀卿列傳》裏，孟子生平只列合傳，與騶衍、淳于髡、愼到、荀子並列；第二，僅一百多字的孟子傳記裏，涉及孟子的史事包括家世、出身、父母、生平等均敘述不明。可見有關孟子的史事在當時並不爲人所重，故而年久失傳，以至於司馬遷也無法搞清楚；第三，西漢劉向、劉歆《七略》雖失傳，但從沿襲劉氏父子《七略》的班固《漢書·藝文志》裏可以看出，《孟子》著錄於〈諸子略·儒家類〉，屬於「子部」行列，而其餘同被時人視爲「傳記」的《論語》、《孝經》、《爾雅》，則著錄於〈六藝略〉，被列爲「經部」。可見，《孟子》在西漢地位雖然作爲儒家類高於一般「子」書，但在整體儒家序列中並不靠前。這一時期儒家經典的順序應該是：第一等，原典經書五經；第二等，「傳記」中的《論語》、《孝經》、《爾雅》；第三等，歸入「傳記」的《孟子》；第四等，非「傳記」類一般子書；第四，終西漢之世，關注和研究孟子的成果極少。從現有史料看，西漢關注孟子的只有後期的劉向和揚雄，劉向《孟子注》僅有清王仁俊輯本存世，原本已佚。揚雄《中興藝文志》有《孟子注》，但因旨意淺近，被疑爲僞託〔註31〕。

〔註28〕 司馬遷《史記》卷七十四〈孟子荀卿列傳〉，北京：中華書局 1982 年版，第2343 頁。

〔註29〕 班固《漢書》卷七〈昭帝紀〉，北京：中華書局 1962 年版，第 223 頁。

〔註30〕 見桓寬《鹽鐵論》卷一〈通有第三〉、卷三〈刺權第九〉、〈論儒第十一〉、卷九〈鹽鐵取下第四十一〉、卷十二〈大論第五十九〉等篇。（《四庫全書》（695冊），上海：上海古籍出版社 1987 年版，第 487、507、515、603、659 頁）。

〔註31〕 南懷瑾《孟子旁通·歷代〈孟子〉研究書目》（上海：復旦大學出版社 2000年版）和劉大年《孟子家世·歷史孟子研究著作綜述》（北京：中國文史出版

當然，以上幾點對於孟子及其學說的看法，有些屬於傳統思維習慣所致，畢竟，一種思想或學說受到社會的普遍認同和重視需要一個過程。

（二）東漢孟子地位略有提升

《孟子》在西漢的地位雖不列於「經書」，但已略高於一般「子書」。至東漢，《孟子》在學界的地位雖然仍屬於解說經書的「傳記」，但從傳世文獻看，無論官方還是民間，與前代相比，《孟子》的地位已明顯有上升趨勢。以下四點可以說明：其一，白虎觀會議學者徵引《孟子》得到官方認可。東漢章帝建初四年（公元 79 年），東漢政府為了以官方意志正經學，統一思想意識，由章帝直接主持，在白虎觀舉行了一次大規模的經學討論會，討論「五經同異」，「使諸儒共正經義」〔註 32〕。這次會議的討論記錄，後來由班固整理成書，名為《白虎通德論》，簡稱《白虎通》或《白虎通義》。趙岐在《孟子題辭》中說：「訖今諸經通義，得引《孟子》以明事，謂之博文。」焦循在此條下「正義」謂：「《後漢書‧儒林傳》云：建初中，大會諸儒於白虎觀，考詳同異，連月乃罷。肅宗親臨稱制，如石渠故事，顧命史臣著為《通義》。注云，即《白虎通義》是」〔註 33〕。白虎觀會議由章帝親自過問，是一次旨在以官方意志「正經義」的一次最高政治和學術會議，會議的主旨自然代表了官方意志。會議上學者引《孟子》作為觀點論證依據，自然可以從側面反映《孟子》在官方意識形態領域中的地位；其二，民間學者也多徵引《孟子》闡明經義並引以為榮。焦循在《孟子題辭‧正義》該條下還列舉了很多學者平時徵引《孟子》以闡明經義的例證：「觀趙氏此文，《孟子》雖罷博士，而論說諸經，得引以為證。如《鹽鐵論》載賢良文學對丞相御史，多本《孟子》

社 1991 年版）提到西漢有劉向《孟子注》，並稱：此書可能是《孟子》最早的注本，但書今已不傳，只有王仁俊的輯本。對於此種說法，考之較早的幾種目錄文獻都沒有著錄，《漢書》本傳中也沒有提及。《漢書‧藝文志》中未見《孟子》注本；《隋書‧經籍志》著錄三種《孟子》注本，趙岐注、鄭玄注和劉熙注；《宋史‧藝文志》著錄《孟子》十四卷，有揚雄、韓愈、李翱、熙時子四家注；《清史稿‧藝文志》著錄馬國翰所輯《孟子》古注，有東漢高誘、程曾等九家。孟廣均編清德宗光緒本《重纂三遷志》也未記劉向為《孟子》作注之事。周予同《群經概論》說：「漢代治《孟子》的，始於楊雄。雄注《孟子》，見於《中興藝文志》，然旨意淺近，當時已疑為依託。」（長沙：嶽麓書社 2011 年版，第 76 頁）。

〔註 32〕范曄《後漢書》卷三〈肅宗孝章帝紀〉，北京：中華書局 1965 年版，第 138 頁。
〔註 33〕趙岐《孟子題辭》，《諸子集成》（1 冊），上海：上海書店出版社 1986 年版，第 10～11 頁。

之言，而鄭康成注《禮》箋《詩》，許慎作《說文解字》，皆引之。其見於《史記》、兩漢《書》、兩漢《紀》……亦當時引以明事之證」〔註34〕；其三，據現存資料顯示，東漢研究《孟子》的學者有所增加，對孟子的評價雖有批評，但讚揚程度超過前代。從史料記載看，東漢為《孟子》作注的有高誘《孟子章句》，程曾《孟子章句》〔註35〕、鄭玄《孟子注》，劉熙《孟子注》〔註36〕等；其四，王充著《刺孟》對孟子提出懷疑和批評，雖然成為唐宋疑孟、非孟的開端，但從反面反映了時人對孟子的關注。且從王充多次孔孟連稱，說明孔孟並稱已在漢代社會流行。

上述注本大多已亡佚，惟趙岐的《孟子章句》和《孟子題辭》完整保留至今且影響較大。從趙岐的《孟子》研究看，有以下幾點值得注意：一，與王充對《孟子》的批評相反，趙岐《孟子題辭》給予《孟子》極高評價，稱之為「包羅天地，揆敘萬類，仁義道德，性命禍福，粲然靡所不載。帝王公侯遵之，則可以致隆平，頌清廟；卿大夫士蹈之，則可以尊君父，立忠信；守志屬操者儀之，則可以崇高節，抗浮雲。有風人之託物，《二雅》之正言，可謂直而不倨，曲而不屈，命世亞聖之大才者也。」在趙岐看來，《孟子》括囊天地萬物之理，無論帝王、公侯、卿大夫，還是守志屬操的普通人，只要遵循《孟子》，就會有所成就，趙岐率先以「亞聖」盛讚孟子，褒揚程度無以復加。二，趙岐在《孟子題辭》中，已經把孟子與孔子、《孟子》與《論語》相比擬，稱「孔子自衛返魯，然而樂正雅頌各得其所，乃刪《詩》定《書》，係《周易》作《春秋》；孟子退自齊梁，述堯舜之道而著作焉，此大賢擬聖而作者也。……衛靈公問陣於孔子，孔子答以俎豆；梁惠王問利國，孟子對以

〔註34〕 《諸子集成》（1 冊），上海：上海書店出版社 1986 年版，第 10～11 頁。

〔註35〕 《後漢書》卷七十九下〈儒林列傳·程曾〉有「著書百餘篇，皆五經通難，又作《孟子章句》」的記載。（范曄《後漢書》卷七十九下〈儒林列傳·程曾〉，北京：中華書局 1965 年版，第 2581 頁）程氏所作《孟子章句》今已不傳。另清馬國翰《玉函山房輯佚書》輯有《孟子程氏章句》一卷，作者為「後漢程曾」。（馬國翰《玉函山房輯佚書》卷四十七〈經編·孟子類〉，《續修四庫全書》（1203 冊），上海：上海古籍出版社 2002 年版，第 113 頁）。

〔註36〕 以上兩個注本今均已不傳，《隋書·經籍志》、《舊唐書·經籍志》、《新唐書·藝文志》均有記載，另馬國翰《玉函山房輯佚書》輯有鄭玄《孟子鄭氏注》一卷，劉熙《孟子劉氏注》一卷。（馬國翰《玉函山房輯佚書》卷四十七〈經編·孟子類〉，《續修四庫全書》（1203 冊），上海：上海古籍出版社 2002 年版，第 113 頁）。

仁義。……旨意合同，若此者眾。」這種比擬，實際上將孟子其人其書的地位與孔子並列，印證了王充孔、孟並稱已成為漸行普遍的社會現象，成為宋代以後孔、孟並稱的先聲。三，趙岐研究《孟子》採用了解喻結合，追求本義與意義創新並重的詮釋方法。《四庫全書總目》談到這一特點說：「漢儒注經，多明訓詁名物，惟此注箋釋文句，乃似後世之口義，與古學稍殊。……蓋《易》、《書》文皆最古，非通其訓詁則不明；《詩》、《禮》語皆徵實，非明其名物亦不解；《論語》、《孟子》詞旨顯明，惟闡其義理而止。所謂言各有當也。」〔註37〕這一評論，頗為允當。趙岐注《孟子》，不拘泥於漢代盛行的名物訓詁，著重於闡發義理。阮元在《孟子注疏校刊記序》中說：「趙岐之學以較馬、鄭、許、服諸儒稍為固陋，然屬書離辭，指事類情，於訓詁無所戾。《七篇》之微言大義，籍是可推。」〔註38〕這一釋《孟》風格影響了後來者，此後朱熹的《孟子集注》、《孟子或問》和焦循的《孟子正義》多有仿照。《四庫全書總目》總結了趙注《孟子》的特點和成就：「蓋其說雖不及後世之精密，而開闢荒蕪，俾後來得循途而深造，其功要不可泯也。」〔註39〕在漢代《孟子》學的發軔期，相關闡釋之作已經湧現，特別是趙岐對《孟子》的義理性闡釋，為後來《四書》學的形成奠定了基礎〔註40〕。

第二節　魏晉儒學中衰與孟子式微

魏晉時期，玄學興起，佛學昌盛，儒學中衰。在兩漢時期地位略有提升的孟子，隨著儒學的中衰一同式微。

一、儒學中衰的原因

從宏觀上看，魏晉時期儒學浸衰的原因無非有二：一是內部自我腐朽；二是外部玄、佛的排擊。

〔註37〕紀昀等《四庫全書總目提要》，《四庫全書》（195冊），上海：上海古籍出版社1987年版，第4頁。
〔註38〕阮元《十三經注疏》，北京：中華書局1980年版，第2664頁。
〔註39〕紀昀等《四庫全書總目提要》，《四庫全書》（195冊），上海：上海古籍出版社1987年版，第4頁。
〔註40〕參見朱鬆美《趙岐〈孟子章句〉的詮釋學意義》，載《山東大學學報》2005年第3期。

　　從內部看，經過漢武帝、董仲舒的努力，儒學終於取得了「定於一尊」的地位，成為兩漢思想文化主流，實現了儒學的經學化。但與此同時，也催生了經學本身今、古文的分化，一向經世致用的經學發展為兩種極端化──煩瑣化和讖緯化。古文經在「無一字無精義」、「無一字無來歷」的精緻化追求中走向煩瑣，竟至「秦近君能說〈堯典〉，篇目兩字之說至十餘萬言，但說『曰若稽古』三萬言」〔註41〕，以至於「幼童而守一藝，白首而始能言」〔註42〕。煩瑣化的結果，使經學背棄了為現實服務的初衷而走向反面，如馬宗霍所說：「蓋經說過繁，經義或反因之而晦」〔註43〕。而今文經則自董仲舒將天人感應引入儒學體系始，開了經學讖緯化的禍端，終至流衍為荒誕的讖緯神學，墮入巫術迷信的泥淖，喪失了學術和政治價值。崇尚「入世」的儒學，走向虛無空浮、脫離實際的歧途，既無益於人倫日用，又無力於鑒戒風雲變幻的現實社會。在儒學腐朽的情況下，士人紛紛棄儒就法，趨勢就利，轉習法家。如杜恕上疏所說：「今之學者，師商、韓而上法術，競以儒家為迂闊，不周世用」〔註44〕，於是，「中原橫潰，衣冠道盡。」〔註45〕儒學實用性的喪失，使得其在東漢末年由盛轉衰，終成無可挽回的頹勢。

　　從外部看，首先是玄學的衝擊。玄學的興起與魏晉時勢動亂及門閥勢力的經久不衰有著直接的關聯。董卓之亂終使久已衰微的漢帝國崩潰。地方軍閥割據和王室自相殺戮，為北方游牧民族進入中原提供了契機，一場長達四百年的戰亂由此展開：先是魏、蜀、吳三國鼎立；西晉短期統一之後，又是北方的十六國割據與東、西魏，北齊、周的擅代和南方宋、齊、梁、陳的更迭。中原繼春秋戰國後再次陷入金革鐵馬、刀光劍影的動盪與煎熬之中。世家大族或遷離本土，或建塢壁自保。而孱弱的政治勢力不得不依賴他們以壯大自己。門閥士子們一方面無慮於政治榮替和經濟匱乏，精神思想獲得了從未有過的放鬆，在脫離現實政治和功利的輕鬆氛圍下，一味地追逐純粹精神意義上的愉悅；另一方面，政治的動盪又使他們產生了一種揮之不去的深重

〔註41〕顏師古《漢書》卷三十〈藝文志〉「至於二三萬言」條下注引桓譚《新論》，
　　　　北京：中華書局1962年版，第1723頁。

〔註42〕班固《漢書》卷三十〈藝文志〉，北京：中華書局1962年版，第1723頁。

〔註43〕馬宗霍《中國經學史》第六篇〈兩漢之經學〉，北京：商務印書館1936年版，
　　　　第58頁。

〔註44〕陳壽《三國志》卷十六〈魏書・杜畿傳・附杜恕傳〉，北京：中華書局 1982
　　　　年版，第502頁。

〔註45〕李延壽《南史》卷七十一〈儒林傳序〉，北京：中華書局1975年版，第1730頁。

的生命危機感，他們感「興廢之無常」，哀「人生若朝露」，懼「雕落之無期」，歎「對酒當歌，人生幾何」，彷徨的靈魂找不到一片可以寄託的家園。與此同時，訓詁煩瑣和讖緯迷信的經學日益「不周世用」〔註46〕，所謂經學式微，儒學動搖，名教危機。儒學信仰危機和士人精神的解放，以及動亂局勢下的人生探求，把魏晉思想引向玄學。所謂「有晉中興，玄風獨振」〔註47〕，玄學以關注個體生命張揚的老、莊思想爲主流，以唯心本體論代替神學目的論，以高度抽象的義理思辨取代經學的煩瑣比附。玄學家們在兼善天下的理想無法實現的現實下，向內收斂爲人心本體，向外散發爲山水自然，在超越功利的悠然的山水玄趣中體悟「道」的具象，尋找和體驗「結廬在人境，而無車馬喧」（《飲酒詩》）的人生逍遙。玄學玄風下，士人們暫時掩藏起對現實的責任與焦灼，以「窮則獨善其身」的無奈「躬耕以食之，穿井以飲之，短褐以蔽之，蓬廬以覆之……逍遙竹素，寄情玄毫，守常待終」〔註48〕。於是，「尙玄虛之學，爲儒者蓋寡」〔註49〕，「儒教盡矣」〔註50〕。

其次是佛教、道教的氾濫。東漢末年外戚、宦官專權，社會政治腐敗黑暗，加之天災癘疫流行，民不聊生，「宗教裏的苦難既是現實的苦難的表現，又是對這種現實的苦難的抗議。」〔註51〕人生苦難爲佛教傳播和道教興起提供了有利條件。如果說，玄學的興盛爲士人的精神開闢出了一片安身立命之所。那麼，外來佛教和本土道教的盛行，則爲民眾尋找到了一片精神解脫的「神仙樂園」。佛陀的慈悲和老子的超脫，使人們在黑暗中看到了擺脫苦難的一線光明。佛、道的興盛與儒學的式微互爲因果，相互激蕩，所謂「儒墨之跡見鄙，道家之言遂盛」〔註52〕。儒學的腐朽彰顯了佛、道的活躍，佛、道的興盛加劇了儒學的衰敗。雄居學壇政壇四百年的經學無可奈何花落去。

〔註46〕陳壽《三國志》卷十六〈魏書・杜畿傳・附杜恕傳〉，北京：中華書局 1982
年版，第 502 頁。
〔註47〕沈約《宋書》卷六十七〈謝靈運傳〉，北京：中華書局 1974 年版，第 1743 頁。
〔註48〕葛洪《抱朴子外篇》卷一〈嘉遁〉，《四庫全書》（1059 冊），北京：中華書局
1987 年版，第 127 頁。
〔註49〕姚思廉《梁書》卷四十八〈儒林傳・序〉，北京：中華書局 1973 年版，第 661 頁。
〔註50〕沈約《宋書》卷五十五〈臧燾傳〉，北京：中華書局 1974 年版，第 1543 頁。
〔註51〕馬克思《〈黑格爾法哲學批判〉導言》，《馬克思恩格斯選集》（1 卷），北京：
人民出版社 1972 年版，第 2 頁。
〔註52〕房玄齡等《晉書》卷四十九〈向秀傳〉，北京：中華書局 1974 年版，第 1374 頁。

二、儒學在危機中生存

總的看，這一時期的儒學雖然在與佛、道的鬥爭、融合中艱難地維繫生存，但顯然已經失去了兩漢的獨尊地位，儒學衰微已無可諱言。在這樣的大背景下，人們對孟子的關注更顯冷落。從現有資料看：學術上，整個魏晉南北朝四百年間，只有徐幹《中論》偶而提及孟子。今日所見研究孟子的成果也只有晉綦毋邃的《孟子注》九卷〔註 53〕；政治上，在天下分合內訌，內憂外患不斷，佛道玄粉墨登場的動盪時局下，儒學因其「迂遠而闊於事情」的仁政傾向而重遭時代遺棄。

但是，儒家文化畢竟深深植根於傳統民族心理的沃土之上，思想文化強烈的傳承性兼以儒學面對逆流的自省與調整，使其在與玄、佛、道的頡頏、碰撞中不斷吸收、涵容，終使其自身免於中絕。恰如李充在儒學式微、道學昌盛的形勢下仍然看到儒、道的互補和二者目標上的一致：「聖教救其末，老莊明其本，本末之途殊而為教一也。」〔註 54〕

從現有資料看，晉代對孟子的推崇仍然不乏其人。東晉成帝咸康三年（公元 337 年），國子祭酒袁環和太常馮懷曾聯名向成帝司馬衍上《請興國學疏》：「臣聞先王之教也，崇典訓，明禮學，以示後生，道萬物之性，暢為善之道也。宗周既興，文史載煥，端委治於南蠻，頌聲逸於四海。故延州入聘，聞《雅》音而嗟諮，韓起適魯，觀《易》象而歎息。何者？立人之道，於此為首也。孔子恂恂，道化洙、泗；孟軻皇皇，誨誘無倦。是以仁義之聲，於今

〔註 53〕 此書在《隋書·經籍志》中記為「九卷」，在《舊唐書·經籍志》和《新唐書·藝文志》中均記為「七卷」。但宋以後失傳，今有清馬國翰輯本《孟子綦毋氏注》一卷（馬國翰《孟子綦毋氏注》卷四十八〈經編·孟子類〉，《續修四庫全書》（1203 冊），上海：上海古籍出版社 2002 年版，第 151 頁）。另關於綦毋邃生活的朝代，歷史上有晉和南朝梁兩種不同說法。《隋書·經籍志》在「《孟子》七卷，劉熙注」下附注為：「梁有《孟子》九卷，綦毋邃撰，亡。」（魏徵等《隋書》卷三十四〈經籍志三〉，《四庫全書》（264 冊），上海：上海古籍出版社 1987 年版，第 626 頁）但《隋書·經籍志》卻又將綦毋邃所撰《列女傳》列序於晉人皇甫謐和杜預之間（魏徵等《隋書》卷三十三〈經籍志二〉，《四庫全書》（264 冊），上海：上海古籍出版社 1987 年版，第 618 頁），似可由此推斷作者以綦毋邃為晉人，故孟廣均編清德宗光緒本《重纂三遷志》卷三〈經義〉（苗楓林《孔子文化大全》，濟南：山東友誼出版社 1989 年版，第 137 頁）及今人南懷瑾《孟子旁通》附錄〈歷代《孟子》研究書目〉均列為：「晉綦毋邃」（上海：復旦大學出版社 1996 年版，第 435 頁）。

〔註 54〕 房玄齡等《晉書》卷九十二〈文苑傳·李充〉，北京：中華書局 1974 年版，第 2389 頁。

猶存；禮讓之風，千載未泯。疇昔陵替，喪亂屢臻，儒林之教暫頹，庠序之禮有闕。國學索然，墳卷莫啓，有心之徒，抱志無由。昔魏武身親介冑，務在武功，猶尙息鞍披覽，投戈吟詠，以爲世之所須者，治之本宜崇。況今陛下以聖明臨朝，百官以虔恭蒞事，朝野無虞，江外靜謐。如之何泱泱之風，漠焉無聞，洋洋之美，墜於聖世乎！古人有言：《詩》、《書》義之府，《禮》、《樂》德之則。實宜留心經籍，闡明學義，使諷頌之音，盈於京室，味道之賢，典謨是詠，豈不盛哉！疏奏，帝有感焉。由是議立國學，徵集生徒，而世尙莊、老，莫肯用心儒訓。穆帝永和八年，殷浩西征，以軍興罷遣，由此遂廢。」〔註 55〕疏文情詞懇切，建議推崇孔、孟，振興國學，當魏晉亂世殊爲可貴。但無奈於世道之亂，人心惟危，莊玄盛行，難擋儒學式微，《孟子》升經之途舉步維艱，如翟灝所說：「當江左之朝，猶有袁、馮二氏，能以孔、孟並舉，疏請留心闡明，非嚶嚶然朝陽之鳴鳳乎！生徒果用心焉，則《孟子》之升經立學在其會矣。惜乎世受莊、老之惑，又遲其事於數百年後也。」〔註 56〕晉成帝雖對這一上疏表示認可，但並未付諸實踐。

南朝梁武帝仍然崇尙經學，只不過此時的經學學風中已經滲透了玄風的習染，如清人趙翼所說：「梁武帝崇尙經學，儒術由之稍振，然談義之習已成。所謂經學者，亦皆爲談辯之資。……當時雖從事於經義，亦皆口耳之學。開堂升座，以才辯相爭勝，與晉人清談無異，特所談者不同耳。」〔註 57〕與儒學以玄學修正自我的同時，玄學也向儒學靠攏，裴頠、郭象的「名教即是自然」體現了「以道合儒」的趨向。

北朝王猛、崔浩、高允、蘇綽等一大批漢族儒士，活躍在胡族政權的舞臺上，「用夏變夷」，共同爲儒學突破地域和種族的畛域，以漢化胡而努力。正是他們的努力，維繫了以後儒學復興的一線生機。

〔註55〕 沈約《宋書》卷十四〈禮志一〉，北京：中華書局 1974 年版，第 362～363 頁；另《晉書》卷八十三〈袁瓌傳〉和孟廣均編清德宗光緒本《重纂三遷志》卷六〈藝文一‧奏議〉（苗楓林主編《孔子文化大全》，濟南：山東友誼出版社 1989 年版，第 320 頁）所記除個別詞句外，基本與同。前者並有：「疏奏，成帝從之，國學之興自瓌始也」的記載。（《四庫全書》（256 冊），上海：上海古籍出版社 1987 年版，第 361 頁）
〔註56〕 孟廣均編清德宗光緒本《重纂三遷志》卷六〈藝文一‧奏議〉，苗楓林主編《孔子文化大全》，濟南：山東友誼出版社 1989 年版，第 321 頁。
〔註57〕 趙翼《廿二史札記》卷八〈六朝清談之習〉，王樹民《廿二史札記校證》（上冊），北京：中華書局 1984 年版，第 169 頁。

第三節　唐宋「孟子升格運動」

至唐宋，孟子地位終由低迷而勃興，周予同稱這一勃興過程爲「孟子升格運動」〔註58〕。所謂「升格」，是指孟子受到學界和政界重視，社會地位不斷上升，主要體現在兩個方面：一，《孟子》在儒家典籍中由「子」入「經」，再入「四書」，在經籍中的地位不斷提高；二，孟子本人受到學界的尊崇，研究者日多，評價日高。以此爲基礎，作爲以上兩點的連帶效應，孟子及其家族受到政界越來越多的關注和禮遇，孟子與國家政治的關聯更加緊密。這個運動從八世紀中葉的中唐開始直至十三世紀南宋中葉以後，前後歷五個世紀。

徐洪興曾根據其變化特點將這一歷程劃分爲四個階段：「中唐到唐末爲濫觴期，北宋慶曆前後爲初興期，北宋熙、豐前後爲勃興期，南宋中葉及稍後爲完成期。」〔註59〕這一劃分基本準確地把握了孟子升格運動的階段性規律。

一、「孟子升格運動」的原因

唐宋孟子地位上升的原因由客觀和主觀兩個方面組成。其中客觀原因大致包含以下四個方面：

一是回應魏晉以來玄學、佛教與道教的挑戰。在玄、道、釋三家中，玄、道雖與儒家異論，但二者均產生於本土，其精神內核總不離於中國農耕經濟和家族倫理文化模式。而來自印度的佛教則不同，歷史、地理及經濟、政治環境的不同所形成的兩者之間的差異，引發了中國學者對佛教的多方排拒。僧祐與顏之推就曾對此作過總結。僧祐列舉了中國社會對佛教的「六疑」：「一疑經說迂誕，大而無徵；二疑人死神滅，無有三世；三疑莫見眞佛，無益國治；四疑古無法教，近出漢世；五疑教在戎方，化非華俗；六疑漢魏法微，晉代始盛。」〔註60〕顏之推歸納了中國民俗對佛教的「五謗」：「俗之謗者，

〔註58〕周予同於 1933 年發表的《群經概論》最早提出這一命題（見朱維錚編《周予同經學史論著選集・群經概論・孟子》，上海：人民出版社 1983 年版，第 289頁）。後來徐洪興的博士論文《思想的轉型——理學發生過程研究》第二章（上海：上海人民出版社 1996 年版）採納這一觀點，並在此基礎上撰《唐宋間的孟子升格運動》一文（載《中國社會科學》1993 年第 5 期）專論這一問題，引起學界關注。楊澤波《孟子評傳》借鑒了其觀點（楊澤波《孟子評傳》，南京：南京大學出版社 1998 年版，第 460 頁）。

〔註59〕徐洪興《唐宋間孟子的升格運動》，載《中國社會科學》1993 年第 5 期，第102 頁。

〔註60〕僧祐《弘明集後序》，《弘明集》卷十四，《四部叢刊》（81 冊），上海：上海書

大抵有五：其一，以世界外事及神化無方爲迂誕也；其二，以吉凶禍福或未
報應爲欺誑也；其三，以僧尼行業多不精純爲奸慝也；其四，以糜費金寶耗
課役爲損國也；其五，以縱有因緣如報善惡，安能辛苦今日之甲，利益後世
之乙乎？」〔註61〕僧祐和顏之推，以佛僧和儒士對立雙方的代表總結了大致
的佛、儒之異，指出了佛教的虛妄不眞、不合國政、有違華俗，基本客觀地
反映了當時佛、儒相抵的全景。從他們的總結中，可以看出佛教文化在基本
面上與中國文化，特別是中國農耕社會下理性與務實精神的不容。農耕經濟
的「一份耕耘，一份收穫」，造就了中國人「重實際而黜玄想」的理性精神和
民族性格，所謂「大人不華，君子務實」〔註62〕。這種理性精神，像一個巨
大的「過濾器」，過濾、抵禦著中國人對宗教的癡迷，使中國人在心理上形成
了對重視人生彼岸的佛教的天然排抵。

　　當然，衝突的焦點主要在於佛教無父無君與中國儒家忠孝傳統倫理觀念
的格格不入。

　　經學雖然在魏晉特殊社會環境下呈衰敝狀態，但儒家倫理深深植根於中
國血緣倫理社會，其理論內核實乃根源於中國自氏族社會以來血緣解體不充
分而形成的重血緣倫理的普遍的社會心理。孔子的「孝」爲仁之本，《孝經·
聖治章》：「夫孝，德之本」，「人之行，莫大於孝」，《孝經·五刑章》：「五刑
之屬三千，而罪莫大於不孝」，以及孟子的「不孝有三，無後爲大」〔註63〕，
均凸顯了中國人濃烈的孝親情感。「孝」作爲中國人的道德本位，是一切道德
規範的核心，由此延伸出忠君愛國的社會觀念，所謂「夫孝，始於事親，中
於事君，終於立身」，（《孝經·開宗明義章》）「事親孝，故忠可移於君，是以
求忠臣必於孝子之門。」〔註64〕由爲子之道，以孝爲本，擴而大之爲爲臣之

店 1989 年版，第 14 頁。

〔註61〕顏之推《顏氏家訓·歸心》，北京：中華書局 2007 年版，第 211 頁。

〔註62〕王符《潛夫論》卷十〈敍錄〉，《四庫全書》（696 冊），上海：上海古籍出版社
　　　　1987 年版，第 430 頁。

〔註63〕見《孟子·離婁上》：「孟子曰：『不孝有三，無後爲大。』」趙岐注：「阿意曲
　　　　從，陷親不義，一不孝也；家貧親老，不爲祿仕，二不孝也；不娶無子，絕
　　　　先祖祀，三不孝也。三者之中，無後爲大。」另《孟子·離婁下》：「孟子曰：
　　　　『世俗所謂不孝者五。惰其四支，不顧父母之養，一不孝也；博弈好飲酒，
　　　　不顧父母之養，三不孝也；縱耳目之欲，以爲父母戮，四不孝也；好勇鬥狠，
　　　　以危父母，五不孝也。』」

〔註64〕范曄《後漢書》卷五十六〈韋彪傳〉，《四庫全書》（252 冊），上海：上海古籍
　　　　出版社 1987 年版，第 663 頁。

道，以君爲綱，形成中國獨特的家國同構的社會結構，這是儒家在中國兩千年流傳不輟的原因。儒家「孝」的理論正是號準了中國文化血緣的脈搏，所謂「不愛其親而愛他人者，謂之悖德；不敬其親而敬他人者，謂之悖禮」（《孝經·聖治章》）。然而，佛教的剃髮、不娶和無父無君，以及佛法在諸天之上的「沙門不敬王者」〔註65〕，卻處處體現出對忠孝情感的蔑視。這是植根中國文化土壤，深受忠孝觀念薰陶的中國士人情感上難以接受的。孫綽作《喻道論》就曾抨擊佛教：「周孔之教，以孝爲首……而沙門之道，委離所生，棄親即疏；刓剃鬚髮，殘其天貌；生廢色養，終絕血食，骨肉之親，等之行路，背理傷情，莫此之甚。」〔註66〕東晉庾冰代成帝下「沙門不應盡敬詔」，強烈譴責佛教「不敬王者」，違背了「君臣之序」，破壞了聖治教化〔註67〕。安帝時，太尉桓玄親自致信慧遠強調：「沙門不敬王者，既是情所不了，於理又是所未諭。」〔註68〕史學家孫盛、何承天都從批評佛教的神不滅論入手，撰文否定佛教。南朝齊、梁間，范縝寫了《神滅論》〔註69〕，通過否定佛教的有神論否定佛教教義，並與篤信佛教的南齊宰相蕭子良和梁武帝蕭衍組織的朝臣、僧侶展開多次大辯論，「盛稱無佛」〔註70〕。

爲了達到排拒佛教的目的，士子們援引儒家嚴「夷夏之辯」〔註71〕，通過強調天竺與中國，佛與儒的差異性，論證佛與儒的不容性。如南朝宋顧歡作《夷夏論》稱：夷、夏「其入不同，其爲必異，各成其性，不易其事。是以端委搢紳，諸華之容；翦髮曠衣，群夷之服。擎跽磬折，侯甸之恭；狐蹲狗踞，荒沙之肅。棺殯槨葬，中夏之制；火焚水沈，西戎之俗。全形守禮，

〔註65〕 慧遠《沙門不敬王者論》，《弘明集》卷五，《四部叢刊》（81 冊），上海：上海書店 1989 年版，第 9 頁。

〔註66〕 孫綽《喻道論》，《弘明集》卷三，《四部叢刊》（81 冊），上海：上海書店 1989 年版，第 17～18 頁。

〔註67〕 庾冰《代晉成帝沙門不應盡敬詔》、《重代晉成帝沙門不應盡敬詔》，《弘明集》（81 冊），上海：上海書店 1989 年版，第 11、12 頁。

〔註68〕 桓玄《與遠法師書》，《弘明集》卷十二，《四部叢刊》（81 冊），上海：上海書店 1989 年版，第 25 頁。

〔註69〕 全文收入《梁書·儒林傳》；另《南史·范縝傳》截取大義，但增加了范縝反佛的其他事蹟。

〔註70〕 李延壽《南史》卷五十七〈范雲傳·附范縝傳〉，北京：中華書局 1975 年版，第 1421 頁。

〔註71〕 《左傳》定公十年引孔子語：「裔不謀夏，夷不亂華。」《公羊傳》成公十五年：「內諸夏而外夷狄。」

續善之教；毀貌易性，絕惡之學。」在此基礎上，提出「捨華效夷，義將安取？」〔註72〕雖然透露出作者對佛教發源國相關文化的局限，但其紮實的論證依據，有勝於以往對佛教諸如「胡妖」「西戎虛誕，妄生妖孽」（北魏太武帝語）之類流於淺表的空洞謾罵。

來自異域的佛教雖然受到了本土文化的強烈抵制，但依然在魏晉時期迅速傳播、壯大起來。上起封建帝王，下至底層百姓，「自晉、宋、梁、陳、魏、燕、秦、趙，國分十六，時經四百，觀音、地藏、彌勒、彌陀，稱名念誦，獲其將就者，不可勝紀。」〔註73〕北魏孝文帝、南朝梁武帝都是帝王中的信佛骨幹。以帝王爲首的貴族上層的推動，使佛教的傳播呈現煊赫之勢。北魏都城洛陽佛寺達一千三百多所，南朝「都下佛寺五百餘所，窮極宏麗。僧尼十餘萬，資產豐沃。所在郡縣，不可勝言。」〔註74〕杜牧的「南朝四百八十寺，多少樓臺煙雨中」（《江南春》），形象地反映了這一時期的佛風之盛。

魏晉南北朝到隋唐約七百餘年間，印度佛教由小而大，逐漸風靡於中國社會，形成對中國傳統主流思想——儒家思想的嚴重衝擊，所謂：「儒門淡泊，收拾不住，皆歸釋氏耳！」〔註75〕個中原因，除了來自外部社會動亂，人們精神痛苦下對佛教麻醉的需求外，還有來自佛教內部的原因，主要體現在兩個方面：一是佛教理論的圓融性，使它在中國文化的排拒面前表現出超常的自我調適力；二是與長於人倫日用的傳統儒學相比，佛教哲學思想體系的深邃與精緻。

佛教爲適應中國本土文化的自我調適從入華之初就開始了。先是爲了突破印度語言、概念異於中國的障礙，以中國傳統名詞、概念、範疇比附和解說佛教經義的所謂「格義」；之後，是以佛理附會玄學（如以本無附會玄學的貴無，以心無附會崇有），迎合中國士人風習的所謂「玄化」。更深層和關鍵的，是在宗教教理上適應中國本土文化，向中國孝本文化靠攏。如將原始佛教的無君無父、出世出家改造成爲講求孝道，積極入世。其中典型者如西晉

〔註72〕 蕭子顯《南齊書》卷五十四〈高逸傳·顧歡〉，北京：中華書局 1972 年版，第 931、932 頁。

〔註73〕 道宣《釋迦方志》卷下〈通局篇第六〉，北京：中華書局 1983 年版，第 109 頁。

〔註74〕 李延壽《南史》卷七十〈循吏傳·郭祖深〉，北京：中華書局 1975 年版，第 1721 頁。

〔註75〕 陳善《新刊朝溪先生捫虱新話》卷十〈聖賢類·儒釋迭爲盛衰〉引張方平語，北京：北京圖書館中華全國圖書館縮微中心 1991 年縮微版，第 4 頁，現存北京國家圖書館。

竺法護譯了佛教《盂蘭盆經》宣講釋迦牟尼弟子目連救母的故事，甚至創造出了諸如《六方禮經》、《佛說孝子經》，並在唐初形成了《佛說父母恩重經》等與儒家「孝」文化相吻合的佛教經典〔註76〕。佛教的這些努力，切合了中國人根深蒂固的孝文化心理，贏得了中國人的心理認同，由此得以在社會上廣泛傳播。佛教在使自身徹底實現「儒化」或曰「中國化」蛻變的同時，也最終實現了更好地立足中國本土的目的。

傳統儒學以宗法血緣、倫理親情爲基點，面向現實人生，弘揚修、齊、治、平，旨在匡時濟世。側重於倫理、政治和教化的儒學理論，在宇宙、心性等哲學基本論證方面表現出無可諱言的粗淺。而佛教在哲學形上理論方面的精緻與博大，是注重於人倫日用的傳統儒學理論所無法與之抗衡的，如唐代華嚴宗大師宗密在《原人論》中所說：「佛教法中小乘淺淺之教，已超外典（注：指儒、道二教說）深深之說。」〔註77〕比如，本體論和心性論是探究、論證人類社會和宇宙自然的入手處，佛教講生、死、心、身，其理論無不從宇宙論、世界觀和認識論出發來論證自己的學說，亦即從討論現實世界的眞幻、動靜、有無，人們認識的可能、必要、眞妄等出發，構建自己的理論體系。而原始儒家則對於這些宇宙自然的根本問題幾無涉及。儒家要回應佛教哲學的挑戰，首先就要從本體論和心性論入手，探討最高存在問題，以批判佛教的宇宙論，肯定宇宙的本原爲實有。只有肯定了世界的客觀實在性，才等於肯定了現實社會生活秩序（即仁義禮樂和名教規範）的客觀實在性及存在的合理性，也才能爲中國傳統文化的價值觀提供堅實的本體論依據。所以，如何把儒家的價值理想提高到宇宙本體論的高度進行哲學論證，如何確立儒學本體論根基以抗衡佛、道，成爲這一時期中國學者所要著力解決的大課題。胡瑗提出的「明體用」，所謂「體」就是「君臣父子、仁義禮樂，歷世不可變者」，所謂「用」就是「舉而措之天下，能潤澤斯民，歸於皇極者」〔註78〕。就是旨在用儒學的體用論，與佛教的「眞空絕相」之「體」，及否定社會人倫

〔註76〕注：經文有各種不同的版本。北京圖書館、敦煌研究院均有多種抄本。1988年，山東成武文物管理所在本縣浮圖鎮徵集到一通《佛說父母恩重經》造像碑，該碑的刻製年代爲「元和六年歲次辛卯」（公元811年）。

〔註77〕宗密《原人論・斥偏淺》，蘇群譯注《原人論全譯》，成都：巴蜀書社2008年版，第112～113頁。

〔註78〕黃宗羲原著，全祖望補修，陳金生、梁運華點校《宋元學案》卷一〈安定學案〉，北京：中華書局1986年版，第25頁。

的「俗諦」之「用」劃清界限。後來,「北宋五子」進一步向本體層面提升。周敦頤的由「無極而太極」以立「人極」,邵雍「先天」、「後天」的體用關係,張載的「虛空即氣」、「窮神知化」和「民胞物與」,二程的「天理」,無不圍繞儒學「明體用」的這一哲學本體的主軸展開,均明顯加重了形上思辨色彩。

二是隋唐政治層對儒學「守成」功能的政治需要。正是春秋戰國動亂後秦漢政權的一統,彰顯了對以善守成爲特性的儒學的需要。同樣,經過魏晉四百年的戰亂,隋唐再度實現統一,以王道政治與大一統爲職志的儒學便順理成章地再一次受到政治的青睞,所謂「儒之爲教大矣,其利物博矣!篤父子,正君臣,尚忠節,重仁義,貴廉讓,賤貪鄙。開政化之本源,鑿生民之耳目。百王損益,一以貫之。雖世或污隆,而斯文不墜,經邦致治,非一時也。涉其流者,無祿而富,懷其道者,無位而尊。」〔註79〕在專制體制之下,政治對儒學的扶植,可以在很大程度上決定儒學的復興。

隋朝建立的第三年(公元 583 年),隋文帝就在籌備滅陳統一全國的繁忙中,不惜抽出精力頒詔,倡導推行儒家的禮義教化。詔書稱:「建國重道,莫先於學,尊主庇民,莫先於禮。自魏氏不競,周、齊抗衡,分四海之民,鬥二邦之力,遞爲強弱,多歷年所。務權詐而薄儒雅,重干戈而輕俎豆,民不見德,唯爭是聞。……王者承天,休咎隨化,有禮則祥瑞必降,無禮則妖孽興起。人稟五常,性靈不一,有禮則陰陽合德,無禮則禽獸其心。治國立身,非禮不可。朕受命於天,財成萬物,去華夷之亂,求風化之宜。戒奢崇儉,率先百辟,輕繇薄賦,冀以寬弘。而積習生常,未能懲革,閭閻士庶,吉凶之禮,動悉乖方,不依制度。執憲之職,似塞耳而無聞,蒞民之官,猶蔽目而不察。宣揚朝化,其若是乎?占人之學,且耕且養。今者民丁非役之日,農畝時候之餘,若敦以學業,勸以經禮,自可家慕大道,人希至德。豈止知禮節,識廉恥,父慈子孝,兄恭弟順者乎?始自京師,爰及州郡,宜祗朕意,勸學行禮。」〔註80〕隋統治者將魏晉戰亂動盪與爭奪的原因,歸之於不行儒家禮義教化,所謂「有禮則陰陽合德,無禮則禽獸其心」,由此形成「治國立身,非禮不可」的政治共識。基於這一認識,文帝推行了一系列措施,所謂

〔註79〕 魏徵等《隋書》卷七十五〈儒林傳·序〉,北京:中華書局 1973 年版,第 1705 頁。
〔註80〕 魏徵等《隋書》卷四十七〈儒林傳·柳機傳·附柳昂傳〉,北京:中華書局 1973 年版,第 1278 頁。

「高祖膺期纂曆，平一寰宇，頓天網以掩之，賁旌帛以禮之，設好爵以縻之，於是四海九州強學待問之士，靡不畢集焉。天子乃整萬乘，率百僚，遵問道之儀，觀釋奠之禮。」此番努力成效卓然：「博士罄懸河之辯，侍中竭重席之奧，考正亡逸，研核異同，積滯群疑，渙然冰釋。於是超擢奇雋，厚賞諸儒，京邑達乎四方，皆啓黌校。齊、魯、趙、魏，學者尤多，負笈追師，不遠千里，講誦之聲，道路不絕。中州儒雅之盛，自漢、魏以來，一時而已。」〔註81〕

但是，隋文帝末年至煬帝時期，儒學再度凌落：「及高祖暮年，精華稍竭，不悅儒術，專尚刑名，執政之徒，咸非篤好。既仁壽間，遂廢天下之學，唯存國子一所，弟子七十二人。煬帝即位，復開庠序，國子郡縣之學，盛於開皇之初。徵辟儒生，遠近畢至，使相與講論得失於東都之下，納言定其差次，一以聞奏焉。於時舊儒多已凋亡，二劉拔萃出類，學通南北，博極今古，後生鑽仰，莫之能測。所製諸經義疏，搢紳咸師宗之。既而外事四夷，戎馬不息，師徒怠散，盜賊群起，禮義不足以防君子，刑罰不足以威小人，空有建學之名，而無弘道之實。其風漸墜，以至滅亡，方領矩步之徒，亦多轉死溝壑。凡有經籍，自此皆湮沒於煨塵矣。遂使後進之士不復聞《詩》、《書》之言，皆懷攘奪之心，相與陷於不義。」〔註82〕

唐朝建立以後，總結魏晉戰亂和隋朝速亡的教訓，仍然選擇了善守成的儒學作為國家意識形態，以保障政權的長治久安。圍繞如何興儒，政府推動實施了如下舉措：

一，廣立學校，以儒學授業。「及高祖建義太原，初定京邑，雖得之馬上，而頗好儒臣。以義寧三年五月，初令國子學置生七十二員，取三品已上子孫；太學置生一百四十員，取五品已上子孫；四門學生一百三十員，取七品已上子孫。上郡學置生六十員，中郡五十員，下郡四十員。上縣學並四十員，中縣三十員，下縣二十員。武德元年，詔皇族子孫及功臣子弟，於秘書外省別立小學。」〔註83〕帝王好惡與政治導向會對士人的好尚產生巨大影響，這是專制社會的一大特點。唐朝統治者的政策提倡收效甚著，經學再次從復興到

〔註81〕 魏徵等《隋書》卷七十五〈儒林傳·序〉，北京：中華書局 1973 年版，第1706 頁。

〔註82〕 魏徵等《隋書》卷七十五〈儒林傳·序〉，北京：中華書局 1973 年版，第1706～1707 頁。

〔註83〕 劉昫等《舊唐書》卷一百八十九〈儒學上〉，北京：中華書局 1975 年版，第4940 頁。

繁榮：「是時，四方儒士多抱負典籍，雲會京師。俄而高麗及百濟、新羅、高昌、吐蕃等諸國酋長，亦遣子弟請入於國學之內。鼓篋而升講筵者，八千餘人，濟濟洋洋焉，儒學之盛，古昔未之有也。」〔註84〕

　　二，統一儒學，令孔穎達撰《五經正義》。此前，儒家五經因理解和闡釋不同而有不同師法家法，西漢五經博士便有十四家之多〔註85〕。至南北朝，地域與民風的不同，又形成了對經典解說的不同好尚。所為「南北所治，章句好尚，互有不同。江左《周易》則王輔嗣，《尚書》則孔安國，《左傳》則杜元凱。河、洛《左傳》則服子慎，《尚書》、《周易》則鄭康成。《詩》則並主於毛公，《禮》則同遵於鄭氏。大抵南人約簡，得其英華，北學深蕪，窮其枝葉。」〔註86〕南方重今文，北方重古文；南方重義理闡釋，北方重章句訓詁。形成南北方不同的學術風格和學術旨趣。學派與學術風格的不同，不利於封建一統帝國的思想和學術一統，這與唐朝政治的一統不相符合。對此，唐太宗上任伊始，即詔孔穎達與顏師古、司馬才章、王恭、王琰等諸儒「撰定《五經》義訓，凡一百八十卷，名曰《五經正義》。……付國子監施行」〔註87〕高宗永徽四年（公元653年）「三月壬子朔，頒孔穎達《五經正義》於天下，每年明經令依此考試。」〔註88〕自此以後，學校教育有了統一的教材，科舉考試有了統一的標準，「天下奉為圭臬，唐至宋初數百年，士子皆謹守官書，莫敢異議矣。」〔註89〕

　　三，科舉以經學為試。唐高祖武德七年「二月己酉，詔：『諸州有明一經已上未被陞擢者，本屬舉送，具以名聞，有司試策，皆加敘用。其吏民子弟，有識性明敏，志希學藝，亦具名申送，量其差品，並即配學。州縣及鄉，並令置學。』」〔註90〕唐太宗貞觀二年，又「大徵天下儒士，以為學官。數幸國

〔註84〕劉昫等《舊唐書》卷一百八十九〈儒學上〉，北京：中華書局1975年版，第4941頁。

〔註85〕《易》有施讎、孟喜、梁丘賀、京房四博士；《書》有歐陽生、夏侯勝、夏侯建三博士；《詩》有齊、魯、韓三博士；《禮》有戴德、戴勝二博士；《春秋》有嚴彭祖，顏安樂二博士。

〔註86〕魏徵等《隋書》卷七十五〈儒林傳·序〉，北京：中華書局1973年版，第1705～1706頁。

〔註87〕劉昫等《舊唐書》卷七十三〈孔穎達傳〉，北京：中華書局1975年版，第2602～2603頁。

〔註88〕劉昫等《舊唐書》卷四〈高宗本紀上〉，北京：中華書局1975年版，第71頁。

〔註89〕皮錫瑞《經學歷史》，北京：中華書局1959年版，第207頁。

〔註90〕劉昫等《舊唐書》卷二十四〈禮儀志四〉，北京：中華書局1975年版，第

學，令祭酒、博士講論。畢，賜以束帛。學生能通一大經已上，咸得署吏。又於國學增築學舍一千二百間，太學、四門博士亦增置生員，其書算各置博士、學生，以備藝文，凡三千二百六十員。其玄武門屯營飛騎，亦給博士，授以經業，有能通經者，聽之貢舉。」〔註91〕唐代儒經由兩漢的五經增至《易》、《書》、《詩》、《周禮》、《易禮》、《禮記》、《左傳》、《公羊傳》、《穀梁傳》九經，全部列入科舉考試。

四，以立廟、配享等手段，推行尊孔重儒。包括（一）高祖時尊奉周孔，立周公、孔子廟。「高祖武德二年，國子立周公、孔子廟。」〔註92〕（二）太宗時由尊周、孔而尊孔、顏，奉孔子為先聖，顏子為先師。「貞觀二年，停以周公為先聖，始立孔子廟堂於國學，以宣父為先聖，顏子為先師。」〔註93〕（三）太宗時詔令左丘明等二十二人從祀孔廟。「二十一年春……二月壬申，詔以左丘明、卜子夏、公羊高、穀梁赤、伏勝、高堂生、戴聖、毛萇、孔安國、劉向、鄭眾、杜子春、馬融、盧植、鄭康成、服子慎、何休、王肅、王輔嗣、杜元凱、范甯等二十一人，代用其書，垂於國冑，自今有事於太學，並命配享宣尼廟堂。」〔註94〕自戰國以來迄於魏晉的二十二人全部配享孔廟，其尊孔重儒竟至如此。

三是唐中葉安史之亂後思想的活躍。唐中葉安史之亂及其後五代十國的

---

916 頁。

〔註91〕 劉昫等《舊唐書》卷一百八十九〈儒學上〉，北京：中華書局 1975 年版，第 4941 頁。

〔註92〕 劉昫等《舊唐書》卷一百八十九〈儒學上〉，北京：中華書局 1975 年版，第 4941 頁。

〔註93〕 劉昫等《舊唐書》卷一百八十九〈儒學上〉，北京：中華書局 1975 年版，第 4941 頁。

〔註94〕 劉昫等《舊唐書》卷三〈太宗本紀下〉，北京：中華書局 1975 年版，第 59 頁。此事又見於《舊唐書》卷二十四〈禮儀志四〉：「（貞觀）二十一年，詔曰：『左丘明、卜子夏、公羊高、穀梁赤、伏勝、高堂生、戴聖、毛萇、孔安國、劉向、鄭眾、杜子春、馬融、盧植、鄭玄、服虔、何休、王肅、王弼、杜預、范甯、賈逵總二十二座，春秋二仲，行釋奠之禮。』」（劉昫等《舊唐書》卷二十四〈禮儀志四〉，北京：中華書局 1975 年版，第 917 頁）。另《舊唐書》卷一百八十九〈儒學傳上〉也有記載，原文為：「二十一年，又詔曰：『左丘明、卜子夏、公羊高、穀梁赤、伏勝、高堂生、戴聖、毛萇、孔安國、劉向、鄭眾、杜子春、馬融、盧植、鄭玄、服虔、何休、王肅、王弼、杜元凱、范甯等二十一人，並用其書，垂於國冑。既行其道，理合褒崇。自今有事太學，可與顏子俱配享孔子廟堂。』」（劉昫等《舊唐書》卷一百八十九〈儒學上〉，北京：中華書局 1975 年版，第 4942 頁）。

分裂動盪，在造成中古政治經濟結構發生變化的同時，也引發了思想界的空前活躍。在魏晉與佛道的理論對陣中，中國士人深感舊有儒學理論的膚淺，在排斥佛、道的同時，急於構築堪與佛學媲美的精深的儒學體系，以與之抗衡。安史之亂後，社會的無政府狀態，促成了固有思想桎梏的解體，士人思想解壓，思想界進入了一個先破後立的轉折時期。就衝破舊有思想禁錮而言，李商隱對先聖驚世駭俗的抨擊極其典型，他在《容州經略使元結文集‧後序》中稱：「孔子於仁義外有何物？百千萬年，聖賢相隨於途中耳。」〔註95〕在《上崔華州書》中更是大膽地放言：「夫所謂道，豈古所謂周公、孔子者獨能耶？蓋愚與周、孔俱身之耳。以是有行道不繫今古，直揮筆為文，不愛攘取經史，諱忌時世。」〔註96〕表示了對舊有周、孔儒學的蔑視。沈亞之乾脆直接提出打破舊的思想框架，建立新的思想體系的主張，他在《送韓靜略序》中稱：「裁經綴史，補之如龐（疣），是文人病煩久矣！……余以為，構室於室下，茸之故材，其上下不能逾其覆，拘於所限故也。創之隙空之地，訪堅修之良然後工之於人，何高不可者！」〔註97〕在思想解放的氛圍中，以白居易、元積為代表的新樂府運動和韓愈、柳宗元領導的古文運動以及由啖助、趙匡發動的新經學運動交相推引，共同促成了除舊布新的新一輪儒學復興運動。這裡所謂的「復興」，其實是儒學新體系的構建。

白居易的所謂「新樂府」，實際上就是倡導詩歌的內容，關注、干預時事，其實質在於以復興漢儒詩，實現「經夫婦，成孝敬，厚人倫，美教化，移風俗」〔註98〕的詩歌形式的政治化，從而推進發揮詩文學形式的現實德治教化功能。所謂：「文章合為時而著，歌詩合為事而作」〔註99〕。元、白為代表的新樂府運動強調文學的社會功能，集中體現了中國文化一以貫之的「經世致用」的價值理念，映現了中國士子一以貫之的對民族復興的責任感，這是這

〔註95〕李商隱《李義山文集》卷九〈容州經略使元結文集後序〉，《四庫全書》（1082冊），上海：上海古籍出版社1987年版，第429頁。

〔註96〕李商隱《李義山文集》卷九〈上崔華州書〉，《四庫全書》（1082冊），上海：上海古籍出版社1987年版，第432～432頁。

〔註97〕沈亞之《沈下賢集》卷九〈送韓靜略序〉，《四庫全書》（1079冊），上海：上海古籍出版社1987年版，第47～48頁。

〔註98〕《詩經‧序》，唐孔穎達《毛詩正義》卷第一〈周南關雎詁訓傳第一〉，阮元《十三經注疏》（上冊），北京：中華書局1980年版，第270頁。

〔註99〕白居易《白氏長慶集》卷四十五〈書序‧與元九書〉，《四庫全書》（1080冊），上海：上海古籍出版社1987年版，第491頁。

一運動合理而積極的一面。但是，其消極的一面也是顯而易見的，那就是：在內容上，它容易使作爲藝術形式的詩歌所具有的純粹的藝術美被抹殺，而淪爲現實政治的附庸和工具；在形式上，使詩歌的抒情達意性被窒息，從而使文學創作的多元發展受到限制。

與「詩以明教」相呼應，與新儒學復興更趨近的是韓、柳領導的旨在「文以載道」的古文運動。韓愈在《諫臣論》中明確提出：「君子居其位，則思死其官；未得位，則思修其辭以明其道。我將以明道也，非以爲直而加人也。」〔註100〕韓愈所致力於「明」的「道」不是別的，正是要張揚孟子所傳之「道」，所謂：「己之道，乃夫子、孟軻、揚雄之所傳之道也。」〔註101〕韓愈以古文運動爲契機，志在重建孔孟儒學新道統的努力，揭開了唐宋孟子升格運動的序幕，也使他自己成爲儒學向理學轉向的關鍵性人物。陳寅恪指出了這一點：「退之者，唐代文化學術史上承先啓後，轉舊爲新關捩點之人物也。」〔註102〕

如果說韓愈以古文運動爲契機，對儒家道統的重建乃發軔於攻乎異端的排斥佛道，那麼，啖助、趙匡的新經學運動則發軔於儒學內部撥亂反正的自我更新。所謂「新經學」之「新」，是針對並突破漢儒治經煩瑣的章句訓詁和固守的師法家法，通過倡導「捨傳求經」、「攻傳之不合經」的經學改革，爲以往沉悶的經學開闢出一片活潑的新天地。啖助撰《春秋統例》，由趙匡、陸淳整理成《春秋集傳纂例》，陸淳又撰《春秋微旨》、《春秋集傳辨疑》，其宗旨正是在於掀起一股衝破傳文，「唯本文求是」的經學新風。如陸游所言：「自慶曆後，諸儒發明經旨，非前人所及」〔註103〕。啖、趙借助《春秋》微言大義的發掘，在經學自我更新方面的努力，爲新儒學的產生鋪平了道路。

四是北宋中期的社會危機與政治改革。歷經唐末五代戰亂，北宋終於實現了統一。但是，這個在唐末五代戰亂的廢墟上建立起來的新王朝，從一開始就經受著內憂外患的困擾。內部，爲防止唐末割據局面的再現，宋初統治者從執政伊始就神經質地爲集權中央、削弱地方而採取了一系列守內虛外、

〔註100〕韓愈《昌黎文集》卷十四〈雜文・重答張籍書〉，《四庫全書》（1074 冊），上海：上海古籍出版社 1987 年版，第 282 頁。

〔註101〕韓愈《昌黎文集》卷十四〈雜文・諫臣論〉，《四庫全書》（1074 冊），上海：上海古籍出版社 1987 年版，第 270 頁。

〔註102〕陳寅恪《論韓愈》，《金明館叢稿初編》，上海：上海古籍出版社 1980 年版，第 296 頁。

〔註103〕王應麟《困學紀聞》卷八〈經說〉，《四庫全書》（854 冊），上海：上海古籍出版社 1987 年版，第 322 頁。

強幹弱枝的政策，這些政策的實施在實現了宋統治者所要實現的政治目的的同時，也帶來了巨大的負面效應：文官政治造成了軍事力量的孱弱，分散事權、增設機構，養兵政策則爲宋代統治帶來了致命的冗官、冗兵、冗費問題，造成了行政效率的弱化、吏治的腐敗與國家財政的拮据。而爲了解決財政困難的加劇搜刮，又進一步引發了社會矛盾的激化；外部，宋朝內在實力的孱弱，使它在與北方遼、夏的關係上，始終處於弱勢，宋遼、宋夏戰爭不斷。而無論戰爭結果勝敗，總是以宋政府割地賠款，輸送大量的銀、絹、茶爲換取和平的條件。宋政府爲應對內外財政支出只有加倍搜刮，使農民陷於「春債未畢，秋債復來」的困境，致使民間反抗起義不斷，仁宗慶曆年間此起彼伏的王倫、張海、王則起義，把北宋統治推向全面危機。嚴重的內憂外患，促使北宋統治內部試圖通過自上而下的政治改革，擺脫危機，緩和矛盾，穩定統治，慶曆新政和熙寧變法應運而生。與政治上的求變呼聲高漲和新政推行相呼應，學界也興起了推崇孟子，復興儒學的新思潮。

不過細究起來，承擔起本輪儒學復興重任的爲什麼不是傳統的儒家五經，卻獨獨是儒經之外僅列「子」書的《孟子》呢？答案要從《孟子》的內容中找。很簡單，《孟子》恰具備了扭轉上述政治形式的內在潛質，這也是《孟子》升格運動所以發生的主觀要素。至於這種內在潛質是什麼，南宋推尊孟子的施德操在《孟子發題》中有所總結：「孟子有大功四：道性善，一也；明浩然之氣，二也；闢楊、墨，三也；黜王霸而尊三王，四也。是四者，發孔氏之所未談，述《六經》之所不載，遏邪說於橫流，啓人心於方惑。」〔註104〕

首先是《孟子》中的心性論。關於人性，孔子在《論語》中只有一句涉及，即「性相近也，習相遠也。」（《論語・陽貨》）顯然，這並沒有明確地回答出「人性」的本質問題。所以子貢說：「夫子之文章，可得而聞也。夫子之言性與天道，不可得而聞也。」（《論語・公冶長》）但是，進入戰國時代，與封建化程度深入相伴隨而出現的戰爭劫奪、災難遍野和生靈塗炭，促使人們對人的本性、欲望等問題開始了深刻思索。於是，從「天命之謂性」（《中庸》），到孟子的人性善，告子的人性無善無不善〔註105〕及荀子〔註106〕

〔註104〕黃宗羲著，全祖望補修，陳金生、梁運華點校《宋元學案》卷四十〈橫浦學案・施持正先生德操〉，北京：中華書局1986年版，第1319頁。

〔註105〕《孟子・告子上》：「告子曰：『性猶湍水也，決諸東方則東流，決諸西方則西流。人性之無分善不善也，猶水之無分於東西也。』」

〔註106〕《荀子・性惡》：「今人之性，生而有好利焉；順是，故爭奪生而辭讓亡焉。

和韓非子〔註107〕的人性惡。在思、孟百年間，人性問題的討論如火如荼，不斷深入。《孟子》的性善論，旨在為儒家「仁政」理論尋求理論支撐，《孟子·告子上》集中圍繞這一問題展開。其一論證人性本善：「公都子曰：『告子曰：性無善無不善也。或曰：性可以為善，可以為不善……或曰，有性善，有性不善……今曰性善，然則彼皆非與？』孟子曰：『乃若其情，則可以為善矣，乃所謂善也。若夫為不善，非才之罪也。惻隱之心，人皆有之。羞惡之心，人皆有之。恭敬之心，人皆有之。是非之心，人皆有之。惻隱之心，仁也。羞惡之心，義也。恭敬之心，禮也。是非之心，智也。仁義禮知，非由外鑠我也，我固有之也，弗思耳已。故曰，求則得之，舍則失之。』」（《孟子·告子上》）「人性之善也，猶水之就下也。人無有不善，水無有不下。」（《孟子·告子上》）其二解釋人性惡的根源。人性既善，惡從何來？這是孟子必須面對和回答的問題，對此，孟子嘗試從兩方面說明：一是內在的耳目之欲，是由

生而有疾惡焉；順是，故殘賊生而忠信亡焉。生而有耳目之欲，有好聲色焉；順是，故淫亂生而禮義文理亡焉。然則從人之性，順人之情，必出於爭奪，合於犯分亂理，而歸於暴……用此觀之，然則人之性惡明矣。」

〔註107〕 注：關於韓非子的人性觀，學界一直有爭論。有人以韓非子從未有「人性惡」的明確表述，認為他不應算是「人性惡」論者。愚以為此說不確。界定一種理論屬性，考查其是否有確切的文字表述並不是唯一途徑，還要從其系統理論論述進行考察。作為荀子的學生，如果認可荀子「人之性，生而有好利」是性惡論的話，那麼系統考察一下韓非子的論證，不難看到，韓非在「人性惡」的道路上，比老師走得更遠，如「輿人成輿，則欲人之富貴，匠人成棺，則欲人之夭死。非輿人仁而匠人賊也。人不貴則輿不售，人不死則棺不賣，情非憎人也，利在人之死也」。「醫善吮人之傷，含人之血，非骨肉之親也，利之所加也」。（《韓非子·備內》）「父母之於子也，產男則相賀……女子殺之者，慮其後便，計之長利也。故父母之於子也，猶用計算之心相待也，而況無父子之澤乎？」（《韓非子·六反》）「利之所在，民歸之；名之所彰，士死之」（《韓非子·外儲說左上》）。從這些論述看，韓非子對人的自利性論述比其師荀子更為極端。所以，他的人性觀在本質屬性上應該是和荀子相同的。另，關於荀子的人性觀也有爭論，如周熾成在《光明日報》2007年3月20日發表的《荀子：性樸論者，非性惡論者》一文認為：《荀子》的「性惡篇」為後人增入，荀子是性樸論者，而非性惡論者。本文亦不同意此觀點，且不說「性樸」之說要在概念上如何界定，即從學理上分析，荀子的治國理論是德法兼行，而韓非子則比荀子走得更純粹徹底，主張法制。從整個思想體系看，如果說孟子的性善論是儒家德治思想在人性論上的理論依據，那麼，荀子和韓非子的性惡論也正是他們法治思想的人性論基礎。至於荀子和韓非子的人性論述究竟該用「惡」字還是類似亞當·斯密的所謂「自利性」來表述更恰當，則屬語詞概念問題，另當別論。

於「耳目之官不思，不思而蔽於物，則引之而已矣。」(《孟子·告子上》) 耳目之欲不加約束，縱慾而危及他人便構成了惡；一是不良的外在環境影響：「富歲子弟多賴，凶歲子弟多暴，非天之降才爾殊也，其所以陷溺其心者然也。」不良環境導致陷溺其心，失掉了心的自主性，使人性善端不能正常發揮，便呈現爲惡，所以要「求放心」〔註108〕。孟子的心性論，爲提升儒學的思辯水平，應對佛學的精密論證提供了理論基源。但自漢至唐，儒者或泥於訓詁，或精於義理，並未延續孟子學說的思想理路。直到宋儒，才又懷著「爲往聖繼絕學，爲萬世開太平」的歷史使命感，將孟學心性論光而大之，構建起了可與佛學相抗衡的理學體系〔註109〕。

從現有材料看，包括二程、朱熹、陸九淵在內的宋儒，無論屬於理學還是心學分派，都對孟子的人性論予以足夠地重視和發揮。

程頤借答弟子問，論證孔、孟在人性問題上的一脈相承，爲孟子「人性論」提供理論支撐。他在答門人唐棣「孔、孟言性不同，如何」之問時說：「孟子言性之善，是性之本；孔子言性相近，謂其稟受處不相遠也。」〔註110〕事實上，孔、孟「心性論」的差異由立論不同所致，在本質內容上是相同的：「『性相近也』，此言所稟之性，不是言性之本。孟子所言，便正言性之本」〔註111〕。

朱熹先是對孟子的人性論給予充分肯定，他說：「雖荀、楊亦不知性。孟子所以獨出諸儒者，以能明性也。」〔註112〕然後，從孔、孟所處社會境遇的不同，論證孔、孟人性論差異的原因：「性是太極渾然之體，本不可以名字言，但其中含具萬理，而綱領之大者有四，故命之曰仁、義、禮、智。孔門未嘗備言。至孟子而始備言之者，蓋孔子時性善之理素明，雖不詳著其條而說自具。至孟子時，異端蜂起，往往以性爲不善，孟子懼事理之不明，而思有以明之。苟但曰渾然全體，則恐其如無星之秤，無寸之尺，終不足以曉天下。

〔註108〕原文爲：「孟子曰：『仁，人心也；義，人路也。舍其路而弗由，放其心而不知求，哀哉！人有雞犬放，則知求之；有放心而不知求。學問之道無他，求其放心而已矣。』」(《孟子·告子上》)。

〔註109〕參見朱鬆美《經典詮釋與體系建構——朱熹〈孟子集注〉的詮釋特色及其時代性分析》，載《孔子研究》2005年第4期。

〔註110〕程顥、程頤《二程遺書》第二十二卷上〈伊川先生語八上〉，上海：上海古籍出版社1992年版，第288頁。

〔註111〕程顥、程頤《二程遺書》第十九卷〈伊川先生語五〉，上海：上海古籍出版社1992年版，第199頁。

〔註112〕程顥、程頤《二程集》卷第十九，北京：中華書局1981年版，第204頁。

於是，別而言之，界爲四破，而四端之說於是而立。」〔註113〕最後，對孟子的「性善」論加以創造性發揮，引出「天理」論：「性即天理，未有不善者也。」「大則君臣父子，小則事物細微，其當然之理，無一不具於性分之內也。」〔註114〕如此，便爲人性找尋到了宇宙本體依據，使儒學的道德倫理建立在更加堅實的宇宙本體之上，由此賦予了道德倫理存在的絕對性和永恆性。

心學大師陸九淵更是通過對孟子的心性論闡發，形成了系統的心學體系：「四端者，即此心也；天之所以與我者，即此心也。人皆有是心，心皆具是理，心即理也。」〔註115〕無怪乎王陽明有「陸氏之學」即「孟氏之學」〔註116〕的慨歎。

在「儒門淡泊」的情勢下，宋儒發掘孟子心性論的固有價值，通過返本開新，發展起足以與佛學相抗衡的新儒學——理學和心學。從整個儒學史，乃至整個中國思想文化史的角度作一番省察，宋儒對孟子心性的繼承和發展，在增強儒學哲理性，深化國人的理論思維水平方面的歷史功績，應該予以充分肯定。當然，對於其在心性問題上的單向度發展所形成的「專用心於內」〔註117〕的用世路線，即一味地把人生意義和追求指向人心內在的完善和超越，以至最終走向低頭拱手、高談性命、鄙棄事功、脫離現實的極端，最終導致政權敗亡與民族危難，也應該有一份客觀的檢視。

其次是《孟子》的天道論。人是宇宙自然的產物，本體論實乃隱藏於人性論背後的存在根本。佛教有嚴密的宇宙本體論證。而孔子對心性問題論證的欠缺，卻是孟子必須補上的一課。孟子由「盡其心者，知其性也。知其性則知天」（《孟子‧盡心上》）的人性與天道的統一，建立起人天一體，天人合一的天道觀，實現了人道與天道的有機關聯。後來的朱熹，在急切的社會需

〔註113〕朱熹《晦庵集》卷五十八〈書‧答陳器之〉，《四庫全書》（1145 冊），上海：上海古籍出版社 1987 年版，第 18～19 頁。

〔註114〕朱熹《四書集注‧孟子集注》〈告子上〉「性猶湍水也」章和〈盡心上〉「萬物皆備我矣」章，《四書五經》（上冊），天津：天津市古籍書店 1988 年版，第 84、101 頁。

〔註115〕鍾哲點校《陸九淵集》卷十一〈與李宰‧二〉，北京：中華書局 1980 年版，第 149 頁。

〔註116〕王守仁《王文成全書》卷七〈象山文集序〉，《四庫全書》（1265 冊），上海：上海古籍出版社 1987 年版，第 198 頁。

〔註117〕朱熹《四書集注‧論語集注‧學而》「曾子曰章」，《四書五經》（上冊），天津：天津市古籍書店 1988 年版，第 1 頁。

求面前，正是以孟子的「天道人性」爲橋樑，通過「心者，人之神明，所以具眾理而應萬事者也。性則心之所具之理，而天又理之所從以出者也。人有是心，莫非全體，然不窮理，則有所蔽而無以盡乎此心之理。故能極其心之全體而無不盡者，必其能窮夫理而無不知者也。既知其理，則其所從出，亦不外是矣」〔註118〕的一番心、情、理的理論構建，奠定了宋代新儒學──理學的本體基礎，從而使儒學的本體論證達至與佛學雙峰並峙。

再次是《孟子》的道統論。一種學說的令人信服之處，除了要有橫向上切合時代的理論深度和廣度外，也要有縱向上理論發展的連續性。與儒學相比，佛教除了有縝密的哲學論證外，還有完整的法統。儒學要與佛學爭勝，必須在這一方面完善自己，建立起自己的道統。《孟子》七篇，恰提供了這一方面的理論資源。《孟子·盡心下》：「孟子曰：「由堯、舜至於湯，五百有餘歲。若禹、皋陶，則見而知之；若湯，則聞而知之。由湯至於文王，五百有餘歲。若伊尹、萊朱，則見而知之；若文王，則聞而知之。由文王至於孔子，五百有餘歲。若太公望、散宜生，則見而知之；若孔子，則聞而知之。由孔子而來，至於今百有餘歲，去聖人之世，若此其未遠也，近聖人之居，若此其甚也，然而無有乎爾，則亦無有乎爾。」《孟子·公孫丑下》：「孟子去齊，充虞路問曰：『夫子若有不豫色然。前日虞聞諸夫子，曰：「君子不怨天，不尤人。」曰：「彼一時，此一時也。五百年必有王者興，其間必有名世者。由周而來，七百有餘歲矣。以其數，則過矣；以其時考之，則可矣。夫天未欲平治天下也，如欲平治天下，當今之世，舍我其誰也？吾何爲不豫哉！」觀此二段，可見孟子在建立儒家道統上的努力：首先，建立起了由堯、舜、禹、湯、文王、孔子的儒家道統；其次，由「五百年必有王者興」的總結，承擔起了「欲平治天下，當今之世，舍我其誰」的承續儒家道統的大任。後來，唐代韓愈的排佛興儒，正是鑒於《孟子》在這一方面的努力，由此開啓了《孟子》升格運動：「堯以是傳之舜，舜以是傳之禹，禹以是傳之湯，湯以是傳之文、武、周公，文、武、周公傳之孔子，孔子傳之孟軻，軻之死，不得其傳焉。」〔註119〕

宋儒拾起了韓愈的道統說。程頤確認了孟子對傳承儒家「道統」的地位，

〔註118〕朱熹《孟子集注·盡心章句上》，北京：中華書局1983年版，第349頁。
〔註119〕韓愈《昌黎文集》卷十一〈雜文·原道〉，宋魏仲舉編《五百家注昌黎文集》，《四庫全書》（1074冊），上海：上海古籍出版社1987年版，第224頁。

其兄程顥自認爲接續孟子「道統」之人：「周公沒，聖人之道不行。孟軻死，聖人之學不傳。道不行，百世無善治；學不傳，千載無眞儒。無善治，士猶得以明夫善治之道，以淑諸人，以傳諸後；無眞儒，天下貿貿焉莫知所之，人欲肆而天理滅矣。先生生千四百年之後，得不傳之學於遺經，志將以斯道覺斯民……揭聖學以示人，辨異端、闢邪說，開歷古之沉迷。聖人之道得先生而復明，爲功大矣。」〔註120〕

繼承二程學說的朱熹，又以孟子、程顥之後儒家「道統」的承續者自居：「……宋德隆盛，治教休明，於是河南程氏兩夫子出，而有以接乎孟氏之傳，實使尊信此篇，而表章之。既又爲之次其簡編，發其歸趣，然後古者《大學》教人之法，聖經賢傳之指，粲然復明於世。雖以熹之不敏，亦幸私淑而與有聞焉。」〔註121〕朱熹的弟子黃幹爲此還專門撰寫了《聖賢道統傳授總敘說》，以爲：聖人「繼天立極，而得道統之傳，故能參天地，贊化育，而統理人倫，使人各遂其生，各全其性者」，撰專篇論證儒家自堯、舜、禹、湯、文、武、周公、孔子、顏回、曾參、子思、孟子至周敦頤、二程、朱熹儒家完整的「道統」體系，蓋所謂「聖賢相傳，垂世立教，燦然明白，若天之垂象昭昭然」〔註122〕。黃幹在爲朱熹所作的《行狀》中再次述及儒家「道統」的承續系統：「道之正統，待人而後傳。自周以來，任傳道之責，得統之正者，不過數人，而能使斯道章章較著者，一二人而止耳。由孔子而後，曾子、子思繼其微，至孟子而始著；由孟子而後，周、程、張子繼其絕，至先生而始著。」〔註123〕

而與朱熹理學相異趣的陸九淵，也在確認孟子的儒家「道統」中繼地位的同時，當仁不讓地確立了自己爲孟子之後獨得聖學「道統」嫡傳的傳道地位：「傳夫子之道者，乃在曾子……而子思獨師事曾子……自曾子傳之子思；子思傳之孟子，乃得其傳者，外此則不可以言道。」〔註124〕「竊不自揆，區

〔註120〕程顥、程頤《二程文集》卷十二〈明道先生墓表〉，《四庫全書》（1345 冊），上海：上海古籍出版社 1987 年版，第 724 頁。

〔註121〕朱熹《大學章句集注·序》，《四書五經》（上），天津：天津市古籍書店 1998 年版，第 2 頁。

〔註122〕黃宗羲《宋元學案》卷六十三〈勉齋學案〉，《續修四庫全書》（519 冊），上海：上海古籍出版社 2002 年版，第 178、179 頁。

〔註123〕王懋竑《朱子年譜》卷四，《四庫全書》（447 冊），上海：上海古籍出版社 1987 年版，第 360 頁。

〔註124〕鍾哲點校《陸九淵集》卷一〈與李省幹·二〉，北京：中華書局 1980 年版，第 14～15 頁。

區之學，自謂孟子之後至是而始一明也。」〔註125〕陸九淵的學生也與其師相唱和：「繼孟子之絕學，捨先生其誰能。」〔註126〕

宋代儒學家，無論是理學還是心學，儘管他們對孟子以後堪任儒家「道統」後繼者的觀點不完全一致，但對孟子的「道統」論及其繼承儒家「道統」的地位卻都確信不疑。

另外，《孟子》的辟邪說和浩然之氣，對外成為魏晉南北朝四百年佛教衝擊，人心散亂之後儒學士子們排佛興儒，收拾人心，抵禦外侮的精神旗幟。《孟子‧滕文公下》：「公都子曰：『外人皆稱夫子好辯，敢問何也？』孟子曰：『予豈好辯哉？予不得已也。天下之生久矣，一治一亂。聖王不作，諸侯放恣，處士橫議，楊朱、墨翟之言盈天下。天下之言不歸楊，則歸墨。……楊墨之道不息，孔子之道不著，是邪說誣民，充塞仁義也。仁義充塞，則率獸食人，人將相食。吾為此懼，閑先聖之道，距楊墨，放淫辭，邪說者不得作。……我亦欲正人心，息邪說，距詖行，放淫辭，以承三聖者，豈好辯哉？予不得已也。能言距楊墨者，聖人之徒也。』」孟子以聖人之徒自居，為拒楊、墨，息邪說，興儒學，而奔走於各國之間，成為時人眼中的「好辯之士」，正是這種「正人心，息邪說」的奮鬥精神，成為魏晉隋唐以來中國儒士們拒佛、道，興儒學的一面精神旗幟。又《孟子‧公孫丑上》：「公孫丑曰：『敢問夫子惡乎長？』曰：『我知言，我善養吾浩然之氣。』『敢問何謂浩然之氣？』曰：『難言也，其為氣也，至大至剛，以直養而無害，則塞於天地之間。……』。『何為知言？』曰：『詖辭知其所蔽，淫辭知其所陷，邪辭知其所離，遁辭知其所窮。生於其心，害於其政；發於其政，害於其事。」孟子至大至剛的浩然之氣，以義養之而貫洞纖微，滋蔓充塞於天地之間。有這樣生於中心而凜然不可犯的氣魄，自然能化為「富貴不能淫，貧賤不能移，威武不能屈」（《孟子‧滕文公下》）的凜然，和「王公不致敬盡禮則不得亟見之」（《孟子‧盡心上》）的高潔。這種凜然和高潔，不僅體現在對外張揚民族精神的人格魅力上，也體現在對內不屈從於權力與淫威的處世態度上，所謂「古之賢王好善而忘勢，古之賢士何獨不然？樂其道而忘人之勢，故王公不致敬盡禮則不得亟見之。

〔註125〕鍾哲點校《陸九淵集》卷十〈與路彥彬〉，北京：中華書局 1980 年版，第134 頁。

〔註126〕鍾哲點校《陸九淵集》卷三十六〈年譜〉，北京：中華書局 1980 年版，第517 頁。

見且由不得亟，而況得而臣之乎？」(《孟子・盡心上》) 所謂「說大人則藐之，勿視其巍巍然」(《孟子・盡心下》)。孟子以浩然氣魄和人格感召，激勵、鼓舞著後儒們「正人心，息邪說」，興儒排佛；擔內憂，禦外侮，經世濟時。對內，成爲儒學士子們不畏權威，伸張正義的精神支撐。如司馬光的弟子劉安世「正色立朝，知無不言，言無不盡。其爲諫官，面折廷諍，至雷霆之怒赫然，則執簡恪立，侯天威稍霽，復前極論。一時奏對，且前且卻者或至四五。殿廷觀者皆汗縮竦聽，目之曰『殿上虎』，又「遍歷言路，以辨是非邪正爲先，進君子退小人爲急」，「所守凜然，死生禍福不變。蓋其生平喜讀《孟子》，故剛大不枉之氣似之」〔註127〕。如「素喜《孟子》」〔註128〕的王安石「讀《孟子》，至於『不見諸侯』，然後知士雖厄窮貧賤，而道不少屈於當世，其自信之篤，自待之重也如此。……某嘗守此言，退而甘自處於爲賤，夜思晝學，以待當世之求，而未嘗懷一刺、吐一言以干公卿大夫之間，至於今十年矣」〔註129〕。

正是這種浩然之氣的薰染氤氳，才有了韓愈不顧性命諫迎佛骨的執著，文天祥「人生自古誰無死，留取丹心照汗青」的傲骨和岳飛「待從頭，收拾舊山河」的氣魄。也正是孟子的人格精神，內化爲後儒立身處世的生命內涵，並自然地流露於行爲實踐，從而在中國士人心目中樹立起無可替代的「亞聖」形象。

二、「孟子升格運動」的過程

錢穆曾對唐宋孟子升格運動的過程進行過簡單總結：「唐韓愈始提倡孟子，至宋代王安石特尊孟，奉之入孔子廟。而同時如李覯之常語，司馬光之疑孟，皆猶於孟子肆意反對。然自宋以下，始以孔、孟並稱，與漢唐儒之並稱周公、孔子者，大異其趣。此乃中國儒學傳統及整個學術思想史上一絕大

〔註127〕黃宗羲《宋元學案》卷二十〈元城學案〉，北京：中華書局 1980 年版，第 821、822 頁。

〔註128〕晁公武《郡齋讀書後志》卷二〈王安石解孟子〉，《四庫全書》(674 冊)，上海：上海古籍出版社 1987 年版，第 390 頁。

〔註129〕王安石《王文公文集》卷二〈上龔舍人書〉，金譯文庫本，現藏北京國家圖書館。張希清《王安石賑濟思想與〈與龔舍人書〉的眞僞》(載《中國史研究》1982 年第 3 期) 認爲《與龔舍人書》不足信。但考察王安石整個思想系統，其對孟子人格精神的認同應不爲虛妄。如《尹和靖語錄》所引王安石「道義重，不輕王公；志意足，不驕富貴」之語，確可見其思想與孟子人格精神之間的一致性。

轉變，此風雖始於韓愈，而實成於宋儒。」〔註 130〕錢穆清理了孟子升格運動的線索，那就是：學界的理論論證與政界的實踐推動交互推引，共同促成了孟子地位的上升。整個過程包含了以下互爲輔成的二個方面：

一是對外「攻乎異端」。通過剖擊導致儒學中衰的外部根源，包括排斥佛道二教（以排佛爲主流）、抨擊駢體文風等，達到興儒的目的。其中排佛、道大致經歷了三個階段：中唐後以韓愈、李翱爲代表；北宋慶曆之際以孫復、石介、歐陽修、李覯爲代表；北宋熙寧、元豐前後以張載、二程兄弟爲代表。思想界的返本開新，與文學界的「古文運動」〔註 131〕互相配合，收到顯著效果。至南宋，佛教在思想界的影響逐漸退位給儒學。

二是對內「撥亂反正」。這是儒學內部的自我更新。包括拋棄漢唐儒生的章句訓詁、發掘傳統儒學資源，進行理論的整合創新。通過否定兩漢古文經學的瑣碎豆釘與今文經學的讖緯迷信，拆除漢唐經學的陳舊殿堂，建立富含哲學根柢的新的理學大廈。完成由訓詁到義理的儒學轉型，實現日用性儒學向哲理性儒學的昇華。完成這一奠基、整合與開新工作的是以啖助、趙匡、陸淳爲代表的新經學家，以號稱「北宋五子」的周敦頤、邵雍、張載、二程兄弟和南宋朱熹爲代表的兩宋理學家。這一轉型的實踐性效用，在理論層面表現爲具有深刻哲學內涵的理學體系的建立，在實踐層面表現爲儒家經典系統由「五經」向「四書」的轉變。

（一）濫觴（中唐至唐末）：韓愈將孟子納入道統

在唐代安史之亂前的百餘年間（公元 618 年～公元 755 年），孟子的地位延續了魏晉以來的低迷狀態，很少引起學界、政界的關注，表現爲以下三點：一是雖在隋朝初興儒學時偶有孔、孟並舉〔註 132〕，但並不是普遍現象，不存在學理上的必然趨向。故至唐高祖、太宗、高宗三朝國子學，祭祀由「周孔」而「孔顏」，卻不是「孔孟」；二是如前述，唐太宗增加左丘明等二十二位儒

〔註 130〕錢穆《朱子學提綱·宋代之理學》，北京：三聯書店 2002 年版，第 11～13 頁。
〔註 131〕注：所謂「古文運動」，即通過否定魏晉以來流於華美形式，脫離生活現實的浮躁文風，倡導復歸兩漢古文形式之「舊」，開儒家「文以載道」、「修齊治平」內容之「新」。發動和領導這一運動的是以韓愈、柳宗元爲代表的「唐宋八大家」。
〔註 132〕原文見於魏徵等《隋書》卷七十五〈儒林傳·序〉：「涉其流者，無祿而富，懷其道者，無位而尊。故仲尼頓挫於魯君，孟軻抑揚於齊後，荀卿見珍於強楚，叔孫取貴於隆漢。」（北京：中華書局 1973 年版，第 1705 頁）

者，依然不包含孟子；三是唐代科舉考試由五經升爲九經，甚至唐玄宗自開元二十一年至二十九年（公元733年～公元742年）陸續將道教經典《老子》、《莊子》、《文子》、《列子》列入科舉〔註133〕，《孟子》卻不曾位列其中。

但這種情況到安史之亂後開始發生轉變，起點是唐代宗寶應二年（公元763年），禮部侍郎楊綰上疏朝廷，建議將《孟子》與《論語》、《孝經》一併列入「兼經」〔註134〕，作爲明經科考試的一個科目。此事雖然沒有得到朝廷批准，但卻開啓了《孟子》由「子」升「經」的先聲。唐懿宗時期，進士皮日休又上疏建議以《孟子》內容設科取士，理由是：以《莊子》、《列子》等書作爲取士考試的內容，有違「救時補教」。而儒學中，孟子繼孔子之後發明微旨，繼承大統。所謂：「聖人之道不過乎經，經之降者不過乎史，史之降者不過乎子，子不異乎道者，《孟子》也。捨是子者必戾乎經史，又率於子者，則聖人之盜也。夫孟子之文燦若經傳，天惜其道，不燼於秦。自漢氏得之，嘗置博士以專其學，故其文繼乎六藝，光乎百氏，眞聖人之微旨也。……今有司除茂才、明經外，其次有熟《莊周》、《列子》書者亦登於科。其誘善也雖深，而懸科也未正。夫《莊》、《列》之文，荒唐之文也。讀之可以爲方外之士，習之可以爲鴻荒之民，有能汲汲以救時補教爲志哉？伏請命有司去

〔註133〕《舊唐書》卷八〈玄宗本紀上〉：「二十一年春正月庚子朔，制令士庶家藏《老子》一本，每年貢舉人量減《尚書》、《論語》兩條策，加《老子》策」；卷九〈玄宗本紀下〉：「二十九年春正月丁丑，制兩京、諸州各置玄元皇帝廟並崇玄學，置生徒，令習《老子》、《莊子》、《列子》、《文子》，每年准明經例考試。」（劉昫《舊唐書》，北京：中華書局1975年版，第199、213頁）

〔註134〕原文見《新唐書》卷四十四〈選舉志上〉：「寶應二年，禮部侍郎楊綰上疏言：『進士科起於隋大業中，是時猶試策。高宗朝，劉思立加進士雜文，明經填帖，故爲進士者皆誦當代之文，而不通經史，明經者但記帖括。又投牒自舉，非古先哲王仄席待賢之道。請依古察孝廉，其鄉閭孝友信義廉恥而通經者，縣薦之州，州試其所通之學，送於省。自縣至省，皆勿自投牒，其到狀、保辨、識牒皆停。而所習經，取大義，聽通諸家之學。每問經十條，對策三道，皆通，爲上第，吏部官之；經義通八，策通二，爲中第，與出身；下第，罷歸。《論語》、《孝經》、《孟子》兼爲一經，其明經、進士及道舉並停。』」（歐陽修、宋祁《新唐書》卷四十四〈選舉志上〉，北京：中華書局1975年版，第1166～1167頁）又〔宋〕王溥《唐會要·孝廉舉》：「七月二十六日，禮部侍郎楊綰奏舉貢條目曰：『孝廉各令精通一經，其取《左氏傳》、《公羊》、《穀梁》、《禮記》、《周禮》、《儀禮》、《毛詩》、《尚書》、《周易》任通一經……又《論語》、《孝經》，皆聖人深旨，《孟子》亦儒門之達者，其學官望兼習此三者，共爲一經。』」（王溥《唐會要》卷七十六〈貢舉中·孝廉舉〉，北京：中華書局1955年版，第1396頁）

《莊》、《列》之書，以《孟子》爲主。有能精通其義者，其科舉視明經。苟若是也，不謝漢之博士矣。」皮氏以「去《莊》、《列》之書，以《孟子》爲主」的這番上疏表現出了捨身殉道、孤注一擲的勁頭：「既遂之，如儒道不行，聖化無補，則可刑於言者」〔註135〕。皮氏以身家性命推尊孟子的結果，據《文獻通考・選舉考》載：「懿宗咸通四年（公元 863 年），進士皮日休上疏，請以《孟子》爲學科，曰：『臣聞聖人之道不過乎經，經之降者不過乎史，史之降者不過乎子，子不異乎道者，《孟子》也。今國家有業莊、列之書者，亦登於科，其誘善也，則深而懸科也未正，伏望命有司去莊、列之書，以《孟子》爲主，有能精通其義者，其科舉視明經同。』不報。」〔註136〕可見，此次上疏再次流產，對政界沒有產生有力的影響。《孟子》依然停留於「子」的行列而沒有上升爲「經」。

　　唐代安史之亂後，雖然士大夫階層開始關注並推尊孟子，以《孟子》開科取士的努力終未得到政界響應。但從另一面看，一場促使孟子地位發生重大變化的學術思潮，卻在學界醞釀，最終以韓愈的道統說呈現出來。

　　韓愈對孟子的推尊，是與他的排斥佛、道，復興儒學相呼應的。在他看來，要對抗佛教的法統，必須首先致力於建立儒學道統，而在堯、舜、禹、湯、文、武、周公、孔子一脈相承的儒家思想傳承系統中，繼孔子之後，惟獨孟軻堪稱儒家大統的承繼者：「始吾讀孟軻書，然後知孔子之道尊，聖人之道易行；王易王，霸易霸也。以爲孔子之徒沒，尊聖人者，孟氏而已。晚得揚雄書，益尊信孟氏。」爲了強調孟子對孔子儒學統緒的承繼，他特別對孔子到孟子之間的傳授情況作了詳細解說：「孟軻師子思，子思之學蓋出曾子。自孔子沒，群弟子莫不有書，獨孟軻氏之傳得其宗。……故求觀聖人之道者，必自《孟子》始。」〔註137〕韓愈的這段論述有兩層含義：一是孟子的仁義學說體現了孔子思想，是儒學正統。孟子批判楊朱墨子，爲孔子思想的傳播掃除了障礙。也就是說，在韓愈看來，孟子距楊墨、崇仁義、貴王賤霸，在維

〔註135〕皮日休《皮子文藪》卷九〈請《孟子》爲學科書〉，《四庫全書》（1083 冊），上海：上海古籍出版社 1987 年版，第 212～213 頁；另見孟廣均編清德宗光緒本《重纂三遷志》卷六〈藝文一〉，苗楓林主編《孔子文化大全》，濟南：山東友誼書社 1989 年版，第 322～323 頁。

〔註136〕馬端臨《文獻通考》卷二十九〈選舉二〉，杭州：浙江古籍出版社 2000 年版，第 276 頁。

〔註137〕韓愈《昌黎文集》卷二十〈序・送王塤秀才序〉，宋魏仲舉編《五百家注昌黎文集》，《四庫全書》（1074 冊），上海：上海古籍出版社 1987 年版，第 348 頁。

護、傳承聖人之道方面功績卓著，「向無孟氏，則皆服左袵而言侏離矣。」因而，孟子之「功不在禹下」。二是孟軻之後，儒家道統中輟，韓愈以儒家傳道者自任。在韓愈看來，儒家道統自「軻之死，不得其傳焉」〔註138〕。接下來的傳道大任，歷史地落到了他的肩上：「釋、老之害，過於楊、墨。韓愈之賢，不及孟子。孟子不能救之於未亡之前，而韓愈乃欲全之於已壞之後。嗚呼！其亦不量其力，且見其身之危莫之救以死也。雖然，使其道由愈而粗傳，雖滅死萬萬無恨。」〔註139〕「己之道乃夫子、孟軻、揚雄之所傳之道也」〔註140〕。以孟子後繼者自居的韓愈，在由自身接續孔孟傳統，拒斥佛、道方面表現得極為堅決。這種堅決，不僅表現在理論上，也表現在行動上，因諫迎佛骨而遭到貶斥而幾於喪命就是明證。

「文起八代之衰」的韓愈提出的「道統」說，雖然在有唐一代始終沒有引起政界的重視，但其對孟子地位上升的先驅作用顯然不可小覷。最突出的表現是：韓愈之前，人們認為繼承孔子道統的應該是顏淵、曾子、子思等孔子的直系弟子，韓愈的「道統」說，開始讓孟子超越顏、曾，直接承續孔子，「孔孟之道」取代了「周孔之道」和「孔顏之道」而成為「聖人之道」的代名詞，如北宋王禹偁的「書契以來，以文垂教者」〔註141〕首為孔孟之道，和南宋胡安國的「孔孟之道不傳久矣，自頤兄弟始發明之，而後其道可學而至也」〔註142〕。

也就在韓愈關注、提升孟子，提出道統說的前後數年間，學界關注和研究《孟子》的作品也明顯增多。唐代研究《孟子》的專著見於記載的有五部：陸善經《孟子注》七卷、丁公著《孟子手音》一卷、張鎰《孟子音義》〔註143〕、

〔註138〕韓愈《昌黎文集》卷十一〈雜文·原道〉，宋魏仲舉編《五百家注昌黎文集》，《四庫全書》（1074冊），上海：上海古籍出版社1987年版，第224頁。

〔註139〕韓愈《昌黎文集》卷十一〈書·與孟簡尚書書〉，宋魏仲舉編《五百家注昌黎文集》，《四庫全書》（1074冊），上海：上海古籍出版社1987年版，第323頁。

〔註140〕韓愈《昌黎文集》卷十四〈雜文·重答張籍書〉，宋魏仲舉編《五百家注昌黎文集》，《四庫全書》（1074冊），上海：上海古籍出版社1987年版，第282頁。

〔註141〕宋佚名輯《聖宋文選》卷第七〈王禹偁文·投宋拾遺書〉，郯城於氏清光緒八年（公元1882年）版，第1頁，現存北京國家圖書館。

〔註142〕程顥、程頤《二程遺書》附錄〈胡安國奏狀〉，上海：上海古籍出版社1992年版，第271頁。

〔註143〕以上三書《新唐書·藝文志》和《宋史·藝文志》有收錄，現已佚。清馬國翰《玉函山房輯佚書》有輯本各一卷。（馬國翰《玉函山房輯佚書》卷四十八〈經編·孟子類〉，《續修四庫全書》（1203冊），上海：上海古籍出版社2002年版，第151頁）

劉軻《翼孟》三卷〔註144〕和林慎思《續孟子》二卷〔註145〕。其中除陸善經的《孟子注》著於韓愈之前，其餘全部與韓愈同時或稍後。唐代的《孟子》研究雖無法與其後的宋代比肩，但相對於前代，特別是魏晉時期，顯然已熱鬧了許多，這不能不說與唐代思想界提升孟子地位的努力有關。

唐代以韓愈爲代表的尊孟運動，正式揭開了「孟子升格運動」的序幕。

逮至宋代，學界在輿論上的努力，終於引起了政界對孟子的關注。在學、政兩界的共同推動下，孟子升格運動才終於有了實質性進展。

（二）初興（北宋仁宗慶曆前後）：宋儒對孟子的尊崇

1. 學者的推崇

宋代立國之初，太祖、太宗兩朝政策基本承襲唐舊制。雖然在國子監享祭的仍是「孔顏」，科舉明經取士也仍是唐代的「九經」，但是在學術和輿論界，卻上承唐、五代以來的聲勢，孟子繼續受到關注。

率先關注孟子的是柳開。柳開受皮日休影響，對孟子十分推崇，並由孟子延及韓愈。一面是自號「師孔子而友孟軻，齊揚雄而肩韓愈」，並爲此一度改名「肩愈」，取意爲希望自己在推尊孟子，承繼道統方面能夠與韓愈比肩。另一面是把孟子作爲儒家道統的後繼者，他說：「楊、墨交亂，聖人之道復將墜矣，……孟軻氏出而佐之，辭而辟之，聖人之道復存焉。」〔註146〕

繼柳開之後關注孟子的是孫奭。孫奭作爲太宗、眞宗、仁宗三朝宿儒，長期在宮中侍講《尚書》、《論語》等，宋眞宗大中祥符間受命校勘《孟子》時，曾「請以孟軻書鏤板」〔註147〕，並因此撰《孟子音義》二卷〔註148〕。

〔註144〕此書《宋史・藝文志》未見著錄，但在宋人周平園爲陸嘉材《翼孟音解》寫的序中有述。清朱彝尊《經義考》稱：「所著《翼孟》三卷，於聖人之旨，作者之風，往往而得。惜乎所著書，散佚無存也。」（朱彝尊《經義考》卷二百三十二〈孟子二〉，《四庫全書》（680 冊），上海：上海古籍出版社 1987 年版，第 76 頁）可見此書宋以後散失，以至於朱彝尊也未見此書。

〔註145〕此書《崇文總目》記爲「《續孟子》二卷」，（宋王堯臣等《崇文總目》卷五〈儒家類〉，《四庫全書》（674 冊），上海：上海古籍出版社 1987 年版，第 57 頁）今日所見晁公武的《郡齋讀書志》和陳振孫《直齋書錄解題》均沒有著錄。

〔註146〕柳開《河東先生集》卷六〈答臧丙第一書〉，《四部叢刊初編》（134 冊），上海：上海書店 1989 年版，第 4～5 頁。

〔註147〕司馬光《涑水記聞》卷四，《四庫全書》（1036 冊），上海：上海古籍出版社 1987 年版，第 351 頁。

〔註148〕此書主要爲刊正唐張鎰《孟子音義》及丁公著《孟子手音》二書而作，書中多引唐陸善經《孟子注》，其序文稱：《孟子》「由炎漢之後盛傳於世，爲之注

　　另外，慶曆新政的領袖范仲淹、歐陽修也都尊孟。范仲淹的「先天下之憂而憂，後天下之樂而樂」（《岳陽樓記》）即源於孟子「樂以天下，憂以天下」（《孟子‧梁惠王下》）的境界追求。歐陽修的「孔子之後，唯孟軻最知道」〔註149〕，反映了他對孟子繼承儒學道統地位的高度認同。

　　不過，這一時期尊孟最力者，應屬孫復和石介師徒。

　　孫復，字明復，晉州平陽（今山西臨汾）人，因曾隱居泰山，世稱泰山先生。官至國子監中直講，殿中丞。其學上承陸淳，下啓胡安國，著《春秋尊王發微》，堅持「尊王」立場。在唐代佛教盛行的情況下，他和韓愈一樣，堅決反對佛教的「去君臣之禮」，以繼承儒家道統自居。他和弟子石介及學者胡瑗並稱「宋初三先生」。孫復主要從道統立場推尊孟子，認爲：孔子之後，最能發揚儒家道統的是孟子，「孔子既沒，千古之下，攘邪怪之說，夷奇險之行，夾輔我聖人之道者多矣，而孟子爲之首，故其功巨。」〔註150〕

　　石介，字守道、公操，兗州奉符（今山東泰安）人，因讀書於徂徠山，世稱徂徠先生。官至嘉州軍事判官，國子監直講等。石介承續了孫復的道統

者，則有趙岐、陸善經；爲之音者，則有張鎰、丁公著。自陸善經以降，其所訓說雖小有異同，而共宗趙氏。今既奉敕校定，仍據趙注爲本，惟是音釋，宜在討論。臣今詳二家撰錄，具未精當。張氏則徒分章句，漏略頗多。丁氏則稍識指歸，僞謬時有。若非刊正，詎可通行？僅與尚書虞部員外郎司判國子監臣王旭、諸王府詩講太常博士國子監直講臣馬龜符，鎮寧軍節度使推官國子監說書臣吳易直，前江陰軍江陰縣尉國子學說書臣馮元等推究本文，參考舊注，採諸儒之善，削異說之煩，證以字書，質諸經訓，疏其疑滯，備其闕遺，集成《音義》二卷。」（《四庫全書》（195 冊），上海：上海古籍出版社 1987 年版，第 6 頁）另，收入《十三經注疏》的《孟子注疏》，世傳漢趙岐注，宋孫奭疏。後代學者多持懷疑態度。朱熹稱：「《孟子疏》，乃邵武士人假作。蔡季通識其人。」此書「全不似疏樣，不曾解出名物制度，只繞纏趙岐之說」（黎靖德編《朱子語類》卷第十九〈論語一〉，北京：中華書局 1986 年版，第 443 頁）。《四庫全書總目提要》以爲非孫奭所作，文稱：「今考《宋史‧邢昺傳》，稱昺於咸平二年受詔與杜鎬、舒雅、孫楚、李慕清、崔偓佺等校定《周禮》、《儀禮》、《公羊》、《穀梁》、《春秋傳》、《孝經》、《論語》、《爾雅義疏》，不云有《孟子正義》。《涑水紀聞》載奭所定著有《論語》、《孝經》、《爾雅正義》，亦不云有《孟子正義》，其不出奭手確然可信。……以久列學官，姑仍舊本錄之。」（《四庫全書》（195 冊），上海：上海古籍出版社 1987 年版，第 5 頁）

〔註149〕歐陽修《文忠集》卷六十六〈與張秀才第二書〉，《四庫全書》（1102 冊），上海：上海古籍出版社 1987 年版，第 526 頁。

〔註150〕孫復《孫明復小集‧兗州鄒縣建孟廟記》，《四庫全書》（1090 冊），上海：上海古籍出版社 1987 年版，第 174 頁。

說，甚至排列出了自伏羲、神農、黃帝、少昊、顓頊、唐堯、虞舜、夏禹到湯、文、武、周公、孔子，再到孟軻、荀況、揚雄、王通、韓愈，幾乎囊括所有傳說、聖賢人物的儒家「道統」〔註151〕。石介除了從道統論上推尊孟子外，還著力於讚頌孟子闢楊墨、息邪說的功績：「孔子既沒，微言遂絕，楊、墨之徒，充塞正路。孟子正人心，息邪說，距詖行，放淫辭，以闢楊、墨，說齊宣、梁惠王七國之君，以行仁義。」〔註152〕

在學者的倡導、推動下，自北宋真宗時期，統治層也開始關注孟子。

2. 政界的關注

真宗之後，宋代政界對孟子的關注和重視主要體現在以下四個方面：一是政府出面組織校勘《孟子》。宋真宗大中祥符年間（公元1008年～公元1016年），詔令孫奭、王旭、馬龜符、吳易直、馮元等校勘《孟子》。可見，儘管此時《孟子》尚沒有被列為經書，但顯然已引起統治層的關注；二是興立孟子廟、墓。仁宗景祐四年（公元1037年），孔子四十五代孫孔道輔以龍圖閣直學士知兗州，始訪查孟子墓，興建孟子廟。次年（公元1038年），在鄒邑東北三十里的四基山之陽找到孟子墓，並傍墓為廟，以公孫丑、萬章配享。又專門請孫復撰成《新建孟子廟記》，碑文從承繼儒學統緒的角度對孟子大加讚頌，稱：「諸儒之有大功於聖門者，無先於孟子」〔註153〕；三是詔刻《孟子》石經。唐文宗開成年間（公元836年～公元840年）刻成的「開成石經」，包括《周易》、《尚書》、《詩經》、《周禮》、《儀禮》、《禮記》、《左氏春秋》、《公羊春秋》、《穀梁春秋》、《論語》、《孝經》、《爾雅》十二經，缺《孟子》。宋仁宗慶曆元年（公元1041年），仁宗下詔刻九經於石，立於卞京國子監，其中就包括《孟子》。此次刻經至嘉祐六年（公元1061年）始完成，歷經二十年，稱「嘉祐石經」。這是《孟子》首次作為儒經刻石〔註154〕；四是以《孟子》為

〔註151〕石介《徂徠石先生文集》卷七〈尊韓〉，北京：中華書局1984年版，第79頁。

〔註152〕石介《徂徠石先生文集》卷十四〈與士建中秀才書〉，北京：中華書局1984年版，第162～163頁。

〔註153〕孫復《新建孟子廟記》，碑原立於四基山孟廟，清宣宗道光十四年（公元1834年），由孟子七十代孫孟廣均移至孟子林享殿西夾室至今，這是迄今現存孟廟最早的一塊石刻，對於研究孟子孟廟興建變遷及孟子家族史具有極高價值。碑文收入劉培桂編著《孟子林廟歷代石刻集》，濟南：齊魯書社2005年版，第1頁。

〔註154〕事見王應麟《玉海》卷四十三〈藝文・宋朝石經〉，上海：上海古籍出版社1992年版，第189頁。另：《宋史》卷三百一十七有「（邵必）舉進士，為上

科舉考試內容。宋葉紹翁《四朝聞見錄》：據《登科記》所載，仁宗慶曆二年（公元 1042 年）八月才識兼茂科考試共出六題：其一曰左氏義崇君父，其二孝何以在德上下，其三曰王吉貢禹得失孰優，其四曰經正庶民興，其五曰有常德立武事，其六曰序卦雜卦何以終不同〔註155〕。其中第四題來源於《孟子‧滕文公上》：「夫仁政，必自經界始。經界不正，井地不鈞，穀祿不平，是故暴君污吏必慢其經界。經界既正，分田制祿可坐而定也。」〔註156〕

元主簿。國子監立石經，必善篆隸，召充直講。」（脫脫等《宋史》卷三百一十七〈邵亢傳‧附邵必傳〉，北京：中華書局 1977 年版，第 10337 頁）邵必因善篆隸而參與石經刊刻。顯然，其中所謂「石經」即指「嘉祐石經」。「嘉祐石經」共包含九經，分別為：《孟子》、《易》、《詩》、《書》、《周禮》、《禮記》、《春秋左氏傳》、《孝經》、《論語》，經文採用篆、楷二體，故又稱「二體石經」。石經刻成後，因為戰亂、政權更替和水患等因素，陸續失傳。但從 1922 年起至 1982 年間，陸續在開封發現殘缺的《易》二塊和《尚書》、《祀記》、《孝經》、《周禮》各一塊，共六塊。現分別保存於河南省博物館、開封市博物館和開封縣圖書館。石經《孟子》至今沒有發現。

〔註155〕葉紹翁《四朝聞見錄》卷三「賢良」條，《四庫全書》（1039 冊），上海：上海古籍出版社 1987 年版，第 715 頁

〔註156〕關於慶曆二年（公元 1042 年）才識兼茂科考題，宋王明清《揮麈錄》有：「張賢良咸，漢陽人，應制舉。初出蜀，過夔州，郡將知名士也，一見，遇之甚厚，因問曰：『「四科優劣之差」見於何書？』張無以對。守曰：『載《孟子》注中，因檢示之』……。」（王明清《揮麈錄》卷三，《四庫全書》（1038 冊），上海：上海古籍出版社 1987 年版，第 387 頁）葉紹翁《四朝聞見錄》也載：「曾慥序李賢良（高廟諱）字泰伯詩云：『嘗試六題，已通其五，惟「四科優劣之差」不記所出。曰：『吾於書無所不讀，惟平生不喜《孟子》，故不之讀，是必出《孟子》。』拂袖而出。人皆服其博」。（葉紹翁《四朝聞見錄》卷三「賢良」條，《四庫全書》（1039 冊），上海：上海古籍出版社 1987 年版，第 714 頁）按照這兩條記載，慶曆二年試題中涉及《孟子》的考題為「四科優劣之差」（此語為趙岐《孟子章句》對《孟子‧盡心上》「有事君人者」章的注文。原文為：「容為凡臣，社稷股肱，天民行道，大人正身。凡此四科，優劣之差。」）但這一說法隨後被葉紹翁否定。葉氏據《登科記》考證指出：「慶曆二年壬午歲八月，固嘗召試才識兼茂科」，但六題實應為正文中《登科記》所述六題，「不知曾慥序泰伯詩何為鑿空立為此題。當時六題中唯『經正庶民興』出自《孟子》，此兒童之所知」，葉氏又「參合《登科記》、《揮麈錄》之說」進一步考證：「則泰伯所試乃『經正庶民興』，出《孟子》正文。實試於慶曆二年壬戌八月。咸試『四科優劣之差』，實試於紹聖元年九月。」（葉紹翁《四朝聞見錄》卷三「賢良」條，《四庫全書》（1039 冊），上海：上海古籍出版社 1987 年版，第 714 頁）楊海文《李泰伯疑孟公案的客觀審視》一文，就此進一步論證，得出與葉紹翁相同的結論。（見劉小楓、陳少明主編《荷爾德林的新神話》（《經典與解釋》（第 4 輯），北京：華夏出版社 2004 年版，第 204 頁）。

如果說，孔道輔尊孟或可被看作是作為孔子後裔的個人名義對儒學後繼者孟子的推尊，屬民間或個人行為，尚且不能代表宋代統治核心層的態度。那麼，將《孟子》列為科舉內容，則真正反映了宋朝政府對《孟子》地位的初步認可〔註157〕。這一舉措，為三十年後（即熙寧四年）宋神宗接納王安石奏疏，正式以《孟子》設科取士奠定了基礎。

（三）勃興（北宋神宗熙寧、元豐前後）：理論提升與實踐重視

至宋中葉，經周敦頤、張載、二程、朱熹等宋儒的努力，「度越諸子，上接孟子」，才終使「顛錯於秦火，支離於漢儒，幽沉於魏、晉、六朝」的孔、孟真傳「煥然而大明，秩然而各得其所」。無怪乎在元代學者的心目中，儒學因孟子而益尊，孟子因宋儒而益尊。所謂：「兩漢而下，儒者之論大道，察焉而弗精，語焉而弗詳，異端邪說起而乘之，幾至大壞」。〔註158〕

宋神宗熙寧、元豐年間（公元1068年～公元1085年），孟子升格運動的聲勢漸趨高漲。當時以二程、張載、王安石為代表的學界、政界人物，儘管彼此政見不同，但在尊孟的態度上卻取得了高度一致。尤其是王安石，由於政治上的特殊地位，他在尊孟問題上的努力，使學術上的尊孟思潮深化為政治上的尊孟實踐，對孟子升格運動起到了真正實質性的推動作用。

1. 張載、二程在理論上的倡導

以「學古力行」而「為關中士人宗師」的張載，其學「以《易》為宗，以《中庸》為體，以孔、孟為法」〔註159〕，其尊孟言論散見於《正蒙》中的〈作者〉、〈中正〉、〈三十〉、〈有德〉、〈有司〉諸篇。在《經學理窟》中也有多處相關論述，如「古之學者便立天理，孔、孟而後，其心不傳，如荀、楊皆不能知。」「要見聖人，無如《論》、《孟》為要。《論》、《孟》二書於學者大足，只是須涵詠。」〔註160〕他還曾作《孟子解》十四卷（已佚）闡發其學說。張載的尊孟主要從兩點著手：一是闡發心性之說；二是將《論語》、《孟

〔註157〕儘管此事因不見於正史而令後學者生疑，但從仁宗慶曆元年（公元1041年）刻《孟子》石經看，於次年科舉考試中以之為科舉試題，應在情理之中。

〔註158〕脫脫等《宋史》卷四百二十七〈道學一·序〉，北京：中華書局1977年版，第12710頁。

〔註159〕脫脫等《宋史》卷四百二十七〈道學一·張載〉，北京：中華書局1977年版，第12724頁。

〔註160〕張載《經學理窟·義理》，《張載集》，北京：中華書局1978年版，第273、272頁。

子》並稱，這是南宋朱熹「四書」的雛形。

二程對孟子的尊崇，集中表現在揭示了孟子對孔子思想的發展以及接續儒家道統。二程以爲：「孟子有功於聖門不可言。如仲尼只說一個仁義〔註161〕，孟子開口便說仁義；仲尼只說一個志，孟子便說許多養氣出來；只此二字，其功甚多。」〔註162〕以此立論，二程提出了與韓愈相同的觀點：「孔子沒，傳孔子之道者，曾子而已。曾子傳之子思，子思傳之孟子，孟子死，不得其傳，至孟子而聖人之道益尊。」〔註163〕在二程看來，孔子之後，傳承孔子之道的依次是曾子、子思和孟子。孟子的傳承，使儒學益顯尊榮。二程已開始嘗試從孟子的仁義論中挖掘理、氣、心、性的深刻內涵，以作爲構建理學體系的有用因子。這也是宋儒推尊孟子的目的所在。

2. 王安石在理論與實踐上的雙向推動

二程、張載的尊孟，對於營造提升孟子地位的學術氛圍大有裨益。但是作爲學者，他們無力於對政治政策產生直接影響。如此，也就無力將學術和輿論層面的尊孟運動推向政治和實踐。而眞正完成這個任務，將孟子升格運動由理論推向實踐的是學、政兩界雙棲的王安石。

王安石一生服膺孟子，今存於《琬琰集刪存》卷三的〈王荊公安石傳〉有如下記載：「安石早有盛名，其學以孟軻自許，荀況、韓愈不道也。」〔註164〕宋人羅從彥也說：「王安石以高明之學，卓絕之行，前無古人，其意蓋以孟子自待。自世俗觀之，可謂名世之士矣。」〔註165〕這些議論當有實指。我們從大量王安石讚頌孟子的詩句可略窺一二：《王文公文集》卷三十八有〈揚雄三首〉，其一爲：「孔孟如日月，委蛇在蒼旻。光明所照耀，萬物成多春。」王安石答歐陽修《贈王介甫》詩有：「欲傳道義心雖壯，學作文章力已窮。他

〔註161〕 注：「義」，明萬曆徐必達刻本和清康熙呂留良刻本爲「字」。根據前後句義，原句應爲：「仲尼只說一個仁字」。
〔註162〕 程顥、程頤《二程集》卷第十八，北京：中華書局 1981 年版，第 221 頁。
〔註163〕 程顥、程頤《二程集》卷第二十五，中華書局 1981 年版，第 327 頁。另見脫脫等《宋史》卷四百二十七〈道學一・序〉：「孔子沒，曾子獨得其傳，傳之子思，以及孟子，孟子沒而無傳。」（北京：中華書局 1977 年版，第 12707 頁）。
〔註164〕 杜大珪《琬琰集刪存》卷三〈王荊公安石傳〉，上海：上海古籍出版社 1990 年版，第 374～375 頁。
〔註165〕 羅從彥《豫章文集》卷七〈遵堯錄・韓琦〉，《四庫全書》（1135 冊），上海：上海古籍出版社 1987 年版，第 706 頁。

日若能窺孟子，終身何敢望韓公。」〔註166〕顯然，王安石的確已把孟子視爲千古知己，以能成爲孟子式的人物引爲終生奮鬥目標。王安石對孟子的服膺建立在對《孟子》深刻研究的基礎上，他的《孟子解》十四卷（已佚），便可說明問題。甚至受他的影響，他身邊的親朋弟子和政治助手也都以研治《孟子》爲旨趣：如其子王雱有《孟子解》十四卷〔註167〕，門人龔原有《孟子解》十卷〔註168〕，連襟王令也著有《孟子講義》五卷〔註169〕。

　　與以往學者推尊孟子不同的是，王安石在爲相期間，借助於政治權力，將孟子升格運動由學界推向政界，其中最重要的便是正式將《孟子》列爲科舉考試內容。

　　熙寧四年（公元1071年）二月，神宗採納王安石建議，停科舉舊制，推行新制。《宋史·選舉志》載：「既而中書門下又言：『古之取士，皆本學校，道德一於上，習俗成於下，其人才皆足以有爲於世。今欲追復古制，則患於無漸。宜先除去聲病偶對之文，使學者得專意經術，以俟朝廷興建學校，然後講求三代所以教育選舉之法，施於天下，則庶幾可以復古矣。』於是改法，罷詩賦、帖經、墨義，士各占治《易》、《詩》、《書》、《周禮》、《禮記》一經，兼《論語》、《孟子》。每試四場，初大經，次兼經，大義凡十道（後改《論語》、《孟子》義各三道）。次論一首，次策三道，禮部試即增二道。」「四年，乃立經義、詩賦兩科，罷試律義。凡詩賦進士，於《易》、《詩》、《書》、《周禮》、《禮記》、《春秋左傳》內聽習一經。初試本經義二道，《語》、《孟》義各一道，次試賦及律詩各一首，次論一首，末試子、史、時務策二道。凡專經進士，須習兩經：以《詩》、《禮記》、《周禮》、《左氏春秋》爲大經；《書》、《易》、《公

〔註166〕歐陽修《贈王介甫》詩爲：「翰林風月三千首，吏部文章二百年。老去自憐心尚在，後來誰與子爭先。朱門歌舞爭新態，綠綺塵埃試拂絃。常恨聞名不相識，相逢樽酒盍留連」（《文忠集》卷五十一〈外集七·律詩三〉，《四庫全書》（1102冊），上海：上海古籍出版社1987年版，第433頁）

〔註167〕已佚，見錄於《宋史》卷二百五〈藝文志四〉，北京：中華書局1977年版，第5171頁。另晁公武《郡齋讀書志·後志》卷二也記有「王安石解《孟子》十四卷，王雱解《孟子》十四卷」。（《四庫全書》（674冊），上海：上海古籍出版社1987年版，第390頁）

〔註168〕已佚，見錄於《宋史》卷二百五〈藝文志四〉，北京：中華書局1977年版，第5173頁。及黃宗羲原著，全祖望補修，陳金生、梁運華點校《宋元學案》卷九十八〈荊公新學略〉，北京：中華書局1986年版，第3257頁。

〔註169〕已佚，見錄於《宋史》卷二百五〈藝文志四〉，北京：中華書局1977年版，第5173頁。

羊》、《穀梁》、《儀禮》爲中經。《左氏春秋》得兼《公羊》、《穀梁》；《書》，《周禮》得兼《儀禮》或《易》；《禮記》、《詩》併兼《書》。願習二大經者聽，不得偏佔兩中經。初試本經義三道，《論語》義一道。次試本經義三道，《孟子》義一道。次論策，如詩賦科。並以四場通定高下，而取解額中分之，各占其半。專經者用經義定取捨，兼詩賦者以詩賦爲去留，其名次高下，則於策論參之。自復詩賦，上多向習，而專經者十無二三，諸路奏以分額各取非均，其後遂通定去留，經義毋過通額三分之一。」〔註170〕自此始至清，《孟子》一直被列爲國家官定的科舉考試內容。

王安石新政對孟子地位的提升的確功不可沒，如徽宗崇寧三年六月九日頒《故荆國公王安石配享孔子廟庭詔》所說：「道裂於百家，俗學弊於千載。士以傳注之習，汩亂其聰明，不見天地之純全，古人之大體，斯已久矣。故荆國公王安石，由先覺之智，傳聖人之經，闡性命之幽，合道德之散，訓釋奧義，開明士心，總其萬殊，會於一理。於是學者廓然，如睹日月，咸知六經之爲尊，有功於孔子至矣。其施於有政，則相我神考。力追唐虞三代之隆，因時制宜，創法垂後，小大精粗，靡有遺餘，內聖外王，無乎不備。蓋天降大任，以興斯文，孟軻以來，一人而已。」〔註171〕而權臣司馬光反對的態度，則可以從另一個側面印證這一事實。宋哲宗元祐初，司馬光爲反對科場改革而上奏：「神宗皇帝深鑒其失，於是悉罷賦詩及經學諸科，專以經義論策試進士，此乃革歷代之積弊，復先王之令典，百世不易之法也。但王安石不當以一家私學，欲蓋掩先儒，令天下學官講解。及科場程試，同己者取，異己者黜。……又黜《春秋》而進《孟子》，廢六藝而尊百家，加之但考校文學，不勉勵德行，此其失也。」司馬光此段議論圍繞三點指責王安石：一是王安石不當以《三經義》等「一家私學」取代先儒眞解；二是在「科場程試」中以己意作爲取黜標準；三是王安石不當在「科場程試」中，「廢六藝而尊百家」「黜《春秋》而進《孟子》」。認爲：「《孟子》止爲諸子，更不試大義，應舉

〔註170〕脫脫等《宋史》卷一百五十五〈選舉志一〉，北京：中華書局1977年版，第3618、3620～3621頁。另李燾《續資治通鑒長編》卷二百二十「熙寧四年二月丁巳朔」條所記略同，並於其後記有：「今定貢舉新制：進士罷詩賦、帖經、墨義，各占治《詩》、《書》、《易》、《周禮》、《禮記》一經，兼以《論語》、《孟子》。」（《四庫全書》（317冊），上海：上海古籍出版社1987年版，第622頁）。

〔註171〕《故荆國公王安石配享孔子廟庭詔》，《宋大詔令集》卷一百五十六，北京：中華書局1962年版，第584頁。

者聽自占習。」《孟子》只不過是「諸子」之一，不該在科舉考試中取代屬於「六藝」（經部）的傳統經典《春秋》〔註 172〕。可見，王安石對於將孟子尊崇由學界推向政界，甚至對於以後儒家經典的重大變化——「四書」取代「五經」，可謂厥功至偉，堪稱「『孟子升格運動』中的第一功臣」〔註 173〕。

神宗熙寧九年（公元 1076 年），王安石雖然被迫辭去相位，脫離政治，其新法也漸行廢弛。但其後的當權者，如蔡確、張惇、蔡京等均以「新黨」自居。這使他發動的政治尊孟，在其後的神宗元豐以至於徽宗統治期間，繼續發揮著後續效力。

元豐六年（公元 1083 年），宋神宗應吏部尚書曾孝寬疏請，詔封孟子為「鄒國公」〔註 174〕。次年，又應晉州州學教授陸長愈奏請，孟子首次配享孔廟。從《宋史》的記載看，此事當時在朝廷上引起了激烈爭論：「晉州州學教授陸長愈請春秋釋奠，孟子宜與顏子並配。議者以謂凡配享、從祀，皆孔子同時之人，今以孟軻並配，非是。禮官言：『唐貞觀以漢伏勝、高堂生、晉杜預、范甯之徒與顏子俱配享，至今從祀，豈必同時？孟子於孔門當在顏子之列，至於荀況、揚雄、韓愈，皆發明先聖之道，有益學者，久未配食，誠闕典也。請自今春秋釋奠，以孟子配食，荀況、揚雄、韓愈並加封爵，以世次先後，從祀於左丘明二十一賢之間。自國子監及天下學廟，皆塑鄒國公像，冠服同兗國公。……』詔如禮部議」〔註 175〕李燾《續資治通鑑長編》也有類似記載：「詔：『自今春秋釋奠，以鄒國公孟軻配食文宣王，設位於兗國公（顏回）之次，荀況、揚雄、韓愈以世次從祀於二十一賢之間，並封伯爵。』」〔註 176〕結果顯示，

〔註 172〕原文為：「王安石不當以一家私學欲蓋掩先儒，令天下學官講解及科場程試同己者取，異己者黜，使聖人坦明之言轉而陷於奇僻，先王中正之道流而入於異端……又黜《春秋》而進《孟子》，廢『六藝』而尊百家，加之但考校文學，不勉勵德行，此其失也。」（司馬光《傳家集》卷五十四〈請起科場箚子〉，《四庫全書》（1094 冊），上海：上海古籍出版社 1987 年版，第 491～492 頁）
〔註 173〕徐洪興《唐宋間的孟子升格運動》，載《中國社會科學》1993 年第 5 期。
〔註 174〕孟廣均編清德宗光緒本《重纂三遷志》卷四〈祀典〉，苗楓林主編《孔子文化大全》，濟南：山東友誼書社 1989 年版，第 204 頁。
〔註 175〕脫脫等《宋史》卷一百五〈禮志八〉，北京：中華書局 1977 年版，第 2549 頁。
〔註 176〕李燾《續資治通鑑長編》卷三百四十五「元豐七年五月壬戌」條（《四庫全書》（319 冊），上海：上海古籍出版社 1987 年版，第 757 頁）。另本書卷三百四十「神宗元豐六年冬十月戊子」條也有：「詔封孟軻為鄒國公。以吏部尚書曾孝寬言：『孟軻有廟在鄒，屬兗州，未加爵命。』故特封之。」卷三四五，第

反對派顯然並沒有佔上風。

徽宗後期，北宋統治在內部農民起義和外部女眞進逼的情況下已是危機四伏。在這樣的危局下，政治層仍然堅定不移地執行尊孟政策。

徽宗政和五年（公元 1115 年），詔以樂正子配享孟廟，公孫丑以下十七人從祀：「五年，太常寺言：『兗州鄒縣孟子廟，詔以樂正子配享，公孫丑以下從祀，皆擬定其封爵：樂正子克利國侯，公孫丑壽光伯，萬章博興伯，告子不害東阿伯，孟仲子新泰伯，陳臻蓬萊伯，充虞昌樂伯，屋廬連奉符伯，徐辟仙源伯，陳代沂水伯，彭更雷澤伯，公都子平陰伯，咸丘蒙須城伯，高子泗水伯，桃應膠水伯，盆成括萊陽伯，季孫豐城伯，子叔承陽伯。』大晟樂成，詔下國子學選諸生肄習，上丁釋奠，奏於堂上，以祀先聖。」〔註 177〕

徽宗宣和五年（公元 1123 年），知成都府席旦緣於五代蜀宰相毋昭裔主持刊刻的成都石經無《孟子》〔註 178〕而補刻〔註 179〕。這是《孟子》躋身儒家「十三經」行列的前奏。

學術力量和政治力量交相推引，終將孟子升格運動推向高漲。

（四）完成（南宋中葉及稍後）：四書系統形成，《孟子》正式躋身經學

至南宋，尊孟不僅已成爲社會上頗爲流行的學術傾向，也已經成爲統治層普遍認可的政治理念。

---

757 頁：「詔自今春、秋釋奠，以鄒國公孟軻配食。」（《四庫全書》（319 冊），上海：上海古籍出版社 1987 年版，第 696 頁）。

〔註 177〕脫脫等《宋史》卷一百五〈禮志八〉，北京：中華書局 1977 年版，第 2551 頁。孟廣均清德宗光緒本《重纂三遷志》卷六〈藝文一〉載：宋徽宗政和五年《封樂正子爲利國侯配享孟子敕》和《封公孫丑等十七人爲伯從祀孟子敕》，苗楓林主編《孔子文化大全》，濟南：山東友誼出版社 1989 年版，第 245～250 頁。

〔註 178〕桂馥《歷代石經略》卷下〈孟蜀石經〉引洪邁語：「孟昶時所刻石本九經」，又引晁公武九經分別爲：《周易》、《尚書》、《毛詩》、《禮記》、《周禮》、《左傳》、《公羊傳》、《穀梁傳》、《論語》。（《續修四庫全書》（183 冊），上海：上海古籍出版社 2002 年版，第 641～642 頁）

〔註 179〕桂馥《歷代石經略》卷下〈宋席氏益補刻孟子〉引晁公武曰：「皇朝席宜宣和中知成都，刊石置於學官。云僞蜀時刻六經於石，而獨無《孟子》，經爲未備。夫經大成於□子，豈有闕耶？其論既謬，又多誤字。」其所謂「謬」者，蓋因以「九經」爲「六經」之誤；該書於其下又引曾宏父「宣和五年癸卯益帥席益始奏鐫《孟子》」。（《續修四庫全書》（183 冊），上海：上海古籍出版社 2002 年版，第 644 頁）

1. 宋高宗尊孟

高宗對孟子推崇備至，主要表現在以下幾點：一是明確表達其尊孟立場。高宗將孟子有關國家政治的主張寫於屏風，以時時觀看揣摩：「戊戌，上以所書《資治通鑑》第四冊賜黃潛善。時上退朝，日覽四方章奏，暇則讀經史。嘗取孟子論治道之語，書之素屏。因謂黃潛善曰：『《論》、《孟》乃幼年所習，讀之了無凝滯』。」〔註180〕又嘗自云：「自朕幼習《孟子》書，至成誦在口，不覺寫出。……如孟子言：『用賢與殺，皆察於國人。』朕詳味斯言，欲謹守之，神交上友，如與孟子端拜而議」〔註181〕；二是提升《孟子》在科舉考試中的地位。紹興十三年（公元 1143 年），採納國子司業高閌建議，「以本經、《語》、《孟》義各一道為首；詩賦各一首次之；子史論一道，時務策一道又次之」〔註182〕；三是御書石經，將《孟子》列入。事見顧炎武《石經考·宋高宗御書石經》，文稱：「（紹興）十六年五月……上又書《論語》、《孟子》，皆刊石立於太學首善閣及大成殿後三禮堂之廊廡。」〔註183〕四是以是否尊孟決定官吏黜廢。作為王安石「新學」的抵制者，出於政治思想與學術觀點的不同，司馬光著《疑孟論》，對孟子提出十一條質疑，譏孟子「鬻先王之道以售其身」〔註184〕。「學於溫公」，承續司馬光學說的晁說之，其非孟態度遠遠激烈於乃師，嘗著《孔孟》一文，對孔孟聯稱提出異議：「孔孟之稱，誰倡之者？漢儒猶未之有也。既不知尊孔子，是亦孟子之志歟？其學卒雜於異端，而以為孔子之儷者，亦不一人也，豈特孟子而可哉。如知《春秋》一王之制者，必不使其教有二上也。世有荀孟之稱，荀卿詆孟子僻違而無類，幽隱而無統，閉約而不解，未免為諸子之

〔註180〕李心傳《建炎以來繫年要錄》卷十七，《四庫全書》（325 冊），上海：上海古籍出版社 1987 年版，第 275 頁。

〔註181〕李心傳《建炎以來繫年要錄》卷十七，《四庫全書》（325 冊），上海：上海古籍出版社 1987 年版，第 276 頁。

〔註182〕脫脫等《宋史》卷一百五十六〈選舉志二〉，北京：中華書局 1977 年版，第 3629 頁。

〔註183〕見《四庫全書》（683 冊），上海：上海古籍出版社，第 851 頁。另清桂馥《歷代石經略》卷下〈宋太學御書石經〉也記有：「紹興二年，宣示御書《孝經》，繼出《易》、《詩》、《書》、《春秋》、《左傳》、《論》、《孟》及《中庸》、《大學》、《學記》、《儒行》、《經解》五篇，總數千萬言，刊石太學。」（《續修四庫全書》（183 冊），上海：上海古籍出版社 2002 年版，第 647 頁）

〔註184〕司馬光《傳家集》卷七十三〈疑孟論〉，《四庫全書》（1094 冊），上海：上海古籍出版社 2003 年版，第 666 頁。

徒，尚何配聖哉。」〔註185〕又徑直作《詆孟》，以排詆、非難孟子。非但如此，還專折上疏「請去《孟子》於講筵」。晁氏的過激態度，致「太學之士譁然，言者紛起」〔註186〕，也因此引起宋高宗的強烈不滿。建炎三年春「戊戌，徽猷閣待制提舉杭州洞霄宮晁說之告老。上曰：『是嘗著論非孟子者。孟子發明正道，說之何人，乃敢非之，可進一官致仕。』說之尋卒。」〔註187〕高宗認為孟子王道主張不容侵犯，晁說之居然「非之」，於是借其告老之機，順水推舟，將其逐出朝廷。晁說之因為「非孟」斷送了前程，由此可見孟子在南宋帝王心目中的地位。尊孟情感滲透進政治，成為左右帝王治道的重要因素。

2. 余允文和張九成尊孟

余允文，字隱文，南宋建安人，生平事蹟不詳。針對李覯、司馬光、鄭厚群起而非孟，余允文著《尊孟辨》以駁斥非孟諸說，捍衛和提升孟子地位。該書序言稱：「本朝先正司馬溫公與夫李君太伯、鄭君叔友，皆一時名儒，意其交臂孟氏，而篤信其書矣。溫公則疑而不敢非，太伯非之而近於詆，叔友詆之而逮乎罵。夫溫公之疑，其意猶俟後學有以辨明之。彼二君子昧是意，其失至此，人之譏誚不恤也。豈以少年豪邁之氣，詆呵古人，而追悔不及歟？伊川程先生，謂孟子有泰山岩岩之氣，乃知非而詆，詆而罵者，貽猶煙霧蓊蓊興，時焉蔽之耳，何損於岩岩。余懼世之學者隨波逐流，蕩其心術，仁義之道益泯。於是取三家之說，折以公議而辨之，非敢必人之信，姑以自信而已。命之曰《尊孟辨》」。不過，《四庫全書總目提要》曾質疑余允文作書目的的純粹性，以為：「周密《癸辛雜識》載晁說之著論非孟子。建炎中，宰相進擬除官，高宗以孟子發揮王道，說之何人，乃敢非之，勒令致仕。然則允文此書，其亦窺伺意旨，迎合風氣而作，非真能辟邪衛道者歟？」《四庫》館臣據此懷疑余允文作此書的目的是迎合高宗好尚，以取進身之階。但這也只不過是推斷而已，沒有什麼依據。其實，倒不必一定較真於此書的寫作目的，更重要的是看它的實際價值所在。此書在明中葉後殘缺，今日所見《四庫》本和《叢書集成初編》本是清人從《永樂大典》中輯出，雖已不是原貌，但仍可窺其

〔註185〕晁說之《嵩山文集》卷十三〈孔孟〉，《四部叢刊續編》（60 冊），上海：上海書店出版社 1985 年版，第 19～20 頁。

〔註186〕黃宗羲《宋元學案》卷二十二〈景迂學案〉，《續修四庫全書》（518 冊），上海：上海古籍出版社 2002 年版，第 417 頁。

〔註187〕李心傳《建炎以來繫年要錄》卷十九，《四庫全書》（325 冊），上海：上海古籍出版社 1987 年版，第 296 頁。

大概。其價值主要有二：一是總結和保存了非孟者的眾多材料，為後人研究提供了方便；二是採用駁論的方法，分別以「疑曰」和「余氏辯曰」對司馬光、李覯、鄭厚的非孟進行逐條辯駁，以至於四庫館臣也不得不承認「當群疑蜂起之日，能別白是非而定一尊於經籍，不為無功。但就其書而觀，固卓然不磨之論也。」〔註188〕

　　張九成，字子韶，號橫浦居士、無垢居士，浙江錢唐人。紹興二年狀元，歷任著作郎、禮部侍郎兼侍講等職，因反對秦檜議和，謫居邵州。秦檜死，復起知溫州。卒贈太師，封崇國公，諡文忠。作為南宋著名的理學家、二程弟子楊時的學生，張九成的思想傾向是顯而易見的。為了駁斥司馬光等對孟子的批評，張九成作《孟子傳》，《四庫全書總目提要》說得很明白：「惟注是書，則以當時馮休作《刪孟子》，李覯作《常語》，司馬光作《疑孟》，晁說之作《詆孟》，鄭厚作《藝圃折衷》，皆以排斥《孟子》為事。故特發明義利經權之辯，著孟子尊王賤霸有大功，撥亂反正有大用。」〔註189〕與余允文駁論的方式不同，張九成則採用了立論的方式，從正面解讀和闡發孟子思想，使非孟者對孟子的詆毀不攻自破。特別是對孟子的仁義、心性、義利等核心學說，張九成站在理學高度進行闡發。如把孟子的仁義學說上升到天理論高度：「天理者，仁義也。仁義既明，則以此明庶物，知禽獸之所以禽獸；以此察人倫，知人倫之所以人倫。」〔註190〕

　　余允文、張九成等儒者尊孟，雖然只不過是學界在推動尊孟上的努力。但由此架起了北宋二程與南宋朱熹之間尊孟的橋樑，為四書系統的形成和孔學經孟學而理學化奠定了基礎。

3. 朱熹尊孟與「四書」系統形成

　　如果說王安石是宋代政治上尊孟的第一功臣，那麼，朱熹就應該是宋代學術上尊孟的第一功臣。他窮畢生精力所撰的《四書集注》，無疑是對崇揚孟子學說，提升孟子地位的最大貢獻。

〔註188〕紀昀等《四庫全書總目提要》，《四庫全書》（196 冊），上海：上海古籍出版社 1987 年版，第 518 頁。

〔註189〕紀昀等《四庫全書總目提要》，《四庫全書》（196 冊），上海：上海古籍出版社 1987 年版，第 230 頁。

〔註190〕張九成《孟子傳》卷十九，《四庫全書》（196 冊），上海：上海古籍出版社 1987 年版，第 425 頁。

把《大學》、《中庸》從《小戴禮記》中析出，與孔孟原典《論語》、《孟子》相併列，從而形成「四書」系統，經歷了一個自周敦頤到二程，再到朱熹的接力過程。

理學鼻祖周敦頤開始重視《中庸》，劉蕺山曾就此作過揭示：「濂溪爲後世儒者鼻祖，《通書》一篇，將《中庸》的道理，又翻新譜，直是勺水不漏。」〔註191〕受業周氏的二程接續其衣缽，重視《大學》。朱熹在《大學章句·序》中曾明確表示：「河南程氏兩夫子出，而有以接乎孟子之傳，實始尊信此篇而表章之。既又爲之次其簡編，發其歸趣，然後古者大學教人之法，聖經賢傳之旨，燦然復明於世。」〔註192〕

發掘《大學》、《中庸》，使之與《論語》、《孟子》配合形成「四書」體系，在二程這裡初見規模。《宋史·道學傳》明確指出：「仁宗明道初年，程顥及弟頤寔生。及長，受業周氏。已乃擴大其所聞，表彰《大學》、《中庸》二篇，與《語》、《孟》並行。於是，上自帝王傳心之奧，下至初學入德之門，融會貫通，無復餘蘊。」〔註193〕清翟灝《四書考異》也引《七經中義》稱：「程子見《大學》、《中庸》非聖賢不能作，而俱隱《禮記》中，始取以配《論語》、《孟子》，而爲四書」〔註194〕。

不過，以「四書」替代儒家原典「五經」，實現儒家經典大轉換的功勞，實應歸之於朱熹。王禕《文忠公集·四子論》和周焱《四書衍義·序》對此均有總結：「近世大儒河南程子，實始尊信《大學》、《中庸》而表章之。《論語》、《孟子》也各有論說，而未有專書也。至新安朱子，始合四書，謂之四子。《論語》、《孟子》則爲之注，《大學》、《中庸》則爲之章句、或問。自朱子之說行，而舊說盡廢。於是四子者與六經皆並行，而教學之序莫先焉矣。」「伊洛諸儒，有功於六經不細。而言《論》、《孟》者，或不及於《庸》、《學》；言《庸》、《學》者，或不及於《論》、《孟》，未有知四書之爲全書者。唯朱夫子沉涵義理之精微，研覃性命之蘊奧，爲四書，所謂集大成

〔註191〕黃宗羲《宋元學案》卷十一〈濂溪學案上〉，《續修四庫全書》（518 冊），上海：上海古籍出版社2002年版，第234頁。

〔註192〕朱熹《大學章句·序》，《四書五經》（上冊），天津：天津市古籍書店 1988年版，第2頁。

〔註193〕脫脫等《宋史》卷四百二十一〈道學傳一·序〉，北京：中華書局1977年版，第12710頁。

〔註194〕翟灝《四書考異》上編〈綜考二十五·合四書〉，《續修四庫全書》（167 冊），上海：上海古籍出版社2002年版，第108頁。

者也。」〔註195〕朱熹爲「四書」作注，以義理之精，性命之奧，提升了儒家哲學內涵，滿足了社會需求，取得了政治認可，才借助於科舉考試的指揮棒，成爲壓倒「五經」的經典。宋寧宗於嘉定五年（公元1212年）准國子司業劉爚奏〔註196〕，將朱熹《論語孟子集注》作爲官方之學。宋理宗也爲此於寶慶三年（公元1227年）和淳祐元年（公元1241年）兩度下詔褒贊朱熹：「朕觀朱熹集注《大學》、《論語》、《孟子》、《中庸》，發揮聖賢蘊奧，有補治道。朕勵志講學，緬懷典刑，可特贈熹太師，追封『信國公』。」「朕惟孔子之道，自孟軻後不得其傳，至我朝周敦頤、張載、程顥、程頤，眞見實踐，深探聖域，千載絕學，始有指歸。中興以來，又得朱熹精思明辨，表裏混融，使《大學》、《論》、《孟》、《中庸》之書，本末洞徹，孔子之道，益以大明於世。朕每觀五臣論著，啓沃良多。今視學有日，其令學官列諸從祀，以示崇獎之意。」〔註197〕並詔以「周敦頤、張載、程顥、朱熹從祀，黜王安石」〔註198〕。

　　至於爲什麼程朱理學家如此偏愛「四書」，不惜離析拔擢，使其成爲取代六經的儒家經典新體系，重要的在於兩點：一，從道統論的角度看。從孔子到曾子、子思再到孟子，「四書」在道統體繫傳承中存在著一致性；二，從思想內容的角度看。四書各有其建立理學思想體系的有用因子。《論語》雖無理學奧理，但作爲儒學開山者孔子的作品，進入系統自不待言；《孟子》的性命之說已見前述。至於《大學》的「格物致知」、「正心誠意」；《中庸》的「致誠如神」「惟天下至誠，爲能盡其性」，都毫無疑問是理學家建立理學體系必需的思想資源。對此，朱熹說的已很明白：「《語》、《孟》工夫少，得效多；六經工夫多，得效少。」「《語》、《孟》、《中庸》、《大學》是熟飯，看其他經，是打禾爲飯。」〔註199〕

〔註195〕翟灝《四書考異》上編〈綜考二十五・合四書〉，《續修四庫全書》（167冊），上海：上海古籍出版社2002年版，第108頁。

〔註196〕原文爲：「遷國子司業，言於丞相史彌遠，請以熹所著《論語》、《中庸》、《大學》、《孟子》之說以備勸講，正君定國，慰天下學士大夫之心。……又請以熹《白鹿洞規》頒示太學，取熹《四書集注》刊行之。」（脫脫等《宋史》卷四百一〈劉爚傳〉，北京：中華書局1977年版，第821頁）

〔註197〕脫脫等《宋史》卷四十一〈理宗紀一〉、卷四十二〈理宗紀二〉，北京：中華書局1977年版，第789、821頁。

〔註198〕脫脫等《宋史》卷一百五〈禮志八〉，北京：中華書局1977年版，第2554頁。

〔註199〕黎靖德編《朱子語類》卷第十九〈論語一〉，北京：中華書局1986年版，第428、429頁。

經過周敦頤、二程和朱熹的接力式努力，《孟子》與四書系統的形成相互憑藉，終於得到官方認可，成爲不容置疑的官方之學。所謂：「熹沒，朝廷以其《大學》、《語》、《孟》、《中庸》訓說立於學官。」〔註200〕

4. 陳振孫將《孟子》列入經部

鑒於學界、政界相互唱和下孟子經學地位的確立，目錄學家陳振孫於宋理宗淳祐四年（公元 1244 年）撰《直齋書錄解題》，正式將《孟子》列入經書：「自韓文公稱『孔子傳之孟軻，軻死不得其傳』，天下學者咸曰『孔孟』。《孟子》之書，固非荀、揚以降所可同日語也。今國家設科取士，《語》、《孟》並列爲經，而程氏諸儒訓解二書，常相表裏，故今合爲一類。」〔註201〕至此，《孟子》正式由子部升入經部，作爲「四書」之一，地位超越「六經」。

《孟子》上升爲經，標誌著唐宋「孟子升格運動」的基本完成。孟子思想借助《孟子》的升經，成爲封建社會後期學術和政治思想的正統。孟子地位也隨著孟子思想的正統化而扶搖直上。

不過，全面地看，還有一點不得不提，即：在上述孟子升格運動中，也始終有一股疑孟、非孟思潮與之相伴。邵博在《邵氏聞見錄》中輯錄了其中的十家，除了前已述及的荀子、晁說之外，著名的還有司馬光、蘇軾、李覯、陳次公、傅野、劉敞、張俞、劉道原八家。事實上還遠不止此，從思想傾向上看，王充、鄭厚、何涉、馮休、李著、葉適、黃次伋、晁公武等也都站在非孟的行列。以上各家除個別者屬於秦漢以前外，多出於宋代。他們站在尊孟者的對立面，從不同的學術、政治觀點和立場出發，與尊孟派展開思想辯論。其中影響較大的是李覯、司馬光和鄭厚。南宋余允文《尊孟辨·自序》中，將此三人分別作爲由疑孟到非孟再到詆孟逐漸推進的三類代表：「溫公則疑而不敢非，太伯非之而近於詆，叔友詆之而逮乎罵。」〔註202〕

李覯是宋仁宗慶曆年間非孟的主要代表〔註203〕。他的非孟言論主要見於

〔註200〕脫脫等《宋史》卷四百二十九〈道學傳三·朱熹〉，北京：中華書局 1977 年版，第 12769 頁。

〔註201〕陳振孫《直齋書錄解題》卷三〈語孟類〉，《四庫全書》（674 冊），上海：上海古籍出版社 1987 年版，第 572 頁。

〔註202〕余允文《尊孟辨·自序》，《四庫全書》（196 冊），上海：上海古籍出版社 2003 年版，第 518 頁。

〔註203〕注：關於李覯究係尊孟者還是非孟者，歷史上曾有爭議。爲此，楊海文撰《李泰伯疑孟公案的客觀審視》一文就此辯證以爲：葉紹翁《四朝聞見錄》雖有「《盱江集》中有『《常語》非孟子，其文淺陋，且非序者所載，疑附會不讀

《常語》，也散見於《富國策》、《禮論》、《潛書》、《原文》等篇章。李覯寫《常語》非孟，是有感於當時「是《孟子》而非『六經』，樂王道而忘天子」的粉飾太平、不言功利的世風。以爲「天下無《孟子》可也，不可無『六經』。故作《常語》以正君臣之義，以明孔子之道，以防亂患於後世爾。」他對孟子的非議主要集中在以下幾點：一是孟子違背孔子君臣之道，「孔子之道，君君臣臣也；孟子之道，人皆可以爲君也」，故孟子「名學孔子而實背之者也」；二是孟子提出「盡信書則不如無書」，懷疑六經，即所謂：「甚哉！世人之尚異也。孔子非吾師乎！衆言讙讙，千徑百道，幸存孔子，吾得以求其是。虞、夏、商、周之書出於孔子，其誰不知？孟子一言，人皆畔之，畔之不已，故今人至取孟子以斷『六經』矣。嗚呼！信《孟子》而不信經，是猶信他人而疑父母也」〔註204〕；三是不贊同孟子把義利對立，否定功利，他說：「利可言乎？曰：人非利不生，曷爲不可言？欲可言乎？曰：欲者人之情，曷爲不可言？言而不以禮，是貪與淫，罪矣。不貪不淫而曰不可言，無乃賊人之生，反人之情！世俗之不喜儒以此。孟子謂『何必曰利』，激也。焉有仁義而不利者乎」〔註205〕；四是揭露《孟子》王霸論的虛僞：「孟子曰：五霸者，三王之罪人也。吾以爲孟子者，五霸之罪人也。五霸率諸侯事天子，孟子勸諸侯爲天子。苟有人性者，必知其逆順耳矣。孟子當周顯王時，其後尚且百年而秦並之。嗚呼！忍人也，其視周室如無有也。」〔註206〕在上述四點中，前兩點是前提性、外圍性的批判，是爲後兩點作鋪墊的。批判的核心內容是後兩點，用楊海文的話說，就是「泰伯通過政治實用主義理論對孟子的道德理想主義精神予以原則性批判」〔註207〕。

《孟子》之說者爲之勦入，非泰伯之文明甚』」的論述，（見葉紹翁《四朝聞見錄》卷三「賢良」條，《四庫全書》（1039 冊），上海：上海古籍出版社 1987年版，第 715 頁），疑《常語》中的非孟言論爲「不讀《孟子》之說者爲之勦入，非泰伯之文」，然作者據南宋邵博的《聞見後錄》及余允文的《尊孟辨》所存佚《常語》考證認爲，李覯的非孟立場是確然無疑的，而其批判的核心「集中於孟子的王霸、義利之辨」。（劉小楓、陳少明主編《荷爾德林的新神話》（《經典與解釋》（第 4 輯），北京：華夏出版社 2004 年版，第 302 頁）

〔註204〕李覯《李覯集》附錄一〈佚文・常語〉，北京：中華書局 1981 年版，第 518、512、514〜515 頁。

〔註205〕李覯《李覯集》卷第二十九〈雜文・原文〉，北京：中華書局 1981 年版，第326 頁。

〔註206〕余允文《尊孟辨》卷中引李覯佚《常語》，《四庫全書》（196 冊），上海：上海古籍出版社 2003 年版，第 530 頁。

〔註207〕劉小楓、陳少明主編《荷爾德林的新神話》（《經典與解釋》第 4 輯），北京：

　　司馬光所著的《疑孟》，對孟子提出了十一條質疑，譏孟子爲「鬻先王之道以售其身」。其著述的初衷主要是出於與王安石政治上的齟齬，但也並不僅限於此，其中也不乏學術觀點的差異。宋代學者在觀念中已經將揚雄與孟子置於完全對立的兩面，對此，王安石曾經明確表示過：「今學者是孟子則非揚子，是揚子則非孟子」〔註 208〕。前已有述，王安石一生服膺孟子，而司馬光則特別推崇揚雄，曾用三十年時間潛心研習，著《太玄集注》、《法言集注》，並在其畢生精力所粹的《資治通鑒》中多次稱引揚雄言論。所以，司馬光堅定地站在「非孟子」的行列，特別是以揚雄的「性善惡混」說抵制孟子的「性善」論。二者在學術觀點上的差異，由此可見一斑。

　　鄭厚，字叔友，又字景韋，福建莆陽（今福建莆田）人，史學家鄭樵的從兄。世人常稱溪東先生，或湘鄉行生，有「名儒」之稱。他的非孟言論主要集中於年少時的作品《藝圃折衷》。觀其言論，較之於李覯和司馬光尤爲激烈，如：「爲軻者，徒以口舌求合，自媒利祿，盍亦使務是而已乎。奈何今日說梁惠，明日說齊宣、說梁襄、說滕文，皆啗之，使之爲湯武之爲，此軻之賊心也」〔註 209〕之類。所以，清代陸心源《儀顧堂題跋‧六經雅言圖辨跋》曾評價：「（鄭厚）少時嘗著《藝圃折衷》，論多過激」〔註 210〕。以至於當王恭於南宋高宗紹興十三年（公元 1143 年），摘錄書中詆孟言論進於朝廷時，主張尊孟的高宗爲此極爲憤慨，當即詔令「建州毀板，已傳播者焚之」〔註 211〕。非孟的晁說之早已於此前的建炎三年（公元 1129 年）准於「告老」，言辭更過激的《藝圃折衷》遭「毀板焚書」實在是勢所必然。

　　其實，鄭厚的非孟多表現在語言的激切，眞正從思想內容上全面非孟的是南宋事功學派代表陳亮和葉適。

　　陳亮的非孟言論可從他的一些書信中管窺，如針對朱熹稱孟子謂「齊恒公稱霸爲以力假仁，王道所不爲」，陳亮針鋒相對，借孔子、程頤之語發揮：

　　　　華夏出版社 2004 年版，第 280～311 頁。

〔註 208〕王安石《臨川文集》卷六十四〈論議三‧揚孟〉，《四庫全書》（1105 冊），上海：上海古籍出版社 1987 年版，第 522 頁。

〔註 209〕余允文《尊孟辨》卷下引，《四庫全書》（196 冊），上海：上海古籍出版社 1987 年版，第 542 頁。

〔註 210〕陸心源《儀顧堂題跋‧六經雅言圖辨跋》，臺北：廣文出版社 1968 年版，第 77 頁。

〔註 211〕陸心源《儀顧堂題跋‧六經雅言圖辨跋》，臺北：廣文出版社 1968 年版，第 77 頁。

「孔子之稱管仲曰：『桓公九合諸侯，不以兵車，管仲之力也。如其仁，如其仁！』又曰：『一匡天下，民到於今受其賜。微管仲，吾其被髮左衽矣。』說者以爲，孔氏之門，五尺童子皆羞稱王伯（霸），孟子力論伯者『以力假仁』，而夫子之稱如此，所謂『如其仁』者，蓋曰似之而非也。觀其語脈，決不如說者所云，故伊川所謂『如其仁者，稱其有仁之功用也。』」〔註212〕

　　葉適的非孟言論主要見於其《習學記言》一書，該書非孟的內容圍繞以下四點：一是反對韓愈的「道統」論。葉適並不否認「道統」的存在，但否認子思、孟子是承繼道統者。「自堯、舜、禹、湯、文、武、周公、孔子，所傳皆一道。孔子以教其徒，而所受各不同。以爲雖不同，而皆受之於孔子則可，以爲堯、舜、禹、湯、文、武、周公、孔子之所以一者，而曾子獨受而傳之人，大不可也」〔註213〕；二是批評孟子專言心性。心性論是孟子思想的重要組成部份，也是宋儒建立新的理學、心學體系的主要思想資源。葉適恰對這一點批判最力，認爲：心、性之說，自堯舜孔子以來所不曾言，而孟子的心性論則誘導後學者「專以心性爲宗」，造成「虛意多、實力少、測知廣、凝聚狹」〔註214〕的流弊；三是否認孟子「性善」論。認爲：孟子的「性善」論和荀子的「性惡」論均走入極端，人性無所謂純然的善與惡：「告子謂『性猶杞柳，義猶桮棬』，猶是言其可以矯揉而善，尚不爲惡性者。而孟子並非之，直言人性無不善，不幸失其所養，使至於此，牧民者之罪，民非有罪也。以此接堯、舜、禹、湯之統。雖論者乖離，或以爲有善有不善，或以爲無善無不善，或直以爲惡，而人性之至善未嘗不隱然見於搏噬、紾奪之中；……余嘗疑湯『若有恆性』，伊尹『習與性成』，孔子『性近習遠』，乃言性之正，非止『善』字所能弘通」〔註215〕；四是否認孟子關於「孔子作《春秋》」的說法。以爲：對於孟子的「孔子作《春秋》」〔註216〕一說，

〔註212〕陳亮《龍川集》卷二十〈又書〉，《四庫全書》（1171 冊），上海：上海古籍出版社 1987 年版，第 705 頁。

〔註213〕葉適《習學記言》卷十三〈論語〉，《四庫全書》（849 冊），上海：上海古籍出版社 1987 年版，第 442 頁。

〔註214〕葉適《習學記言》卷十四〈孟子〉，《四庫全書》（849 冊），上海：上海古籍出版社 1987 年版，第 453 頁。

〔註215〕葉適《習學記言》卷十四〈孟子〉，《四庫全書》（849 冊），上海：上海古籍出版社 1987 年版，第 448～449 頁。

〔註216〕語見《孟子·滕文公下》：「世衰道微，邪說暴行有作，臣弒其君者有之、子弒其父者有之。孔子懼，作《春秋》。《春秋》，天子之事也。是故孔子曰：『知

朱熹信而不疑〔註217〕。但是，今之《春秋》，只不過是孔子因魯史《春秋》，刪修而成。孔子述而不作，其中言善惡是非，純屬史官職責所繫，非孔子代天誅賞。孟子之言實成就了「《公》、《穀》浮妄之說」〔註218〕；五是指責孟子爲政言論多輕浮而不切實際。認爲孟子所謂「徒講經界井地」及「輕進其君於道」、「重絕其君於利」，雖陳義甚高，卻流於簡單化、極端化與片面化，無益於現實政治，徒造成政治流弊：「夫指心術之公私於一二語之近，而能判王霸之是非於千百世之遠，迷復得路，煥然昭蘇，宜若不待堯、舜、禹、湯而可以致唐虞三代之治矣。當是時，去孔子歿雖才百餘年，然齊、韓、趙、魏皆已改物，魯、衛舊俗淪壞不返，天下盡變，不啻如夷狄，孟子亦不暇顧，但言『以齊王由反手也』。若宣王果因孟子顯示，暫得警發，一隙之明，豈能破長夜之幽昏哉？蓋舜、禹克艱，伊尹一德，周公無逸，聖賢常道，怵惕兢畏，不若是之易言也。自孟子一新機括，後之儒者無不益加討論，而『格心』之功既終不驗，『反手』之治亦不復興，可爲永歎矣！」〔註219〕

　　上述諸儒非孟的出發點各有不同，如李覯主要從尊王強國、經世致用的政治角度力反孟子；司馬光主要基於其學術差異方面的辨析，依據疑古觀念而對孟子提出質疑，爲維繫孔子「君君臣臣」之道而斥孟子「人皆可以爲君」之道；陳亮、葉適等人則主要側重於從事功立場出發非孟。但總括原委，他們對孟子的懷疑、貶抑以至批判、否定，一方面是對當時日益高漲的尊孟思潮的反彈，這是學術思潮自身內在發展邏輯的體現；另一方面則是以否定尊孟者對「道統」的承續，來表明由他們自承「道統」。比如葉適非孟的一個重大意圖就是要宣示唯有其漸東事功學派才是「稡合於孔氏之本統」，承續儒學眞精神之所在，這恰從反面說明了他們對儒學、道統的重視。通過宣示思想對立，否定對方，確立自己，已是借思想否定實現思想發展的固有傳統，並非獨見於尊孟與非孟之間。通過否定對方的尊孟，以確立自己的尊孟，正表

我者，其惟《春秋》乎；罪我者，其惟《春秋》乎！』……孔子成《春秋》，而亂臣賊子懼。」
〔註217〕原文爲：「孔子作《春秋》以討亂賊，則致治之法，垂於萬世，是亦一治也。」（朱熹《孟子集注・滕文公下》「世衰道微」條下注，《四書五經》（上冊），天津：天津市古籍書店1988年版，第48頁）
〔註218〕葉適《習學記言》卷九〈春秋〉，《四庫全書》（849冊），上海：上海古籍出版社1987年版，第400頁。
〔註219〕葉適《習學記言》卷十四〈孟子〉，《四庫全書》（849冊），上海：上海古籍出版社1987年版，第446～447頁。

明了不同學派對孟子尊崇的普遍性。

尊孟與非孟兩大思潮的激烈對立，構成了宋代學術史的重要內容。從表面上看，尊孟者似乎因此而遭受非孟者的貶損。但事實上，其所形成的強烈挑戰也促使並深化著尊孟者的理論思考，使之在與非孟者的對立鬥爭中不斷完善，從而使孟子學說愈辯愈明。從這個意義上說，非孟者對孟子的懷疑、貶抑和否定所帶來的理論深化和學術轟動，恰從反面推動著尊孟運動，乃至於整個宋代儒學的發展。

尊孟派在與非孟派的角逐中，最終佔據主流。其後，以推尊和發揮孟子思想而形成的理學，成為中國封建社會後期的官方哲學和政治思想，牢固地佔據著中國的政治和思想舞臺。孟子地位也正是在這一思想交鋒和角逐中逐漸達至高峰，以「亞聖」的地位鞏固下來。甚至於即便以帝王之尊，也終究無法撼動其地位，朱元璋「議罷其配享」而「旋復」的結果，就很好地印證了這一點。

第四節　元代文化政策與孟子尊崇

起於草原游牧的元朝政權，與中原王朝相比，其文化上的勢位差異是明顯的。在進入中原初期，耶律楚材用中原的賦稅制度為窩闊台帶來的驚喜，可以作為例證〔註220〕。公元 1265 年，中原學者許衡向元世祖上疏說：「考之前代，北方之有中夏者，必行漢法乃可長久。故後魏、遼、金，歷年最多。他不能者，皆亂亡相繼，史冊具載，昭然可考。使國家而居朔漠，則無事論此也。今日之治，非此奚宜？」〔註221〕許衡的話道出了一個「征服者被征服」〔註222〕的事實。歷史發展進程已經證實，弱勢位文化與強勢位文化碰撞的結

〔註220〕《元史》卷一百四十六〈耶律楚材傳〉：「近臣別迭等言：『漢人無補於國，可悉空其人以為牧地。』楚材曰：『陛下將南伐，軍需宜有所資，誠均定中原地稅、商稅、鹽、酒、鐵冶、山澤之利，歲可得銀五十萬兩、帛八萬匹、粟四十餘萬石，足以供給，何謂無補哉？』帝曰：『卿試為朕行之。』乃奏立燕京等十路徵收課稅使，……辛卯秋，帝至雲中，十路咸進帑籍及金帛陳於廷中，帝笑謂楚材曰：『汝不去朕左右，而能使國用充足……』。」（宋濂等《元史》，北京：中華書局 1976 年版，第 3458 頁）

〔註221〕宋濂等《元史》卷一百五十八〈許衡傳〉，北京：中華書局 1976 年版，第 3718～3719 頁。

〔註222〕關於「征服者被征服」的歷史現象，馬克思和恩格斯都有過精彩論斷。馬克思在《不列顛在印度統治的未來結果》中稱：「野蠻的征服者總是被那些他們

果，總是前者趨向於後者，從而在文化演變的趨勢上呈現征服者被征服的現象，這是文化發展的規律使然。進入漢族文化區的蒙古貴族要想在中原站穩腳跟，必須全面適應並接受中原先進的生產方式和與之相適應的上層建築。在意識形態領域，儒學以適應中原文化而「善守成」的政治功用，來自朔漠的元朝統治層必須予以重視，並以之作爲統治意識，這是不以個人意志爲轉移的歷史必然。

在這樣的大背景下，對儒家思想繼承者孟子繼續延續前朝的尊崇。元代第一任帝王，世祖忽必烈上任伊始，即於至元五年（公元 1268 年）十一月「敕從臣禿忽思等錄《毛詩》、《孟子》、《論語》」〔註223〕就證明了這一點。

一、學者宗朱而尊孟

唐宋孟子升格運動基本完成，形成了以朱熹《四書集注》爲核心的理學體系。至元代，學界的尊孟實際上已隱身到宗朱的背後，更多以宗朱的形式表現出來。如果說，宋代程朱理學是借助孟子成就自己，那麼，元代則是孟子借助程朱理學而延續輝煌。這一點，以下兩個現象可以說明：一是元代有關孟子的著述多以四書爲名，只有爲數不多的著作直接以「孟子」爲名；二是元代對孟子思想的闡釋，只局限於宗主朱熹《孟子集注》成說，或訓考字義，或解說義理，很少基於《孟子》原典予以創新和發揮。

元代研究朱熹和孟子思想有成就的爲數不多，主要是金履祥和許謙師徒。這二人均是朱熹學派的傳人，是元代理學界宗朱尊孟的典型代表。

金履祥，字吉父，號仁山，婺州蘭溪人。因家居壯溪仁山之下，學者稱爲仁山先生。宋亡後，摒棄仕宦，不仕元朝，潛心朱學，「於書無所不讀，而融會於《四書》，貫穿於六經」〔註224〕。金履祥研究孟子的最大成果是他的《孟子集注考證》七卷，這是針對朱熹《孟子集注》所作的疏。關於寫作此書的

所征服的民族的較高文明所征服，這是一條永恆的歷史規律。」（《馬恩選集》（2 卷），北京：人民出版社 1977 年版，第 70 頁）恩格斯在《反杜林論》中稱：「每一次由比較野蠻的民族所進行的征服，不言而喻地都阻礙了經濟的發展，摧毀了大批的生產力。但是在長時期的征服中，比較野蠻的征服者，在絕大多數情況下，都不得不適應徵服後存在的比較高的『經濟情況』；他們爲被征服者所同化，而且大部份甚至還不得不採用被征服者的語言。」（《馬恩選集》（3 卷），北京：人民出版社 1975 年版，第 222 頁）

〔註223〕宋濂等《元史》卷六〈世祖本紀三〉，北京：中華書局 1976 年版，第 120 頁。
〔註224〕許謙《許白雲先生文集》卷三〈上劉均齋書〉，《四部叢刊續編》（71 冊），上海：上海書店出版社 1985 年版，第 18 頁。

目的，金履祥在該書的《跋》中作了交代：一為疏證疑難；二為補充名物典章。但縱觀全書，該書的最大成就並不在此。而在於闡釋與發展朱熹的理學思想。如弟子許謙在《論語集注考證・序》中所說：「子朱子深求聖心，貫綜百氏，作為《集注》。竭生平之力，始集大成，誠萬世之絕學也。然其立言渾然，辭約意廣，往往讀之者或得其粗，而不能悉究其義。或一得之致，自以為意出物表，曾不知初未離其範圍。凡世之詆訾混亂，務新奇以求名者，其弊正坐此。此考證所以不可無也。先師之著是書，或隱括其說，或演繹其簡妙，或濾其幽發其粹，或補其古今名物之略，或引群言以證之。大而道德性命之精微，細而訓詁名義之弗可知者，本隱以之顯，求易而得難。吁！盡在此矣。蓋求孔孟之道者不可不讀《論》、《孟》，讀《論》、《孟》者不可不由《集注》。《集注》有《考證》，則精朱子之義，而孔孟之道章章乎人心矣。」〔註225〕許謙的序辭並非誇張，朱熹《集注》受體例所限意蘊廣而語意簡，後之學者常不能得其真意或深意，以至於背離經典而作出或膚淺或極端之說。《集注考證》正是「憫夫世之不善學朱子之學者」，對朱子學說闡幽發微，理解全面、準確而不乏獨到之見。如對仁義的解說：「文公嘗與呂成公言：實字有對名而言者，謂名實之實；有對理而言者，謂事實之實；有對華而言者，謂華實之實。蓋仁之實不過事親，義之實則是從兄。推廣之，愛人利物，忠君弟長，乃是仁義之華采。履祥按：此『實』當作『文實』之『實』。事親從兄者，仁義之實而推之仁民利物，忠君弟長，則皆仁義之文。」〔註226〕朱熹的仁義即華實之實，與金履祥的仁義即文實之實存在著明顯的差異。金氏的《集注考證》為此而遭到時人詬病。唯黃百家慧眼獨具：「仁山有《論孟考證》，發朱子之所未發，多所牴牾。其所以牴牾朱子者，非立異以為高，其明道之心，亦欲如朱子耳。朱子豈好同而惡異哉！世為科舉之學者，於朱子之言，未嘗不錙銖以求合也，乃學術之傳，在此而不在彼，可以憬然悟矣。」〔註227〕黃百家把金履祥對朱熹思想的發揮，與時下錙銖求同的科舉之徒相比較，盛讚了金履祥勇於創新的精神，認為這正是學術傳承與發展的精髓所在。

〔註225〕許謙《論語集注考證・序》，《四庫全書》（202 冊），上海：上海古籍出版社1987 年版，第 37 頁。

〔註226〕金履祥《孟子集注考證》卷四〈離婁上〉「仁義之實」條下，《四庫全書》（202冊），上海：上海古籍出版社 1987 年版，第 126 頁。

〔註227〕黃宗羲原著，全祖望補修，陳金生、梁運華點校《宋元學案》卷八十二〈北山四先生學案〉，北京：中華書局 1986 年版，第 2738 頁。

　　許謙，字益之，婺州金華人。學乃師金履祥，終生不仕，隱居八華山中，專心治學授徒，人稱白雲先生。許謙研究孟子的成果是《讀四書叢說》〔註228〕。該書最大的成就在於以求實態度宗朱尊孟，既「不苟異，亦不苟同」，對朱熹成說或糾正，或補充，或發揮，不墨守成規。因此得到四庫館臣的稱讚：「書中發揮義理皆言簡意賅，或有難曉則爲圖以明之，務使無所疑滯而後已，其於訓詁名物，亦頗考證，尤足補章句集注所未備，於朱子一家之學，可謂有所發明矣。」〔註229〕如對《孟子・梁惠王上》孟子答梁惠王「定於一」中「一」的發揮性解說：「『一』爲統天下爲一家，正如秦漢之制，非謂如三代之王天下而封建也。此孟子見天下之勢，而知其必至於此，非以術數讖緯而知之也。」〔註230〕許謙將孟子的一統說，作了全新的解說，由國土的統一，深化爲體制的異同，強調了秦漢後的一統實是異於三代列國分封的眞正的中央集權的政治體制，可謂見解獨到。

　　元代學界的尊孟，既是宋代尊孟學術路徑自然延伸的結果，更是元代政治上落實程朱理學，特別是以朱熹《四書》內容實施科舉取士的結果。可見，元代學界的尊孟，已從唐宋時的先鋒地位退居到政界的背後。與前代學界和本朝政界對尊孟的推動相比，元代學界的尊孟顯得有些寂廖落寞。

二、政府尊崇與「亞聖」封號

　　崇儒，對元政府而言經歷了由被動到主動的轉變歷程。朱熹理學和《四書》系統的確立，理論上完成於宋代，實踐上則是完成於元代以《四書》設科取士之後。如四庫館臣所說：「《論語》、《孟子》，舊各爲軼；《大學》、《中庸》，舊《禮記》之二篇。其編爲《四書》，自宋淳熙始，其懸爲令甲，則自

〔註228〕注：此書在流傳中有殘缺，故今日所見有《四庫全書》四卷本，和《金華叢書》、《四部叢刊續編》、《叢書集成續編》八卷本等不同版本。吳師道《讀四書叢說・序》認爲此說是許謙「爲其徒講說，而其徒記之之編」，即學生根據其師講稿整理而成。然而，有學者根據此書自始至終嚴整的文言表述方式和嚴謹的結構等分析，認爲「此書不太像學生的聽課筆記，而更像許謙經過整理的讀書筆記。」（董洪利《孟子研究》，南京：江蘇古籍出版社1997年版，第267頁）

〔註229〕紀昀等《四庫全書總目提要》，《四庫全書》（202冊），上海：上海古籍出版社1987年版，第530頁。

〔註230〕許謙《讀四書叢說》卷三〈讀孟子叢說・梁惠王上〉「梁襄王章」，《四庫全書》（202冊），上海：上海古籍出版社1987年版，第591頁。

元延祐復科舉始，古來無是名也。」〔註231〕

　　科舉的驅動，一方面強化了學者對朱熹《四書》與孟子思想體系的鑽研熱情，另一方面推動了政府對理學、孟子地位的認識深度與政策推重：

　　世祖至元二十四年（公元 1287 年），「立國子學，而定其制。……凡讀書必先《孝經》、《小學》、《論語》、《孟子》、《大學》、《中庸》，次及《詩》、《書》、《禮記》、《周禮》、《春秋》、《易》。」〔註232〕

　　武宗於至大元年（公元 1308 年）秋七月，「詔加號先聖曰『大成至聖文宣王』」。

　　仁宗皇慶二年（公元 1313 年）「六月，以許衡從祀，又以先儒周惇頤、程顥、程頤、張載、邵雍、司馬光、朱熹、張栻、呂祖謙從祀」〔註233〕。

　　仁宗延祐三年（公元 1316 年）「六月乙亥，制封孟軻父為邾國公，母為邾國宣獻夫人」〔註234〕。

　　仁宗延祐五年（公元 1318 年）十一月，鑒於自隋唐以來科舉以詞賦為尚的浮誇風氣，下詔科舉取消詞賦，專以德行明經取士：「若稽三代以來，取士各有科目，要其本末，舉人宜以德行為首，試藝則以經術為先，詞章次之。浮華過實，朕所不取。爰命中書，參酌古今，定其條制。……考試程序：蒙古、色目人，第一場經問五條，《大學》、《論語》、《孟子》、《中庸》內設問，用朱氏章句集注。其義理精明，文辭典雅者為中選。第二場策一道，以時務出題，限五百字以上。漢人、南人，第一場明經經疑二問，《大學》、《論語》、《孟子》、《中庸》內出題，並用朱氏章句集注，復以己意結之，限三百字以上；經義一道，各治一經，《詩》以朱氏為主，《尚書》以蔡氏為主，《周易》以程氏、朱氏為主，已上三經，兼用古注疏，《春秋》許用《三傳》及胡氏《傳》，《禮記》用古注疏，限五百字以上，不拘格律。第二場古賦詔誥章表內科一

〔註231〕永瑢等《四庫全書總目》卷三十五〈經部三十五・四書類一〉，北京：中華書局 1965 年版，第 289 頁。

〔註232〕宋濂等《元史》卷八十一〈選舉志一〉，北京：中華書局 1976 年版，第 2029 頁。

〔註233〕宋濂等《元史》卷七十六〈祭祀志五〉，北京：中華書局 1976 年版，第 1892～1893 頁。

〔註234〕宋濂等《元史》卷二十五〈仁宗本紀二〉，北京：中華書局 1976 年版，第 573 頁。另，本書卷七十六〈祭祀志五〉也有類似記載：「延祐三年秋七月，詔春秋釋奠於先聖，以顏子、曾子、子思、孟子配享。封孟子父為邾國公，母為邾國宣獻夫人。」（宋濂等《元史》卷七十六〈祭祀志五〉，北京：中華書局 1976 年版，第 1892 頁）

道，古賦詔誥用古體，章表四六，參用古體。第三場策一道，經史時務內出題，不矜浮藻，惟務直述，限一千字以上成。」〔註235〕科舉專考儒家經典，以朱熹注釋爲準。且無論在第一、二等蒙古、色目人和第三、四等漢人、南人的考試中，《孟子》都作爲首場試題的內容。儒家經典借助科舉的力量，再一次成爲知識分子登上仕途的階梯。而當士子們借由這一階梯踏入仕途之後，必然反過來將他們尊儒重儒的思想理念充分地落實和體現於他們的執政行爲中，並在很大程度上影響和左右著元代最高統治者的治國方略。

泰定帝泰定五年（公元 1328 年），又撥賜孟廟祭田三十頃，此爲孟氏家族有祭田之始。

文宗至順二年（公元 1331 年）閏七月，「以漢儒董仲舒從祀。齊國公叔梁紇加封啓聖王，魯國太夫人顏氏啓聖王夫人；顏子，兗國復聖公；曾子，郕國宗聖公；子思，沂國述聖公；孟子，鄒國亞聖公；河南伯程顥，豫國公；伊陽伯程頤，洛國公。」孟子首次被封爲「亞聖」，這是有史以來孟子達到的最高稱號封賜，文宗在封賜聖旨中稱：「朕若稽聖學，祗服格言，乃著新稱，以彰渥典。於戲！誦詩書而尚友，緬懷鄒魯之風，非仁義則不陳，期底唐虞之治。英風千載，蔚有耿光，可加封鄒國亞聖公。」〔註236〕

元順帝至正十四年（公元 1353 年），元朝統治已是風雨飄搖，危機四伏。張士誠據高郵，屢詔不降，構成了對元政府的一大威脅，政府只好派宰相脫脫前往鎮壓。即便在這樣的危局之下，師至濟寧，猶沒忘記「遣官詣闕里祀孔子，過鄒縣祀孟子」〔註237〕，元政府對儒學、孔孟的尊崇意識與政治傾向於此可見一斑。

第五節　明代政局與孟子沉浮

明代政府對於孟子的尊崇，雖然經歷了朱元璋時期的「罷配享」事件，但宗法強化的大環境繼續爲儒學獨尊提出了政治要求。在這樣的大背景下，《孟子》中與專制相牴觸的「抗志」思想，與其維護專治統治的力量相比，

〔註235〕宋濂等《元史》卷八十一〈選舉志一〉，北京：中華書局 1976 年版，第 2018　～2019 頁。

〔註236〕宋濂等《元史》卷七十六〈祭祀志五〉，同見本書卷三十四〈文宗本紀三〉，　北京：中華書局 1976 年版，第 1893、763 頁。

〔註237〕宋濂等《元史》卷一百三十八〈脫脫傳〉，北京：中華書局 1976 年版，第　3347 頁。

就顯得微不足道。因此,「罷配享」事件,如過眼煙雲般很快消散,政府對孟子家族優禮尊崇依舊。只不過,從明代開始,政府對孟子的尊崇發生了重大轉向,那就是:由家族重建而引發了對孟子家族的尊崇。

一、文化專制與家族再興

(一)元、明之際家族受挫與明代宗法制強化

經過元末明初的戰亂,元代建立起來的儒家文化框架以及附麗於其上的家族力量再次受到滌蕩,所謂:「海內兵變,江南北巨姓右族,不死溝壑則奔竄散處」〔註238〕。公元1367年,朱元璋最終戰勝陳友諒、張士誠等江南割據勢力,在應天府稱帝,建立明朝。明朝的建立,對於大家族的發展又是一次巨大影響:首先從宏觀上看,歷史進入明清,中國封建王朝漸入沉暮,統治者在全面強化專制政治集權的同時,更加重視文化統治,進而對重血緣宗法的儒家思想在社會治理中的作用寄於更大的希望;其次從微觀上看,農民起義出身的朱元璋,在與江南割據勢力的角逐中,曾一度受到標榜爲宋學正統的浙東學派的幫助。這一經歷,給予他繼續以儒家思想作爲施政方針以極大的促進。以至於在明朝建立伊始,即授意江南知識分子,以祖先祭祀與家廟制度爲核心重塑家族宗法。

宋代朱熹等提倡的恢復宗法運動,對於宗法制的復興起了不小的作用。但因爲仍然沿襲了只有皇族才可以在太廟行周代昭穆祭祀制度的傳統,一般臣民的祭祀依然被視爲僭越行爲,從而不利於借祖宗祭祀親睦宗族宗法,限制了在民間廣泛地復興宗族組織。對此,朱元璋於洪武三年(公元1370年)依據朱熹《家禮》〔註239〕規範,制定了官僚可以在家廟中祭祀高祖、曾祖、祖、禰四代祖先,一般庶民只可祭祖父母、父母的規定。明世宗嘉靖年間,又在大臣夏言等的積極推動下,從祭祀對王權統一的作用入手,進行了一番有關祭祀天地、郊祀、宗廟、孔廟、先蠶祀等國家祭祀禮制的改革,主要內容是:「通過設置共有地、編纂族譜、設立祠堂等手段,集結源自共同祖先的子孫,並根據宗法這

〔註238〕貝瓊《清江文集》卷八〈送王子淵序〉,《四庫全書》(1228冊),上海:上海古籍出版社1987年版,第339頁。

〔註239〕「君子將營宮室,先立祠堂於正寢之東,爲四龕,以奉先世神主。高、曾、祖、考四代,各爲一龕,龕中置櫝,櫝中藏主,龕外垂簾,以一長桌共盛之。列龕以西爲上,每龕前各設一桌,或共設一長桌。兩階之間,又通設一香案,上置香爐、香合之類。」(丘濬《朱子家禮》,清宣宗嘉慶六年寶寧堂刊本,第1頁)

一父系親族統制原理，實現對族人的組織化。」這一改革，實質是要求朝廷廢除明太祖洪武三年（公元 1370 年）的規定。不論是官僚還是平民，不僅可以祭奠高祖以內的四代祖先，還可以祭奠先祖甚至始祖。夏言還提出了希望皇上推因心之孝，詔令天下臣民「冬至祭始祖，立春祭始祖以下高祖以上之先祖，皆設兩位於其席，但不許立廟以逾分」〔註240〕的建議。雖然我們無從知曉這一建議是否被世宗皇帝採納。但由此掀起的旨在強調宗法的祭祀改制浪潮，卻把宋代以來已經引起注意的宗法問題一步步引向深入。從此後祠堂和宗族組織在社會上的普及程度〔註241〕，乃至清代雍正帝頒發的《聖諭廣訓》和乾隆帝頒發的祖產保護條例都可看出，這一宗法組織重建的努力，還是對明世宗及其以後官方的宗法觀念和宗法政策起到了實質性的強化和推動作用。

（二）明初政府對孔、孟家族的尊崇

在眾多家族中，與官方意識形態關係最爲密切的自然是孔、孟家族。因而，明廷對家族的關注，首先聚焦於這兩個家族。這種關注，透過明歷代帝王對孔、孟家族的種種優禮政策可窺其一斑。

明初對孔、孟的尊崇以第一任洪武皇帝爲典型。

據《明史》記載：「明太祖入江淮府，首謁孔子廟。洪武元年二月，詔以太牢祀孔子於國學，仍遣使詣曲阜致祭。臨行諭曰：『仲尼之道，廣大悠久，與天地並。有天下者莫不虔修祀事。朕爲天下主，期大明教化，以行先聖之道。今既釋奠成均，仍遣爾修祀事於闕里，爾其敬之」〔註242〕，並對禮臣表示：「孔子萬世帝王之師，待其後嗣，秩止三品，弗稱褒崇，其授希學秩二品，賜以銀印。」〔註243〕結果，於同年「十一月，命希學襲封衍

〔註240〕〔日〕井上徹著，錢杭譯《中國的宗族與國家禮制——從宗法主義角度所作的分析》，上海：上海書店出版社 2008 年版，第 111、116 頁。

〔註241〕據黃佐於明世宗嘉靖六年（公元 1527 年）編撰的《民國志》卷九〈氏族志·祠堂〉統計結果顯示：從宋、元到明嘉靖初五百四十五年，總共斷斷續續地建了十三所祠堂，而嘉靖到明滅亡前的崇禎共一百零六年間就建祠堂二十八所。而且這種興盛的勢頭，在入清以後保持不減。從順治到乾隆九十二年共建祠堂二十四所。從嘉慶到道光三十年共建祠堂二十所。（見〔日〕井上徹著，錢杭譯《中國的宗族與國家禮制——從宗法主義角度所作的分析》，上海：上海書店出版社 2008 年版，第 286 頁）

〔註242〕張廷玉等《明史》卷五十〈禮志四〉，北京：中華書局 1974 年版，第 1296 頁。

〔註243〕張廷玉等《明史》卷七十三〈職官志二〉，北京：中華書局 1974 年版，第 1791 頁。

聖公。置官屬，曰掌書，曰典籍，曰司樂，曰知印，曰奏差，曰書寫，各一人」〔註244〕。

不僅如此，太祖又於同年「詔以孟子五十四代孫思諒奉祀，世復其家」〔註245〕，「命復孔、顏、孟三家子孫徭役」，並「立孔、顏、孟三氏教授司，教授、學錄、學司各一人。立尼山、洙泗二書院，各設山長一人。復孔氏子孫及顏、孟大宗子孫徭役。又命其子孫希文爲曲阜世襲知縣。」〔註246〕十八年，又「敕工部詢問，凡有聖賢子孫以罪輸作者，釋之」〔註247〕。至此，朱元璋在沿襲前代傳統的基礎上對儒家的尊崇和優禮，由孔子而孟子、顏子，以至遍及所有聖賢。

朱元璋對孔、孟的尊崇，當然導源於其尊孔重儒的政治策略。如趙翼所說：「蓋帝本不知書，而睿哲性成，驟聞經書與旨，但覺聞所未聞，而以施之實政，遂成百餘年清晏之治。」〔註248〕據《明實錄》記載，明立國後，一次朱元璋去白虎殿，看到諸子有讀《孟子》者，便問身邊大臣：「《孟子》何說爲要？」對曰：「勸國君行王道，施仁政，省刑簿賦，乃其要也。」朱元璋聽後感慨道：「孟子專言仁義，使當時有一賢君能用其言，天下豈不定於一乎！」〔註249〕即所謂「至於孔子，雖不得其位，會前聖之道而通之，以垂教萬世……有國家者，求其統緒，尊其爵號，蓋所以崇德報功也」〔註250〕。

〔註244〕張廷玉等《明史》卷二百八十四〈儒林傳三・孔希學〉，北京：中華書局1974年版，第7296頁。

〔註245〕張廷玉等《明史》卷二百八十四〈儒林傳三・孟希文〉，北京：中華書局1974年版，第7302頁。

〔註246〕張廷玉等《明史》卷二百八十四〈儒林傳三・孔希學〉，北京：中華書局1974年版，第7296頁。另，谷應泰《明史紀事本末》卷十四〈開國規模〉「洪武元年」條下也有類似記載：「十一月……甲辰，以孔希學襲封衍聖公，孔希大爲曲阜知縣，皆世襲。立孔、顏、孟三氏教授司，尼山、洙泗二書院。命博士孔克仁等授諸子經，功臣子弟亦令入學。」(《四庫全書》(364冊)，上海：上海古籍出版社1987年版，第254頁)

〔註247〕張廷玉等《明史》卷七十三〈職官志二〉，北京：中華書局1974年版，第1791頁。

〔註248〕趙翼《廿二史劄記》卷三十六〈明祖重儒〉，王樹民《廿二史劄記校證》(下冊)，北京：中華書局1984年版，第838頁。

〔註249〕《明太祖實錄》卷二三，《明實錄》(一)，臺北：中央研究院歷史語言研究所，民國五十一年（公元1962年）版，第328頁。

〔註250〕張廷玉等《明史》卷二百八十四〈儒林傳三・孔希學〉，北京：中華書局1974年版，第7296頁。

二、罷「配享」與編《節文》

明代對孟子的尊崇並非一帆風順，最典型的是太祖洪武五年〔註251〕的罷「配享」事件。這次事件一度使尊孟的政治形勢發生逆轉。事件起因於朱元

〔註251〕關於孟子罷配享事件的確切年代，主要有三種說法：第一種是洪武二年（公元 1369 年）說。持這一觀點的主要有全祖望，其《鮚埼亭集》記有：「罷配享在二年，臥棺絕粒以爭之者，公也」（全祖望《鮚埼亭集》卷三十五〈辨錢尚書爭孟子事〉，《續修四庫全書》（1429 冊），上海：上海古籍出版社 2002 年版，第 291 頁）；第二種是洪武三年（公元 1370 年）說。持這一說法的主要有明李之藻（公元 1565 年～公元 1630 年）《泮宮禮樂疏》，其書卷二云：「洪武三年黜孟子祀，踰年又奉聖旨……依還祭祀」（李之藻《泮宮禮樂疏》卷二，《四庫全書》（651 冊），上海：上海古籍出版社 1987 年版，第 45 頁）現代著名明史專家容肇祖《明太祖的〈孟子節文〉》也贊同這一觀點。（容肇祖《容肇祖集》，濟南：齊魯書社 1989 年版，第 170～183 頁）第三種是洪武五年（公元 1372 年）說。持這一說法的除《明史·禮志四》、《明史·錢唐傳》外，還有谷應泰、談遷和萬斯選。谷應泰的《明史紀事本末》「（洪武）五年……冬十二月……命仍祀孟子。初，國子監請釋奠，命罷孟子祀。至是，上曰：『孟子辟邪說，辨異端，發明先聖之道，其復之。』」（谷應泰《明史紀事本末》卷十四〈開國規模〉「洪武五年」條下，《四庫全書》（364 冊），上海：上海古籍出版社 1987 年版，第 259 頁）談遷的《國榷》依據《南京太常寺志》與《翰林院故牘》，稱：洪武五年「命仍祀孟子。是年，國子監請釋奠，命罷祀孟子。至是，上曰：『孟子辨異端，辟邪說，發明先聖之道，其復之。』」（談遷《國榷》「洪武五年」條下，《續修四庫全書》（358 冊），上海：上海古籍出版社 2002 年版，第 315 頁）全祖望《鮚埼亭集》卷三十五〈辨錢尚書爭孟子事〉引萬斯選就錢唐故事提出的四疑：「《南京太常寺志》及《翰林故牘》載：洪武五年，國子監將丁祭，上曰『孟子不必配享』。其年臘月，上曰『孟子有功先聖，今後仍復之』。是孟子固嘗罷享，然不因公言而復，一疑也。」萬斯選「疑」的是復孟子配享不是因錢唐強諫，然而卻相信《南京太常寺志》及《翰林故牘》關於罷配享在洪武五年的記載。萬斯選與萬斯同的《明史》，談遷的《國榷》均相信《南京太常寺志》及《翰林故牘》所載，認為罷享之事在洪武五年，可見這兩部書的記載應該有所依持。然而，遺憾的是，被談遷、萬斯選作為史料來源的這兩本典籍，今天已難見到。其中《翰林院故牘》，《四庫全書總目》沒有提及；而《南京太常寺志》，《四庫全書總目》卷八十「史部職官類存目」有收入，稱其為嘉靖己丑（公元 1529 年）進士汪宗元所撰，但齊魯書社 1996 年出版的《四庫全書存目叢書》並未刊印該書。儘管如此，我認為不應該輕易否定《南京太常寺志》、《翰林故牘》所記內容的真實性。因為以上諸家中，萬斯選是主編明史的萬斯同的弟弟，躬行嚴謹，潛心治學，為黃宗羲的十八位高足之一。卒後，黃宗羲曾痛惜地說：「甬上從遊，能續戴山之傳者，惟斯選一人」；談遷的《國榷》向以嚴謹篤實著稱；谷應泰的《明史紀事本末》雖為紀事本末體，但卻是史學史上唯一一部可以被作為一手材料徵引的紀事本末體史書。所以，我認為，應該相信以上諸家所記史事的嚴肅性。罷配享事件發生的時間，應以上述第三種觀點為主，以洪武五年較為可信。

璋讀《孟子》看到「君之視臣如土芥，則臣之視君如寇讎」之類挑戰君主權威的話，對這些不尊言論深爲不滿，以爲「非臣子所宜言」，於是下令「罷其配享」。談遷的《國榷》引《寧波府新志》稱：「上覽孟子『土芥』、『寇讎』之說，謂非臣子所宜言，議欲去其配享。詔敢諫者，罪以不敬，且命金吾射之。」〔註252〕《明史・禮志》也簡單記載了事件過程：「五年，罷孟子配享。逾年，帝曰：『孟子辨異端，辟邪說，發明孔子之道，配享如故。』」〔註253〕朱元璋之所以於次年很快下令免「罷配享」，得益於刑部尚書的錢唐等的冒死反對，事見《明史・錢唐傳》：「帝嘗覽《孟子》，至『草芥』、『寇讎』語，謂：非臣子所宜言，議罷其配享。詔有諫者以大不敬論。唐抗疏入諫曰：『臣爲孟軻死，死有餘榮。』時廷臣無不爲唐危。帝鑒其誠懇，不之罪。孟子配享亦旋復。」〔註254〕對於錢唐以死諫罷享，後代學者雖有懷疑〔註255〕，但朱元璋罷享旋復，卻是事實。

不過，《孟子》七篇中那些蔑視君主絕對權威的話，對朱元璋而言始終如鯁在喉，以至於二十多年後，即洪武二十七年（公元 1394 年），終於命大學士劉三吾編《孟子節文》〔註256〕，刪去《孟子》中「詞氣之間，抑揚大過者

〔註252〕談遷《國榷》「洪武五年」條下，《續修四庫全書》（358 冊），上海：上海古籍出版社 2002 年版，第 315 頁。

〔註253〕張廷玉等《明史》卷五十〈禮志四〉，北京：中華書局 1974 年版，第 1296 頁。

〔註254〕張廷玉等《明史》卷一百三十九〈錢唐傳〉，北京：中華書局 1974 年版，第 3982 頁。另明黃景昉《國史唯疑》也認同這一說法：「孟子書免節文，得仍配享，亦錢唐力。」（黃景昉《國史唯疑》卷一，《續修四庫全書》（432 冊），上海：上海古籍出版社 2002 年版，第 9 頁）

〔註255〕談遷《國榷》「洪武五年」條下：「今考《寧波舊志》，止載唐諫釋奠一事，不及孟子。袒胸受箭之說，出自野史，豈好事者爲之耶！」（談遷《國榷》，《續修四庫全書》（358 冊），上海：上海古籍出版社 1987 年版，第 316 頁）朱彝尊《鄒縣重修亞聖孟子廟碑》：「謂帝欲廢孟子，錢唐進諫，以腹受箭，野史近誣不足信。」（碑原立孟廟，已毀。碑文收入孟廣均編清德宗光緒本《重纂三遷志》卷八〈藝文三〉，苗楓林主編《孔子文化大全》，濟南：山東友誼出版社 1989 年版，第 507 頁。另收入劉培桂編著《孟子林廟歷代石刻集》，濟南：齊魯書社 2005 年版，第 327 頁）

〔註256〕注：此事《明史・藝文志》、《明史・劉三吾傳》和清《四庫全書總目》均未提及，惟談遷《國榷》引《寧波府新志》稱「洪武二十三年，令儒臣修《孟子節文》」。（談遷《國榷》「洪武五年」條下，《續修四庫全書》（358 冊），上海：上海古籍出版社 2002 年版，第 315 頁）另《明史・錢唐傳》以「辛命儒臣修《孟子節文》云」（張廷玉《明史》卷一百三十九〈錢唐傳〉，北京：中華書局 1974 年版，第 3982 頁）譚莫如深地一筆帶過。然以博學著稱的清代

八十五條」,「八十五條之內,課試不以命題,科舉不以取士,一以聖賢中正之學爲本。」〔註257〕但是畢竟,《孟子》經兩宋的抬升,至此地位已足夠穩

學者朱彝尊(公元 1629 年～公元 1709 年)在其《經義考》中也稱:「劉氏(三吾)等《孟子節文》二卷,未見。」(朱彝尊《經義考》卷二百三十五〈孟子五〉,《四庫全書》(680 冊),上海:上海古籍出版社 1987 年版,第 106 頁)且朱彝尊在其所撰《鄒縣重修亞聖孟子廟碑》文中,對劉三吾編《孟子節文》一事予以否認:「其命劉三吾節文者,爲發題試士恐啓諸生訕上之端爾,乃無稽之言。」(孟廣均編清德宗光緒本《重纂三遷志》卷八〈藝文三〉,苗楓林主編《孔子文化大全》,濟南:山東友誼出版社 1989 年版,第 506～507 頁。另收入劉培桂編著《孟子林廟歷代石刻集》,濟南:齊魯書社 2005 年版,第 326～327 頁)。然而,《孟子節文》編撰恐是確然無疑的事,有以下三證:其一,明黃景昉在其《國史唯疑》卷一中稱:「《孟子》書,舊經劉三吾節略,凡去八十五條,如見梁惠王章、養氣章,俱在節中。永樂朝,閩連江孫芝始奏復之,直斥三吾爲逆臣。書以是全,功甚鉅,後鮮知矣」(黃景昉《國史唯疑》卷一,《續修四庫全書》(432 冊),上海:上海古籍出版社 2002 年版,第 9 頁);其二,清潘檉章在其《國史考異》卷三中稱:「近見董應舉撰《連江孫芝傳》云:永樂辛卯,奏覆《孟子》全書,略言:逆臣劉三吾欲去八十五條,其中養氣一章,此程子所謂擴前聖所未發,大有功於世教者。又欲課試不以命題,科舉不以取士,則謬妄益甚。乞下部議,收復全書,庶使萬世知所誦慕。疏草爲蟲鼠所蝕,不能詳,然《孟子》書以公言覆全」(潘檉章《國史考異》卷三〈高皇帝下·十七〉,《續修四庫全書》(452 冊),上海:上海古籍出版社 2002 年版,第 59 頁);其三,清初著名藏書家兼目錄學家錢曾和黃虞稷都記載了此事。錢曾《讀書敏求記》卷一「孟子節文七卷」條下載:「高皇帝展閱《孟子》,至『君之視臣如土芥,則臣之視君如寇讎』句,慨然有歎,謂『非垂示萬古君君臣臣之義』。爰命儒臣劉三吾等,刊削其文句之未醇者。昌黎云:『孟軻書,非軻自著,軻既沒,其徒萬章、公孫丑相與記軻所言焉耳。』自非高皇卓識,爲敢奮筆芟定其書。千載而下,淺儒知節之之故者鮮矣,存而不議可矣。」(錢曾《讀書敏求記》卷一「孟子節文七卷」條下,《續修四庫全書》(923 冊),上海:上海古籍出版社 2002 年版,第 83 頁)黃虞稷《千頃堂書目》卷三〈孟子類〉第一條「《孟子節文》二卷」記載:「洪武間翰林學士劉三吾上言:《孟子》一書,中間詞氣抑揚太過,請節去八十五條,課試不以命題,科舉不以取士。餘存一百七十餘條,頒之學宮,命曰《節文》。」(黃虞稷《千頃堂書目》卷三〈孟子類〉,上海:上海古籍出版社 1990 年版,第 80 頁)從洪武二十七年(公元 1394 年)到永樂九年(公元 1411 年),《孟子節文》刊本作爲「合法性」文獻,僅存在了十七年。《明太祖實錄》曾歷經三修,最後一版《明太祖實錄》正是始修於公元 1411 年,其中對洪武皇帝修《孟子節文》諱而不談,原因可能正在於此。《孟子節文》存世既如此短暫,且業已恢復原貌,此事自然也就不必贅述。

〔註257〕 劉三吾輯《孟子節文》附〈孟子節文題辭〉,明洪武二十七年(公元 1394 年)刻本。見北京圖書館古籍出版編輯組《北京圖書館古籍珍本叢刊》(1),北京:書目文獻出版社 1988 年版,第 956 頁。

固。《孟子節文》並未在社會上廣泛流行，且在十七年之後的成祖永樂九年（公元 1411 年），在福建連江縣孫芝的據理力爭下，《孟子》重新恢復原貌。

從一般意義而言，此次「罷配享」與「節文」事件，其實並不足以說明儒家和孟子地位在政治尊崇中有所動搖。這一事件的出現只能說明，作爲完成於中央集權建立之前的《孟子》，其維繫政治統治的思想還殘存了些許反對極端專制的古老成分。而對於這些殘存成分的剷除淨盡，則更清楚地反映了一個事實即：時至明代，爲了鞏固漸入末日的君主政治，最高執政者寄希望於通過對儒學的進一步政治化改造，以推遲或避免其行將就木的命運。

對此，我們不妨把視野放到中國社會發展的整個過程作一番簡單的考察。我國歷史從史前原始民主過渡到奴隸制，經歷了從多數人主政到少數人主政的政體變革。在這一轉折下，少數人的權力在增加，而原始民主的意味趨於淡薄。與此同時，在哲學思想領域裏，神的地位在下降，人的地位在上升，這種政治與思想觀念上的轉變，使思想家們覺察到了對少數人權力的約束乃是政權長治久安的至要。所以，由《尚書》的「民惟邦本，本固邦寧」，到春秋時期的孔子、老子、墨子，無不關注和重視這一問題。孟子面對戰國時期政權的顛覆與政局的動盪，更深感於這一問題的嚴重。故而繼承前任，耗費精力系統闡述這一思想，以期政治家們取得民眾的支持，在風雲變幻中穩固統治。圍繞這一基點，形成了他的民本理論及其仁政策略。由奴隸制進入封建制，政體由少數人主治轉變爲一人主治，權力越來越集中，但「民爲邦本」卻是歷久不變的，歷代統治者也正是靠著適時的體恤百姓，與民休息，寬政省刑，幾度避過大廈將傾的危機，迎來新的政治曙光。所以，儒家仁政，孟子民本理所當然地成了兩千年不移的思想工具和施政理念。

但是，伴隨著一人主治集權程度的加強和封建政治的穩固，那些誕生於封建政治初期尚帶有原始民主遺風的權力約束思想，隨著君主制確立、鞏固以至趨於末路，在權力日益集中，也便越來越令生殺予奪集於一身的帝王無法容忍。在這樣的情況下，孟子對「唐虞禪」（《孟子·萬章上》）的讚美，對「湯放桀，武王伐紂」不過「聞誅一夫紂矣，未聞弒君」（《孟子·梁惠王下》）的首肯，便帶有了鼓動抵制和顛覆政權的意味。而對「民爲貴，社稷次之，君爲輕」（《孟子·盡心下》）的君臣定位，乃至於諸如「君之視臣如土芥，則

臣視君如冠仇」（《孟子・離婁下》）「有官守者，不得其職則去」（《孟子・公孫丑下》）的鼓動，更被看作是對國君權威和尊嚴的無視和挑釁。而其最甚者，孟子竟然支持「君有大過則諫，反覆之而不聽，則易位」，這對於處在封建政治雛形期的齊宣王而言，都不免於「勃然變乎色」（《孟子・萬章下》），對於獨裁政治已久的封建帝王而言，其刺激的強烈程度自不待言。

　　不過，從理論上講，原本出身寒苦的朱元璋，不應該對這樣的理論反映如此強烈。回觀史事，在朱元璋的執政生涯中，的確在很多地方表現出了同情百姓、疾恨暴吏的心理傾向，這種心理傾向曾一度被稱爲憐惜百姓的「平民情結」，比如他曾不止一次地慨歎：「今民脫喪亂猶出膏火之中，非寬恤以惠養之，無以盡生息之道」〔註258〕，「昔在民間時，見州縣官吏多不恤民，往往貪財好色，飲酒廢事，凡民疾苦〔註259〕，視之漠然，心實怒之」〔註260〕。這種心理傾向不可避免地影響到他的治國實踐，特別是在執政初期，常常下令：「嚴法禁，但遇官吏貪污蠹害吾民者，罪之不恕。」〔註261〕通過嚴刑酷法嚴懲貪官污吏，《大明律》規定，官吏監守自盜四十貫錢，不論主次，一律處斬。《大誥》、《大誥續編》、《大誥三編》、《大誥武臣》，更是嚴懲貪官污吏的系列，二百三十六條嚴刑酷法中，一百五十條懲治貪官污吏，詳備而殘酷。這樣的舉措，不像是政治上的一味作秀。其出發點自然一方面是其務求長治久安施政方針的體現，另一方面也顯然與他出身民間的平民情結不無關係。這種樸素的平民情結，原本與孟子的仁政思想和社會的長治久安不謀而合，在道理上應該容易被朱元璋接受。但事實是，隨著執政時間的延伸，這種平民情結也便日益淡化，相反，生殺予奪，政治獨裁的帝王情結卻與日俱增。在如此潛移默化的角色轉換下，《孟子》七篇中大量以民本爲基礎的仁政思想便令他越來越難以接受，如此一來，「配享」、「節文」事件的發生，便是順理成章的了。

〔註258〕《明太祖實錄》卷二十九，《明實錄》（一），臺北：中央研究院歷史語言研究所，民國五十一年（公元 1962 年）版，第 489 頁。

〔註259〕注：「苦」館本爲「善」，廣本、抱本爲「苦」。見《太祖實錄校勘記》，《明實錄》（七一），臺北：中央研究院歷史語言研究所，民國五十一年（公元 1962年）版，第 177 頁。

〔註260〕《明太祖實錄》卷三十九，《明實錄》（二），臺北：中央研究院歷史語言研究所，民國五十一年（公元 1962 年）版，第 800 頁。

〔註261〕《明太祖實錄》卷三十九，《明實錄》（二），臺北：中央研究院歷史語言研究所，民國五十一年（公元 1962 年）版，第 800 頁。

三、「配享」、「節文」事件後政府對孟子的繼續尊崇

　　經典總是以其卓越的內涵彰顯其不朽。罷與免罷「配享」發生於旋踵之間，編《節文》也只存世十七年，用事實證實了經典之所以為經典的永恆性。事實上，在這一永恆性的背後潛藏的是，在政治功利的現實角度上，孟子的「民為貴」作為民本思想的總結性闡述，雖然聽起來刺耳，但畢竟如苦口的良藥，以其無可替代的作用，維繫著統治的根本，保持著政權的穩定。換句話說，正是《孟子》對於政權的雙刃劍功能，使得洪武皇帝對它愛恨交加，欲罷不能，這是「罷配享」與「節文」，旋踵即復的根本原因。

　　「配享」、「節文」事件在歷史上似踏雪無痕般輕輕掠過，洪武皇帝的後繼者對孟子尊崇依然如故。

　　首先是編纂《四書大全》。雄才大略的明成祖朱棣生長於皇家，因而不像他平民出身的父親那樣神經脆弱，相反，對思想旗幟在政治統治中巨大作用的體認確然更加深刻。因此，在恢復《孟子》文本原貌的第四年（永樂十三年，即公元 1414 年）即毅然下詔，命翰林院學士胡廣、侍講楊榮、金幼孜等人開館東華門外，同時纂修《五經大全》、《四書大全》和《性理大全》。《明太宗實錄》〔註 262〕詳細記載了此事：「（永樂十三年正月）甲寅，上諭行在翰林院學士胡廣、侍講楊榮、金幼孜曰：『《五經》、《四書》，皆聖賢精義要道。其傳注之外，諸儒議論，有發明餘蘊者，爾等采其切當之言，增附於下。其周、程、張、朱諸君子性理之言，如《太極》、《通書》、《西銘》、《正蒙》之類，皆六經之羽翼，然各自為書，未有統會。爾等亦別類聚成編。二書務極精備，庶幾以垂後世。命廣等總其事，仍命舉朝臣及在外教官有文學者同纂修。開館東華門外，命光祿寺給朝夕饌。』」〔註 263〕同年九月，「《五經、四書大全》及《性理大全》書成……上覽而嘉之」，親自賜名並作〈序〉，刊賜天下。〈序〉稱：「所謂道者，人倫日用之理，初非有待於外也。厥初聖人未生，道在天地；聖人既生，道在聖人；聖人已往，道在六經。六經者，聖人為治之跡也。六經之道明，則天地聖人之心可見，而至治之功可成。六經之道不明，則人之心術不正，而邪說暴行侵尋蠹害，欲求善治，烏可得乎？朕為此

〔註 262〕永樂帝朱棣，死後廟號為太宗，世宗嘉靖十七年（公元 1538 年）才改為成祖，事見《明史·成祖紀三》，後人多稱成祖。

〔註 263〕《明太宗實錄》卷一五八，《明實錄》（八），臺北：中央研究院歷史語言研究所，民國五十一年（公元 1962 年）版，第 1803 頁。

懼。乃者命編修《五經》、《四書》，集諸家傳注而爲大全，凡有發明經義者取之，悖於經旨者去之。又集先儒成書及其論議、格言，輔翼《五經》、《四書》，有裨於斯道者，類編爲帙，名曰《性理大全》。書編成來進，朕間閱之，廣大悉備，如江河之有源委，山川之有條理。於是聖賢之道，燦然而復明。所謂考諸三王而不繆，建諸天地而不悖，質諸鬼神而無疑，百世以俟聖人而不惑。大哉，聖人之道乎，豈得而私之？遂命工鋟梓，頒佈天下。使天下之人，獲睹經書之全，探見聖賢之蘊。由是窮理以明道，立誠以達本，修之於身，行之於家，用之於國，而達之天下。使家不異政，國不殊俗，大回淳古之風，以紹先王之統，以成熙皞之治，將必有賴於斯焉。」〔註 264〕

　　三部欽定巨製被永樂皇帝極盡溢美並寄予厚望，以科考利益驅動爲推進器，三大巨著風靡一時。當然，以皇皇二百六十卷之巨，僅用不足一年即告付梓，考其質量，與《凡例》所說「凡諸家語錄文集，內有發明經注，而《集成》、《輯釋》遺漏者，今悉增入」其實相距甚遠，全不符「大全」之名，因此而遭到後世詬病。四庫館臣批評爲「廣等以夙所誦習，剽竊成編歟？」〔註 265〕四庫館臣的批評，旨意犀利尚且語氣委婉。顧炎武的批評則簡直是毫不留情的痛貶，甚至從書的質量上綱爲世風不古：「自朱子作《大學》、《中庸》章句、或問，《論語》、《孟子》集注之後，黃氏有《論語通釋》，而採語錄附於朱子《章句》之下，則始於眞氏，名曰『集義』，止《大學》一書。祝氏乃仿而足之，爲《四書附錄》，後有蔡氏《四書集疏》、趙氏《四書纂疏》、吳氏《四書集成》。昔之論者病其氾濫，於是陳氏作《四書發明》，胡氏作《四書通》，而定宇之門人倪氏合二書爲一，頗有刪正，名曰《四書輯釋》。自永樂中命儒臣纂修《四書大全》頒之學宮，而諸書皆廢。」「永樂中所纂《四書大全》，特小有增刪，其詳其簡，或多不如倪氏。《大學》、《中庸》、《或問》則全不異，而間有舛誤，至《春秋大全》則全襲元人汪克寬《胡傳纂疏》，但改其中『愚按』二字，爲『汪氏曰』，及添盧陵李氏等一、二條而已。《詩經大全》則全襲元人劉瑾《詩傳通釋》，而改其中『愚按』二字爲『安成劉氏曰』。其三經後人皆不見舊書，亦未必不因前人也。當日儒臣奉旨修《四書、五經大全》，

〔註 264〕《明太宗實錄》卷一六八，《明實錄》（八），臺北：中央研究院歷史語言研究所，民國五十一年（公元 1962 年）版，第 1873～1874 頁。

〔註 265〕永瑢等《四庫全書總目》卷三十六〈經部·四書類二〉，北京：中華書局 1965年版，第 301 頁。

頒餐錢，給筆箚。書成之日，賜金遷秩，所費於國家者，不知凡幾。將謂此書既成，可以章一代教學之功，啓百世儒林之緒，而僅取已成之書抄謄一過，上欺朝廷，下誑士子。唐宋之時，有是事乎？豈非骨鯁之臣，已空於建文之代；而制義初行，一時人士盡棄宋元以來所傳之實學，上下相蒙，以饕祿利，而莫之問也。嗚呼！經學之廢，實自此始。」〔註266〕以如此規模，肩負如此重望的《大全》，最終以如此質量收官，難怪顧氏有如此批評。不過，憑心而論，顧氏將「經學之廢」、世風日下歸責於一部《大全》的編纂，事實上不免於情緒化之嫌。客觀地講，就「四書」本身的發展而言，從朱熹詮釋「四書」始，歷經發明，自然不乏巔峰之作。至明代，除重複、照抄與疊加氾濫之外，已實在無可發明之處，又怎能獨寄厚望於《大全》作者能有所作爲？所以，還是《四庫》館臣的評評比較客觀：「永樂中，詔儒臣胡廣、楊榮等編集諸家傳註之說匯成一編，賜名《四書大全》，御製〈序〉文，頒行天下學校。於是明代士子爲制義以應科目者，無不誦習《大全》，而諸家之說盡廢。然廣等撰集此書，實全以倪氏輯釋爲藍本，顧炎武謂其中特少有增刪，其詳其簡或多不如倪氏，《大學》、《中庸》、《或問》則全不異，而間有舛誤，朱彝尊亦譏其專攘成書。蓋諸臣承命纂排，不能詳搜博採，而僅取已成舊帙塞責抄謄宜其啓後人之訾議，惟是倪氏原書最爲審要，其義理明備，採擇精醇，實迥出他家之上，則當日諸臣據以編訂，亦不爲無因。」〔註267〕

其次是科考以《孟子》爲兼經。《明史》記載：「博士掌分經講授，而時其考課。凡經，以《易》、《詩》、《書》、《春秋》、《禮記》，人專一經，《大學》、《中庸》、《論語》、《孟子》兼習之。」〔註268〕可見明代仍以「四書」「五經」爲考課。「五經」可人專一經，「四書」爲兼經。

其三是擢官與襲封。至英宗時，明代統治已進入中期，內部宦官專權愈演愈烈，外部蒙古瓦剌不斷進逼。英宗正統十四年（公元 1449 年），也先發兵進犯內地，宦官王振擅自挾持英宗親征，在土木堡被俘，是爲「土木之變」。土木之變後，于謙爲穩定政局，擊退蒙古，擁戴郕王朱祁鈺繼位爲代宗（景

〔註266〕顧炎武《日知錄》卷十八〈四書五經大全〉，《續修四庫全書》（1144 冊），上海：上海古籍出版社 2002 年版，第 276 頁。

〔註267〕紀昀等《四書大全·序》，《四庫全書》（205 冊），上海：上海古籍出版社 1987 年版，第 1～2 頁。

〔註268〕張廷玉等《明史》卷七十三〈職官志二〉，北京：中華書局 1974 年版，第 1789 頁。

帝），於次年改爲景泰元年。如此一來，本想以英宗爲要挾迫明朝就範的蒙古，只好於同年將英宗放回。然而，失去皇位屈居南宮做太上皇的英宗，對代宗的趁虛繼位始終心懷憤懣，於是，勾結宦官曹吉祥陰謀復辟。策劃了景泰八年（公元 1457 年）的「奪門之變」（也稱「南宮復辟」），重新登上皇位並改年號天順。這次事件帶來的後果，不僅是代宗被害和于謙被殺，更重要的是政權由此落入宦黨手中，明朝統治危機加重。

自「土木之變」至「奪門之變」，代宗在任七年間，在時刻受英宗復辟威脅的政治環境下，仍頻繁下詔倡導儒學，優禮孔、孟、顏家族：「景泰三年授（孟）希文翰林院五經博士，子孫世襲。」〔註269〕同年，又「詔以顏、孟子孫長而賢者各一人，至京官之。」〔註270〕與此同時，認同並明確孔、顏、曾、孟等儒學世家子孫的世襲制：「衍聖公，孔氏世襲，（正二品。袍帶、誥命、朝班一品。洪武元年授孔子五十六代孫希學襲封）其屬，掌書、典籍、司樂、知印、奏差、書寫各一人。（皆以流官充之）曲阜知縣，孔氏世職。（洪武元年授孔子裔孫希大爲曲阜世襲知縣）翰林院世襲《五經》博士，（正八品）孔氏二人，（正德元年授孔子五十九世孫彥繩主衢州廟祀。宋孔端友從高宗南渡，家於衢州，此孔氏南宗也。正德二年，授孔聞禮奉子思廟祀。）顏氏一人，（景泰三年，授顏子五十九世孫希惠。）曾氏一人，（嘉靖十八年，授曾子六十代孫質粹。）仲氏一人，（萬曆十五年，授子路裔孫仲呂。）孟氏一人，（景泰三年，授孟子裔孫希文。）周氏一人，（景泰七年，授先儒周敦頤裔孫冕。）程氏二人，（景泰六年，授先儒程頤裔孫克仁。崇禎三年，授先儒程顥裔孫接道。）邵氏一人，（崇禎三年，授先儒邵雍裔孫繼祖。）張氏一人，（天啓二年，以先儒張載裔孫文運爲博士。）朱氏二人，（景泰六年，授先儒朱熹裔孫梴。嘉靖二年又授墅爲博士，主婺源廟祀。）劉氏一人，（景泰七年，授誠意伯劉基七世孫祿，後革。）教授司，教授，（從九品）學錄、學司，（並未入流）孔、顏、曾、孟四氏，各一人。又尼山、洙泗二書院，各學錄一人。」〔註271〕

〔註269〕張廷玉等《明史》卷二百八十四〈儒林傳三·孟希文〉，北京：中華書局 1974年版，第 7302 頁。類似記載同見楊瓛《亞聖五十六代孫世襲翰林院五經博士榮歸記》碑，現存孟廟致敬門內院甬道東側。碑文收入劉培桂主編《孟子林廟歷代石刻集》，濟南：齊魯書社 2005 年版，第 144 頁。

〔註270〕張廷玉等《明史》卷二百八十四〈儒林傳三·顏希惠〉，北京：中華書局 1974年版，第 7300 頁。

〔註271〕張廷玉等《明史》卷七十三〈職官志二〉，北京：中華書局 1974 年版，第 1790 頁。

其四是賜復祭田。代宗除了多次頒詔在政治上獎掖孟子後裔外，還在經濟上予以扶植。景泰六年（公元 1455 年）應都察院左僉都御史徐有貞之請，詔錫復顏、孟祭田。事後，孟子五十六代孫孟希文於英宗天順元年（公元 1457 年）正式立石於孟廟，現仍存於孟廟啓聖殿院甬道西側，其文爲：「乙亥之冬十有二月庚申，詔復顏、孟二廟祭田，加錫至百頃，置佃戶各十家，以中憲大夫、都察院左僉都御史徐有貞之請也。」大明政府在內憂外患中仍不忘優禮孟子家族，其良苦用心，如徐有貞所說：「惟顏子、孟子於若曹爲先祖，於有貞爲先師，於天下爲先賢。是有貞之所爲請，爲先師也；上之所爲賜，爲先賢也。爲先師也，爲先賢也，其皆非以爲若曹也。然而若曹坐而得田與佃，蠲其國之征而爲家之征，不爲人役而役人，可不知其所自耶？知所自，則言而不敢不法先祖之言也，行而不敢不法先祖之行也。其法之而至，則將見復聖、亞聖之復出，而爲天下之師矣。」〔註 272〕

最後是「亞聖」地位繼續穩固。明世宗嘉靖九年（公元 1530 年），由大學士張璁等提議更正先師祀典，爲此一度引起朝廷對孔、孟先師名號的爭議：「璁緣帝意，言：『孔子宜稱先聖先師，不稱王。祀宇宜稱廟，不稱殿。祀宜用木主，其塑像宜毀。籩豆用十，樂用六佾。配位公侯伯之號宜削，止稱先賢先儒。其從祀申僚、秦冉等十二人宜罷，林放、蘧瑗等六人宜各祀於其鄉，后蒼、王通、歐陽修、胡瑗、蔡元定宜從祀。』帝命禮部會翰林諸臣議。編修徐階疏陳易號毀像之不可。帝怒，謫階官」，御史黎貫等也紛紛上疏言「陛下敬天尊親，不應獨疑孔子王號爲僭」，「給事中王汝梅等亦極言不宜去王號，帝皆斥爲謬論。於是禮部會諸臣議：『人以聖人爲至，聖人以孔子爲至。宋眞宗稱孔子爲至聖，其意已備。今宜於孔子神位題至聖先師孔子，去其王號及大成、文宣之稱。改大成殿爲先師廟，大成門爲廟門。其四配稱復聖顏子、宗聖曾子、述聖子思子、亞聖孟子。十哲以下凡及門弟子，皆稱先賢某子。』」〔註 273〕此次爭論雖然意味著將孔、孟從政治化和神化的輝煌

〔註 272〕徐有貞《大明錫復顏孟祭田之碑》，碑現存孟廟啓聖殿院甬道西側。文收入劉培桂編著《孟子林廟歷代石刻集》齊魯書社 2005 年版，第 151 頁。其方框中字爲原碑文殘缺，由該書作者補加；另見孟廣均編清德宗光緒本《重纂三遷志》卷六〈藝文一〉，苗楓林主編《孔子文化大全》，濟南：山東友誼出版社 1989 年，第 325～328 頁。

〔註 273〕張廷玉等《明史》卷五十〈禮志四〉，北京：中華書局 1974 年版，第 1298～1299 頁。

中拉回到現實，但其「至聖」、「亞聖」的聖人地位卻巋然不動。不惟如此，帝王臨雍大典，孔、孟、顏後裔還依例「欽取賠侍，宴賜、頒衣、加級、俱邀盛典。逢萬壽聖節，俱乘傳赴都，朝罷宴享」〔註274〕，對其家族的尊崇更升一級。

四、明代學界的孟子研究

學術研究反映了學術界對孟子的推崇程度，也是考察孟子受到社會尊崇的一個視角。明代在政界推崇孟子的大背景下，學界對孟子的推崇與研究程度，表現爲承襲元代又勝於元代。但是，隨著科舉取士的大規模推行，這種「更勝」表現爲尊孟從個人自發，越來越淪爲科舉的附庸，具體反映在：研究趨勢上越來越傾向於仕途利益驅動下對朱熹「四書」研究；研究內容上，圍繞《四書集注》，或疏解義理，千篇一律沿襲舊說，空泛而缺乏創新，如赦敬的《孟子說解》（殘）、李顒的《孟子解》（佚）；或針對「四書」做一些資料搜集、編排及內容考證方面的工作，如陳士元的《孟子雜記》、蔡清的《四書圖史合考》等。

當然在這大量看似重複因襲的工作中也並非沒有一點新突破，這裡所謂的「新突破」就是與前代相比，這些資料的搜集、彙編、整理和研究已經從單純對孟子思想的關注擴展至整個孟學及其家族背景研究。這顯然是伴隨唐宋孟子地位上升而引起的孟子家族崛起對學界產生的影響，其中最典型的表現就是《三遷志》的編纂。《三遷志》以彙集有關孟子生平的資料爲主，內容涉及對孟子祖先、孟子後裔，以及政府對孟氏的恩寵、優免、府廟及林墓營建等情況的記錄和整理。《三遷志》的編撰歷經明、清兩代形成不同版本，僅明代就有世宗嘉靖年間史鶚本、神宗萬曆年間胡繼先本和熹宗天啓年間呂元善本等。

明代學界的孟子研究現狀清楚地說明一個問題即，時至明代，隨著以「四書」爲主要體現的理學政治化程度的加深，孟子地位的推崇已無以復加，與此相應的是孟子研究的日臻僵化。如果沒有內在或外在新因素的成長或介入，這種僵化將繼續下去。

〔註274〕孔公恂《亞聖五十六代孫世襲翰林院五經博士士煥孟公墓誌銘》，見孟衍泰編清世宗雍正本《三遷志》卷十〈祭謁‧墓誌銘〉，四川大學古籍整理研究所編《儒藏》（10 冊），成都：四川大學出版社 2005 年版，第 57 頁。

第六節　清代政治與孟子極盛

　　清代，隨著政治上對宗法組織社會功用認識的加深，政府發起了新一輪的宗法重建運動。此次新一輪的宗法重建，與意識形態領域裏對宋明理學的提倡相伴而行。對孟子家族的重視，也隨著這一官方意識形態的確立而臻於極盛。不過，與前代相比，清代的孟子尊崇由以往對孟子家族的經濟性封贈更多地轉向政治性褒揚；而學界對孟子的關注和研究，則表現出兩種不同的研究傾向：一方面，遵循學術發展的內在規律，沿襲了以往的綜合性研究傳統；另一方面，則是與政治形勢相配合，在反對理學空談的學術氛圍下興起了考據性研究。

一、宗法重建與尊孔重儒

　　清朝與明朝兩個代的統治相比，相同的是封建制度均行將就木，不同的是清朝是一個由居處東北一隅的滿洲族建立的少數民族政權，落後民族入主中原而產生的民族自信的缺乏，致使其在對中原的思想統治上更加複雜、艱巨。以上兩種因素疊加，導致了清朝思想統治的進一步強化。

　　從社會政治層面看，在鎮壓農民起義和中原抗清中鞏固下來的清朝政權，爲解決種種錯綜複雜的民族和社會矛盾，在思想上採取了懷柔與迫害相結合的統治政策。所謂「懷柔」，就是通過一系列軟性手段，使中原士人自動加入到清朝統治的行列中來。類似的表現包括：一，以康、雍、乾爲代表的清初統治者，爲拉近與中原文化的距離，均不遺餘力地學習和吸納漢文化。比如，我們從保留至今的清帝王寫的多處故宮匾額、書聯等書法作品中，可見清宮對漢文化的好尚。這些現象與其說是清帝個人的文化修養和娛樂喜好，倒不如說是爲了滿足清朝政治統治的需要，即借用文化途徑拉近與中原士子的關係；二，在內閣、六部等高層中央機構中實行滿漢並設的復職制度，採取各種措施，通過不同渠道，大量吸收漢族士人進入統治層，包括：不斷擴大科舉錄取名額；康熙十二年（公元 1673 年）詔舉「山林隱遺」不經考試直接做官；康熙十三年（公元 1674 年）頒佈捐納制度，使中原士人及地主家族子弟靠捐銀得官；康熙十七年（公元 1678 年）開設博學鴻儒科，優禮儒學士人；加大對程朱理學的提倡，羅致如李光地等理學名臣；纂修《性理精義》、《四庫全書》等，進一步開掘儒學、理學中的「忠」、「孝」思想，以消弭抗清意志，削弱政治阻力。所謂「迫害」，則突出表現在延續明代而盛行於康、

雍、乾三朝的大規模的文字獄。清政府用過於敏感、脆弱的神經，對所謂「有礙統治」、「觸犯君權」的一切文字著述，咬文嚼字，興起大獄，廣泛株連，如康熙二年（公元 1663 年）的莊廷鑨明史案、雍正四年（公元 1726 年）查嗣庭「維民所止」案和雍正六年（公元 1728 年）的呂留良案。「文字獄」顯然是清朝專制政治空前強化的產物和表現，目的在於在思想文化領域牢固樹立君主政治和滿洲貴族統治的絕對權威。通過這些軟硬兼施的手段和措施，達到社會上層對朝廷「畏威懷德，弭首帖伏」〔註 275〕的目的，以「合內外之心，成鞏固之業」〔註 276〕。

從家族宗法層面看，伴隨著封建政治的衰退，作為其基礎且附麗於其上的血緣宗法秩序，繼續走著自明代以來難以逆轉的衰退之路。主要表現在：其一，家族內部分化現象嚴重，家族成員之間的救濟與互助成為空殼；其二，家族族長憑藉權威謀取私利，而置家族成員的窮厄困頓於不顧，造成族人之間，特別是族長與族員之間的矛盾日趨激化；其三，家族內部等級與特權的增長，淡化了家族成員之間原本建立在血緣之上的親情，由此造成倫理的根本「孝」的動搖；其四，家族成員之間的好勇鬥狠，私存貨財，不敬長愛幼，懶惰之俗滋長；其五，清朝入關之初，對力反清廷的中原大族的毀滅性打擊，又助推了這一衰勢。但是，到康熙時，隨著清統治者對中原文化認知程度的深化，統治層對家族組織在穩定政治及社會秩序方面的強大作用的認同感與日俱增：「天下人情，未有無所維繫而即安也，而其道必由近者始。……蓋君之於民遠矣。立宗子（即族長）而維繫一族，則勢近而情易通。」〔註 277〕家族宗法在收攝人心、管制民眾、鞏固統治，穩定社會方面的作用，相比於最高統治層的鞭長莫及更加切實。由此，清朝政府開始採取種種可行措施，對已呈衰勢的家族宗法給予大力支持。

在這樣的政治和社會背景下，清朝對中原古已有之的血緣倫理文化的重視，對適應這一倫理文化的儒家思想特別是儒家家族文化的重視，便成了順理成章的事情。這種重視主要體現在頒佈《聖諭廣訓》、制定保護條例、落實

〔註 275〕趙翼《簷曝雜記》卷一〈蒙古詐馬戲〉，《續修四庫全書》（1138 冊），上海：上海古籍出版社 2002 年版，第 306 頁。

〔註 276〕清高宗乾隆皇帝《〈避暑山莊百韻詩〉序》，和坤《欽定熱河志》卷二十五〈行宮一〉，《四庫全書》（495 冊），臺北：臺灣商務印書館中華民國七十五年（公元 1986 年）版，第 374 頁。

〔註 277〕《歸氏世譜》卷四，孫原湘《書歸氏義莊記後》，轉引自馮天瑜等《中華文化史》，上海：上海人民出版社 1990 年版，第 905 頁。

家廟制度、撫慰地方大族和建立以「宗族爲緯」的地方統治網等政策和措施的推行。這些政策和措施推行的時間主要集中於康、雍、乾三朝。

最能體現清朝重視家族宗法的是帝王聖諭。所謂「聖諭」是帝王爲教化民眾而頒佈的諭旨，也叫「聖訓」。清聖祖於康熙九年（公元 1670 年）頒佈了聖諭十六條，清世宗於雍正二年（公元 1724 年）對這一聖諭進行了進一步解說，並將名字正式定爲《聖諭廣訓》〔註278〕。《廣訓》的第一條是「敦孝悌以重人倫」，第二條就是「篤宗族以昭雍睦」。在《廣訓》中，雍正爲扭轉家族頹勢而窮智極慮，敦促同宗共祖的族人要相親相愛：「凡屬一家一姓，當念乃祖乃宗，寧厚毋薄，寧親毋疏，長幼必以序相洽，尊卑必以分相連。喜則相慶，以結其綢繆；戚則相憐，以通其緩急。立家廟，以薦蒸嘗；設家塾，以課子弟；置義田，以贍貧乏；修族譜，以聯疏遠。即單姓寒門，或有未逮，亦各隨其力所能爲，以自篤其親屬，誠使一姓之中秩然藹然。父與父言慈，子與子言孝，兄與兄言友，弟與弟言恭。雍睦昭而孝悌之行愈敦。有司表爲仁里，君子稱爲義門，天下推爲望族，豈不美哉！若以小故而墮宗支，以微嫌而傷親愛，以侮慢而違遜讓之風，以偷薄而虧敦睦之誼，古道之不存，即爲國典所不恕。爾兵民其交相勸勵，共體祖宗慈愛之心，常切水木本源之念，將見親睦之俗，成於一鄉一邑，雍和之氣，達於薄海內外。諸福咸臻，太平有象，胥在是矣。可不勖歟！」〔註279〕與宋代以族長權力爲核心，以祠堂、族田、家譜、族規爲手段的宗族制度相比，又增加了設立宗族學校。重視宗族子弟教育，事關家族內部人才自生力的成長，當然也事關家族或宗族的長期發展，所以不得不予以重視。由此可見，清代關於家族組織建設的思考比以往任何一個時代都更完密、周全。

〔註278〕全文爲：「敦孝悌以重人倫；篤宗族以昭雍睦；和鄉黨以息爭訟；重農桑以足衣食；尚節儉以惜財用；隆學校以端士習；黜異端以崇正學；講法律以儆愚頑；明禮讓以厚風俗；務本業以定民志；訓子弟以禁非爲；息誣告以全善良；誡匿逃已免株連；完錢糧以省催科；聯保甲以弭盜賊，解仇忿以重身命。」（昆岡等修、劉啓端等纂（光緒刊）《欽定大清會典事例》卷三九七〈禮部・風教・講約〉，《續修四庫全書》（804 冊），上海：上海古籍出版社 2002 年版，第 316～328 頁）並見常建化《論〈聖諭廣訓〉與清代的孝治》，《南開史學》1988 年第 1 期）

〔註279〕昆岡等修、劉啓端等纂（光緒刊）《欽定大清會典事例》卷三九七〈禮部・風教・講約〉，《續修四庫全書》（804 冊），上海：上海古籍出版社 2002 年版，第 317～318 頁。

　　雍正帝在《廣訓》中提到的種種家族和睦的建設意向中，包括了家廟、家塾、義田、宗譜等具體內容。接下來，清統治上層針對這些內容制定了具體條例和實施措施，可謂「旁徵遠引，往復周詳，意取顯明，語多直樸」，將「奉先志」、「啓後人」，「使群黎百姓，家喻戶曉」〔註280〕做到了實處。

　　乾隆二十年，長江下游普遍發生了水、蟲、風、霜自然災害。災害導致了米價暴漲，地方家族中的家長、族長等權力擁有者再一次看到了土地和農業經營中的暴力誘惑。於是，爲獲取厚利而不擇手段。在一些地區，尤其是商業較爲發達的蘇州一帶，出現了盜賣家族祀產、義田的惡劣狀況。義田不僅具有「贍同宗貧乏」救濟族人的功能，還肩負了家族教育和家族祭祀等重任，在維繫家族存續中具有重要地位。而祀產主要指附屬祠堂的田地，也稱爲祭田、祠田、蒸嘗田等，其主要功能可以顧名思義，用來爲家族祖先祭祀（蒸嘗）。同時，和義田一樣，也兼具救濟貧困與災害的功能。祀田的存在，不僅關係著對家族祖先敬慕形式的存廢，還爲家族長遠的經濟來源提供保障，從而決定著家族的永續存在與繁盛。所以，鑒於這一問題的重要性，時任江蘇巡撫的莊有恭於乾隆二十一年（公元1756年）擬出奏議，提出對盜賣家族祀產、義田者，應參照盜賣園陵罪重處的提案。草案由刑部修改後上報皇帝批准。刑部對議奏的修改有所放寬，事見《清實錄》「乾隆二十一年六月甲辰」條下：「刑部議覆，江蘇巡撫莊有恭，子孫盜賣祀產義田，請照盜砍墳園樹木計數加罪等語。查祀產與墳塋有間，請嗣後如有不肖子孫私將祀產投獻勢要，及富室謀占風水，知情受獻受買，各至五十以上者，均依捏賣墳山例問，發充軍。不及前數者，依盜賣官田律擬罪。」刑部意見將莊有恭的「十畝」放寬到「五十畝」；對盜賣義田，刑部認爲「又較祀產情罪稍輕，應仍照原任內閣學士張照奏定例，依盜賣官田律，止杖一百，徒三年。」〔註281〕

　　在制定完保護條例後不久，清政府於乾隆二十四年（公元1761年）正式編撰了《大清通禮》，作爲長期推行的固定制度。從行文看，制度規定之細化與煩瑣無以復加，而其中最值得注意的就是關於設立家廟的特權：一方面，根據官員品級的不同，細化了家廟的建置等級，如「一品至三品官，廟五間」，

〔註280〕昆岡等修、劉啓端等纂（光緒刊）《欽定大清會典事例》卷三九七〈禮部·風教·講約〉，《續修四庫全書》（804冊），上海：上海古籍出版社2002年版，第316頁。

〔註281〕《高宗純皇帝實錄》，《清實錄》（第15冊）「乾隆二十一年丙子六月上」，北京：中華書局1986年版，第497~498頁。

「四品至七品官，廟三間」，「八、九品，廟三間」等；另一方面，將家廟設置由官員進一步擴大到了一般貢監生員，「庶士（貢監生員有頂帶者）家祭之禮，於寢室之北爲龕」〔註282〕。這說明，雖然爲了體現官僚等級的優勢，仍然禁止一般庶民設家廟，但主祭大權已經在層層下放，由官員擴展到了貢生。

爲了表示朝廷對地方大族的支持，康熙帝在康熙二十三年至四十六年的六次南巡途中，還通過各種不同渠道體現其對家族組織的鼎力支持，其中最顯著者，是賦予族長對族人以超越司法的處治權。如康熙二十八年（公元1689年），湖廣漢陽縣民鄧漢貞妻黃氏毆辱母親。案件奏上，康熙帝在批示嚴懲鄧漢貞夫婦的同時，下令：「族長不能教訓子孫，問絞罪」〔註283〕。國家賦予族長對族人凌駕司法權力之上的處治權，這證明了清廷已正式認同家族組織在社會秩序穩定方面的作用，並將其納入社會管理範疇，這顯示了族權與政權的結合在清代達到新的高度。

清政府對地方家族的多方支持，不僅有效阻止了明代以來家族組織的頹勢，且促成了其在地方統治中組織系統與社會功用的進一步完善。魏源就曾對清代宗族強大的社會管理功能表示驚歎：「天下直省郡國各得是數百族，落落參錯縣邑間，朝廷復以大宗法聯之，俾自教養守衛，則鰥寡孤獨廢疾者皆有所養，水旱凶荒有恃，謠俗有所稽察，餘小姓附之，人心維繫，磐固而不動，盜賊之患不作矣。不有是也，三代事不幾全無效於後世哉！」〔註284〕

清朝對強固家族組織做出的努力，使中國社會固有的宗法血緣得以存續，社會秩序也因此而得到穩固。家族組織，作爲已然垂暮的大清王朝維繫統治的得力工具，其強勁的社會功用和效力，一直延伸到中國近現代。

二、孟廟禮讚與極端尊崇

儒家孝文化植根於中國血緣家族的文化土壤，是家族宗法組織的強力根基和紐帶。自然地，對家族組織的重視與強化，必然附帶著對儒家以孝爲核心的倫理綱常、宗法等級的倡導。《聖諭廣訓》是清朝重視儒家及其孝文化的支撐——家族文化的方針性指導，它是清朝處理家族和社會問題的一個方向

〔註282〕來保、李玉鳴等奉敕撰《欽定大清通禮》卷十六〈吉禮〉，《四庫全書》（655冊），上海：上海古籍出版社1987年版，第251、255頁。

〔註283〕轉引自馮天瑜等《中華文化史》，上海：上海人民出版社1990年版，第905頁。

〔註284〕魏源《盧江章氏義莊記》，《魏源集》（下冊），北京：中華書局1976年版，第503頁。

性文件。與此相契合，再配以多方支持家族重建與完善的措施，這種以血緣倫理爲內核，以家族組織爲表徵的統治方略，強固了漸入垂暮的大清統治。

在這樣的政治背景下，清政府對創、繼者孔、孟及其家族的褒揚和獎掖自然更加不遺餘力。總括來看，主要表現在以下幾點：

一是皇太極建孔子廟。早在皇太極崇德元年（公元 1636 年），清統治上層就開始爲進軍並統治中原進行思想文化上的預構。定儒家思想爲思想正統，是這一思想預構的主題，於是下令：「建廟盛京，遣大學士范文程致祭。奉顏子、曾子、子思、孟子配。定春、秋二仲上丁行釋奠禮」〔註285〕。這是清代在文化政策上尊孔崇儒的開始。

二是福臨授五經博士與致祭。順治元年，授亞聖孟子子輿六十三世孫貞仁爲翰林院世襲五經博士。順治二年（公元 1645 年），「定稱大成至聖文宣先師孔子，春秋上丁，遣大學士一人行祭，翰林官二人分祭……正中祀先師孔子，南向。四配：復聖顏子，宗聖曾子，述聖子思子，亞聖孟子。」〔註286〕這意味著清代統治者在文化上仍然保持了與前代的連續性，孟子亞聖地位不變。

三是康熙立碑刻石。康熙三年（公元 1664 年），陝西巡撫賈漢因爲唐「開成石經」無《孟子》而補刻，共成九石〔註287〕；康熙二十六年（公元 1687 年），立巨碑於孟廟，盛讚孟子：「嶽嶽亞聖，岩岩泰山，功邁禹稷，德參孔顏」〔註288〕；康熙二十八年（公元 1689 年），康熙帝又在孔廟立石，御製《孟子贊》，總結並盛讚孟子一生功績「哲人既萎，楊墨昌熾。子輿辟之，曰仁曰義。性善獨闡，知言養氣。道稱堯舜，學屏功利。煌煌七篇，並垂六藝。孔子攸傳，

〔註285〕趙爾巽等《清史稿》卷八十四〈禮志三〉，北京：中華書局 1977 年版，第 2532 頁。

〔註286〕趙爾巽等《清史稿》卷八十四〈禮志三〉，北京：中華書局 1977 年版，第 2533 頁。

〔註287〕現存西安碑林。另見劉培桂《孟子大略》，濟南：泰山出版社 2007 年版，第 115 頁。

〔註288〕愛新覺羅·玄燁《御製孟子廟碑》，現存孟廟承聖門外東側康熙御碑亭內。此碑無論從碑體規模、碑文遒勁的楷書字體還是碑額纏繞的盤龍的氣勢，都顯示了皇家的至尊與威嚴，是孟廟中最壯觀輝煌的碑刻。另碑文收入劉培桂編著《孟子林廟歷代石刻集》，濟南：齊魯書社 2005 年版，第 328～329 頁。另《清史稿》卷七〈聖祖本紀二〉：聖祖二十六年「五月……壬辰，上製周公、孔子、孟子廟碑文，御書勒石。」（北京：中華書局 1977 年版，第 223 頁）

禹功作配」〔註289〕；康熙三十年（公元 1691 年），以《孟子》爲武進士命題：「上命弁兵內通曉文義者得應武鄉會試，見伯疏言五經七書注解互異，請敕儒臣選定。下部議駁，上諭曰：『見伯此奏亦是。武經七書文義駁雜，朕曾躬歷行間，知用兵之道，七書所言，安可盡用耶？』命再議，乃議武試論二：一以論語、孟子命題，一以孫子、吳子、司馬法命題。」〔註290〕

　　四是雍正題匾。雍正帝繼位的第三年（公元 1725 年），親筆爲孟廟題匾「守先待後」，爲孟府親書「七篇貽矩」，頒賜孟子六十五代孫孟衍泰。這兩塊匾至今仍懸掛在孟廟亞聖殿內神龕正上方和孟府大堂簷下〔註291〕。

　　五是乾隆立碑刻石、分祭，並親自拈香叩拜。早在雍正初年，江蘇金壇貢生蔣衡遊西安，見唐開成石經出於眾手，水平參差，發奮自書十三經。自雍正四年（公元 1726 年）至乾隆二年（公元 1737 年）歷時十二年完成。乾隆五年（公元 1740 年），江南河道總督高斌獻經朝廷。乾隆於五十六年（公元 1791 年），敕命鐫石留於太學。五十九年（公元 1794 年），書成，立於太學，稱「乾隆石經」〔註292〕。乾隆十三年（公元 1748 年），又御製《亞聖贊》，並刻碑立亭於孟廟，盛讚孟子「卓哉亞聖，功在天地」〔註293〕。並於十三年（公元 1748 年）、二十一年（公元 1756 年）、三十六年（公元 1771 年）、四十九年（公元 1784 年）、五十五年（公元 1790 年）五次巡視孔子故里時，分派大臣分祭孟廟。不僅如此，還於二十三年（公元 1756 年）、二十七年（公元 1762 年）二次南巡鄒城，親自到孟廟拈香，行一跪三叩禮〔註294〕，並爲孟

〔註289〕孟廣均編清德宗光緒本《重纂三遷志》卷首〈御製文〉，苗楓林主編《孔子文化大全》，濟南：山東友誼書社 1989 年，第 34 頁。

〔註290〕趙爾巽等《清史稿》卷二百九十九〈馬見伯傳〉，北京：中華書局 1977 年版，第 10419 頁。同見《清史稿》卷一百八〈選舉志三〉：「內場論題，嚮用武經七書。聖祖以其文義駁雜，詔增《論語》、《孟子》。於是改論題二，首題用《論語》、《孟子》，次題用《孫子》、《吳子》、《司馬法》。」（北京：中華書局 1977 年版，第 3172 頁）

〔註291〕孟廣均編清穆宗同治本《孟子世家譜》卷首〈國朝恩例〉，現存鄒城市文物局；另見劉培桂《歷代對孟子的封賜與尊崇》，《孟子家世》，北京：中國文史出版社 1991 年版，第 31 頁。

〔註292〕「乾隆石經」《孟子》現存北京孔廟與國子監之間的夾道內，保存完好。見劉培桂《孟子大略》，濟南：泰山出版社 2007 年版，第 115 頁。

〔註293〕愛新覺羅‧弘曆《亞聖孟子贊》，碑現存孟廟亞聖殿院東廡乾隆御碑亭內。碑文收入劉培桂編著《孟子林廟歷代石刻集》，濟南：齊魯書社 2005 年版，第 363～364 頁。

〔註294〕趙爾巽等《清史稿》卷十二〈高宗本紀三〉有：「乾隆二十七年……夏四月……

廟亞聖殿親書「道闡尼山」匾額及「尊王言必稱堯舜，憂世心同切禹顏」楹
聯，賜予孟子六十七代孫孟毓翰，此匾、聯現懸掛於孟廟亞聖殿內。

　　六是大學設通儒院，以經學為第一分科。光緒二十六年（公元 1900 年）
的庚子事變，逼使清政府痛下改革決心，改變教育體制。《清史稿》卷一百七
〈選舉志二〉載：「光緒二十七年……辛丑，兩宮回鑾。以創痛巨深，力求改
革。……迨三十一年……遂詔自丙午科始，停止各省鄉、會試及歲、科試。」
至此，沿襲千年的科舉考試正式終結，「是時學務之組織，尚有一重要之變更，
則專設總理學務大臣也」。同時，新的教育體制和學校建設也由此開始，「其
分科及課目，較舊章亦多有變更。大學設通儒院及大學本科。通儒院不講授，
無規定課目。大學本科分科八。曰經學科，分十一門：周易、尚書、毛詩、
春秋左傳、春秋三傳、周禮、儀禮、禮記、論語、孟子，附理學。」〔註 295〕
顯然，庚子事變之後，清朝的教育和科考體制發生了巨變。但即便在教育體
制如此革故鼎新的巨大變化之下，大學仍設通儒院，仍然以經學為分科。可
見，儒家經學依然是國家教育不可動搖的主流和核心內容，這充分體現出政
府對儒學的依戀與關愛。

三、清代學界的孟子研究

　　明末政治腐朽和滿洲入主中原的政治變遷，推動了明末清初學術在反省
中實現由空疏而務實的學風轉向。皮錫瑞曾從經學發展史的角度斷言：「經學
自兩漢後，越千餘年，至國朝而復盛。兩漢經學所以盛者，由其上能尊崇經
學，稽古右文故也。國朝稽古右文，超軼前代。」〔註 296〕皮氏的說法有兩點
需要解釋：首先，清朝以務實為宗旨的漢學「復盛」，並不是兩漢經學的「復
歸」；其次，所謂清朝漢學（或稱「樸學」、「實學」）興盛的原因，在「其上
尊崇經學，稽古右文」的表象之下，其實透著諸多極權政治高壓下學術的無
奈。

　　導致清初學術轉向的原因，主要有兩點：一是學術發展的內在理路，二
是清政府恩威並施的外在政策規約。

　　　　庚辰，上祭孟子廟，謁先師廟。」（北京：中華書局 1977 年版，第 459 頁）
　〔註 295〕趙爾巽等《清史稿》卷一百七〈選舉志二〉，北京：中華書局 1977 年版，第
　　　　　　3128、3135、3136 頁。
　〔註 296〕皮錫瑞《經學歷史》，北京：中華書局 1959 年版，第 295 頁。

　　大明二百年基業的衰亡，喚醒了知識分子強烈的歷史使命感和社會責任感。痛苦的反省引發了兩個結果：一是對專制獨裁政治弊端的總清算。以明末清初三大思想家黃宗羲、顧炎武、王夫之爲代表的知識分子在猛烈批判封建專制「敲剝天下之骨髓，離散天下之子女，以奉我一人之淫樂」，「今也天下之人怨惡其君，視之如寇讎，名之爲獨夫」〔註297〕的同時，提出通過建立平等君主關係、設學校、強法制以監督朝政的救弊設想；二是對明末以來陽明心學末流空談心性虛妄學風的批判和否定，以及對旨在經世致用的實學學風的倡導。明末徐光啓、陳子龍及以高攀龍、顧憲成爲代表的東林黨人成爲實學的先導人物。繼之而後，黃宗羲、顧炎武、王夫之及顏元、李塨的「顏李學派」，陳亮、葉適的「事功學派」都對學術空談與政治覆亡之間的關係進行了深刻反思。他們共同的看法是：正是宋明以來束書不觀、學術空談導致了大明二百年基業的巔覆。因而，開始在理論和實踐上開始重實反虛，注重事功，倡導實學。

　　清朝以少數民族入主中原，文化與政策差異，引發了深受「夷夏之辨」傳統影響的中原知識分子對滿洲政權的情感牴觸。他們或公然組織力量抵抗，或隱逸山林不仕。對此，清政府一方面採用懷柔政策，通過詔舉博學鴻儒和編撰大型圖書，消弭知識分子的抗清鬥志；另一方面運用大興文字獄等政治高壓，壓制知識分子的反抗。清政府的高壓政策，迫使知識分子爲逃避風險而遠離政治，退守古典，於是，以復歸漢學爲特色的考據學興起。學術上的反空疏，政治上的避高壓，共同促成了清初由推尊和迷信程朱理學向反程朱，由虛浮趨向實用的學術轉向。

　　政治與學術背景的變換與新的思想因子的生成，促成了清代孟子研究由以往僵化的義理闡述向踏實的訓詁考據轉向。這一脫虛向實的學術轉向，使清代孟子研究另闢蹊徑，再現生機。

　　首先是理學批判性的孟子研究。以批判宋明理學作爲孟子研究的出發點，這是學界總結明亡教訓形成的學術方向之一。學者們總結明亡的沉痛教訓，以爲：大明政權滅亡的一個重要原因是宋明以來輕薄功利、空談義理的性理之學的氾濫。如黃宗羲在《贈編修弁玉吳君墓誌銘》中所說：「儒者之學，經緯天地，而後世乃以語錄爲究竟，僅附答問一二條於伊、洛門下，便廁儒

〔註297〕黃宗羲《明夷待訪錄・原君》，《續修四庫全書》（945 冊），上海：上海古籍出版社 2002 年版，第 467 頁。

者之列，假其名以欺世。治財賦者則目爲聚斂，開闔扡邊者則目爲粗材，讀書作文者則目爲玩物喪志，留心政事者則目爲俗吏。徒以生民立極，天地立心，萬世開太平之闊論，鈐束天下。一旦有大夫之憂，當報國之日，則蒙然張口，如坐雲霧。世道以是潦倒泥腐，遂使尚論者以爲立功建業，別是法門，而非儒者之所與也。」〔註298〕顧炎武也總結指出：「劉、石亂華，本於清談之流禍，人人知之。孰知今日之清談，有甚於前代者。昔之清談談老、莊，今之清談談孔、孟。未得其精而遺其粗，未究其本而先辭其末。不習政之大端，一切不問，而曰一貫，曰無言。以明心見性之空言，代修己治人之實學。股肱惰而萬事荒，爪牙亡而四國亂，神州蕩覆，宗社丘墟。」〔註299〕在明末學者看來，儒者之學，本是強調外王的經世致用之學，即「孔門未有專用心於內之說也」〔註300〕，自二程、朱熹之後，始轉向空談義理，將知、行分割，使義、利對立。將儒家「修己治人」的「實學」傳統，敗壞爲「束書不觀」的心性清談，最終導致「神州蕩覆，宗社丘墟」的亡國慘局。把明王朝覆亡的責任歸咎於宋明以來的心性之學，在今天看來自然是片面之論，但在當時的社會氛圍下，卻代表了一種強烈的學術文化反省趨向。正是在這種強烈的學術文化反省中，清初學者紛紛把批判矛頭對準了統治思想文化領域五百餘年的宋明理學。以重新闡釋孔孟儒家思想的形式，揭露宋明理學文化誤國的本質，闡發新的政治和哲學思想。其中以黃宗羲的《孟子師說》和戴震的《孟子字義疏證》最爲典型。

黃宗羲早年師從大儒劉宗周，劉宗周雖屬於王陽明的姚江學派，但在學術上卻一反空談性理的王學末流，以經世致用爲學術宗旨。黃宗羲深受乃師學風影響，治學以重實際爲旨向，如全祖望總結評價的：「公謂『明人講學，襲語錄之糟粕，不以六經爲根底，束書而從事於遊談』，故受業者必先窮經，經術所以經世，方不爲迂儒之學，故兼令讀史。又謂『讀書不多，無以證斯理之變化，多而不求於心，則爲俗學』，故凡受公之教者，不墮講學之流弊。公以濂洛之統，綜合百家，橫渠之禮教，康節之數學，東萊之文獻，良齋、

〔註298〕黃宗羲《南雷文定後集》卷三〈贈編修弁玉吳君墓誌銘〉，《續修四庫全書》（1397 冊），上海：上海古籍出版社 2002 年版，第 432 頁。
〔註299〕顧炎武《日知錄》卷七〈夫子之言性與天道〉，《續修四庫全書》（1144 冊），上海：上海古籍出版社 2002 年版，第 64 頁。
〔註300〕顧炎武《日知錄》卷十八〈內典〉，《續修四庫全書》（1144 冊），上海：上海古籍出版社 2002 年版，第 278 頁。

止齋之經制，水心之文章，莫不旁推交通，連珠合璧，自來儒林所未有也。」
〔註301〕劉宗周研究「四書」的作品有《大學統義》、《中庸慎獨義》和《論語學案》多部，唯於《孟子》學獨無。黃宗羲《孟子師說》是據其師平時講學歸納總結而成，事實上是借「師說」成就「己說」，又以己說補足師說。此書重在通過聯繫社會實際分析孟子思想，旁徵博引，論證和闡述自己的政治和哲學主張，即：批判宋明以來宗主朱熹的僵化學風。如對《孟子》「寡人之於國也」一章的疏解：「孟子以為根本既立，無待末流，所言皆布帛粟菽，不似耕戰盡地，一切權謀。惠王不能節用，以至民生憔悴，故下文痛言之。然惠王猶知為民，後世人主不如惠王者多矣。」〔註302〕又如對《孟子》「曹交章」的解說：「『人皆可以為堯舜』一語，此孟子繼往聖開後學一大節目。徐行堯服，人人能之，即人人可以為堯舜也，只在著察之間耳。後之儒者，將聖人看得煩難，或求之靜坐澄心，或求之格物窮理，或求之人生以上，或求之察見端倪。遂使千年之遠，億兆之眾，聖人絕響。……後來近溪只就人所行所習，當下指點出著察一路，真覺人人去聖不遠。」〔註303〕顯然，黃氏假借孟子本義詮釋，含沙射影，將矛頭指向宋明理學，以詮釋的方式表達對宋明理學的批判。

戴震曾就學於漢學家江永，但他的學術卻非一味固守漢學。戴震借孟子批判宋明理學的著作是《孟子字義疏證》，他對這部借訓詁以明理義，借述孟以批理學的著作予以極高的自我評價和自我期許。他在給段玉裁的信中談及寫作此書的目的：「僕生平論述最大者為《孟子字義疏證》一書，此正人心之要。今人無論正邪，盡以意見誤名之曰理而禍斯民，故《疏證》不得不作。」
〔註304〕對於寫作這部書的意圖，他在《與某書》中解釋稱：「宋以來儒者，以己之見硬坐為古賢聖立言之意，而語言文字實未之知。其於天下之事也，以己所謂理強斷行之，而事情原委隱曲實未能得，是以大道失而行事乖。孟子曰：『生於其心，害於其政；發於其政，害於其事。』以自為於心無愧而天下

〔註301〕全祖望《鮚埼亭集》卷十一〈梨洲先生神道碑文〉，《續修四庫全書》（1429
　　　　冊），上海：上海古籍出版社 2002 年版，第 51 頁。
〔註302〕黃宗羲《孟子師說》卷上〈寡人之於國也章〉，《四庫全書》（208 冊），上海：
　　　　上海古籍出版社 1987 年版，第 833 頁。
〔註303〕黃宗羲《孟子師說》卷上〈曹交章〉，《四庫全書》（208 冊），上海：上海古
　　　　籍出版社 1987 年版，第 891 頁。
〔註304〕戴震《與段若膺書》，戴震研究會等編《戴震全集》（一），北京：清華大學出
　　　　版社 1991 年版，第 228 頁。

受其咎，其誰之咎？不知者且以躬行實踐之儒歸焉不疑。」〔註305〕戴氏認爲，宋明理學以己見代聖賢，欺世禍民，必須通過準確把握和重新詮釋孔、孟思想，恢復聖賢本意，才能識別理學的欺騙性，扭轉因此帶來的空疏學風，使學術再度走上經世致用的正確途徑。

事實地說，就理學的產生及其本質而言，它是宋代順應時事變遷，應對佛教挑戰，提升儒學的哲學內涵而產生的新思潮。對此，梁啟超曾經給予過高度評斷：「凡『思』非皆能成『潮』，能成『潮』者，則其『思』必有相當之價值，而又適合於其時代之要求者也。凡「時代」非皆有『思潮』，有『思潮』之時代，必文化昂進之時代也。其在我國，自秦以後，確能成爲時代思潮者，則漢之經學、隋唐之佛學，宋及明之理學，清之考證學，四者而已。」〔註306〕而在現實發展中，宋明理學隨著時代的變遷而越來越趨於政治化和工具化，使得其自身由順應時代思潮演變爲「維護封建之綱常」，這本不屬宋明理學的原罪。戴氏的批判在當時屬於時代性學術反省的必然，而以今天客觀的眼光目之，則不免一偏之論。

其次是考據性的孟子研究。作爲同被梁啟超贊爲秦以後中國四大思潮之一的考據學，是宋明以來反省理學空談的另一結果，即：由對理學空談的逆反而走向實用考據。考據學著作是清代孟子研究的最大成果。這類成果，以內容劃分，可分爲生平事蹟類、詞章訓詁類、史實名物類和古注雜考類幾種；以時間劃分，則可分爲乾嘉以前和乾嘉以後兩個階段。乾嘉以前考據雖屬初創期，但以經世致用爲初衷，緊貼社會現實，充滿思想機鋒；乾嘉以後雖然在考據水平上大大勝過初期，但多流於爲考據而考據，走向經世致用的反面而陷入另一種空疏，在社會效果上與宋明理學殊途同歸。

乾嘉考據成果驚人，有關孟子的考據成果同樣數量浩繁，其中重要者如周廣業的《孟子四考》、黃本驥的《孟子年譜》、曹子升的《孟子編年》、任兆麟的《孟子時事錄》、狄子奇的《孟子編年》等。茲不能一一復述，撿其要者概論一二。

關於孟子的考證性成果，乾嘉以前僅有考據大家閻若璩的《四書釋地》

〔註305〕戴震《戴東原集》卷九〈與某書〉，《續修四庫全書》（1434 冊），上海：上海古籍出版社 2002 年版，第 523 頁。
〔註306〕梁啟超著，朱維錚校注《清代學術概論》，北京：中華書局 2010 年版，第 1〜2 頁。

和《孟子生卒年月考》等寥寥數部。《四書釋地》是閻若璩考證四書地理的一部考據力作。該書的寫作意圖在於，針對當時學者對四書所涉地理地名問題的模糊，往往由此造成對經義理解的錯誤。全書以地名爲綱，考證地名所在位置及與地名有關的事實、名物等。《孟子生卒年月考》是一部考證孟子生卒和生平事蹟的專著。孟子生平不明之事甚多，考證的重要性和必要性自不待言。閻氏的考證以《孟子》七篇爲切入點，不拘成說，其方法值得肯定。但其考證結果顯然並不盡如人意。名爲「生卒年月考」，而實際上並未將孟子的生卒問題考證清楚。爲此，梁啓超就曾頗有微詞﹝註307﹞。不過，在今天看來，其實也無須過多苛責。因爲，且不說學術的發展總是一個由初起到頂峰、由初淺到精緻的由淺入深的過程。因此，對於初期的嘗試性研究之作不必求全責備，正如梁啓超自己所說：「凡一個學派的初期作品，大率粗枝大葉，瑕類很多，正不必專責備百詩哩。」﹝註308﹞更重要的是，由於材料的缺乏，即便是後期考據之精緻者，也終究不能將孟子生卒問題徹底弄清。由此而論，不必怪閻氏「不謹嚴」。恰恰相反，對於說不明白的問題，不強行一定說明白，以存疑的方式留予後人思考，正是學術「謹嚴」的表現。

　　乾嘉以後，考據學達於頂峰，孟子的考證也成果頻出，其中最有代表性的是翟灝的《四書考異》、任啓運的《孟子考略》和崔述的《孟子事實錄》。翟灝的《四書考異》是有關孟子的雜考性著作，主要雜考孟子生平事蹟、《孟子》七篇的眞僞及歷代尊立孟子的情況。以「考異」名書，必須廣徵博引各家異說，其工夫之深，用力之勤，可見一斑。任啓運的《孟子考略》是稍後於閻若璩的《孟子生卒年月考》出現的一部考證孟子生平的專著。該書考證孟子生卒爲周烈王四年己酉四月二日至周赧王二十六年（即公元前 372 年～公元前 289 年）。雖然該書對孟子生卒作出了確切的結論，但也因爲缺乏充足的可信材料支撐，又引起了一片反對之聲。崔述的《孟子事實錄》主要考證孟子遊歷諸侯及部份戰國史事。崔述的考證完全以《孟子》七篇的順序爲據，然《孟子》七篇並非按年月日編排，故有些事實考證有誤。

　　另外不得不提的，還有一部堪稱清代孟子研究的集大成之作——焦循的

﹝註307﹞原文爲：「《孟子生卒年月考》，考了一大堆，年月依然無著。諸如此類，不能不說他欠謹嚴。」（梁啓超《中國近三百年學術史》，北京：人民出版社 2008 年版，第 81 頁。

﹝註308﹞梁啓超《中國近三百年學術史》，北京：人民出版社 2008 年版，第 81 頁。

《孟子正義》。焦循生於乾隆二十八年（公元 1763 年）的揚州。這一時期的揚州，因位於漕運要津而成爲清朝的鹽務中心，是當時商旅雲聚，官員蜂會，商業繁華，財物集散之地。富甲一方的商人爲附庸風雅，廣交名士而使這裡變成了「名儒尤盛」之地，吳派、皖派、揚州學派，比肩接踵。獨特的地理與人文環境，也造就了揚州名儒兼容並蓄，博大會通的學術特色，如劉毓松所總結：「其深於經學者，由名物、象數以會通典禮制作之源，而非僅專己守殘，拘墟於章句之內也。其深於小學者，由訓詁、聲音以精研大義微言之蘊，而非僅貪常嗜瑣，限跡於點畫之間也。」〔註 309〕該著作在學術研究上，綜會吳、皖，摒棄固守與偏頗，注意會通與創新，特別是繼承了皖派戴震的治學思路，從文字音韻訓詁入手，會通全經，考核百家，尋其大義。爲此，焦循成爲在以王念孫、阮元、段玉裁等爲代表的眾多揚州學者中，最能準確領會和繼承戴震治學精神的爲數不多的學者之一。他在學術造詣上，完整地延續了戴震的治學思路，成爲一個能「跳出樸學的圈子而做點有系統的思想的人。」〔註 310〕《孟子正義》是焦循爲趙岐《孟子章句》作的疏，但卻並不墨守唐人「疏不破注」的僵化成例，廣徵博引，考證精審，頗多超越前人的創說。對於《孟子正義》的多所徵引，焦循自己也說，除「於趙氏之說或有所疑，不惜駁破以相規正」外，「至諸家或申趙義，或與趙殊，或專翼孟，或雜他經，兼存備錄，以待參考」〔註 311〕。《孟子正義》徵引之廣博，考證之精審，的確在同類著作中頗爲罕見。一部《孟子正義》洋洋三十卷七十餘萬言，僅徵引同時代學者著作就達六十餘家，其餘各期經史子集資料不計其數〔註 312〕，因

〔註 309〕劉毓松《通義堂文集》卷九〈吳禮北竹西求友圖序〉，《續修四庫全書》（1546 冊），上海：上海古籍出版社 2002 年版，第 480～481 頁。

〔註 310〕胡適《戴東原的哲學》，劉夢溪《中國現代學術經典・胡適卷》，石家莊：河北教育出版社 1996 年版，第 339 頁。

〔註 311〕焦循《孟子篇序・注》，北京：中華書局 1987 年版，第 1051 頁。

〔註 312〕如對《孟子・公孫丑章句上》「何爲知言」的注釋就引用了《廣雅疏證》、《玉篇》、《說文》、《韓非子》、《文選》、《荀子》、《左傳》、《廣雅釋詁》、《國語》、《毛詩》、《周禮》、《淮南子》、《漢書・藝文志》、《呂氏春秋》、《鶡冠子》、《尚書・洪範》、《說文解字注》等近二十部（以上所列以作者徵引順序爲序），其廣徵博引的規模可見一斑。在長達 2500 多字的注文中，焦循依次做了四項工作：一是考字。廣泛徵引各注對「蔽」、「淫」、「邪」、「遁」的注解；二是解注。指出趙注中如「賓孟言雄雞自斷其尾」、「驪姬勸晉獻公與申生之事」等典故出處，並重述這些歷史典故；三是釋義。對《孟子》提到的四種言詞進行綜合解說，既借引各書，又雜以自己的認識和見解；四是評論。指出：「此

此被錢穆譽爲「可與東原、實齋鼎足」〔註313〕的清代考據的抗鼎之作。不惟如此，更重要的還在於它既繼承戴震「由詁訓以明理義」的治學宗旨，又超越一般補苴拾掇的純粹考據，「即其思想上之成就言之」，「極多精卓之見」〔註314〕，因此又被梁啓超譽爲價值「永永不朽的」「新疏家模範作品。」〔註315〕

　　最後是對孟子家族的研究。清代繼承明代，繼續擴大孟子研究範圍，由對孟子本人的研究擴衍至對孟子家族的研究。清代對孟子家族的研究主要體現在對《三遷志》的續編上。先後有孟衍泰主持、王特選和仲蘊錦執筆完成的雍正本《三遷志》和孟子七十代孫、翰林院五經博士孟廣均及陳錦、陳葆田、張耀等先後續成的光緒本《重纂三遷志》。這兩部《三遷志》以明代爲藍本而更臻於完善、嚴謹。特別是孟廣均的光緒本《重纂三遷志》，因受惠於考據學，其精審超秩前代。

第七節　孟子地位變遷與家族崛起

　　自戰國至清代，孟子地位由隱而不彰到扶搖直上達至極度尊崇。究其原因，內部取決於其自身的內在思想資源，外部則與社會和政治需要有著千絲萬縷的聯繫。特別是唐宋以來，由外來佛教的挑戰而引發內部儒學的重塑。在這場儒學重塑運動中，《孟子》中因爲有對心、性等哲學問題的涉獵而率先引起學術界的注意，由韓愈道統論的構建到宋代理學的構建。與學術關注相始終，政治層對孟子的關注，也走著一條不斷上升的路子。孟子地位的變遷過程，既說明了其思想本身作爲聖之時者的涵容性和與時俱新性，也反映了中國政治對於學術強大的涵攝力。學術、思想抑或經典無不置於政治的庇護下並成爲政治統治的附庸，這是中國君主制政治體制的特色，也是中國學術迥異於西方的地方。洞徹了這一點，才能準確把握孟子地位變遷與孟府崛起之間的聯動關係，深刻、透徹地領會這一中國獨特的歷史文化現象。

　　隨著孟子地位的提高，孟子家族開始在政治層的多方優禮下崛起，概括來看，主要包含以下幾個方面：

四者，非通於大道，明於六經，貫乎伏羲神農黃帝堯舜文王周公孔子之學，鮮克知之。孟子聞而能知其趨，則好古窮經之學深矣。」（《孟子正義·公孫丑章句上》「何爲知言」條下注，北京：中華書局1987年版，第209～213頁）
〔註313〕錢穆《中國近三百年學術史》，北京：中華書局1986年版，第455頁。
〔註314〕錢穆《中國近三百年學術史》，北京：中華書局1986年版，第455頁。
〔註315〕梁啓超《中國近三百年學術史》，太原：山西古籍出版社2001年版，第193頁。

一、政治：後裔襲封

自明代宗景泰三年（公元 1452 年）賜封孟子五十六代孫孟希文「世襲翰林院五經博士」開始，這一世職被孟子嫡裔子孫世代承襲。其主要職責是管理孟府內部事務、主持孟子祭祀與編纂族譜家志，弘揚儒家文化等。自此以後，直到民國二十四年（公元 1935 年）南京國民政府改封孟子七十三代孫孟慶棠爲「亞聖奉祀官」爲止。「世襲翰林院五經博士」這一封號在孟子嫡系後裔中承襲了十八代，歷時四百八十四年。職位雖然只有七品，在封建官階等級中並不算高。但一個家族世代相襲八百年而不衰，其顯赫程度是中國普通家族所無與倫比的。

二、經濟：優免賜贈

經濟上的優遇包括賜田、賜民、賜府第與優免差徭兩大方面：一，賜田。自宋代對孟子嫡裔賜田始，元、明、清歷代帝王從未間斷，直至民國。宋代賜田有神宗元豐六年（公元 1083 年）和徽宗政和四年（公元 1114 年）兩次，數額都不大。規模最大的賜田是在元、明兩代，特別是元泰定帝泰定五年（公元 1328 年）和明代宗景泰三年（公元 1452 年）、景泰六年（公元 1455 年）三次賜田。期間雖有賜而復失，失而復賜的變化，但總數額大致穩定在五十頃左右，分佈遍及鄒西；二，賜廟戶、佃戶、門子。朝廷向孟府撥賜廟戶始於宋徽宗宣和四年（公元 1122 年）。此後，元順帝至正二十六年（公元 1366 年）和明憲宗成化十八年（公元 1482 年）也曾予以封贈，總數額在五戶到二十五戶之間。不僅如此，自明代宗景泰六年（公元 1455 年），朝廷又在詔賜祭田的同時，欽賜佃戶和門子。康熙二十二年（公元 1683 年）《大清會典》記載，其時孟府共有欽賜佃戶三十二戶，廟戶二十五戶，門子五名。廟戶、佃戶和門子主要負責孟子府廟灑掃祭祀和看守門戶；三，賜禮樂生。明代宗景泰六年（公元 1455 年），朝廷詔孟廟設禮生五十六名，以供祭祀禮樂之用。實行情況從現存清末民初孟府檔案的傳禮「諭單」可窺其一二。按照政府的優禮政策，孟府所有的佃、廟戶及禮樂生全部享受蠲免雜差的待遇；四，賜府第。孟子家族最初的府廟林墓建設始於何時，限於史料已不可詳知。但在政府和朝廷關注下的府廟林墓建設，則是始於宋仁宗景祐四年（公元 1037 年）。此後，歷經金、元、明、清八百年興廢、重修與擴建，漸成今日輝煌。其間既有孟府後裔的努力，更少不了歷朝地方政府和中央的鼎力支持；五，

優免賦役。對孟氏族人優免差徭，始於唐代。從唐太宗貞觀元年（公元 627
年），朝廷詔免聖賢子孫賦役開始。唐玄宗開元十三年（公元 725 年），始明
確詔免孟氏子孫賦役。其後，宋、元、明、清歷代政府不斷下令優免孟氏子
孫的賦役。其中僅元朝就曾先後五次下令蠲免孟氏後裔賦役。

三、文化教育：優學優試

　　政府對孟氏家族子弟教育的關注和優渥，體現在諸如學校設置、校址遷
建、學田贈賜、學官設置與管理、生徒入仕等多個方面：一，四氏學形成。
孟氏（包括顏、曾）子孫加入孔子家學受教，而形成四氏學的整個過程，便
是在政府的直接干預下完成的。隨著孔子家學向四氏學的擴展，政府對四氏
學教育的干預程度也不斷增強，實現了由家族私學向國家官學的蛻變；二，
遷、擴建校址。從孔氏家學到四氏學，校址曾屢經遷移和擴建。幾乎每一次
遷建都有政府財力物力上的參與和支持。比如明孝宗弘治十一年（公元 1498
年）孔、孟、顏三氏學學館的大規模修建，就是由時任兗州知府龔宏奏請，
在山東巡撫、巡按的親自主持下完成。正是此次修建，奠定了其後四氏學校
址的基本規模；三，賜田撥款。政府在對四氏學實施政治干預的同時，也通
過賜學田和撥款對四氏學予以經濟上的支持。學田是家學維繫的經濟命脈，
在很大程度上決定著家學的存廢。政府首次賜學田始於宋哲宗元祐元年（公
元 1086 年），此後，元、明兩代不斷賜予，僅明代見於文獻記載的賜撥土地
就達四次。以至於帝王和地方官府撥賜，成為四氏學學田的主要來源。學田
總數量，雖然存在賜而復失變動不居的狀況，但大概維持在五十頃左右。對
學校的撥款始於金代，此後，隨著政治干預的增強，元、明兩朝的經濟支持
也不斷增加。所撥款項除了用作學校的日常管理、校址修建和學官俸祿外，
也用於生徒生活和考試用項；四，學官設置。起初，孔氏家學本無學官，教
師也完全由衍聖公自行選拔。自宋代哲宗時，政府始主持三氏、四氏學設置
教授、學錄作為學官，管理學校行政和教學事務。學官設置是四氏學官方化
的突出體現，從而使之與一般民間私人家學區別開來；五，生徒優渥。三氏、
四氏學生員通過特設「耳」字號、在曲阜專設考棚及增加考試和貢生名額等
在科舉、選貢等入仕出路上也都享受著政府的種種特殊優渥。正因如此，在
四氏學科舉入仕的歷史記錄裏才出現了孔、顏族人，科第蟬聯的「繁榮」景
象。

　　宋代以來學界對儒學的倡導與政界對孔、孟尊崇的政治導向和多方支持，使孟子家族的發展如沐春風，迅速崛起。辯證地看，孟子家族的崛起，當然離不開孟氏後裔自身的努力，如四十五代孫孟寧在孟府修建和家譜續修等事關孟子家族中興方面做出的奠基式努力，五十二代孫孟惟恭對孟子府廟林墓的奠基之功，五十六代孫孟希文首任世代翰林院五經博士之後對孟子家族禮樂祀典付出的建設性努力，特別是七十代孫孟廣均對府廟林墓及家志家譜、子孫教育等做出的多方貢獻等等。這些孟氏後裔子孫代代相承、鍥而不捨的努力，成為孟氏家族崛起和發展的內在動力。但對孟子家族而言，它的崛起其實與外部勢力的多方扶植有著直接關係。家族的崛起不是源自內部力量的生發，而是較多地依賴外部政治環境，這正是孟子家族與中國其他民間自發生長起來的普通家族的最大區別。兩類家族對比，可分別稱之為外源式家族和內源式家族。外在客觀環境對孟子家族崛起的推動力，可以從宏觀和微觀兩個方面分析：從宏觀上看，它的崛起外決定於中國的政治文化特徵，內決定於儒家思想自身強烈的倫理文化特徵，是其所代表的儒家文化與中國文化相契合的產物；從微觀上看，作為以上兩者的連帶效應，它是在學者和政界越來越多的關注和推動下，在孔府的管理、統領與呵護下，實現了家族勢力的崛起。

　　總起來看，漢代以後特別是唐宋以來，學界與政界的交互推動，終將孟子地位由卑微推向巔峰。孟氏家族的崛起，正是這一升格運動的伴隨物或外延性結果。毋庸諱言，外源性或者說政治性，是孟子家族崛起的更大也是更直接的動因。更明確地說，與中國其他大多靠內在生存動力崛起的普通家族的發展過程相比，孟子家族的崛起與發展雖然也有來自於家族自身的努力，但主要則是緣於儒家後繼者孟子的思想魅力而建構起的外部條件，更多地依賴外在推動力量，即學界的推動和政治的支持。兩者之中，後者尤為關鍵，而這其中又包含了兩個方面：一是政府的政治封贈、經濟和教育支持；二是孔府，特別是孔道輔對孟子家族中興所作的努力。